UNITED NATIONS
New York and Geneva, 2013

联合国贸易和发展组织
UNITED NATIONS CONFERENCE ON TRADE AND DEVELOPMENT

WORLD INVESTMENT REPORT
世界投资报告
全球价值链：促进发展的投资与贸易

GLOBAL VALUE CHAINS:
INVESTMENT AND TRADE FOR
DEVELOPMENT

经济管理出版社
ECONOMY & MANAGEMENT PUBLISHING HOUSE

图书在版编目（CIP）数据

世界投资报告2013：全球价值链：促进发展的投资与贸易/联合国贸易和发展组织. —北京：经济管理出版社，2013.9
ISBN 978-7-5096-2632-0

Ⅰ.①世… Ⅱ.①联… Ⅲ.①对外投资—调查报告—世界—2013 Ⅳ.①F831.6

中国版本图书馆CIP数据核字（2013）第202917号

组稿编辑：张永美
责任编辑：张永美
责任印制：杨国强

出版发行：经济管理出版社
（北京市海淀区北蜂窝8号中雅大厦11层 100038）
网　　址：www.E-mp.com.cn
电　　话：（010）51915602
印　　刷：三河市延风印装厂
经　　销：新华书店
开　　本：880mm×1230mm/16
印　　张：18.25
字　　数：450千字
版　　次：2013年9月第1版　2013年9月第1次印刷
书　　号：ISBN 978-7-5096-2632-0
定　　价：158.00元

·版权所有　翻印必究·
凡购本社图书，如有印装错误，由本社读者服务部负责调换。
联系地址：北京阜外月坛北小街2号
电话：（010）68022974　邮编：100836

目 录

说 明 ··· 1

前 言 ··· 1

鸣 谢 ··· 1

缩略词 ··· 1

内容摘要 ··· 1

概 述 ··· 1

第一章　FDI 全球趋势 ··· 1

第一节　FDI 全球趋势：复苏缓慢 ··· 3

一、当前趋势 ··· 3

（一）按区域划分的 FDI ··· 3

（二）按进入模式和行业/部门分布划分的 FDI ··· 9

（三）按投资者类型划分的 FDI ··· 12

（四）FDI 与离岸金融 ··· 17

二、2013~2015 年全球 FDI 前景 ··· 20

（一）FDI 总体前景 ··· 20

（二）按部门/行业划分的 FDI 前景 ··· 22

（三）按母国划分的 FDI 前景 ··· 23

（四）按东道国划分的 FDI 前景 ··· 23

第二节　国际生产 ··· 24

一、总体趋势 ··· 24

二、重新定位：战略性撤资、转移和海外业务回流 ··· 28

第三节　FDI 收入和回报率 ··· 31

一、FDI 收入趋势 ··· 32

（一）总体趋势 ··· 32

（二）回报率	32
（三）再投资收益 vs 汇回收益	34
二、FDI 流入量收入对东道国国际收支的影响	35
三、政策含义	36

第二章　FDI 地区趋势 37

引　言 39

一、地区趋势 40
 （一）非洲 40
 （二）东亚与东南亚 45
 （三）南亚 49
 （四）西亚 54
 （五）拉丁美洲与加勒比地区 59
 （六）转型经济体 64
 （七）发达经济体 68

二、结构薄弱、易受冲击的小型经济体的趋势 74
 （一）最不发达国家 74
 （二）内陆发展中国家 80
 （三）小岛屿发展中国家 86

第三章　近期政策发展 95

第一节　国家投资政策 97
 一、总体趋势 97
 二、各行业的投资政策 100
  （一）服务业 100
  （二）战略产业 100
 三、审查跨境并购 101
 四、投资保护主义风险 105

第二节　国际投资政策 106
 一、国际投资协定发展趋势 106
  （一）新协定数量持续下降 106
  （二）可持续发展因素 107
 二、国际投资协议谈判趋势 107
  （一）地区主义势力上升 107
  （二）地区主义产生的系统性问题 110

三、国际投资协议体制转变	111
(一) 改善国际投资协议体制的选择	111
(二) 协议到期	113
四、投资者—东道国仲裁：改革方式的选择	114
(一) 达成ISDS数量持续增长	114
(二) 制定五种改革方案	115

第四章 全球价值链：促进发展的投资与贸易 125

引言 127

第一节 全球价值链、附加值贸易和投资模式 130
一、全球经济中附加值贸易模式 130
二、发展中国家附加值贸易模式 137
三、FDI和跨国公司在塑造全球价值链中的作用 139

第二节 全球价值链治理和区位决定因素 145
一、全球价值链治理：统筹细分的全球性分布的活动 145
  (一) 外国直接投资 147
  (二) 公平交易 147
  (三) 非股权模式 (NEMs) 147
二、全球价值链的区位决定因素 149

第三节 全球价值链发展的影响 152
一、获取当地价值 154
  (一) GVC对GDP和经济增长的贡献 155
  (二) 贸易的国内附加值和业务关联 156
  (三) 外国子公司和留存在当地的附加值 158
  (四) GVC和转移定价 159
二、创造就业、增加收入和就业质量 160
  (一) GVC参与、就业创造和收入增加 160
  (二) GVC和就业质量 161
三、技术传播和技能培养 163
  (一) 技术传播和不同GVC管理体系下的学习 163
  (二) 在GVC中学习：挑战和隐患 164
四、社会影响和环境影响 165
  (一) GVC中的企业社会责任挑战 165
  (二) 离岸排放：GVC中环境影响的转移机制 167
五、产业升级和发展 168

		（一）企业层面的动态升级 ·································	168
		（二）国家层面升级和GVC发展路径 ·······················	172
第四节	全球价值链的政策启示 ···		176
	一、实现全球价值链与发展战略一体化 ·························		178
	二、推进全球价值链参与 ··		181
	三、构建国内生产能力 ···		183
	四、提供稳定的环境、社会和治理框架 ·························		184
		（一）社会、环境、安全和健康问题 ·························	184
		（二）出口加工区（EPZ）向可持续商业中心转型 ········	186
		（三）GVCs中其他关注事项和良好治理问题 ··············	187
	五、协同贸易与投资政策及体制 ··································		189
		（一）确保贸易和投资政策的一致性 ·························	189
		（二）协同贸易和投资促进与便利化 ·························	191
		（三）区域产业发展契约 ···	192
	结束语：全球价值链政策发展——制定合理战略框架 ············		193

附　录 ··· 203

参考文献 ·· 247

译后语 ·· 259

UNCTAD 关于跨国公司与 FDI 的若干出版物 ································ 261

说　明

联合国贸易与发展会议投资与企业司作为全球卓越中心，主要负责处理联合国体系中投资和企业发展的相关问题。在调查研究和政策分析领域已积累了40年的经验和国际专业知识，并建立了政府间协调机制，为超过150个国家提供技术援助。

本报告中使用的"国家/经济体"是为了适当地说明领土和地区。使用的名称以及编排材料的方式并不代表联合国秘书处对任何国家、领土、城市或地区或主管当局的法律地位或者对其边界划分有任何意见。另外，国别名称的使用完全是为了便于统计和分析，并非对某一国家或地区在发展进程中所处阶段的评判。本报告所采用的主要国别名称沿用联合国统计处的分类，即：

发达经济体：经合组织成员国（除了智利、墨西哥、韩国、土耳其），非经合组织成员国的欧盟新成员国（保加利亚、塞浦路斯、拉脱维亚、立陶宛、马耳他、罗马尼亚），以及安道尔、列支敦士登、百慕大、摩纳哥、圣马力诺。

转型经济体：东南欧国家和独联体国家，以及格鲁吉亚。

发展中经济体：泛指上述未提到的所有经济体。出于统计目的，中国的数据不包括香港特别行政区（Hong Kong SAR）、澳门特别行政区（Macao SAR）和台湾。

联合国贸易与发展会议对报告中出现的公司及活动并不提供支持。

报告中显示的边界和名称以及地图中使用的称谓，并不表示联合国官方认可。

报告中表格所用符号含义如下：

● 两个圆点（..）表示没有数据或无法得到单独的数据。在一些案例中，如果某行的任何一项均无数据，则予以删除；

● 一（—）表示该数据等于零或其值可忽略不计；

● 除非另有说明，表中空白表示该商品不适用；

● 日期之间的斜线（/）代表年，例如，1994/95，表示一个财政年度；

● 在代表年份的数字之间使用连接符，例如，1994~1995，表示参与了一个完整的周期，包括起始和终止年份；

● 除非另有说明，"元"代表美元；

● 除非另有说明，年增长率或变化率，均指年复合率；由于四舍五入，细节和表中的百分比加总不一定是总计数。本报告所载资料尽可引用，但需恰当注明出处。

前　言

《世界投资报告 2013》的发布正值历史的重要时刻。国际社会正在致力于实现 2015 年的千年发展目标。同时，联合国也在努力构建 2015 年后的发展蓝图。有关对外直接投资（FDI）大量客观、真实的信息表明，FDI 将有助于实现以上两大任务。

2012 年，全球 FDI 总量出现下滑，主要源于宏观经济形势依旧脆弱，有关投资者的经济政策充满不确定性。预计未来两年，全球经济仅会温和回升。

报告显示，在全球宏观经济格局下，一系列重大经济变革正在酝酿过程中。发展中经济体在 2012 年吸收 FDI 的总量首次超过发达经济体，全球前五大 FDI 流入国中，发展中经济体占据四席。同时，发展中经济体创造了全球近 1/3 的 FDI 流出量，并且持续增长势头强劲。

2013 年的世界投资报告囊括深度理论分析、战略发展路径以及实际操作建议，为政策决策者和有关人士提供参考，即如何在全球价值链中实现利益最大化、风险最小化。这正是确保经济包容性增长和可持续发展的重要条件。

在此，我将《世界投资报告 2013》推荐给国际投资和发展组织，希望它能激发灵感并反映现实，共同迎接当今世界所面临的发展挑战。

潘基文
联合国秘书长

鸣　谢

《世界投资报告2013》（英文版）由 James Zhan（詹晓宁）领导并管理的工作组编写。工作组成员包括 Richard Bolwijn、Bruno Casella、Joseph Clements、Hamed El Kady、Kumi Endo、Masataka Fujita、Noelia Garcia Nebra、Thomas van Giffen、Axèle Giroud、Ariel Ivanier、Joachim Karl、Guoyong Liang、Anthony Miller、Hafiz Mirza、Nicole Moussa、Shin Ohinata、Davide Rigo、Sergey Ripinsky、William Speller、Astrit Sulstarova、Claudia Trentini、Elisabeth Tuerk、Jörg Weber and Kee Hwee Wee。

《世界投资报告2013》（英文版）采纳了 Carlo Altomonte、Richard Baldwin、Carlos Braga、Peter Buckley、Lorraine Eden、Gary Gereffi、John Humphrey、Bart Los and Pierre Sauvé 等人的建议。

研究及数据支持由 Bradley Boicourt 和 Lizanne Martinez 提供，同时得到了 Wolfgang Alschner、Amare Bekele、Hector Dip、Ventzislav Kotetzov、Mathabo Le Roux、Kendra Magraw、Abraham Negash、Naomi Rosenthal、Diana Rosert、John Sasuya、Teerawat Wongkaew、Youngjun Yoo，以及实习生 Alexandre Genest、Jessica Mullins 和 Thomas Turner 的帮助。

Lise Lingo 担任编辑，Laurence Duchemin 和 Teresita Ventura 负责内容排版，Sophie Combette 负责封面设计。

《世界投资报告2013》（英文版）的出版与发行得到了 Elisabeth Anodeau-Mareschal、Evelyn Benitez、Nathalie Eulaerts、Severine Excoffier、Rosalina Goyena、Natalia Meramo-Bachayani 以及 Katia Vieu 的支持。

在报告准备过程中的不同阶段，特别是在报告起草初期的集思广益会上，编辑团队听取了大量意见及建议，得到了外部专家的支持，他们是 Rolf Adlung、Michael Bratt、Tomer Broude、Jeremy Clegg、Lorenzo Cotula、Michael Ewing-Chow、Masuma Farooki、Karina Fernandez-Stark、Stephen Gelb、Stine Haakonsson、Inge Ivarsson、Keiichiro Kanemoto、Lise Johnson、Raphie Kaplinsky、Nagesh Kumar、Sarianna Lundan、Bo Meng、Daniel Moran、Michael Mortimore、Ram Mudambi、Rajneesh Narula、Lizbeth Navas-Aleman、Christos Pitelis、William Powers、Zhengzheng Qu、Alexander Raabe、Rajah Rasiah、Arianna Rossi、Armando Rungi、Emily Sims、Gabriele Suder、Tim Sturgeon、范文杰、Deborah Winkler 和 Robert Yuskavage。来自联合国贸发会议的同事也提供了许多意见和建议，包括 Alfredo Calcagno、Torbjorn Fredriksson、Marco Fugazza、Ebru Gokce、Kalman Kalotay、Joerg Mayer、Alessandro Nicita、Victor Ognivtsev、Celia Ortega Sotes、Yongfu Ouyang、Ralf Peters、Miho Shirotori、Guillermo Valles 和 Paul Wessendorp。

联合国贸发会议在此感谢 Eora 项目团队成员的友情协助。

众多国家的中央银行、政府部门、国际组织和非政府组织的工作人员对《世界投资报告2013》做出了贡献。衷心感谢芬兰、挪威和瑞典政府提供的财政资助。

缩略词

ADR	非诉讼纠纷解决程序	AGOA	非洲增长与机遇法案
APEC	亚太经济合作组织	ASEAN	东南亚国家联盟
BIT	双边贸易协定	CETA	全面经济及贸易协定
CIS	独立国家联合体	COMES	东南非共同市场
CSR	企业社会责任	DCF	深入全面的自由贸易区
DPP	纠纷预防政策	EPZ	出口加工区
FDI	对外直接投资	FTA	自由贸易协定
GAP	良好农业规范	GA	服务贸易总协定
GCC	海湾国家合作委员会	GS	普及特惠税制度
GVC	全球价值链	IIA	国际投资协定
IP	知识产权	IPA	投资促进事务局
IPFSD	可持续发展的投资政策框架	IRS	美国国家税务局
ISDS	投资者—国家争端解决	ISO	国际标准化组织
LBO	杠杆收购	LDC	最不发达国家
LLDC	内陆发展中国家	MFN	最惠国
MRIO	区域间投入产出	NAFT	北美自由贸易协定
NAICS	北美产业分类体系	NE	无股权模式
OFC	离岸金融中心	PPP	公共私营合作关系
PRAI	负责任农业投资原则	PTA	特惠贸易协定
SEC	经济特区	SIC	标准产业分类代码
SIDS	小岛屿发展中国家	SME	中小企业
SOE	国有企业	SPE	特殊目的实体
SWF	主权财富基金	TNC	跨国公司
TPO	贸易促进组织	TPP	跨太平洋伙伴关系协定
TRIMS	与贸易相关的投资措施	TTIP	跨大西洋贸易与投资伙伴协定
UNCITRAL	联合国国际贸易法委员会	WIPS	国际投资前景调查
WTO	世界贸易组织		

内容摘要

全球和区域投资发展趋势

FDI复苏之路崎岖不平。2012年全球FDI流量为1.35万亿美元，下降了18%。由于脆弱的全球经济的影响和政策的不确定性，FDI的复苏时间超过人们的预期。UNCTAD（联合国贸易与发展会议）预测2013年FDI流量将与2012年接近，最高达1.45万亿美元。在中期，投资者将逐渐恢复信心，预计2014年FDI流量将达1.6万亿美元，2015年将达1.8万亿美元。但是，这样的发展前景依然伴随着较大的风险。

发展中国家业绩突出。2012年，发展中国家吸引的对外直接投资首次超过发达国家，占全球FDI流量的52%。其中一个原因是发达国家FDI流入量大幅下降，目前仅占全球流量的42%。发展中国家的对外直接投资持续稳步上升，占全球FDI流出量的1/3。

发达国家FDI流出量下降到接近2009年的最低水平。经济前景的不确定性致使发达国家的跨国公司（TNCs）不再进行大规模的国际扩张，而是对新投资继续保持观望，或者出让国外资产。2012年，38个发达国家中有22个国家的FDI流出量出现下降，这就导致FDI流出总量下降了23%。

通过离岸金融中心（OFCs）和特殊目的实体（SPEs）进行的投资仍是关注重点。流向OFCs的资金流量仍然接近2007年的最高值。尽管国际上对避税的打击大部分集中在OFCs上，但是在2011年通过SPEs投资的资金流量几乎是OFCs的7倍，为SPEs提供税收优惠的国家也在逐年增多。

留存收益是长期投资的重要资金来源。2011年FDI收益总计1.5万亿美元，FDI存量为21万亿美元。全球FDI回报率为7%，在发展中国家（8%）和在转型经济体（13%）的回报率均高于发达国家（5%）。近1/3的全球FDI收益留在了东道国，2/3回到了投资国（平均达到经常账户支付的3.4%）。发展中国家的留存收益最高，大约为FDI收益的40%，使其成为一种重要的资金来源。

2012年流向发展中国家的FDI总体有所下降，但仍有地区出现增长。非洲的FDI流入量与总体趋势相反，有5%的增幅，达到500亿美元。采掘业FDI的发展是驱动增长的原因之一，同时以消费者为导向的制造业和服务业也在扩张。流向亚洲发展中国家的FDI下降了7%，但仍达到4070亿美元的高水平。在持续的区域内结构重组的驱动下，柬埔寨、缅甸和越南等低收入国家在劳动密集型产业的FDI中表现突出。由于中美洲和加勒比地区FDI的下滑，拉丁美洲和加勒比地区FDI流入量下降了2%，为2440亿美元。由于南美洲FDI是自然资源寻求型和市场导向寻求型，因此，这一区域的FDI流入量增加了12%，掩盖了中美洲和加勒比地区FDI的下滑。

结构脆弱的经济体FDI有所上升。在发展中国家特别是印度跨国公司的拉动下，流向最不发达国家（LDCs）的FDI有所增加，达到历史最高水平。由于非洲和拉丁美洲内陆型发展中国家（LLDCs）和中亚若干经济体的FDI流入量有所增加，因此流向LLDCs的FDI出现了适度增加。随着对资源禀赋国家投资的不断增长，流向小岛屿发展中国家（SIDS）的FDI连续第二年继续恢复增长。

流向发达国家的FDI大幅下降。在发达国家，FDI流入量下降了32%，达5610亿美元，仅为10年前的水平。大部分发达国家FDI流入量都有大幅下降，尤其是欧盟，占到了全球FDI下降的2/3。

转型经济体相对有小幅下滑。跨国并购（M&As）交易的减少致使流向转型经济体的FDI下降了9%，为870亿美元，其中510亿美元流向了俄罗斯联邦，但其中大部分是"多层转投"。

投资政策发展趋势

国家投资政策更加有利于新的发展策略。大部分政府热衷于吸引和促进对外投资，使其成为生产力能力建设和可持续发展的推动力。与此同时，许多政府正在加强对国际投资的控制，更多地利用战略部门的产业政策，加强监管程序，审查跨国并购，其中有些举措有保护主义的倾向。

国际投资政策的制定正在发生转变。截至2012年底，国际投资协定（IIAs）体系由3196个协议组成。如今，各国越来越偏爱利用区域协议而不是双边协议来参与IIA规则的制定，并且越来越将可持续发展的因素考虑进来。到2013年底，2857个双边投资协议（BITs）中有超过1300个将到达"随时终止阶段"，这为多方面多层次的IIA体系提供了处理不一致和重叠的机会，从而提升IIA体系的发展层次。

UNCTAD针对国际投资仲裁的改革提出了五条路径。由于越来越多的案例出现，为了回应人们对投资仲裁体系优缺点的争论，以及保持对投资仲裁体系系统缺陷的关注，UNCTAD提出了五条改革路径，分别是：促进非诉讼争端解决机制的发展；通过个别的国际投资协定完善现存的"投资者—国家争端解决"（ISDS）机制；限制投资者使用ISDS；引进上诉机制；建立长期的国际投资法庭。在方案的首选内容上，多边层面的共同努力能够帮助建立共识。

全球价值链：促进发展的投资与贸易

如今，全球价值链（GVCs）是全球经济的一大特征，其中中间产品和服务贸易体现为片段化和国际化的分散生产。全球价值链主要以跨国公司为主导（TNCs），输入和输出的跨境贸易发生在与子公司的网络中、与合同伙伴之间以及与地理位置接近的供应商之间。以跨国公司为主导的全球价值链占到了全球贸易总量的80%。

全球价值链导致贸易核算中出现大量重复计算内容——约占总量的28%，或者说，2010年全球出口总值19万亿美元中，有5万亿美元属于重复计算——因为在全球出口活动中，中间产品价值被计算多次，但是根据"贸易中的附加值"原则本应被计算一次。全球价值链中价值增值贸易的不同类型，决定了不同经济体之间实际经济利益的不同分布，并对跨国公司的投资决策产生深远影响。相比自身经济规模，那些拥有突出FDI表现的国家在全球价值链中表现出更高的参与度，同时依靠贸易带动更多的国内价值增值。

全球价值链对发展贡献巨大。在发展中国家，平均而言，价值增值贸易占到国家 GDP 的 30%，而发达国家则占到 18%。同时，全球价值链参与度与人均 GDP 增长率之间存在正相关关系。全球价值链对价值增值、工作以及收入均有直接经济影响。它们也成为发展中国家发展生产能力的一个重要途径，其中包括技术传播、技能培养，进而为长远的产业升级创造机遇。

参与全球价值链同样存在风险。如果在价值链条中，一些国家仅获得小部分附加值，那么全球价值链对 GDP 的贡献将很有限。同样，技术传播、技能培养和转型升级均不是自发完成的。发展中国家持续锁定在低附加值环节将会继续面临风险。此外，环境及社会因素，包括工作条件、职业健康与安全、工作保障等问题都可能产生负面影响。全球价值链中潜在的"不受约束"活动，以及面对外部冲击不断暴露的弱点，均会加剧风险的进一步扩大。

国家需要做出战略选择，决定是否鼓励参与全球价值链。它们需要认真权衡参与全球价值链的利弊，评估鼓励参与全球价值链政策的成本和收益，使其符合本国具体情况和要素禀赋。一些国家可能决定不提高全球价值链参与度，一些国家可能还没做出决定。实际上，大多数国家已经参与到全球价值链当中，并达到一定程度。促进参与全球价值链需要锁定特定全球价值链环节，即全球价值链的促进具有选择性。进而来说，全球价值链的参与是国家总体发展战略的一个组成部分。

政策制定关系到全球价值链对经济发展的作用。如果国家决定积极促进参与全球价值链，那么政策制定者应该首先确定他们国家的贸易现状，行业能力立足点，评估现实全球价值链战略定位的发展路径。获得全球价值链的进入机会，从全球价值链的参与和升级中获益，需要一个结构化的方法，包括将全球价值链嵌入产业发展政策中（例如锁定全球价值链的任务和活动）；创建并维持良好的投资贸易环境，提供支持性基础设施建设；在本土企业中构建生产能力，提高当地劳动者的技能；应该建立一个稳固的环境、社会和治理框架，加强管理和执行力，支持本土企业建设生产能力，旨在降低参与全球价值链的风险。

联合国贸发会议提出三项具体措施：

● 发挥贸易和投资政策与制度的协同效应。贸易和投资政策紧密相连。在全球价值链的背景下，二者相互作用可能会偏离预期，适得其反。为避免这一点，决策者——在需要的情况下，利用国际组织帮助——应该审慎地研究在 GVC 中同时影响投资和贸易的政策工具。比如，贸易措施影响投资，同时，投资措施也影响贸易。此外，在制度层面，需要贸易和投资促进机构紧密协调与合作，加强全球价值链中贸易和投资间的联系。

● 制定"区域产业发展协定"。区域价值链间的相互关系性，决定了区域间合作的重要意义。区域产业发展协定包括：整合区域贸易与投资协议，联合贸易与投资促进机制与机构，旨在强调投资自由化和便利化。联合投资基础设施建设和生产能力建设，以此创建跨界产业集群。要建立这样的契约，需要各地区政府之间、政府与国际组织之间、公共部门与私营部门之间建立合作伙伴关系。

● 建立可持续的出口加工区（EPZs）。可持续发展已成为吸引全球价值链活动的一项重要因素。由于出口加工区能够为跨国公司和参与 GVC 的供应商带来利益，现已成为重要的全球价值链枢纽。除了提供现有的或可替代的福利外，还能为企业履行社会责任（CSR）提供扩展支持服务，使其成为实现企业社会责任补充的催化剂。可以考虑提供相关服务，包括认证和报告方面的技术援助、职业安全和健康问题的支持、能源设施的循环利用和替代，将出口加工区转变为先进的可持续商贸中心。国际组织可以通过建立准则、促进优秀经验交流以及发展能力建设项目来提供帮助。

概　述

全球投资趋势

2012年对外直接投资复苏趋势缓慢

2012年全球对外直接投资（FDI）共计1.35万亿美元，同比下降18%。FDI大幅下降，与其他全球重要经济指标，如GDP、国际贸易与就业的积极增长，形成鲜明对比。脆弱的宏观经济形势以及政策的不确定性，是许多重要经济体显露的问题，这引起了投资者的普遍担心。更重要的是，许多跨国公司（TNCs）都在重新布局海外投资，包括资产重组、剥离、再分配。综观全局，FDI复苏之路困难重重，复苏时间也将超出预期。

联合国贸发会议预测2013年FDI将与2012年保持同一水平，最高达1.45亿美元，与危机前（2005~2007年）的平均水平大致相当（见图1）。在宏观经济形势企稳回升，投资者对中期经济走向重拾信心的背景下，跨国公司会将持有现金转化为新建投资。预计2014年FDI流量达到1.6万亿美元，2015年达到1.8万亿美元。但是，增长预测存在重大风险，例如全球金融体系的结构性缺陷、宏观经济环境的恶化风险，以及会对投资者信心造成严重影响的地区性重大政策变动，都将导致FDI流量的进一步降低。

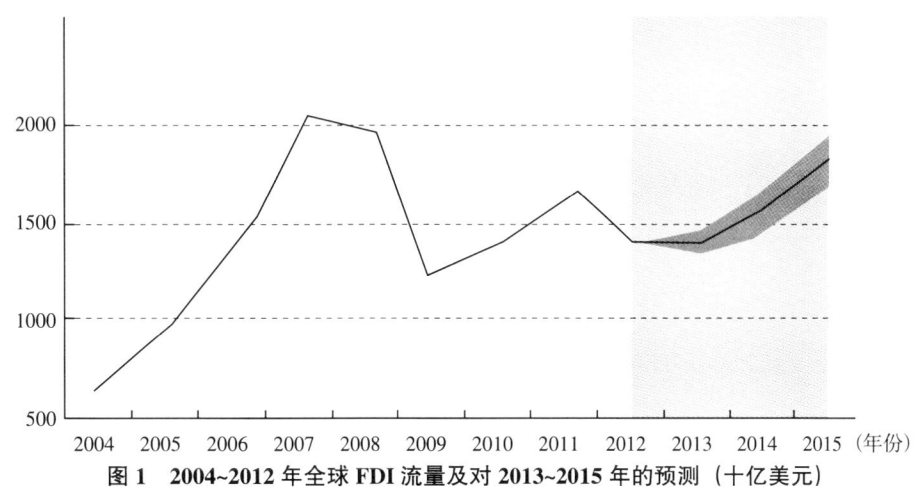

图1　2004~2012年全球FDI流量及对2013~2015年的预测（十亿美元）

发展中国家超越发达国家成为 FDI 主要流入地

相比于发达国家，流向发展中国家的 FDI 被证实更有利于经济复苏，尽管 2012 年这一数据出现轻微下降（为 4%），达 7030 亿美元，其仍是历史第二高位（表 1）。发展中国家 FDI 流入量首次超越发达国家，占全球 FDI 总量的 52%，两者差额达 1420 亿美元。全球 FDI 流入国排名同样揭示了投资流向方式的转换：前 20 位国家中，发展中国家占 9 位（见图 2）。从区域来看，流向亚洲、拉丁美洲发展中国家的 FDI 保持在历史高位，但增长乏力。非洲 FDI 流入量呈逐年递增态势（见表 1）。

表 1 2010~2012 年按地区划分的 FDI（十亿美元，%）

地 区	FDI 流入量			FDI 流出量		
	2010 年	2011 年	2012 年	2010 年	2011 年	2012 年
世界	**1409**	**1652**	**1351**	**1505**	**1678**	**1391**
发达经济体	696	820	561	1030	1183	909
发展中经济体	637	735	703	413	422	426
非洲	44	48	50	9	5	14
亚洲	401	436	407	284	311	308
东亚及东南亚	313	343	326	254	271	275
南亚	29	44	34	16	13	9
西亚	59	49	47	13	26	24
拉丁美洲及加勒比地区	190	249	244	119	105	103
大洋洲	3	2	2	1	1	1
转型经济体	75	96	87	62	73	55
结构薄弱、易受冲击的小型经济体	**45**	**56**	**60**	**12**	**10**	**10**
最不发达国家	19	21	26	3.0	3.0	5.0
内陆型发展中国家	27	34	35	9.3	5.5	3.1
小岛屿发展中国家	4.7	5.6	6.2	0.3	1.8	1.8
备忘录：全球 FDI 占比						
发达经济体	49.4	49.7	41.5	68.4	70.5	65.4
发展中经济体	45.2	44.5	52.0	27.5	25.2	30.6
非洲	3.1	2.9	3.7	0.6	0.3	1.0
亚洲	28.4	26.4	30.1	18.9	18.5	22.2
东亚及东南亚	22.2	20.8	24.1	16.9	16.2	19.8
南亚	2.0	2.7	2.5	1.1	0.8	0.7
西亚	4.2	3.0	3.5	0.9	1.6	1.7
拉丁美洲及加勒比地区	13.5	15.1	18.1	7.9	6.3	7.4
大洋洲	0.2	0.1	0.2	0.0	0.1	0.0
转型经济体	5.3	5.8	6.5	4.1	4.3	4.0
结构薄弱、易受冲击的小型经济体	**3.2**	**3.4**	**4.4**	**0.8**	**0.6**	**0.7**
最不发达国家	1.3	1.3	1.9	0.2	0.2	0.4
内陆型发展中国家	1.9	2.1	2.6	0.6	0.3	0.2
小岛屿发展中国家	0.3	0.3	0.5	0.0	0.1	0.1

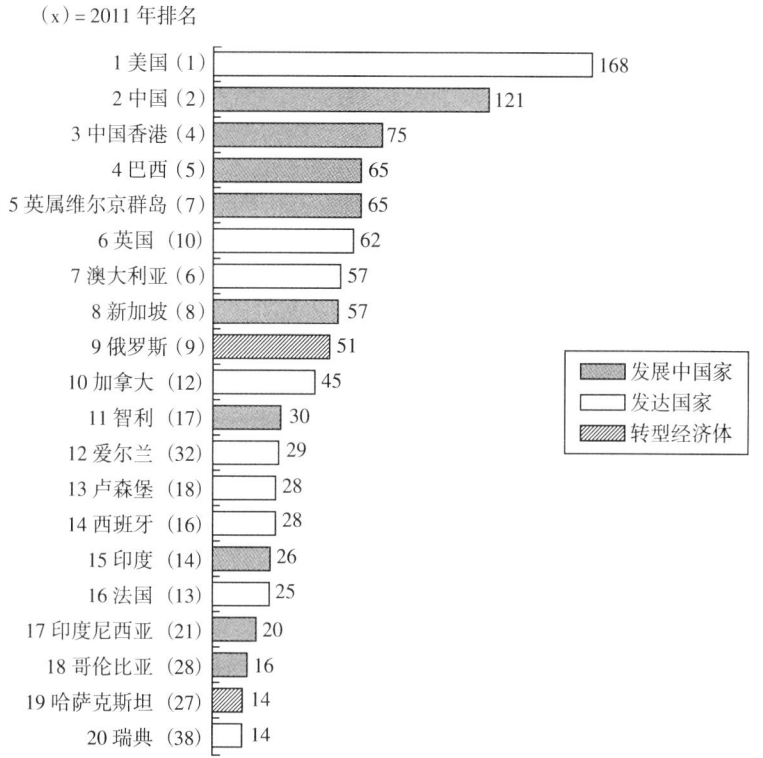

图 2　2012 年前 20 位 FDI 流入国（十亿美元）

发展中国家 FDI 流出量共计 4260 亿美元，占全球总量的 31%。尽管全球跨国公司业务整体收缩，但发展中国家跨国公司依旧扩张海外业务。目前，亚洲各国仍是 FDI 主要流出地，约占发展中国家总量的 3/4。2012 年，非洲对外投资总量同比扩大 3 倍，亚洲、拉丁美洲、加勒比地区发展中国家的 FDI 流出量仍保持在 2011 年的水平。

金砖五国（巴西、俄罗斯、印度、中国、南非）继续引领新兴市场国家对外直接投资。2000~2012 年，上述五国 FDI 流出量由 70 亿美元增长至 1450 亿美元，占全球总量的 10%。在包括非洲在内的全球市场中，金砖五国的跨国公司表现积极。2012 年，在对外投资国家排名中，中国由第六位跃升至第三位，居美国、日本之后（见图 3）。

发达国家 FDI 流入、流出量大幅减少

2012 年，发达国家 FDI 流入量 5610 亿美元，同比下降 32%，几乎是 10 年前的水平。无论是欧洲、北美还是澳大利亚和新西兰，其 FDI 流入量均出现了下滑。仅欧盟自身就占据了全球下滑总量的 2/3。然而，日本在经历连续两年的净撤资之后，FDI 流入恢复正值。

2010~2011 年，发达国家对外直接投资曾带领全球 FDI 复苏，但 2012 年 FDI 流出量下降 23%，为 9090 亿美元，接近 2009 年的低谷水平。欧洲、北美洲对外投资均大幅下降。只有日本 FDI 流出量逆势上升，仍保持世界第二大投资来源国地位。

国有企业、主权财富基金的国际化进程稳步推进

国有跨国公司的数量由 2010 年的 650 家增长至 2012 年的 845 家。其 FDI 总量达 1450 亿美元，约占全球总量的 11%。2012 年，实现海外资产并购的国有跨国公司主要来自发展中国家，大多以战略资产（例如科学技术、人力资本、商标品牌）

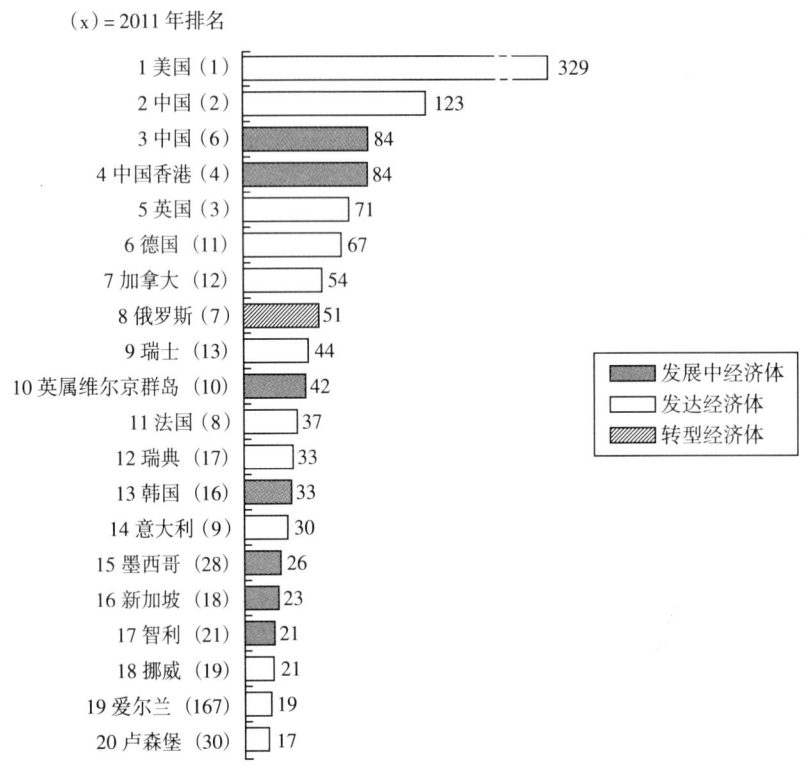

图3 2012年前20位东道国（十亿美元）

和自然资源为行动导向。

相比2011年，2012年来自主权财富基金（SWFs）的FDI增长一倍，但也仅有200亿美元。主权财富基金累计FDI预计为1270亿美元，主要投向金融、房地产、基础设施建设领域。从地域分布来看，2012年超过70%的主权财富基金FDI集中于发达国家。2012年，全球73家经认证的主权财富基金资产总和预计为5.3万亿美元——对金融发展来说，是可以开发利用的巨大蓄水池。

离岸金融FDI增长引发避税担忧

FDI离岸金融机制主要包括：①离岸金融中心（OFCs）或避税港；②特殊目的实体（SPEs）。特殊目的实体是指基于特殊目的或拥有特殊法律结构的外国子公司。特殊目的实体一般建立在对其提供特殊税费优惠的国家。离岸金融中心与特殊目的实体，通常作为基金通道与第三国进行融资沟通。

离岸金融中心投资额现保持在历史高位。2012年其资金流入量达800亿美元，较2011年减少100亿美元，但仍超出2007年以前的平均水平，大约为150亿美元。离岸金融中心投资额占到全球FDI增量份额的6%。

在一些重要的投资输出国，相比于FDI流量或者存量，特殊目的实体扮演着更为重要的角色，是6000多亿美元资金流动的重要通道。过去10年，在绝大多数支持SPEs的经济体中，这些实体均在投资流动中体现了重要价值。此外，向SPEs提供税费优惠待遇的国家数量正在逐年增加。

国际金融交易中的逃税与缺乏透明问题是全球关注的焦点，解决此问题需要多边机制。至今，国际注意力更多地集中在离岸金融中心上，然而，特殊目的实体会是一个更大的问题。再者，OFCs的FDI流入量保持在历史高位。对逃税问题的持续关注需要再一次汇聚全球力量。首要步骤是建立一个"良性"利用SPEs和OFCs的封闭式名单。无论未来采取何种措施，都将有助于打击恶性逃税和信息不透明。

国际产品市场稳步增长

2012 年，尽管 FDI 流量保持在较低水平，但仍推动了跨国公司的国际生产稳步增长，扩大了 FDI 现有存量。2012 年 FDI 存量增长 9%，达到 23 万亿美元。跨国公司海外子公司销售总额达 26 万亿美元（出口占 7.5 万亿美元），较 2011 年增长 7.4%（见表 2），贡献增加值 6.6 万亿美元，同比增长 5.5%，这与全球 2.3% 的 GDP 增长率相一致。跨国公司雇佣员工达 7200 万人，同比增长 5.7%。

表 2　1990~2012 年 FDI 及国际间生产部分指标

项　目	按当年价格计算（十亿美元）				
	1990 年	2005~2007 年金融危机前平均水平	2010 年	2011 年	2012 年
FDI 流入量	207	1491	1409	1652	1351
FDI 流出量	241	1534	1505	1678	1391
FDI 流入存量	2078	14706	20380	20873	22813
FDI 流出存量	2091	15895	21130	21442	23593
对外直接投资收入	75	1076	1377	1500	1507
对外直接投资收益率（百分比）	4	7	6.8	7.2	6.6
对外直接投资收入	122	1148	1387	1548	1461
对外直接投资收益率（百分比）	6	7	6.6	7.2	6.2
跨国并购	99	703	344	555	308
境外子公司销售额	5102	19579	22574	24198	25980
境外子公司产品增加值	1018	4124	5735	6260	6607
境外子公司总资产	4599	43836	78631	83043	86574
境外子公司出口额	1498	5003	6320	7436	7479
境外子公司雇佣人数（千人）	21458	51795	63043	67852	71695
备注：					
GDP	22206	50319	63468	70221	71707
固定资产形成总额	5109	11208	13940	15770	16278
专利使用费及特许费收入	27	161	215	240	235
产品及劳务出口	4382	15008	18956	22303	22432

世界前 100 强跨国公司主要来自发达国家，在 2012 年，其国际生产增长率陷于停滞。然而，来自转型经济体或发展中国家的 100 强跨国公司的国外资产增长近 20%，并将继续拓展其国际生产网络。

利润再投资：长期投资的资金来源

2011 年，全球 FDI 收入连续第二年快速增加，达到 1.5 万亿美元，存量达 21 万亿美元，全球金融危机最严重的 2008 年和 2009 年 FDI 收入均有所下降。FDI 收入在三个主要经济体中均有增加——发达经济体、发展中经济体、转型经济体——发展中经济体和转型经济体增加最大。全球 FDI 的投资回报率为 7%，发展中经济体（8%）和转型经济体（13%）均高于发达经济体（5%）。全球 FDI 收入中有 5000 亿美元留在东道国，而 1 万亿美元回流至母国或其他国家（代表平均 3.4% 的经常账户支付）。FDI 留存收入比例最高的是发展中国家，40%左右代表了一个重要的FDI融资来源。但是，并非所有的留存收入都转变成了资本支出，东道国政府面临的挑战是如何将留存收入转变为生产性投资。

FDI地区发展趋势

非洲：FDI的理想区位

非洲的FDI流入量连续两年提高了5%，达到500亿美元，使其成为2012年为数不多的实现同比增长的区域之一。2012年非洲FDI的流出量翻了3倍，达到140亿美元。南非的跨国公司越来越活跃，在流向新兴市场的FDI流量中，它们所占的份额越来越高，这已经成为近几年的一种趋势。就FDI存量而言，马来西亚、南非、中国和印度依次成为非洲最大的发展中国家投资国。

2012年FDI流入量主要由采掘业投资驱动，比如在刚果民主共和国、毛里塔尼亚、莫桑比克和乌干达的投资。同时，在以消费者为导向的制造业和服务业，FDI也出现了增长，反映在人口统计学上的变化中。2008~2012年，这些行业在绿地投资项目总价值中的比重，从7%增长到23%。

亚洲发展中国家FDI失去增长势头

2012年亚洲发展中国家的FDI流入量下降了7%，总计4070亿美元。这样的下降反映在亚洲发展中国家的所有子区域中，中南亚情况最为严重，其FDI流入量下降了24%。中国和中国香港是世界上第二大和第三大FDI流入国家或经济体，新加坡、印度和印度尼西亚也位居前二十位。受到持续的区域内结构重组驱动，柬埔寨、缅甸、菲律宾和越南等低收入国家，成为劳动密集型制造业FDI的理想目的地。在西亚，FDI已经连续4年下降。海湾地区的国有企业正在接手原先计划由合资企业经营的"烂尾"项目。

这一区域FDI流出总量保持平稳，总计3080亿美元，占全球流量的22%（和欧盟所占的比重相当）。南亚对外直接投资流出量下降了29%，抵消了东亚和东南亚的稳健增长。中国对外直接投资继续增长，2012年创纪录地达到了840亿美元，同时马来西亚和泰国的对外直接投资也有所增长。在西亚，土耳其2012年对外直接投资增长了73%，达到创纪录的40亿美元，土耳其因此也成为一个重要的对外投资国。

中美洲和加勒比地区FDI的下降抵消了南美的增长

2012年，拉丁美洲和加勒比地区吸引的FDI达到2440亿美元，依旧保持2011年的高位水平。南美洲FDI流入量的大幅增长（1440亿美元）被中美洲和加勒比地区FDI流入量的下降（990亿美元）所抵消。保证南美洲对外直接投资吸引力的主要因素，是该地区丰富的石油、天然气、金属矿产和不断壮大的中产阶级。一些南美洲国家，自然资源FDI流入占比巨大。受新工业政策措施刺激，巴西在制造业（比如汽车）领域的FDI呈现增长，并带动了墨西哥沿岸地区同步增长。

2012年，拉丁美洲和加勒比地区FDI流出量平稳下降到1030亿美元。FDI流出量一半以上源于离岸金融中心。拉丁美洲跨国公司的跨境收购大幅增长74%，达330亿美元，其中50%投向其他发展中国家。

转型经济体FDI流量下降

2012年，转型经济体FDI流入量下降了9%，总量达870亿美元。由于传统欧盟投资国经济不景气，其对东南欧的投资有所下降，致使东南欧FDI流量几乎减半。包括俄罗斯在内的独联体国家，FDI流量下降7%，但是外国投资者依旧被这一地区不断增长的消费市场和丰富的自然资源所吸引。俄罗斯联邦大部分的对外直接投资来自"多层转投"。

2012年，转型经济体FDI流出量下降了24%，总量达550亿美元。俄罗斯联邦继续主导这一区域对外直接投资，占总体的92%。尽管跨国自然资源企业仍在海外扩张，但2012年最大的收购项目均来自金融领域。

2012年FDI的急剧下滑阻碍了当前发达国家的经济复苏

FDI流入量的急剧下滑逆转了2010年和2011年FDI回升的趋势。2012年，38个发达国家中有23个国家的FDI流入量下降。欧盟的FDI流入量下跌了41%，美国下跌了26%，因此导致发达国家FDI流入量暴跌了32%。澳大利亚、新西兰FDI流入量分别下降了13%和33%。与此相反，经历连续两年净撤资之后，日本的FDI流入量积极回升。此外，英国的FDI流入量也有所提高。总量的下降源于黯淡的增长前景和政策的不确定性，这一点在欧洲尤甚，同时也体现在采掘行业的投资回冷方面。另外，公司内部交易对2012年FDI流量下降也产生影响，比如公司内借贷，本质上，其往往波动更大。FDI流量不稳定，而资本支出水平相对比较稳定。

发达国家FDI流出量下降了23%，其中欧盟下降了40%，美国下降了17%。这主要由发达国家跨国公司撤资行动以及"等待观望"态度造成。然而，日本对外直接投资却增长了14%。

2012年结构薄弱、易受冲击的经济体的FDI流入量进一步上升

2012年，流向结构薄弱、易受冲击的小型经济体FDI增长了8%，达600亿美元，其中，流向最不发达国家和小岛屿发展中国家的FDI增长尤其迅猛，其总和占全球FDI的比例提高到了4.4%。

柬埔寨、刚果民主共和国、利比里亚、毛里塔尼亚、莫桑比克和乌干达的FDI流入量增长迅猛，使流向最不发达国家（LDCs）的FDI大幅增长了20%，达到了创纪录的260亿美元。仍然有很大一部分FDI集中流入一些资源丰富的最不发达国家。金融服务业仍是吸引绿地投资最多的领域。由于发达国家对外绿地投资几乎缩减一半，在最不发达国家中，将近60%的绿地投资来自以印度为首的发展中国家。

流向内陆型发展中国家（LLDCs）的FDI达到350亿美元的历史新高。中亚"丝绸之路"经济体占到内陆型发展中国家吸收FDI总量的54%。发展中国家成为内陆型发展中国家最大的投资人，特别是来自西亚和韩国的跨国企业，后者是2011年内陆型发展中国家最大的单独投资人。

流向小岛屿发展中国家（SIDS）的FDI连续第二年回升，增长了10%，达到62亿美元。其中两个自然资源丰富的国家——巴布亚新几内亚、特立尼达和多巴哥对FDI的增长贡献巨大。

投资政策发展趋势

许多新投资政策包含特定产业视角

2012年，全球至少有53个国家和经济体采用了86个对外投资政策措施。这些措施大部分（75%）都与投资自由化、投资便利化和促进有关，涵盖多个行业，特别是服务业。私有化政策是其中的重要组成部分。其他的政策措施还包括建立特殊经济区（SEZs）。

与此同时，经过2011年的短暂回落之后，与FDI相关的法律法规增加到25%，显示出长期增长趋势（见图4）。政府越来越重视使用产业政

策，调整之前的投资自由化措施，加强筛选和监管机制，密切监控跨国并购活动。在某些战略性产业，比如采掘业，采取了限制性投资政策。总之，各国政府对待本国不同行业对外直接投资时变得慎而又慎、精挑细选。

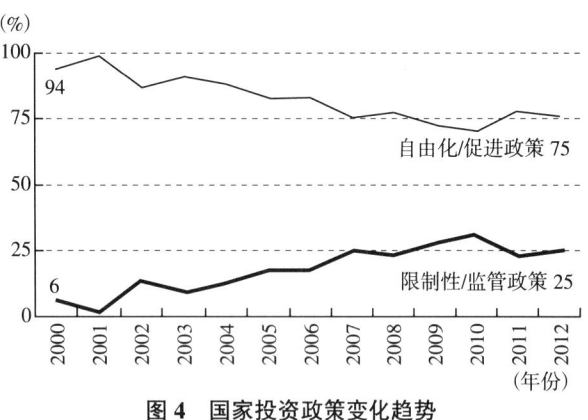

图 4　国家投资政策变化趋势

筛选机制显著影响跨国并购

跨国并购的例子充分表明，近期各国对进入本国的外国直接投资是如何做到精挑细选的。本报告分析了 2008~2012 年 211 个被撤销的大型跨国并购案例，它们的交易价值都在 5 亿美元及以上。其中大部分的跨国并购迫于经济压力而流产，但仍有一大部分并购失败是由于监管因素，比如竞争问题、经济效益问题、国家安全问题，或者政治反对势力。这类交易总价值约 2650 亿美元。2012 年这类被撤销的交易占全部被撤销跨国并购的 22%，而在 2010 年这一数字达到最高，超过 30%。这类由于监管因素和政治反对势力而被撤销的并购交易主要集中在采掘业。

坚持投资保护主义的风险

由于各国政府越来越重视使用产业政策，加强筛选和监管机制，密切监控跨国并购活动，并且对于在本国战略性行业的对外直接投资控制越来越严格，致使有些措施是基于投资保护主义的风险有所提高。随着全球和区域价值链的出现和快速扩张，投资保护措施对于国内外的参与者来说都有可能适得其反。

由于缺乏对"投资保护主义"定义的共识，各国很难界定哪些法律法规具有保护主义特征。各方应在国际层面上明确这一概念，为定义投资保护措施提供标准。在国家层面，来自国际组织的技术支持可以促进建立有效监管，而非过度监管。为限制保护主义，各国可以考虑扩大 G20 的职权范围，甚至可能扩大到全球领域。

新签署的双边投资协定数量持续下降

截止到 2012 年底，国际投资协定体系由 3196 个协定组成，其中包括 2857 个双边投资协定和 339 个"其他国际投资协定"，比如投资维度下整合或合作协定（见图 5）。2012 年达成了 30 个国际投资协定（20 个双边投资协定和 10 个"其他国际投资协定"），其中 20 个双边投资协定数量，创近 25 年年达成量新低。

区域主义发展带来的机遇与挑战

投资的区域主义正在发展，2012 年达成的 10 个"其他国际投资协定"中有 8 个是地区性协定。而且 2012 年至少有 110 个国家参与了 22 个区域磋商。地区主义给理性改革带来了机遇。如果 9 个此类磋商参与方（比如打算缔结双边投资协定的磋商），选择将他们各自的双边投资协定替换成区域内投资协定，即将带来超过 270 项（约 10%）双边投资协定，从而巩固当今全球双边投资协定框架。

新的国际投资协定趋向于纳入可持续发展条款

2012 年达成的国际投资协定显示出将可持续发展议题纳入协定的趋势，其中提及了健康安全

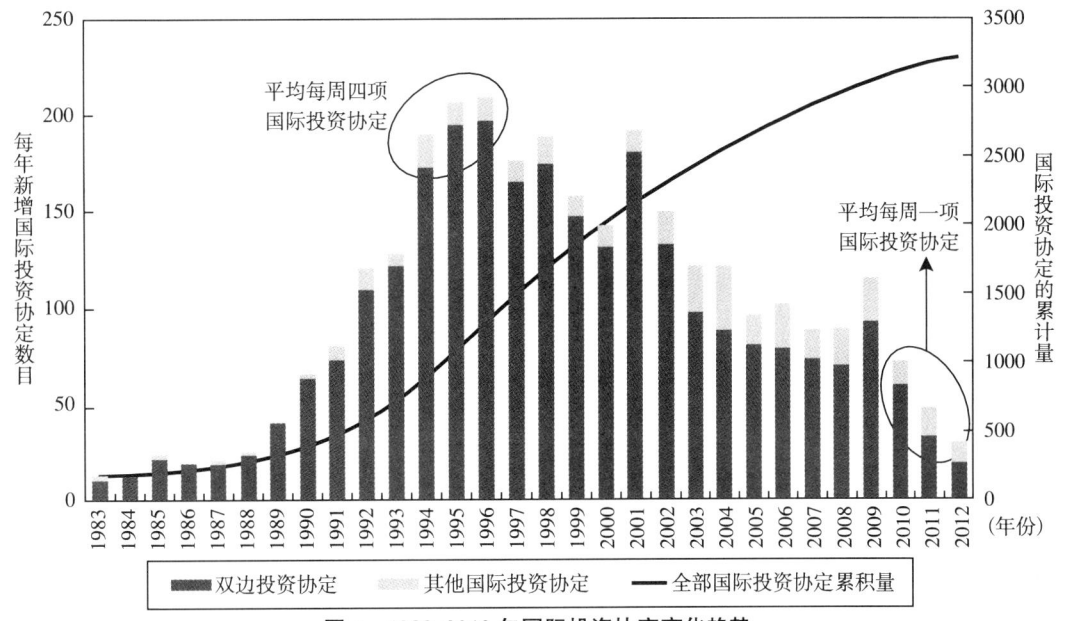

图 5　1983~2012 年国际投资协定变化趋势

保护、劳工权利和环境问题。这些可持续发展议题体现在一些国际投资协议的条款中，这些条款涉及范围更广泛，着眼于维持公共政策的监管空间，具体来说主要是减少投资诉讼的风险。这些条款中有许多规定，都与联合国贸发会议提出的可持续发展投资政策框架（IPFSD）中的政策建议一致。

改善国际投资协定体系的机遇

各国有许多渠道来改善国际投资协定体系，采用哪种方法取决于各国所期望达到的改革深度。这些渠道包括：缔约国厘清条款规定（例如出台官方解释）、修订国际投资协定（例如制定修正案）、替换旧的国际投资协定（例如反复磋商）、或者终止某些国际投资协定（单方面或双方面）。协定一旦到期就能采取上述方法进行改变。截止到 2013 年底，将有超过 1300 个双边投资协定提上议程，这些协定可以随时终止或者再磋商，从而避免多方面、多层次的国际投资协定体系中的不一致和重复，并且促进国际投资协定体系的发展（见图 6）。通过采取这些行动，各国需要衡量本国投资环境的优劣势以及总体上的发展策略。

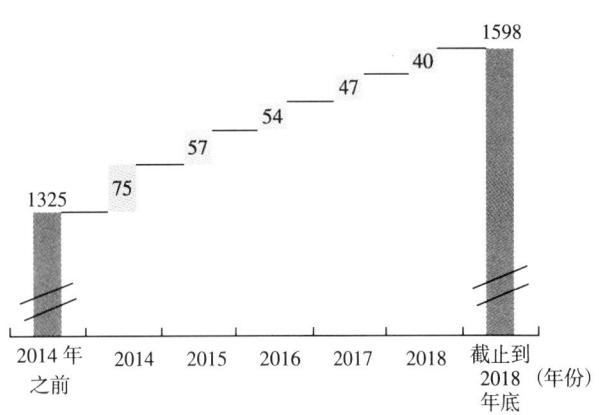

图 6　可终止或再协商的双边投资协定累积量

投资者—东道国仲裁：新案件数量达到历史最多

2012 年，有 58 例最新已知的投资者诉东道国案件（ISDS）。这使得已知案件总数达到 514 件，而回应这些案件的国家达到 95 个。这 58 个新案件是历年来一年内记录在案的已知投资者诉东道国案件中数量最多的，这就证明外国投资者越来越借助于投资者—东道国仲裁解决争端。由于投资者诉东道国案件的数量不断增加，以及投资者诉东道国争端解决机制的弊端不断引起人们的关注，因此，关于投资者诉东道国争端解决机制的利弊的讨论风头正盛，特别是在那些投资者诉东道国争端解决机制已经列入国际投资协定磋商的国家和地区。

投资者—东道国仲裁：草拟改革方案

投资者诉东道国争端解决机制的运行已经暴露出其系统性缺陷。人们关注的主要是这一机制的合法性、透明度、非一致性、决策错误、仲裁人预约制度和金融风险。针对这些关注，联合国贸发会议提供了五条改革道路：促进非诉讼解决机制的发展；通过个别国际投资协定修改现有的投资者诉东道国争端解决机制；限制投资者使用投资者诉东道国争端解决机制的权利；引进上诉服务和建立一个长期的国际投资法庭。国际投资协定的利益相关者应当评价现有体系，衡量可用的选择并采取坚实行动进行改革。在多边层面的共同行动上帮助建立共识，从而找到最优的改革方案和行动。

全球价值链与发展

全球价值链不断推动贸易发展

中间产品和服务构成了最终消费商品和服务在生产过程中的不同阶段，现今，中间产品和服务的贸易量约占全球贸易量的60%，总额超过20万亿美元。生产过程的片段化以及中间环节任务和活动的国际延伸，已经导致了无边界生产体系的出现。这些体系可以是连续的链条，也可以是复杂的网络；范围可以是全球，也可以是区域，人们常称其为全球价值链（GVCs）。

中间品本应作为"贸易价值增值"只计算一次，但却在全球出口中被计算多次，这就导致了相当数量的贸易被双倍计算。如今，增加值占到了出口总量的28%。增加值是指初次进口品被投入产品或服务中，然后将产品或服务再次出口，中间过程所创造的价值。2010年，全球出口总值19万亿美元中有5万亿美元被重复计算（见图7）。全球价值链中贸易增加值的类型，决定了单个经济体从贸易中获得实际经济收益的分配。

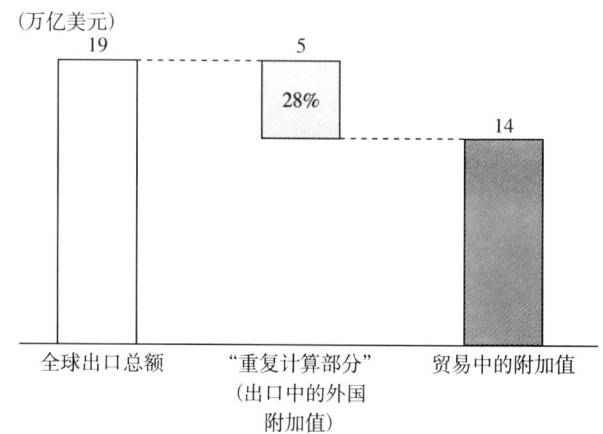

图7　2010年全球出口产品增加值

在某些行业中，全球价值链的环节越容易分割，其链条延伸越长，例如电子业、汽车业或服装业。但是，全球价值链的环节越来越多地涉及所有行业，包括服务业。其中，服务业出口仅占全球出口总值的20%，但服务业部门创造的出口增加值占到了将近一半（46%），这是因为大多数制造业出口也需要生产服务。

大多数发展中国家不断参与到全球价值链中。在全球贸易价值增值中，发展中国家的份额从1990年的20%增至2000年的30%，现如今为40%。许多较落后的发展中国家也努力进入全球价值链，不再只是出口自然资源。

"区域价值链"往往比"全球价值链"更重要，尤其在北美、欧洲、东亚及东南亚。在转型经济体中，区域价值链相对发展较为缓慢，例如拉丁美洲和非洲。

全球价值链以跨国公司为主导

全球价值链通常以跨国公司为主导，输入和输出的跨境贸易发生在其子公司、合同伙伴及地理位置接近的供应商（arm's-length suppliers）组成的网络结构中。跨国公司主导的全球价值链占到全球贸易的80%。在全球价值链中，受跨国公司投资决策影响，贸易增加值的类型已经有了显著发展。相对于一国的经济规模而言，其对外直接投资水平越高，往往进入全球价值链的层次越高，并且从贸易中获得的国内价值增值相对越多（见图8）。

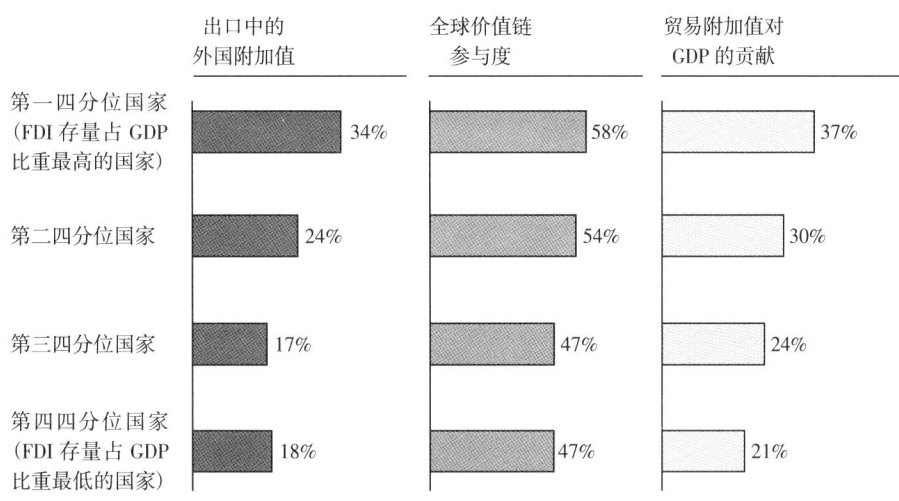

图8　2010年贸易增加值关键指标，以四分位数的FDI流入存量占GDP比重划分

跨国公司通过复杂的供应商网络和多样的治理模式主导全球价值链，从拥有国外子公司的直接控股权到合同伙伴关系（在国际生产中的非股权经营模式，NEMs），再到地理位置接近的相互交易。在全球价值链中，这些治理模式和由此产生的权利结构对贸易在全球价值链中获得的经济收益分配及长期发展具有重要影响。

跨国公司决定在哪儿投资以及与谁合作，受全球价值链区位决定因素的影响，这些决定因素又取决于全球价值链的环节、任务和活动。全球价值链各环节的区位决定因素通常不同，并且比垂直一体化行业的区位决定因素要少——例如，投资于电子装配行业要比投资于电子整个行业的区位决定因素要少。对于许多全球价值链环节，很少有"孤注一掷"的区位决定因素成为国家进入全球价值链的先决条件。

全球价值链为发展做出重要贡献，但参与其中并非没有风险

全球价值链的增加值和就业可以延伸到更多地区，并不仅仅是在能执行最复杂任务的地区。这样，它们可以加快"追赶"发展中国家的国内生产总值和收入水平，并引起经济体之间更大的融合。从全球层面看，这是全球价值链发展的重要贡献。

从国家层面看，相对于当地经济发展规模而言，从全球价值链贸易中获得的国内增加值十分显著。在发展中国家，平均而言，增加值贸易为一国的国内生产总值贡献了近30%，相比发达国家，仅为18%。参与全球价值链和人均国内生产总值增长率之间存在正相关。参与全球价值链增长最快的经济体，人均国内生产总值增长率高出平均水平2%。尽管全球价值链参与程度取决于出

口品中的进口成分，但较高的参与度往往会为发展中国家创造就业机会，达到更高的就业增长。

但是单个经济体存在更多的异质性。有些经济体，出口中的进口价值较高，参与价值链局限在低端环节，这样的价值链增值贡献相对较小。很大一部分发展中经济体的价值链增值由跨国公司的国外子公司创造，这样就导致了相对较低的"价值捕获"，例如由于转移定价或者利润回流。然而，即使出口由跨国公司主导，本土企业在全球价值链中的增加值贡献也非常重要。平均而言，国外子公司的利润再投资几乎和利润回流同样重要。

从就业增长方面看，全球购买者的成本压力往往意味着与全球价值链相关的就业，存在不安全性和工作环境差的问题，职业安全和健康尤其令人担忧。而且，全球价值链中就业的稳定性较低，这是因为需求震荡沿着价值链加强，并且跨国公司的全球价值链运营不受约束。在社会和环境问题方面，全球价值链可以作为转移国际间最佳实践方法的机制，例如，尽管供应链第一层标准的实施仍具挑战，但可以通过利用企业社会责任准则实现转移。

长期来看，全球价值链可以成为发展中国家构建生产力的一个重要途径，包括通过技术传播和技术构建，来扩大产业升级。但是，全球价值链的潜在长期发展收益并非是自动产生的。参与全球价值链在一定程度上可能依赖一个狭窄的技术基础，以及依赖进入跨国公司主导价值链的机会，以此获得有限的增加值活动。

从企业层面看，本土企业提高生产力并且获得更高增加值的机遇，取决于它们所处的全球价值链的本质、在价值链中的治理和操纵关系，以及它们的吸收能力、经济体的商业和制度环境。从国家层面看，成功的价值链升级路径不仅包括不断参与全球价值链，而且包括创造更高的国内增加值。与此同时，还包括提高技术水平的渐进式价值链扩张，从资源出口导向型向复杂程度逐渐增加的制造业和服务业出口导向型转变。

是否促进参与全球价值链国家需要做出战略选择

国家需要认真考虑全球价值链的利弊，权衡促进或抑制全球价值链参与的成本和收益，或以全球价值链为主导的发展战略，以便符合国家的具体情况和要素禀赋。一些国家可能决定不促进全球价值链的参与。一些国家可能还没做出决定，大多数资源禀赋有限、较小的发展中经济体，对于在其发展战略中是否融入参与全球价值链往往没有选择权。这些国家的问题不是要不要参与全球价值链，而是如何参与价值链。事实上，大多数国家已经用这样或那样的方式参与了全球价值链。促进参与全球价值链需要锁定特定的全球价值链环节，即全球价值链的促进具有选择性。进一步来说，全球价值链的参与是国家总体发展战略的一个方面。

政策制定关系到全球价值链对经济发展的作用

如果国家决定积极促进参与全球价值链，那么政策制定者应该首先确定国家的贸易现状和行业能力立足点，评估现实全球价值链战略定位的发展路径。

获得全球价值链的进入机会，从全球价值链的参与和升级中获益，需要一个结构化的方法，包括：①将全球价值链嵌入总体发展战略和产业发展政策中。②通过创造和保持良好的投资贸易环境，提供支持性基础设施建设，促进价值链升级。③在本土企业中构建生产能力，减少参与全球价值链的风险。④建立一个稳固的环境、社会和治理框架，在理解贸易和投资政策的基础上，对这些政策进行调整。⑤发挥两个政策领域和相关制度之间的协同效应（见表3）。

表3 构建全球价值链及其发展的政策框架

关键点	重要政策措施
将全球价值链嵌入发展战略	● 将全球价值链纳入产业发展政策之中 ● 保持政策目标与全球价值链发展路径的一致性
增强全球价值链参与度	● 创建并维持一个有利于贸易与投资的良好环境 ● 将基础设施建设作为参与全球价值链的先决条件
建设国内生产能力	● 支持企业发展，加强本土企业的议价能力 ● 提高企业员工专业技能
提供一个稳固的环境、社会和治理框架	● 通过制定规划、出台公共标准和私有标准，减小参与全球价值链的风险 ● 支持本土企业遵守国际生产标准
发挥贸易和投资政策与制度的协同效应	● 保证贸易活动与投资政策的一致性 ● 发挥贸易与投资促进、便利化间的协同效应 ● 创立"区域产业发展契约"

将全球价值链嵌入发展战略。在以全球价值链为特征的全球经济中，行业发展政策集中在最终产品和服务上的效率较低方面：

● 与全球价值链相关的发展战略需要更强的针对性政策集中于价值链的精细活动。它们还增加了对解决"中等收入陷阱"的政策诉求，因为行业的片段化增加了一国进入低增加值和低技术水平产业的风险。

● 全球价值链需要在产业发展战略中寻求新的方法发展贸易政策，因为如果一国的进口活动对出口竞争力至关重要，那么贸易保护政策的作用可能适得其反。根据区域生产网络不断增加的重要性，依赖于和临近发展中经济体供应基地的紧密联系，贸易政策也应该被看做是基于全球价值链的产业化。

● 全球价值链升级和进入更高的价值增值活动的需要，强化了与领先企业产业发展建立合作伙伴关系的基本原则。同时，全球价值链需要一个监管框架，来保证联合经济和社会以及环境的升级，旨在获得可持续发展收益。

● 最后，全球价值链需要以一个更加动态的视角看待产业发展。发展战略和产业发展政策应该集中于短期可以获取和改进的支柱产业，并且有选择地创造中长期投资吸引力，沿着全球价值链构建竞争优势，包括建立商业合作伙伴。

对于政策制定者来说，加入全球价值链发展战略的起点，首先是了解自己的国家以及本国产业结构在全球价值链中的定位，加深对现实全球价值链发展路径的认识，扩大全球价值链的参与和升级机遇。联合国贸发会议的全球价值链政策发展工具可以帮助政策制定者实现上述目标。

增强全球价值链参与度。推动本土企业参与全球价值链，意味着为投资贸易创造和保持一个良好的环境，并将基础设施建设作为参与全球价值链的先决条件。贸易投资的良好环境指的是针对商业运营的整体政策环境，不仅包括贸易和投资政策，还有税收政策、竞争政策、劳动力市场监管、知识产权保护、土地拥有权以及一系列的政策领域（参见联合国贸发会议的投资政策可持续发展框架，IPFSD，强调相关的贸易和其他政策领域）。贸易和投资便利化对全球价值链而言尤为重要，由于价值链中货物多次跨国界，因此有必要构建出口生产力。

提供可靠的硬件和"软件"基础设施（特别

是物流和电信）对吸引全球价值链至关重要。发展良好的沟通和运输网络也有助于全球价值链的运营"粘性"。因为价值链本质上往往具有区域性特点，所以基础设施发展方面的国际合作将对其发展大有裨益。

建设国内生产能力。很多政策领域对积极参与全球价值链和升级的企业非常重要：第一，企业集群会提高整体生产力和绩效。第二，国内和国外子公司的关联发展以及国际机构的联系发展，可以为当地中小企业提供应对知识创造和国际化双重挑战的外部性。第三，国内生产能力构建需要科技的支持，以及有效的知识产权保护框架。第四，一系列的商业发展和支持服务为中小企业的生产力建设提供便利，以符合技术标准，增强对投资和贸易规则的理解。第五，主张创业发展政策，包括管理和创业培训以及风险资本支持。第六，为中小企业提供财政支持，帮助发展至上游价值链，让当地企业直接受益。

此外，有效的技术发展战略对全球价值链的参与升级、帮助中小企业满足顾客需求、符合特定企业社会责任至关重要。它可以为任何调整过程提供便利，帮助失业人员实现再就业。

政策制定者也应该考虑加强国内生产者与国外合作伙伴的议价能力，帮助它们公平地获得租金，承担风险，促进在全球价值链中获得更高的增加值（《世界投资报告2011》）。

提供一个稳定的环境、社会和治理框架。一个稳定的环境、社会和治理框架及政策对全球价值链的可持续发展最大化、风险最小化非常必要。东道国必须确保全球价值链的合作伙伴遵守国际核心劳工标准。同样，职业安全的建立和执行、全球价值链生产基地的健康标准和环境标准，以及能力建设的合规也非常重要。全球价值链商品的购买者及其所在国能够为安全生产做出重要贡献，通过与供应商的合作促使他们遵守东道国法规和国际惯例。

为了确保在全球价值链中的可持续发展，供应商面临越来越多的企业社会责任方面的压力。出口加工区是全球价值链的重要枢纽，为政策制定者在可控规模内解决企业社会责任问题提供了机遇。政策制定者可以考虑采用改进的企业社会责任政策，在出口加工区内支持服务和基础设施建设（例如，认证和报告方面的技术援助、职业安全和健康问题的支持、能源设施的循环利用和替代），将它们转化为可持续经营的典范，使其成为实现企业社会责任补充的催化剂。政府或区域当局可以提供这样的好处，在出口加工区内，给公司提供一些额外的或可替代的现有福利，其中可能包括成本分摊、统一协调、减少现场检查和其他。国际组织可以通过建立准则，促进优秀经验交流以及发展能力建设项目来提供帮助。

许多其他的问题以及公司治理议题应该得到重视，以此减少与全球价值链的风险联系。这些问题包括转移定价，其中全球价值链具有扩大操纵转移定价范围的复制效应。另外，为了保护产业发展进程，政府应该寻求培育弹性供应链，以便承受冲击，从破坏中迅速恢复。

发挥贸易和投资政策与制度的协同效应。因为全球价值链中投资和贸易密不可分，确保投资和贸易政策的一致性至关重要。为了避免不一致性甚至弄巧成拙，需要密切关注可能同时影响投资和贸易的政策工具，例如：①影响投资的贸易措施；②影响贸易的投资措施。

从制度层面看，贸易和投资在全球价值链中紧密联系，需要国内贸易和投资促进机构的密切协作，更好地锁定在与东道国动态区位优势相一致的全球价值链特定环节。一些基于国家参与和定位的全球价值链客观标准可以为促进贸易和投资确定最合适的机构设置。

应该通过将国际投资和贸易协定作为整体寻

求协同效应。从价值链角度看，区域贸易和投资协定尤其相关，区域自由化的努力正在形成区域价值链和增加值分配。

事实上，区域价值链的相关性表明了区域贸易和投资协定向"区域产业发展契约"演变的潜在影响。这类契约可能会关注贸易投资的自由化和便利化，建立联合投资促进机制和体系。它们可以延伸到其他重要领域发展全球价值链，例如，在环境、社会和治理问题上协调监管标准，巩固私有标准。而且，它们还通过联合投资基础设施建设和生产能力建设，创建跨界产业集群。建立这类契约意味着建立团队合作——包括地区间政府协调贸易投资规则和共同促进贸易投资的合作；为了技术援助和能力建设，政府和国际组织的合作；以及公共部门和私营部门在区域价值链中投资基础设施建设和生产能力建设的合作（见图9）。

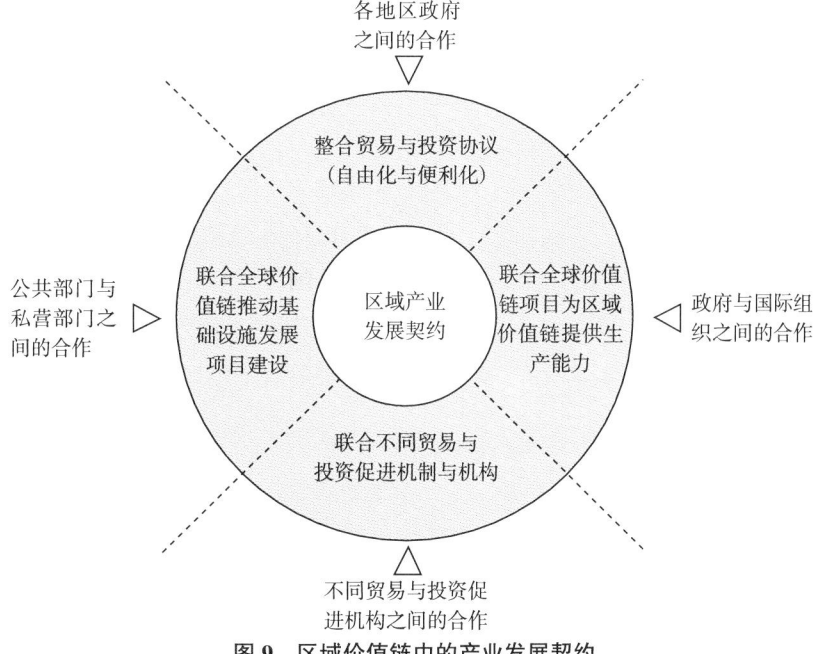

图9 区域价值链中的产业发展契约

素帕猜·巴尼巴滴
联合国贸发会议秘书长
2013年6月，于日内瓦

FDI 全球趋势

第一章

第一节 FDI 全球趋势：复苏缓慢

一、当前趋势

> 金融危机后，始于 2010 年和 2011 年的 FDI 复苏目前已经停滞，FDI 降至危机前水平之下，FDI 复苏时间也将超过预期。

2012 年全球 FDI 流入量下降了 18%，从 2011 年的 1.65 万亿美元降至 1.35 万亿美元。与之形成鲜明对比的是，其他宏观经济变量，如 GDP、贸易和就业增长等上升势头强劲（见表 1.1）。

表 1.1　2008~2012 年全球 GDP、固定资产形成总值、贸易、就业和 FDI 增长率（%）

变量＼年份	2008	2009	2010	2011	2012	2013①	2014①
GDP	1.4	-2.1	4.0	2.8	2.3	2.3	3.1
贸易	3.0	-10.3	12.5	5.9	2.6	3.6	5.3
GFCF	2.3	-5.6	5.6	4.8	3.7	5.0	5.7
就业	1.1	0.5	1.3	1.5	1.3	1.3	1.3
FDI	-9.3	-33.0	15.8	17.3	-18.2	3.6	17.1
备忘录：							
FDI 金额（万亿美元）	1.82	1.22	1.41	1.65	1.35	1.40	1.6

注：GFCF = GROSS FIXED CAPITAL FORMATION（固定资本形成总值）。①项目增长率。
资料来源：UNCTAD GDP 数据来自联合国，GFCF 和贸易数据来自 MIF，就业数据来自 ILO。

2013 年 FDI 流量预期接近 2012 年的水平，预计上限为 1.45 万亿美元。随着中期宏观经济条件的改善和投资者信心的恢复，跨国公司可能将其创纪录的现金持有量转变为新的投资。预计 2014 年 FDI 流量将达到 1.6 万亿美元，2015 年达到 1.8 万亿美元。然而，实现这一增长存在较大风险，包括全球金融系统的结构性弱点，欧盟区增长疲软以及影响显著投资者信心的政策不确定性等。

（一）按区域划分的 FDI

1. FDI 流入量

> 2012 年发展中国家 FDI 流入量首次超过发达国家，全球 FDI 流入量居前 20 位的东道国中有 9 个发展中国家。

2012 年，发展中国家 FDI 流入量有所反弹，超过 7000 亿美元，达历史第二峰值。然而，发达国家 FDI 流入量大幅萎缩至 5610 亿美元，几乎只有 2007 年峰值的 1/3。其结果是，发展中国家史无前例地吸收 FDI 超过发达国家 1420 亿美元，创造了发展中国家 FDI 流入量占世界总量 52% 的记录（见图 1.1）。全球东道国 FDI 流入量排名也反映了投资流向趋势的转变。例如，"金砖国家"目前排在前五位；FDI 流入量居前 20 位的东道国中有 9 个是发展中国家（见图 1.2）。

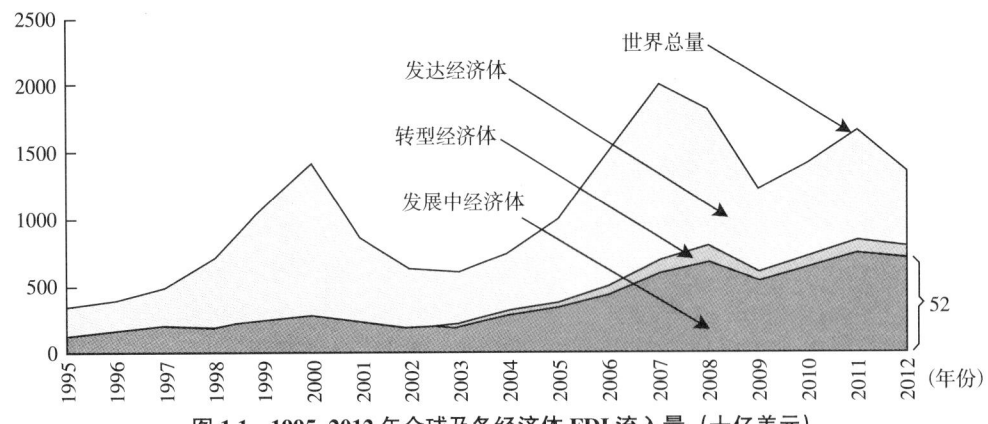

图1.1　1995~2012年全球及各经济体FDI流入量（十亿美元）

资料来源：UNCTAD FDI-TNC-GVC信息系统，FDI数据库（www.unctad.org/fdistatistics）。

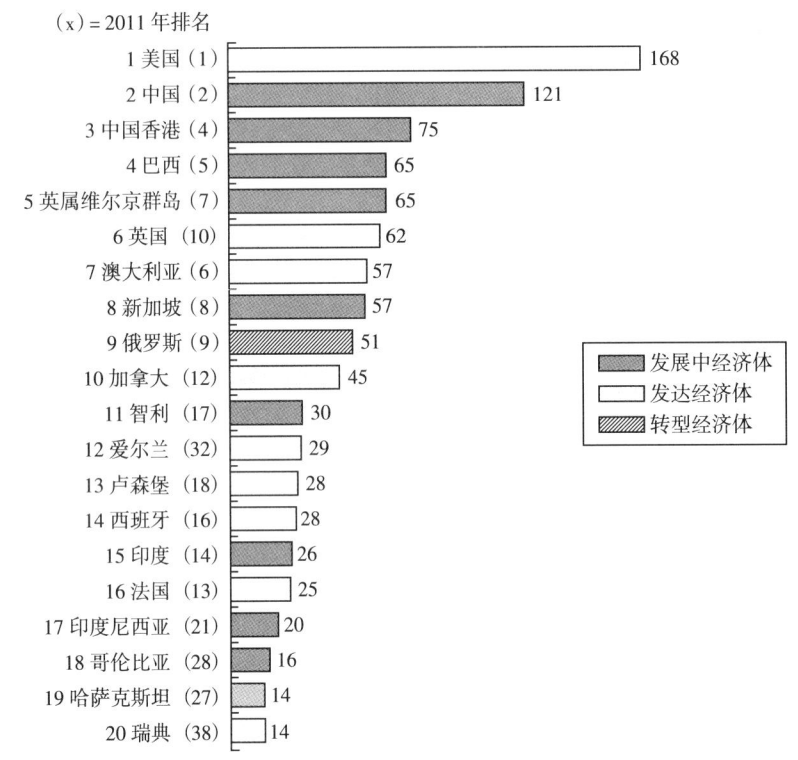

图1.2　2012年前20位FDI流入东道国（十亿美元）

资料来源：UNCTAD FDI-TNC-GVC信息系统，FDI数据库（www.unctad.org/fdistatistics）。

在发展中国家或地区，由于包括中国、中国香港、印度、韩国、沙特阿拉伯和土耳其在内次区域和主要经济体FDI流入量下降，亚洲发展中国家或地区FDI流入量下降了6.7%。然而，2012年非洲FDI流入量飙升至历史第二新高，占发展中国家FDI流入总量的58%。东盟FDI流入量上升了2%，该区域内国家或地区的FDI流入量几乎都有所增长。西亚FDI流入量连续第四年下降，该地区政治不确定性仍然较大，全球经济前景低迷，外国投资者对该区域投资依然谨慎。

2012年，拉丁美洲和加勒比海地区FDI流入量保持2011年的较高水平，仅有2.2%的小幅下

第一章 FDI 全球趋势

降。南美洲 FDI 流入量保持较高水平主要是由于该地区的经济扩张吸引了相当数量的市场导向的投资者，以及大宗商品价格的长久优势。这将持续鼓励采掘业的投资，特别是在秘鲁和哥伦比亚。巴西的 FDI 流入量相对放缓，但势头依然强劲，已跻身为世界第四大投资目的地（见图 1.2）。墨西哥 FDI 流入量下滑使得流入中美洲的 FDI 流量有所下降。

2012 年，非洲是 FDI 流入唯一实现增长的地区（见图 1.3）。北非扭转了 FDI 流入量下滑趋势，欧洲流向埃及的 FDI 流入量开始反弹。撒哈拉沙漠以南非洲地区的 FDI 流入量部分由刚果、毛里塔尼亚、莫桑比克和乌干达等国家的采掘业带动。2012 年，安哥拉——非洲 FDI 存量主要持有国——继续处于资金撤出状态。

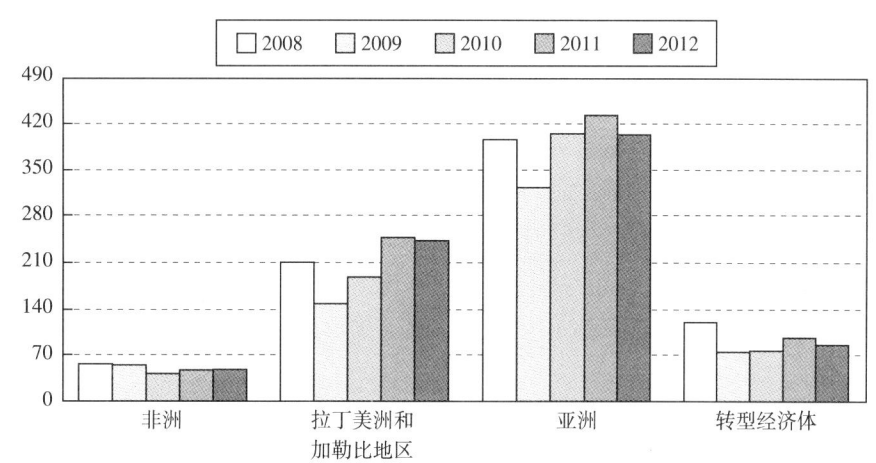

图 1.3　2008~2012 年 FDI 流入量地区分布（十亿美元）

资料来源：UNCTAD FDI-TNC-GVC 信息系统，FDI 数据库（www.unctad.org/fdistatistics）。

2012 年，东南欧和独立国家联合体（CIS）两个转型经济体经历了 FDI 流入的下降，这很大程度上是由于跨境并购额（M&As）跌幅较大。由于来自欧盟国家——该地区的主要投资者——的投资减少，东南欧 FDI 流入量几乎减半。独联体国家凭借其快速扩大的消费市场和丰富的自然资源吸引了大量外国投资者，其 FDI 流入量略微下降。俄罗斯 FDI 流入量略有下降，但哈萨克斯坦和乌克兰出现小幅增长。

2012 年，发达国家 FDI 流入量急剧下降，欧美地区 FDI 流入锐减。在欧洲，比利时和德国的 FDI 流入量显著下滑。比利时的 FDI 流入量减幅超过 1000 亿美元，是欧洲 FDI 流入量下降的主要原因，FDI 流入量往往被特殊目的实体（SPEs）的交易扰动或夸大。由于巨额撤资，德国 FDI 流入量从 2011 年的 490 亿美元大幅降至 2012 年的 66 亿美元。综上所述，受主权债务危机（希腊、意大利、葡萄牙和西班牙）的影响，南欧国家 FDI 流入量减少超过 2011 年的 1/2。而美国 FDI 流入量的衰落则主要源于跨国并购交易的减少。尽管如此，美国仍是世界第一大 FDI 流入国/地区。少数发达国家逆潮流而动，FDI 流入量有所增长，如加拿大、爱尔兰、日本和英国，但这些增长都未达到历史水平。然而，值得注意的是，日本在经历了两年的净流出后再次出现净流入。经济危机后，爱尔兰经济和投资者信心日渐恢复提振了跨国公司的活动。

2. FDI 流出量

2012 年，新兴经济体的投资者依然保持乐观态度。相比之下，发达国家的跨国公司继续

观望或将大部分FDI资产撤离。

全球FDI流出下降了17%,从2011年的1.7万亿美元降至1.4万亿美元。发达国家,尤其是欧盟国家,FDI流出量接近2009年的谷底,部分源于欧元的不确定性。相反,发展中国家的投资者则继续扩张其海外投资。发展中国家和转型经济体FDI流出量占全球总量的35%(见图1.4)。在发展中国家和转型经济体中,"金砖国家"(巴西、俄罗斯、印度、中国和巴西)仍然是重要的对外投资国/地区(见专栏1.1)。

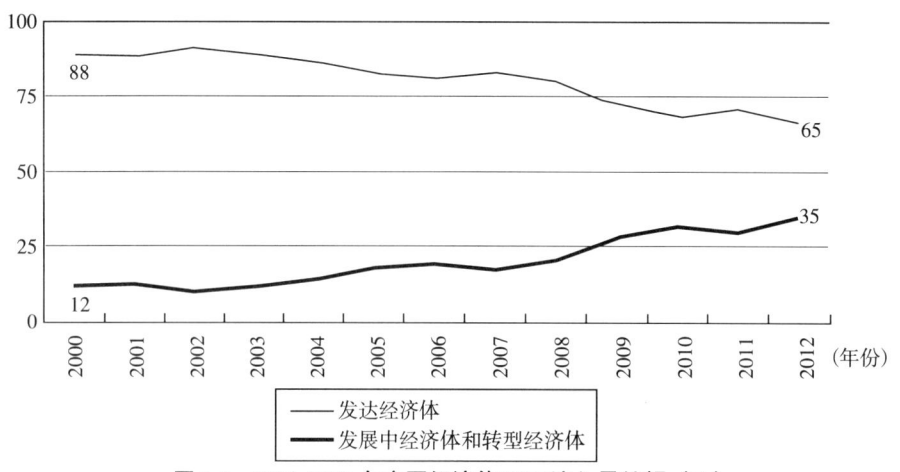

图1.4 2000~2012年主要经济体FDI流入量份额(%)
资料来源:UNCTAD FDI-TNC-GVC信息系统,FDI数据库(www.unctad.org/fdistatistics)。

专栏1.1 金砖国家对非直接投资及其全球直接投资不断上升

金砖国家(巴西、俄罗斯、印度、中国和南非)不仅是主要的FDI接收国/地区,而且是重要的对外投资国/地区。它们的对外投资从2000年的70亿美元上升至1450亿美元,占世界总量的10%(2000年仅占1%)。

金砖国家对外投资主要是为了开拓发达国家市场或建立区域性价值链。其40%的OFDI存量是在发达国家,其中有34%是在欧盟(见表1.2)。约43%的OFDI存量流向了金砖国家的邻国——拉丁美洲和加勒比地区、转型经济体、南亚、东南亚和非洲。

表1.2 2011年按投资目的地划分的来自金砖国家的OFDI存量(百万美元)

东道国	金额	份额
全球	1130238	100
发达经济体	**470625**	**42**
欧盟	385746	34
美国	31729	3
日本	1769	0
发展中经济体	**557055**	**49**
非洲	49165	4
拉丁美洲和加勒比地区	175410	16

第一章 FDI 全球趋势

续表

东道国	金　额	份　额
亚洲	331677	29
转型经济体	31891	3
备忘录：		
金砖国家	28599	3

注：巴西的数据来自东道国。
资料来源：UNCTAD FDI-TNC-GVC 信息系统，数据来自 IMF 和 CDIS（协调直接投资调查）。

金砖国家正在成为重要的对非投资者。尽管非洲只吸收了金砖国家 OFDI 的 4%，但金砖国家已经进入了对非投资国家的前列。2010 年，金砖国家对非投资占非洲 FDI 流入存量的 14%，占 FDI 流入量的份额达到了 25%。它们占非洲绿地投资总额的份额从 2003 年的 1/5 上升到 2012 年的接近 1/4。大多数金砖国家对非绿地投资项目投向了制造业和服务业。仅有 26% 的投资金额和 10% 的项目数投向了第一产业。

近年来，巴西对非直接投资处于上升趋势，公共金融机构在投资者走近非洲的过程中发挥了重要作用。其中，值得注意的是，巴西国家开发银行（BNDES）在过去十年对撒哈拉沙漠以南非洲的刺激和资金垫付显著增长。在巴西跨国公司向安哥拉、加纳和莫桑比克等非洲国家扩张并进入其新兴的乙醇产业过程中，该银行发挥了关键性作用。

2011 年底，中国对非 FDI 存量为 160 亿美元。南非是非洲吸收中国 FDI 最多的国家，其次是苏丹、尼日利亚、赞比亚和阿尔及利亚。中国在最不发达国家（LDCs）——如苏丹和赞比亚——的投资来源国中名列前茅。

2011 年，南非对非 FDI 存量为 180 亿美元，位列第五，也是全球第二大发展中国家投资者，仅次于马来西亚。FDI 存量中大部分来自私人非银行部门的再投资收益。非洲国家中占南非 OFDI 比例最高的是毛里求斯。1/4 的 FDI 存量集中在尼日利亚及其两个邻国——莫桑比克和津巴布韦。

印度对非投资历来集中在毛里求斯，起初是由于种族联系，印度 FDI 主要投向毛里求斯的服装业，但近年来，更多的是源于毛里求斯离岸金融便利和税收条件优惠。结果，近年来投资最终目的地都是别的国家。然而，最近，印度跨国公司开始向该地区的其他国家投资，如科特迪瓦、埃塞俄比亚、塞内加尔和苏丹。

俄罗斯跨国公司向非洲扩张的时间不长，但很迅速，2011 年达到了 10 亿美元。俄罗斯跨国公司走进非洲是希望增加原材料供给，向新的战略性商品产业扩张，同时也想进入当地市场。

资料来源：UNCTAD。

2012 年，相比发达国家 FDI 流出量的急剧下降，发展中经济体的 FDI 流出量有所上升，达 4260 亿美元。发展中经济体的 FDI 流出量上升了 31%，创历史新高。在发展中国家和地区，非洲 FDI 流出量增长了将近 3 倍，亚洲 FDI 流出量与 2011 年持平，而拉丁美洲和加勒比地区略有下降（见图 1.5）。亚洲国家仍然是发展中经济体中最大的 FDI 来源，几乎占总量的 3/4。

2012 年，非洲 FDI 流出量上升至 140 亿美元，大部分来自南非的采矿业、批发业和卫生护

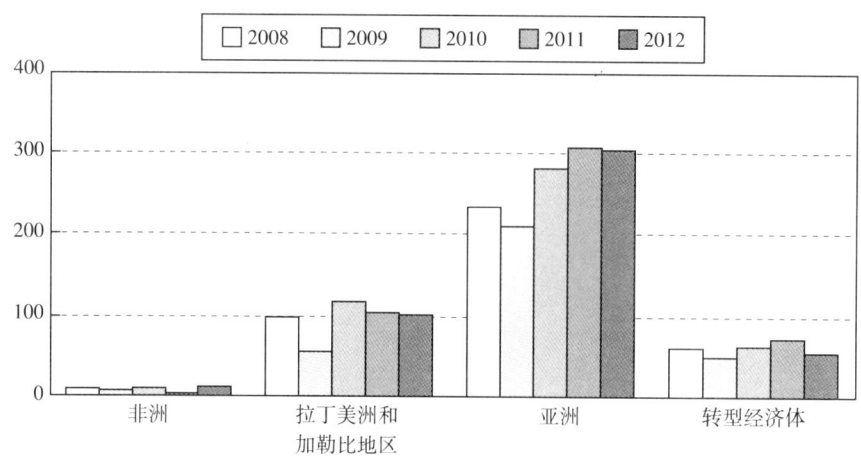

图 1.5 2008~2012 年 OFDI 地区分布（十亿美元）

资料来源：UNCTAD FDI-TNC-GVC 信息系统，FDI 数据库（www.unctad.org/fdistatistics）。

理产品部门。亚洲 FDI 流出量与 2011 年持平，达 3080 亿美元。中国已经成为亚洲 FDI 输出的引擎之一。韩国、马来西亚、沙特阿拉伯、泰国和土耳其的 FDI 流出量有所上升。相反，中国香港、印度和新加坡的海外投资相对下降。拉丁美洲和加勒比地区的 FDI 流出量下降了 2%，约 1000 亿美元。巴西的 FDI 流出量仍然受累于境外子公司对其母公司的巨额偿还贷款支付，而墨西哥和智利的 FDI 流出量增长强劲。

2012 年，由于俄罗斯 FDI 流出量萎缩，导致转型经济体的 FDI 流出量有所下降。尽管自然资源型跨国公司受益于大宗商品的高价格而继续扩

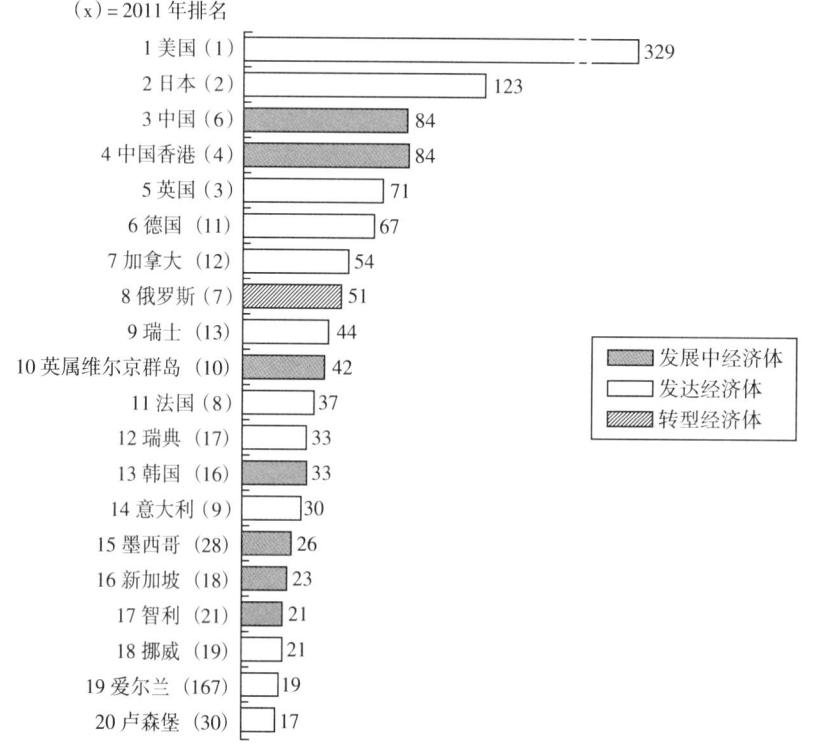

图 1.6 2012 年前 20 位投资国/地区

资料来源：UNCTAD FDI-TNC-GVC 信息系统，FDI 数据库（www.unctad.org/fdistatistics）。

张其海外投资,但 2012 年最大的兼并发生在金融行业。

全球最大 FDI 投资国/地区排名也反映了发展中国家和转型经济体的持续增长(见图 1.6)。全球最大对外投资国/地区前五名中有两个发展中国家,并且,中国首次成为世界第三大投资国/地区,仅次于美国和日本。

2012 年,发达国家 FDI 流出量跌幅超过 2740 亿美元,几乎占了全球 FDI 流出量下降的全部。比利时、美国和荷兰下降最多。38 个发达国家中有 22 个 FDI 流出量出现下降,包括部分主要 FDI 输出国。仍在持续的欧债危机似乎阻止了美国投资者向欧洲的投资,而欧洲是美国的主要投资目的地。欧洲的跨国公司,主要是金融业,将大量的资产转移到国外。相比之下,日本保持了 2011 年的势头,成为世界第二大 FDI 来源地。发达国家输出的 FDI 中再投资收益比重越来越高,目前达到了 61%(见图 1.7)。尽管这反映了发达国家跨国公司越来越倾向于从国外收益进行海外融资扩张,但也表明发达国家跨国公司倾向于以留存收益的形式,在境外子公司持有大量的现金储备。

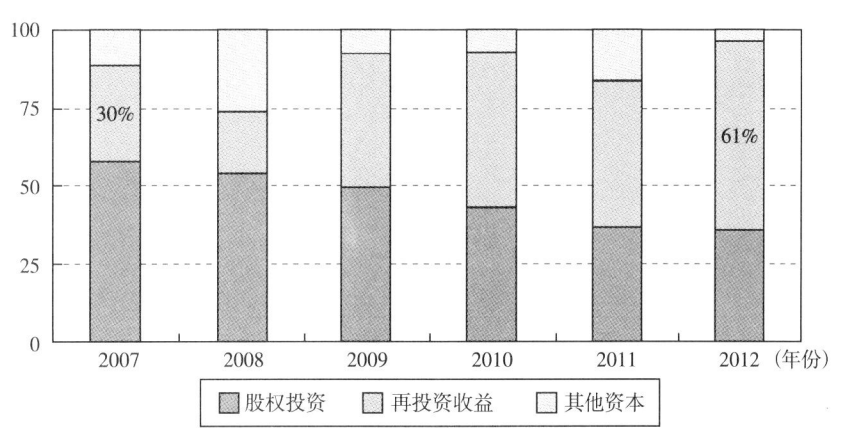

图 1.7 2007~2012 年 37 个选定发达国家① FDI 构成

注:由于某些国家的再投资收益包含在股权中,数据可能被低估。①这些国家包括澳大利亚、奥地利、比利时、百慕大群岛、保加利亚、加拿大、塞浦路斯、捷克共和国、丹麦、爱沙尼亚、芬兰、法国、德国、希腊、匈牙利、冰岛、爱尔兰、以色列、意大利、日本、拉脱维亚、立陶宛、卢森堡、马耳他、荷兰、新西兰、挪威、波兰、葡萄牙、罗马尼亚、斯洛伐克、斯洛文尼亚、西班牙、瑞典、瑞士、英国和美国。

资料来源:UNCTAD FDI-TNC-GVC 信息系统,FDI 数据库(www.unctad.org/fdistatistics)。

(二)按进入模式和行业/部门分布划分的 FDI

> 三大产业都受到了全球金融危机恶化的冲击。服务业表现出较高的抗压性,产出占比上升,第一产业和第二产业占比均呈现下降。

2012 年,全球经济形势恶化——尤其是欧债危机的恶化和新兴经济体增长放缓——明显阻碍了投资者推进跨境的计划。一般而言,全球需求疲软以及由此带来的竞争压力促使大多数运营商关注其资产负债表的稳健性,确保股东回报而非追求投资和增长。绿地投资和并购项目均有这种趋势。

由于缺乏 2012 年 FDI 行业分类数据,本部分基于跨国兼并的数据和公布的绿地投资数据[1](参见 2011 年 FDI 行业/部门分类附表)。与 2011 年相比,2012 年公布的绿地投资项目预计资本支出下降 33%,降至 6000 亿美元,为 19 年来最低水平(见图 1.8);发展中国家下降更为显著,这使得衰退影响发展的担忧加剧。

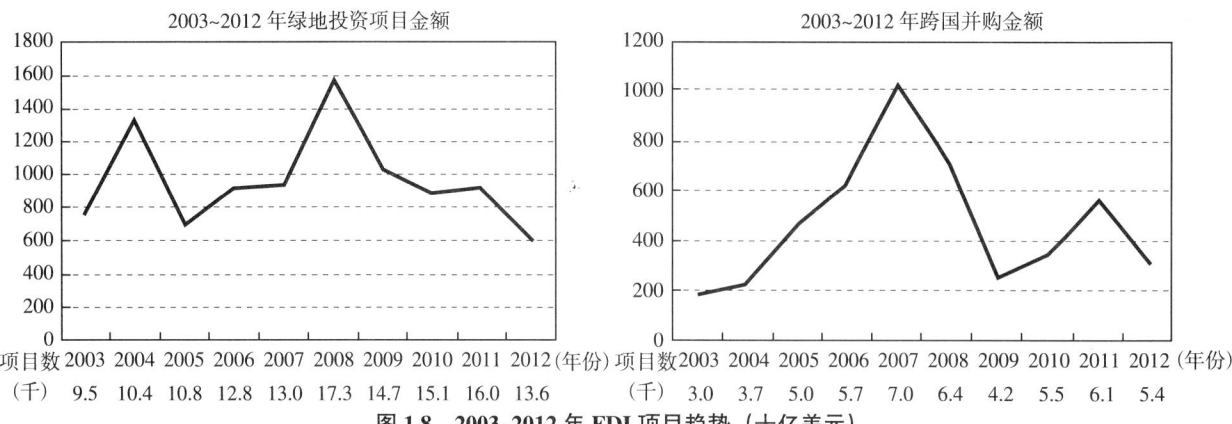

图 1.8 2003~2012 年 FDI 项目趋势（十亿美元）

资料来源：UNCTAD FDI-TNC-GVC 信息系统，跨国并购数据和信息来自金融时报有限公司，绿地项目来自 FDI 市场数据（www.fdimarkets.com）。

发达经济体的跨国并购活动受金融危机冲击之后，跨国并购交易额下降了 45%，回到 2009 年和 2010 年的水平（见图 1.8）。

相较于 FDI 项目交易额的下降，FDI 项目数的下降要温和一些（绿地投资项目数下降了 15%，并购项目数下降了 11%）。这种差异是由于大额项目的显著减少，绿地投资平均投资金额下降了 21%，跨国并购则下降了 38%。

三大产业部门均受到了经济衰退所带来的不同程度的冲击（见图 1.9）。

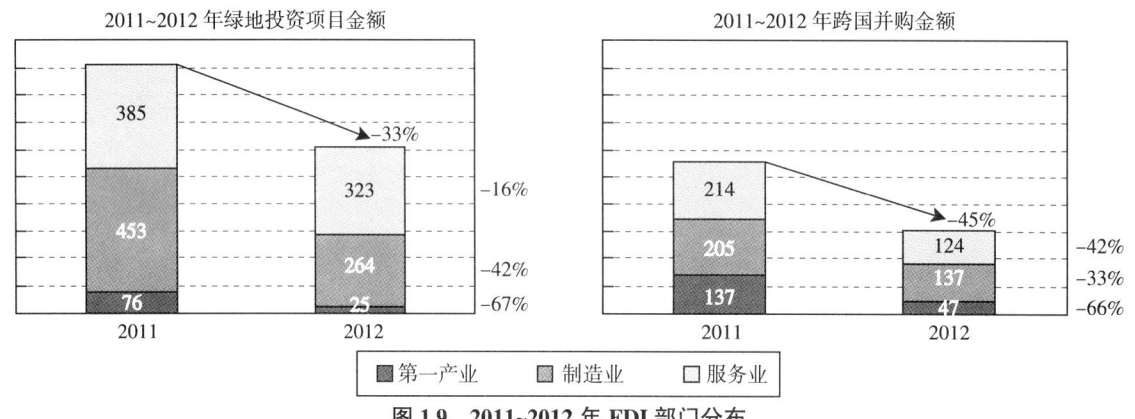

图 1.9 2011~2012 年 FDI 部门分布

资料来源：UNCTAD FDI-TNC-GVC 信息系统，跨国并购数据和信息来自金融时报有限公司，绿地项目来自 FDI 市场数据（www.fdimarkets.com）。

从降幅来看，第一产业受到的冲击最为严重，不论是绿地投资项目还是跨国并购。这是由于采矿业、采石业和石油业 FDI 的下降，这些行业的 FDI 占第一产业 FDI 总量的绝大部分。发展中国家的下降尤为剧烈，已宣布绿地投资金额降至 2011 年的 1/4。同样地，由于跨国并购活动流入发展中国家的 FDI 从 2011 年的约 250 亿美元降为负值，显示出外国投资者撤出该产业的大趋势。

从下降的绝对数量看，制造业是 FDI 项目价值下降最大的产业，这主要源于三大经济体——发达经济体、发展中经济体和转型经济体——绿地投资项目金额的下降。全球绿地投资巨额项目数下降了 21%，导致绿地投资项目活动衰退。相反，跨国并购价值的下降则主要是因为平均交易额的下降,信心疲软——尤其是在一些发达经济体——使得企业不愿参与大项目。

服务业是受影响最小的产业,尽管它同一、二产业一样也有所下降。特别是绿地投资项目数量下降相对有限(下降了8%),尤其是发展中国家(下降了4%)为高端战略服务业,如商业服务、贸易、金融和运输等保证了基本的抗冲击能力。近年来,这些行业已经成为FDI增长的主要驱动因素,创造了更具企业家精神的环境。消极的一面是,绿地投资项目平均价值显著下降(发展中国家下降了16%),大大降低了资本的流动性。同样地,并购项目价值下降的首要原因也是投资者涉足高额交易的意愿下降,而非交易数量的减少。

各产业部门的差异表现对FDI项目价值分布影响显著,特别是绿地投资项目(见图1.10)。事实上,一些重要发达国家经济危机加深,危机从金融业蔓延到了实体经济,制造业受到的冲击大于服务业。长期来看,服务业将成为FDI复苏的主导,尽管其数量有所下降。同时,第一产业日益被边缘化的趋势有所加剧,2012年第一产业已宣告绿地项目的份额降至约4%,是2011年相应份额的一半,少于2003年相应份额的1/4。

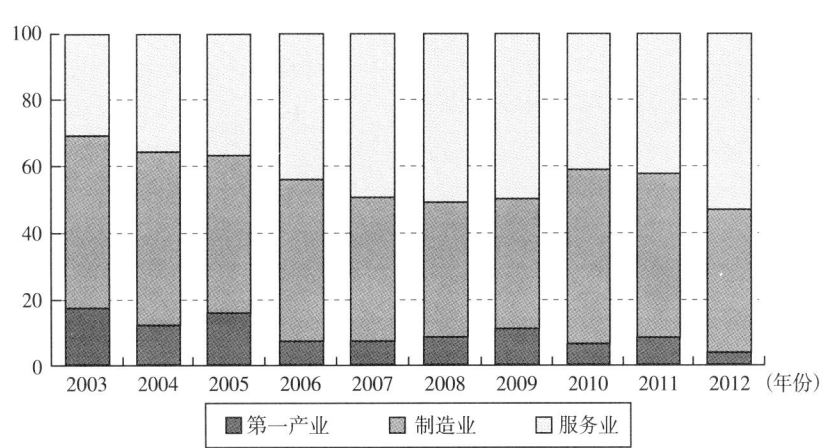

图1.10　2003~2012年绿地投资项目部门分布(%)

资料来源:UNCTAD,根据金融时报有限公司FDI市场数据(www.fdimarkets.com)。

尽管经济危机的影响广泛,波及生产活动的方方面面,但各个行业所受的影响有所不同(见图1.11)。大宗商品价格和需求的下降沉重打击了采矿业、采石业和石油业。这些行业很大程度上代表了第一产业。与采掘业联系密切的上游制造业处于不利的行业周期中,在吸引FDI方面表现欠佳。事实上,2012年三个FDI下降最严重的行业是采矿、采石和石油业以及两个加工采掘原料的制造业行业(金属和金属产品,焦炭、石油产品和核燃料)。这三个行业几乎占了绿地投资项目价值下降总额(约1300亿美元)的50%。

发展中经济体FDI流量也急剧萎缩,投资环境的变化使得这些拥有丰富自然资源的国家原本就很不稳定的市场环境变得更为复杂。

并购活动方面,采掘业投资前景悲观,负的并购(M&A)流入显著表明发展中国家普遍存在资产剥离现象。具体案例包括英美资源集团剥离了其在智利的部分铜矿开采业务,达29亿美元,以及其他在南非和津巴布韦总计7亿美元的金属矿石开采业务。另外一个案例是英国天然气集团(BG)卖出了其持有的巴西圣保罗燃气公司的大部分股权,价值17亿美元。

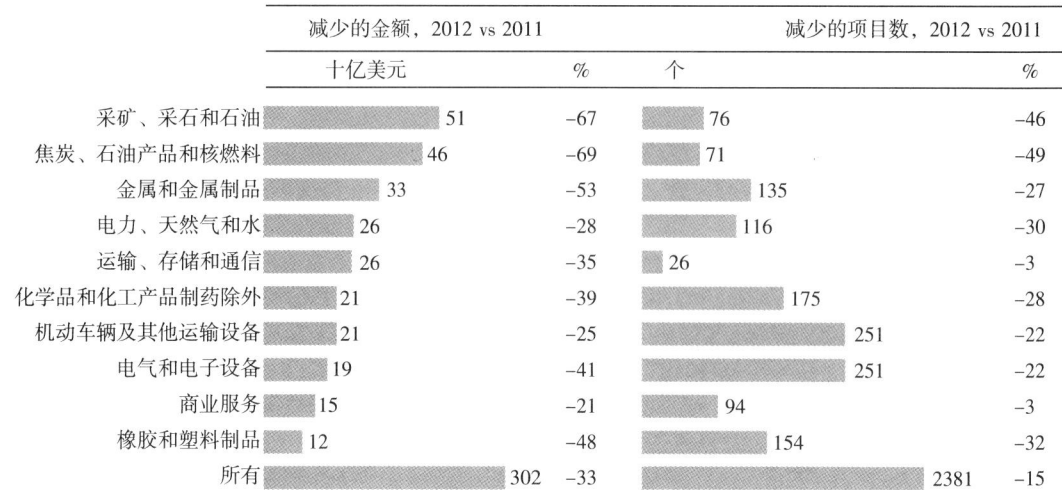

图 1.11 2012 年 10 个绿地投资下降最多的行业（十亿美元）

资料来源：UNCTAD，根据金融时报有限公司 FDI 市场数据（www.fdimarkets.com）。

其他制造业行业对衰退的反应有所不同。消费行业，诸如机动车辆和其他运输设备、电气和电子设备受到的影响最大。因为它们最具周期性，受全球需求疲软的影响甚于其他制造业行业。两大因素导致需求低迷：欧债危机和新兴市场经济体，特别是中国和印度增长放缓。因需求疲软挤压行业利润空间，企业越来越多的削减投资，试图吸收大量的产能过剩，恢复财务实力和节约现金流。然而，一些弱周期性制造业，如食品、饮料、烟草、制药等都在设法控制 FDI 损失。

相较于其他行业，服务业的抗冲击能力要强一些。例如，尽管由于单个项目的资金规模缩小，已宣告绿地投资价值有显著的下降，商业服务、运输、存储和通信业仍设法保持它们的项目数量。这表明跨国公司仍然在积极地寻求机会扩张其服务业务，特别是进入发展中国家，尽管其气势要弱于 2011 年。电力、燃气和供水行业的下滑几乎全部局限于发达国家，这是由于当前的经济危机降低了需求。值得肯定的是，自 2008 年经济危机爆发以来，建筑业首次实现投资金额和项目数目的双增长，带来了更大的结构性复苏希望。

（三）按投资者类型划分的 FDI

这部分聚焦于几类重要的新型投资者的国际投资。它阐述了包括主权财富基金（SWF）在内的国家控制实体与国有企业（SOEs）间的差异，以及与私募股权基金间的差异。以发展的眼光看，这种区分很重要，因为决定 SCEs 国际投资的主要因素可能是投资条件而非资本回报，如战略性产业发展目标。在实际操作中，这种区分的重要性可能有所弱化，因为政府越来越青睐于利用控股公司作为一种所有权形式，而这可能会对参与经营企业或附属机构有所限制。而且，随着国际化过程变得更为复杂，地理分布愈加广泛，所有类型的投资者越来越多地交织在一起，例如主权财富基金（SWFs）的投资者是私募股权基金。

1. 主权财富基金（SWF）

> 2012 年，来自主权财富基金（SWF）的 FDI 规模仍然偏小，为 200 亿美元，尽管它已经较上一年翻了一番。

据估计，2012 年主权财富基金（SWF）管理之下的资产已经达到 5.3 万亿美元，[2] 其中 80% 由发展中经济体掌握。2012 年，全球经过认证的

SWF 有 73 个，其中 60% 成立于过去十年；另外的 21 个国家正在考虑成立自己的 SWF（Santiso，2012）。UNCTAD 已经强调了这些基金在巩固可持续发展成果，尤其是进一步挖掘发展潜力，提高发展中国家 FDI 中发挥的作用。

2012 年，SWF 的 FDI 流量翻了一番，从 100 亿美元达到了超过 200 亿美元，逆全球趋势而动（见图 1.12）。SWF 的 FDI 累计达 1270 亿美元，尽管仍然只占 SWF 所管理的总资产很小一部分。然而，UNCTAD 发布的主权财富基金 FDI 数据只包含 SWF 作为单独和直接的投资者时的投资，并不包括由 SWFs 设立的其他实体的投资以及与其他投资者联合的投资。实际上，SWF 的 FDI 总量要比上述数据显示的更大。

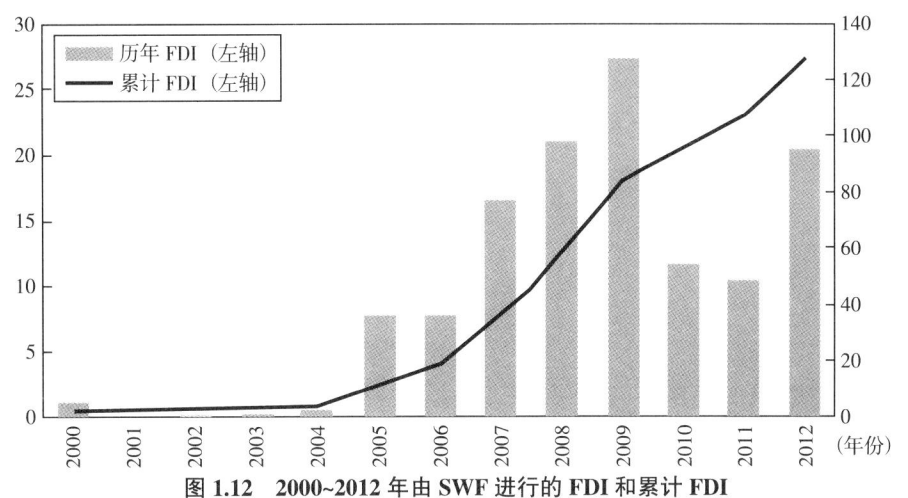

图 1.12　2000~2012 年由 SWF 进行的 FDI 和累计 FDI

注：数据包括跨国并购和绿地 FDI 金额，以及作为单独且直接投资者的 SWF。不包括由 SWF 设立或那些与其他投资者合资的实体的投资。2003~2012 年跨国并购占总量的 89%。

资料来源：UNCTAD FDI-TNC-GVC 信息系统，跨国并购数据和信息来自金融时报有限公司，绿地项目来自 FDI 市场数据（www.fdimarkets.com）。

2003~2012 年，主权财富基金 FDI 中跨国并购占了 89%。这表明了其作为战略性投资基金的地位，而全球 FDI 的大部分是以绿地项目方式投资的。在战略上，大部分 SWF 的 FDI 集中在服务业（70%），特别是金融业、房地产业、建筑和公用事业为目标行业。金融业仍然是最受 SWF 投资欢迎的行业，2003~2012 年累计吸收的 FDI 超过 210 亿美元（见图 1.13）。继 2011 年 SWFs 投资在公用事业（电力、燃气和供水）上的巨大跳跃之后，2012 年这一趋势仍在继续，累计 FDI 上升了 26%。同样，2011 年和 2012 年，房地产业累计 FDI 激增了 44%。尽管吸引 FDI 绝对量的水平降低了，但运输、存储和通信行业的 FDI 从 2011 年的 60 亿美元增长到 2012 年的 110 亿美元，上涨了 81%。这些非金融部门的趋势可能反映了 SWFs 投资策略优先顺序的变化。

关于地区分布，大部分的主权财富基金 FDI 流入了发达经济体，2012 年，发达经济体吸收了超过 70% 的 FDI。欧洲几乎占了 2/3，而美国则经历了一个明显的上升（上升了 39%）。尽管流入发展中经济体和转型经济体的 SWF 的 IDF 较 2011 年有所上升，但其占全球 SWF 的 FDI 份额却是下降的，从 25% 降至 23%。这个份额自 2008 年达到超过 30% 的高值后就一直下滑，表明了 SWF 投资策略在区域方向上的变化。

所有国家都面临着众多复杂和不可预测的挑战，长期财政计划和投资（包括海外）提供了一个必要的自我保险制度。政府可能寻求通过 SWF

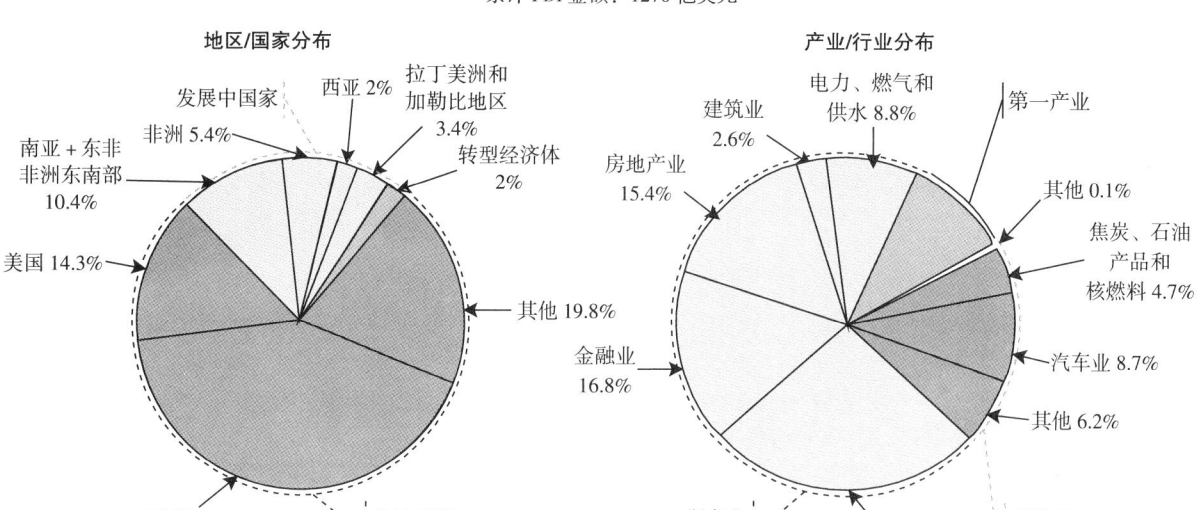

图1.13　2012年SWF累计FDI的地区/国家分布和产业/行业分布（%）

资料来源：UNCTAD FDI-TNC-GVC信息系统，跨国并购数据和信息来自金融时报有限公司，绿地项目来自FDI市场数据（www.fdimarkets.com）。

解决的战略性担忧包括修正汇率波动和保持宏观经济稳定（如巴西的SWF）；应对诸如老龄化等长期人口问题；化解气候变化带来的威胁（这是马尔代夫政府设立SWF的原因之一）；以及代际公平和为后代保留当前收入（例如挪威）等。

SWF的目标、动机和方式也会影响其投资部门、资金级别和地区范围等投资决策，不同的SWF有不同的投资战略部署。展望未来，越来越多的国家试图设立SWF意味着SWF投资（包括FDI）在不久的将来必定会增长。尽管过去几年，包括意大利、法国等在内的发达国家已经设立了SWFs，但主权投资的主要母国将继续是南半球的新兴市场国家。不过，关于如何挖掘SWF投资潜力仍然不明确，因为它可能会因国家和基金发生改变。

2. 国有企业（SOE）

> **2012年，国有企业国际扩张依然缓慢，其跨境并购价值上升了8%，其中大部分源于发展中国家寻求战略资产。**

过去30年，伴随着自由化和私有化浪潮，国家海外资产所有权的重要性日益增加。SWF和SOE日益国际化，成为国际投资的主要参与者。尽管SOE的数量有所减少，但由于整合了一系列战略性行业的龙头企业，[3] 它们的市场力量一直在增强。目前，世界100强跨国公司中有18家国有企业。在中国，国家是其前150家最大企业的最大股东，国有企业占股票市值的80%；俄罗斯国有企业占股票市场总市值的62%；巴西是38%。随着市场力量和金融实力日益增强，许多国有企业进行了海外扩张。事实上，国有企业并购价值占总FDI的份额远远高于跨国公司中国有企业的比例（UNCTAD，2011）。

国有跨国公司仍然是重要的国际投资者。其数量从2010年的659家增加到2012年的845家，且其OFDI占全球OFDI的1/10（见图1.14）。然而，总体而言，国有跨国公司（SO-TNC）FDI下降了23%，从1890亿美元降至1450亿美元。

第一章 FDI 全球趋势

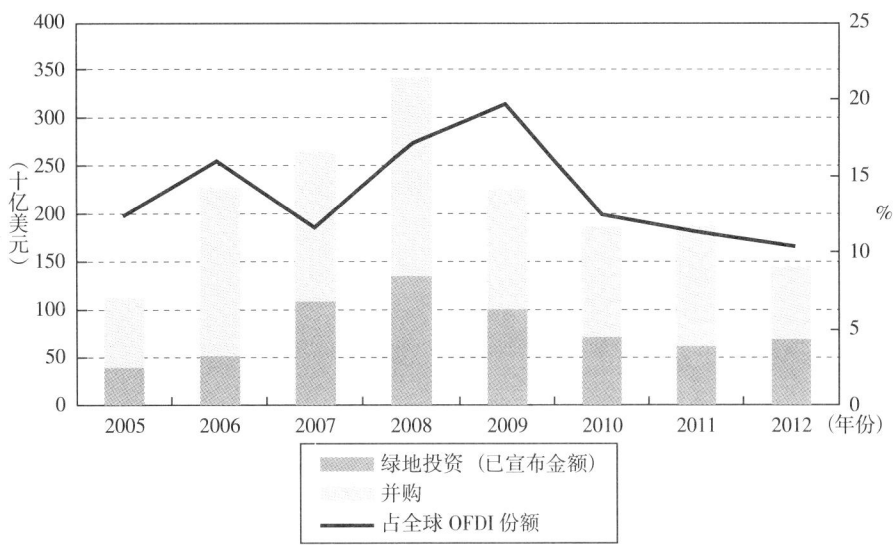

图 1.14　2005~2012 年国有跨国公司①FDI 项目②金额及占 OFDI 份额（十亿美元，%）

注：①数据只涵盖国家持股 50% 及以上的国有跨国公司。②包括绿地投资和跨国并购。绿地投资金额指项目的预计资本投资。
资料来源：UNCTAD FDI-TNC-GVC 信息系统，跨国并购数据和信息来自金融时报有限公司，绿地项目来自 FDI 市场数据（www.fdimarkets.com）。

纵观 FDI 项目（包括跨国并购交易和绿地投资），国有跨国公司——不同于 SWF——历来首选绿地投资为其主导的进入模式。然而，从 2009 年起，绿地投资金额相对于并购价值有了显著下滑。2012 年，绿地投资进一步暴跌 40% 至 750 亿美元，约为国有跨国公司总投资的一半。尽管 2012 年国有跨国公司的绿地投资降到了最低水平，但仍然占全球绿地投资的 2/3。出现这种下滑趋势的首要原因是金融危机严重打击了发达国家国有企业的新投资。

2012 年，国有跨国公司并购的绝对价值同比增长了 8%，反映出发展中国家——全球国有跨国公司的主要来源国——跨国公司并购活动总体上升。这或许也表明 SOE 投资的战略性本质，即获得技术、知识产权或品牌，以及自然资源。

SOE 的国际化进程仍在继续，过去两年国有跨国公司的数量显著增加，2012 年达到了 845 家。[4] 它们的构成正发生变化。发展中国家和转型经济体国有跨国公司海外投资额占所有主要 SOE 国际投资者投资相对份额从 2010 年的 53% 上升到了 2012 年的 60%。其中重要的母国包括马来西亚、印度和俄罗斯，这些国家进行海外投资的 SOEs 的数量已经超过 2010 年的 2 倍。

过去两年，国有跨国公司投资的部门和行业分布没有变化：绝大多数进行海外投资的国有企业（约 70% 的企业）在服务业——特别是金融业、运输业和通信行业和公共事业（电力、燃气和供水）。2012 年，发达国家和发展中国家国有跨国公司的国际投资战略反映了主要 SOE 参与的行业：发达国家最活跃的国有跨国公司倾向于公共事业，发展中国家则更多地参与采掘业。

3. 私募股权基金

私募股权公司越来越多地参与到并购交易中，但其净 FDI 下降了 34%。

虽然本部分单独讨论私募股权公司，但是，像政府所有的养老基金和 SWF 等机构投资者也参与私募股权基金，这就使得公募和私募的区分难以明确。

遭受全球经济危机重大冲击之后，2009~2011 年私募股权投资有一个小幅的回升。但是，到了

2012年底，这种复苏似乎已经停止，净私募股权FDI下滑了34%，从770亿美元降至510亿美元（见表1.3）。同时，日益上升的交易总额表明，私募股权基金的境外子公司资金撤出增加。然而，尽管交易额下降了，但参与私募股权基金和对冲基金的新增交易数量达到了历史第二高的水平（总量历史最高），同比上升了22%。大型交易时期似乎已经过去，但是2011年激增的交易量表明，尽管全球经济危机发生以来，私募股权公司一直受制于不太有利的信用环境，但私募股权仍然可行。

表1.3 1996~2012年私募股权投资跨国并购（交易数量和金额）

	总 M&A				净 M&A			
	交易数量		金额		交易数量		金额	
年份	数目	占比（%）	十亿美元	占比（%）	数目	占比（%）	十亿美元	占比（%）
1996	932	16	42	16	464	13	19	14
1997	925	14	54	15	443	11	18	10
1998	1089	14	79	11	528	11	38	9
1999	1285	14	89	10	538	10	40	6
2000	1340	13	92	7	525	8	45	5
2001	1248	15	88	12	373	9	42	10
2002	1248	19	85	18	413	13	28	11
2003	1488	22	109	27	592	20	53	29
2004	1622	22	157	28	622	17	76	33
2005	1737	20	221	24	795	16	121	26
2006	1698	18	271	24	786	14	128	20
2007	1918	18	555	33	1066	15	288	28
2008	1785	18	322	25	1080	17	204	29
2009	1993	25	107	19	1065	25	58	23
2010	2103	22	131	18	1147	21	65	19
2011	2020	19	153	14	902	15	77	14
2012	2229	23	182	22	1104	20	51	16

注：净交易额包括私募股权基金的减持，即私募股权基金的海外并购和境外子公司的出售。表中包括对冲基金或者其他基金的跨国并购（但不包括主权财富基金）。私募公司和对冲基金指收购方为"未分类投资者"。以上分类基于汤姆森金融并购数据库。
资料来源：UNCTAD FDI-TNC-GVC信息系统，跨国并购数据库（www.unctad.org/fdistatistics）。

2007年，债务驱动型私募股权交易——杠杆收购（LBO）在金融危机前夕刚达到峰值，却将于2014年面临再融资难题。危机发生前，有利的信贷市场信用条件刺激了私募股权的增长，特别是高杠杆收购；危机发生后，信用条件变得不利，这是导致LBO价值下降的原因之一。

私募股权公司的跨国并购行业分布情况表明投资偏好于服务业、金融业及其他服务行业，占了全部私募股权投资的74%（见图1.15）。自2011年以来，投资于采矿、采石和石油业的私募股权份投资额略有增加，但食品、饮料和烟草行业的投资份额已经从2011年的近10%缩减至不到1%。

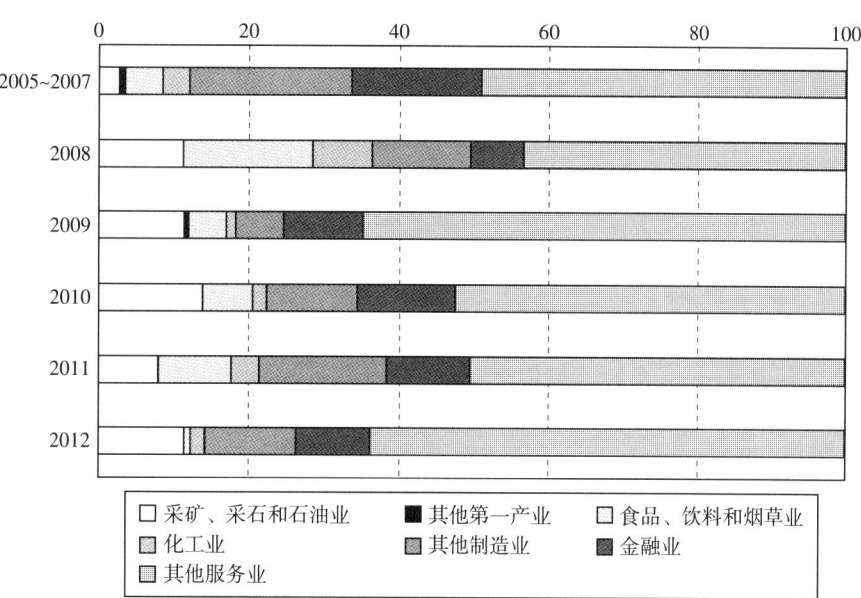

图1.15 2005~2012年私募股权公司跨国并购产业/行业分布（%）

注：未将SWF的FDI剔除。
资料来源：UNCTAD FDI-TNC-GVC信息系统，跨国并购数据库（www.unctad.org/fdistatistics）。

（四）FDI 与离岸金融

> 离岸金融中心（或避税天堂）不断增加的FDI和特殊目的实体使得提高国际金融交易的透明度和减少避税的努力面临挑战，应对此全球性难题需要采取多边方法。

2008年初以来，受金融危机的影响，公募压力增加，这在很大程度上驱使国际社会重新并加大力度减少避税和提高国际资金流动的透明度。例如，自创立以来，G20峰会一直把提高税收透明度，促进信息交流作为商讨的关键议题。国际社会已经给避税天堂施加重压，政府给个人和企业、激进组织给跨国公司也施加压力来限制其采取避税方案。

离岸金融的FDI流量和存量：宏观趋势

FDI的离岸金融机制主要包括：①离岸金融中心（OFC）或避税天堂[5]；②特殊目的实体（SPE）。SPE是出于特殊目的（如外汇风险管理、投融资便利等）或以具体结构（如控股公司）而设立的境外子公司。它们往往设在那些税收低或能为其提供特定税收优惠的国家，自身可能不从事任何经济活动，只有少数几个员工和极少的非金融资产。OFC和SPE是第三方国家间资金流入流出的渠道。

流入OFC的投资仍然处于历史高位。2012年，尽管与2011年相比下降了100亿美元，同比下滑14%（见图1.16），[6] 但流入OFC的FDI将近800亿美元，离岸金融中心FDI流入量蓬勃发展始于2007年，随后就遭遇了金融危机。2007~2012年，年平均FDI流入量为750亿美元，比2007年之前（2000~2006年）的平均值高150亿美元。目前，避税天堂经济体FDI占全球FDI的份额很小，但正在以6%左右的速度增加。

FDI流入OFC后将再次流向别的国家。流入OFC的很大一部分FDI将返回其来源国，即所谓的"多层转投"。例如，吸引俄罗斯FDI前三位的国家——塞浦路斯、荷兰和英属维尔京群岛——恰是俄罗斯IFDI的三大来源地（第二章第一节）。这类投资更像是伪装成FDI的国内投资。大量流入OFC的FDI半途又流向其他国家。

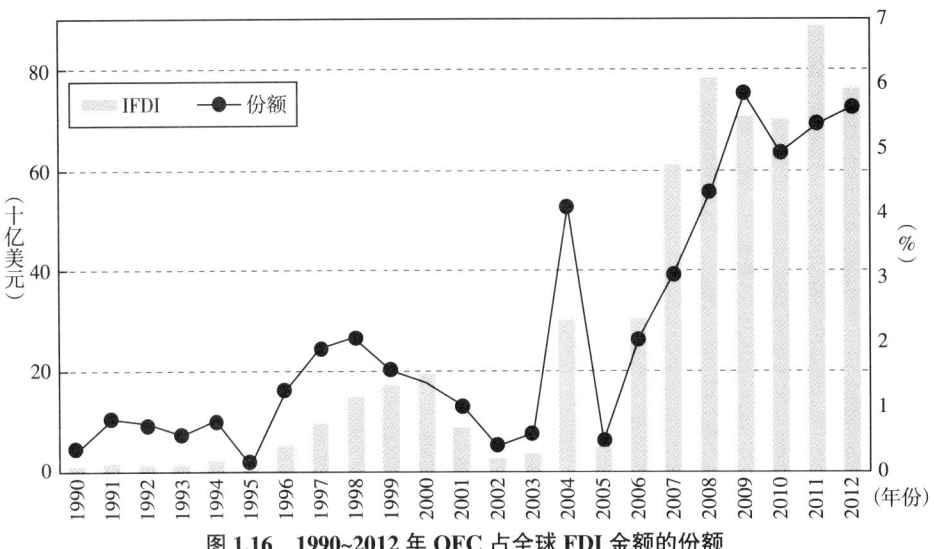

图 1.16 1990~2012 年 OFC 占全球 FDI 金额的份额

资料来源：UNCTAD FDI-TNC-GVC 信息系统，FDI 数据库（www.unctad.org/fdistatistics）。

卢森堡、荷兰和匈牙利通过 SPE 的资金流不计入联合国的 FDI 数据。然而，在许多重要的投资国/地区，SPE 对 FDI 的流量和存量的作用越来越重要（见图 1.17）。这些实体发挥的作用类似于 OFC，充当资金转投第三国的渠道。卢森堡和荷兰是典型的向 SPE 提供优惠税收待遇的国家。过去十年，对于大部分拥有 SPE 的经济体，SPE 对其 FDI 流量和存量变得更为重要。这一现象在一些过去 SPE 并不重要的国家也表现得愈发突出，如葡萄牙和丹麦。至今并无数据可以用来衡量

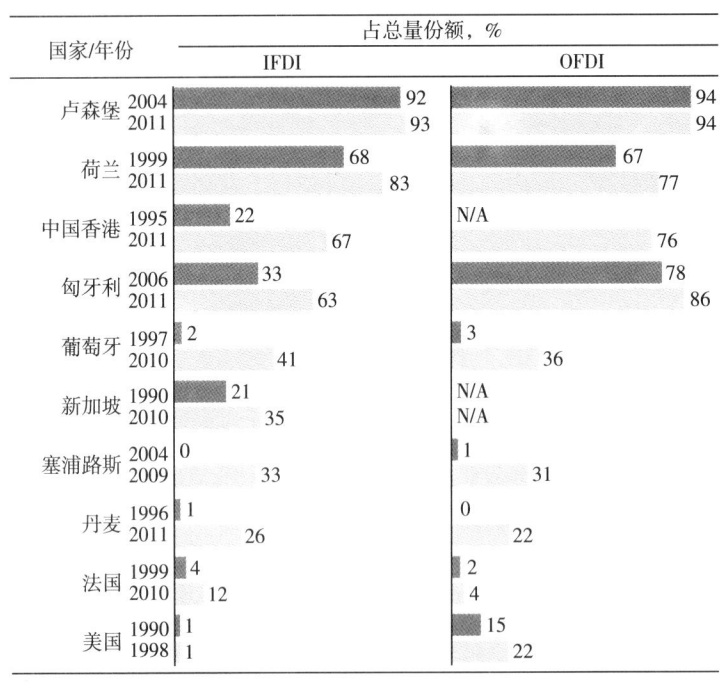

图 1.17 选定国家控股公司 FDI 存量

注：中国香港 2011 年的数据指投资控股、房地产和各种商务活动。

资料来源：UNCTAD FDI-跨国公司-GVC 信息系统，FDI 数据库（www.unctad.org/fdistatistics）。

SPE 有多少比例的 SPE 投资直接用于东道国，又有多少是再转投向其他国家，但是坊间推测绝大部分用于转投资。例如，澳大利亚的 SPE，1/3 的 IFDI 存量被用于转投向中欧和东欧。

向拥有 SPE 的经济体的投资决策受 SPE 税收待遇和双重征税条款驱动。例如，毛里求斯在取消与印度双重征税条约后，已经吸引了外国企业——特别是非印度居民所有的企业——通过其在毛里求斯设立控股公司向印度投资。作为 SPE 的 FDI 的管道，毛里求斯已经成为印度 FDI 最大的来源国。

除税收这一主要原因外，利用 OFC 和 SPE 的动机还包括以下三点：

（1）为诸如来自不同税收制度国家的合资伙伴制定避税方案；

（2）为分散在不同司法管辖区的股东规避法律冲突；

（3）帮助来自金融体制薄弱国家的企业更容易的建立国际业务，进入国际资本市场和法律体系。

国际社会减少避税和提高透明度的努力及其成效

大部分打击国际金融交易避税行为的具体措施由 OECD 提出，打击目标已经逐渐锁定 OFC。然而，流入 OFC 的 FDI 似乎并未减少，主要有以下两个原因：

（1）促使资金流向 OFC 的关键是跨国公司持有的需要回流的海外资金规模。事实上，OFC 的 FDI 流入量反映了跨国公司的留存收益水平，正如 2005 年颁布的《美国本土投资法》对美国跨国公司留存收益和 OFC 的 FDI 流入量的双重影响（见图 1.18）。自 2008 年以来，努力减少 FDI 流入 OFC 的同时跨国公司的留存收益和现金流量有所增加。

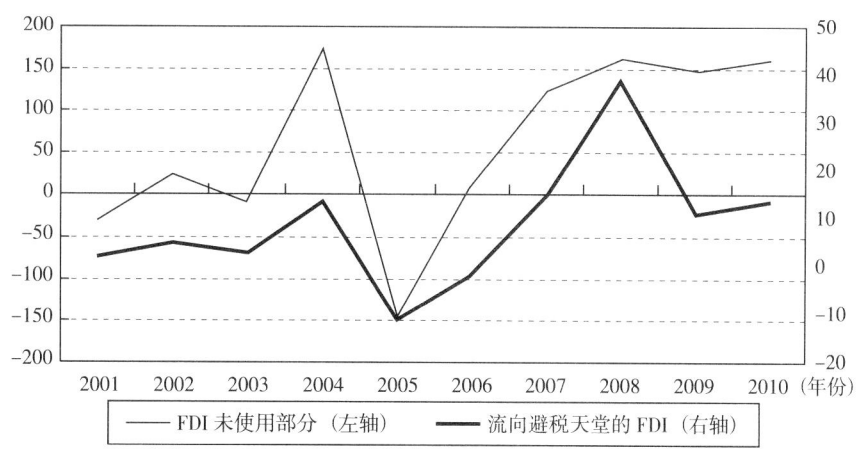

图 1.18　2001~2012 年 OFC 的 FDI 和美国跨国公司留存收益

资料来源：UNCTAD FDI-TNC-GVC 信息系统，FDI 数据库（www.unctad.org/fdistatistics）或《世界投资报告 2011》，专栏 1.1。

（2）新兴 FDI 参与者占全球总 OFDI 的比重不断上升，抵消了一些国家（OECD 成员国）试图减少 OFC 的 FDI 流入量的努力。例如，2009 年美国流向 OFC 的 FDI 下降了 2/3，从 390 亿美元降至 110 亿美元，同年，日本流入 OFC 的 FDI 从 230 亿美元降至 130 亿美元，但是这些减少都被新兴对外投资者增加的 OFDI 所抵消。

但 OFC 只是该难题的一小部分。尽管大部分打击逃税的努力都集中在 OFC 上，但通过 SPE 流动的资金更为重要。据报告，2011 年，仅三个国家——匈牙利、卢森堡和荷兰——就有超过 6000 亿美元的资金流入 SPE，相比之下，流入 OFC 的只有 900 亿美元（见图 1.19）（前面已提到，UNCTAD 不将流向这三个国家 SPE 的 FDI 计入全球 FDI 流量数据）。SPE 利用方面的任何改变都会导致 OFC 的 FDI 流入量减少。尽管本节只讨论了 FDI 流量和存量（非操作数据），但利用转移定价方案，凭借非 OFC 的低税收管辖区同时绕过 SPE，似乎具有更好的避税效果。

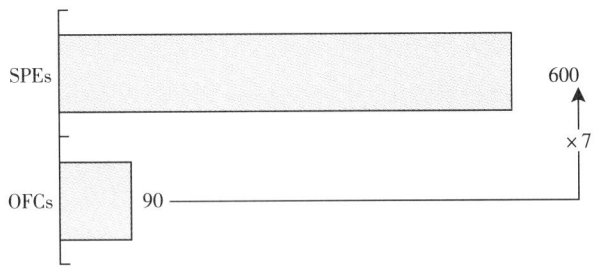

图 1.19　2011 年 SPEs 和 OFCs 的 FDI 流入量估计值（十亿美元）

注：仅包括流向匈牙利、卢森堡和荷兰 SPE 的 FDI。
资料来源：UNCTAD FDI-TNC-GVC 信息系统，FDI 数据库（www.unctad.org/fdistatistics）。

进一步采取的举措：政策研究

可能的政策反应是复杂的，但可观察到以下结果：

● 仅监管 OFC 显然是不够的，这无法解决主要问题；

● 必须约束新兴 OFDI 参与者。考虑对新兴对外投资者的作用进行评估，它们利用 OFC 往往不仅仅是为了避税，还为了一些无法从母国获得的潜在利益（例如有利的贸易政策、国际投资协定等）。同时，它们较少利用其他复杂的避税机制和 SPE。

● 国际金融交易中的避税和透明度问题是全球问题，需要加强多边合作。

● 从根本上讲，通过 OFC 和 SPE 打击避税的同时，必须探讨国家间公司税率差异、税收治外法权的应用和对汇回收益征税的作用等。没有这些方面行动的配合，通过 OFC 和 SPE 减少避税的努力就像是逆水行舟，举步维艰。这样的讨论也可以包括 OFC 和 SPE 之外的转移定价机制，该机制包括极端的方案，即根据实际生产增加值（如根据一个包括销售额、资产和员工数在内的公式；以一个单一的方法）对跨国公司的各业务环节进行公平征税。

● 政策制定者可以讨论制定一张清单，列出什么情况下利用 OFC（或 SPE）不是出于避税原因，是"可接受的"或者说"良性的"。这将有利于进一步打击急恶性避税，提高透明度。

● 最后，政策制定者需注意流进流出 OFC 和 SPE 的投资，监控这类投资很重要。国际组织建议编制数据的国家收集详细的 SPE 交易信息，并且与传统的 FDI 分开，单独公布。然而，数据仍然稀缺，能够明确来源与去向的 FDI 资金只是少数，提高这类问题的透明度需进一步研究。

二、2013~2015 年全球 FDI 前景

（一）FDI 总体前景

> 预期全球 FDI 流量将保持在 2012 年的水平。随着投资者重拾信心，2014~2015 年，FDI 流量将有所上升，但依然存在重大风险。

预计 2013 年 FDI 流量接近 2012 年水平，上限为 1.45 万亿美元。中期，随着投资者重拾信心，预计 2014 年 FDI 流量将达到 1.6 万亿美元，2015 年将达到 1.8 万亿美元（见图 1.20）。这一预估的依据是各项领先指标和 UNCTAD 的 2013~2015 年世界投资展望调查（WIPS），以及预测 FDI 流入量的计量模型和 2013 年前四个月的跨国并购和绿地投资数据。

2013 年的 WIPS（见专栏 1.2）支持该前景估计。根据 2013 年的 WIPS，50% 的受访者对 2013 年的全球投资展望持中立态度。然而，其对 2014 年和 2015 年的预期则大幅提高（见图 1.21）。当

第一章 FDI全球趋势

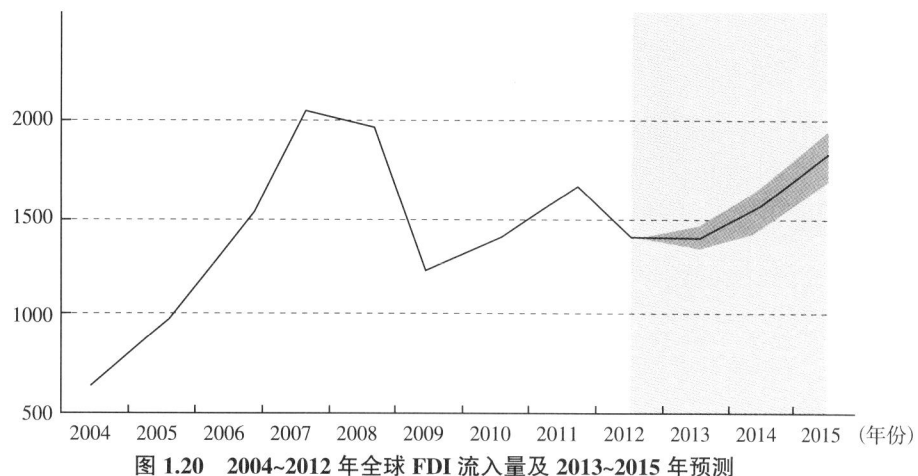

图 1.20 2004~2012 年全球 FDI 流入量及 2013~2015 年预测

资料来源：UNCTAD FDI/跨国公司数据库（www.unctad.org/fdistatistics）。

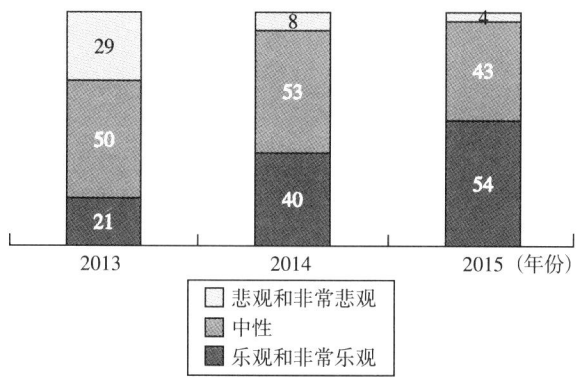

图 1.21 跨国公司对 2013~2015 年全球投资环境预期

注：根据 159 份公司问卷调查得出。

资料来源：UNCTAD 调查。

被问及 FDI 预算时，50%的受访者预测未来三年均能超过 2012 年的水平。影响未来三年 FDI 的积极因素中，被提及最多的两项是金砖国家（BRICS）和美国的经济状况。

同样地，计量模型表明 2013 年 FDI 流量预计将保持 2012 年的水平或略有增加，达到其危机前的水平。一些国际组织和预测机构则预测 2013 年 FDI 略有增加。如 IMF 最近的《世界经济展望》估计 2013 年新兴经济体的净 FDI 流入量将适度增长，从 2012 年的 4460 亿美元增加到 4770 亿美元

专栏 1.2 2013~2015 年世界投资展望调查：调查方法和结果

WIPS 致力于提出关于中期 FDI 流动的见解。2013 年的调查直接面向世界最大的 5000 家非金融跨国公司和在 245 家国家和地方投资促进机构（IPAs）任职的专业人士。针对高管设计问题的目的是了解他们关于全球投资环境、其所在公司预计的 FDI 支出变化和国际化水平以及对不同地区和国家的重视程度。IPAs 被问及的是对全球投资环境的看法和哪个国家投资者和行业的 FDI 流入量最有前景。

2013 年的调查结果来自 159 份跨国公司和 64 份 IPA 有效问卷，问卷通过电子邮箱和专门的网站发放及回收，调查时间为 2013 年 2~4 月。来自发达国家跨国公司的有效问卷占 79%，其余的来自发展中经济体和转型经济体。从部门分布看，66%的受访跨国公司属于制造业，27%在服务业，其余的 7%来自第一产业。69%的受访 IPA 位于发展中经济体和转型经济体，其余的位于发达经济体。

资料来源：UNCTAD。

(IMF, 2013)。国际金融研究所(IIF)预测,与2012年的4990亿美元相比,2013年新兴经济体净FDI流入量将达到5170亿美元(IIF, 2013)。

企业层面的因素也支持UNCTAD的预测。2012年,跨国公司的年利润低于2011年,但仍保持在较高的水平(见图1.22)。有迹象表明,2013年第一季度,最大跨国公司的现金持有水平低于2012年同期,因为这些公司将部分可利用资金用于收购外国企业。2013年前几个月的绿地投资和跨国并购数据并未表现出上升趋势。在不久的将来,这可能会转变成投资,促使投资达到更高的水平。

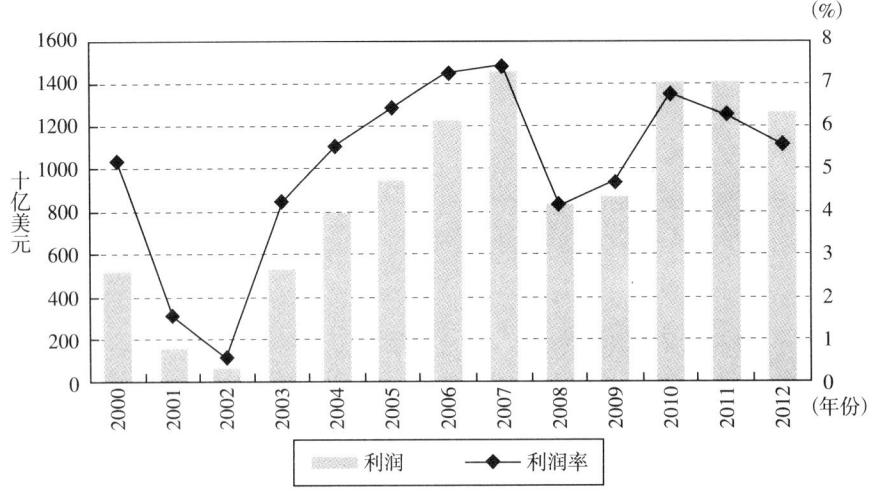

图1.22 2000~2012年跨国公司利润率和利润水平(十亿美元,%)
注:本计算涵盖的跨国公司数量为3039家。利润率指净收入与总销售收入的比值。
资料来源:UNCTAD,依据Thomson ONE的数据。

然而,风险仍然存在。全球金融体系的结构性缺陷、宏观经济环境恶化的可能性、影响投资者信心的关键领域的重大政策不确定性等因素将导致FDI流量进一步下降。

当被问及影响中期FDI流量的主要因素时,受访的跨国公司都认为其最担忧的是欧盟的经济状况,其次是政治因素,如紧缩性货币政策、保护性贸易政策的再度兴起和主权债务危机等。

也有许多国家实施了大量调控和限制投资的政策,但投资自由化和投资促进仍然是国家投资政策的主导方向(见第三章)。

(二)按部门/行业划分的FDI前景

> FDI支出将增加,但短期内,但对全球投资环境的担忧在各行各业普遍存在,某些制造业短期前景悲观。

世界投资展望调查(WIPS)表明,所有主要行业的跨国公司都对2013年的国际投资环境持谨慎态度,但对中期较为乐观。不同部门和行业的短期FDI计划有所不同,来自皮革、石料、黏土和玻璃制品、金属以等制造业以及运输服务业和金属矿业的受访者表明短期投资将会下降。相反,在其他制造业和贸易及其他服务行业的跨国公司中超过半数已经预见到2013年其FDI预算将增加。到2015年,所有部门的跨国公司有一半将增加其FDI支出,符合其对全球投资环境越来越乐观的预期。

另外,各地区投资促进机构(IPAs)对FDI流入量的看法不同(见图1.23)。发展中经济体的IPAs预期商业服务,如计算机程序开发和咨询的FDI前景较好。非洲的IPAs则预计进一步的投资将在农业部门,而拉丁美洲的IPAs更看重采掘业、旅游业和服务业。亚洲投资促进机构指出了包括农业、石油和天然气、食品、建筑和运输等在内的更大产业范围的FDI流入前景。转型经济体对机械和纺织业有很高期望，很可能将自身定位为西欧跨国公司的主要供应商。

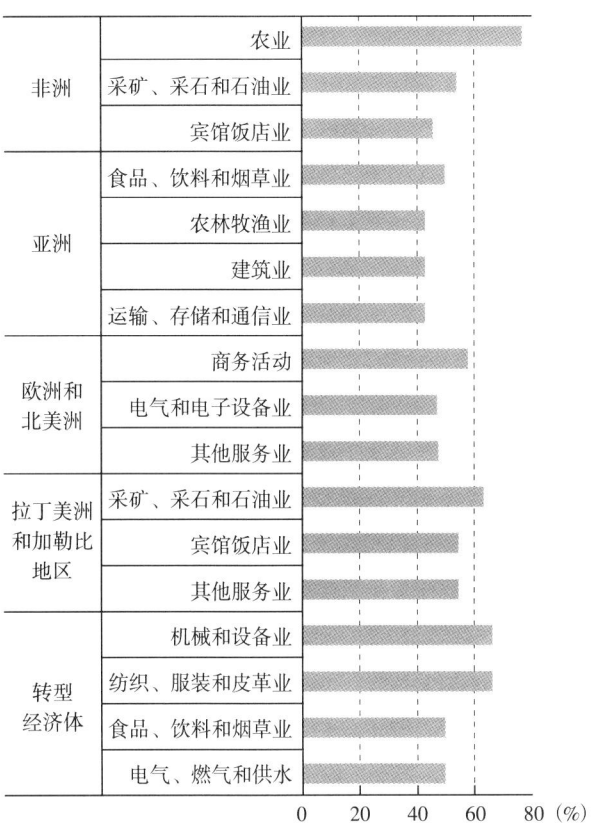

图1.23　各国IPAs评选的2013~2015年最具FDI吸引力的行业

注：根据64家IPA问卷。按地区整合受访IPA。
资料来源：UNCTAD。

（三）按母国划分的FDI前景

> 发达经济体和发展中经济体的FDI支出都将扩大。

尽管2013年仍有许多不确定性，但超过一半（57%）的发展中国家的受访者以及40%的发达国家受访者预测其FDI支出的增加将超过2012年。然而，比较其中期前景，这两大类型的经济体仍存在着差异。特别地，近12%的发展中国家跨国

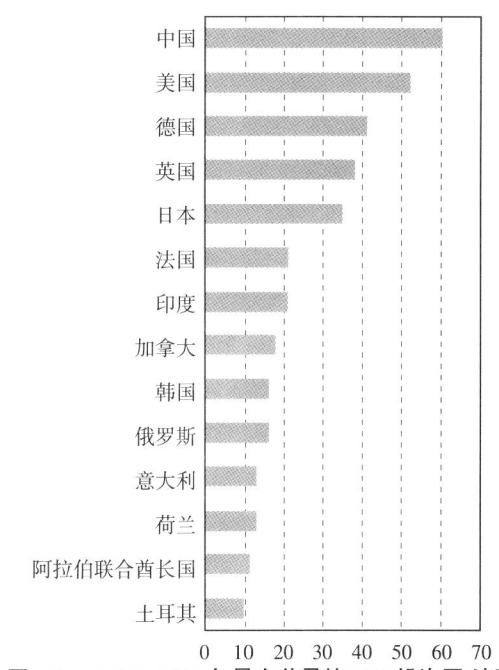

图1.24　2013~2015年最有前景的FDI投资国/地区

资料来源：UNCTAD。

公司预期2015年的FDI预算会下降，而做出同样预测的发达国家低于4%。因此，在中期，FDI支出趋势可能发生逆转，发达国家跨国公司将成为主要的对外投资者。

也许是由于这样一个预期，大多数IPAs认为，在中期，尽管发展中国家越来越重要，但发达国家跨国公司将是最大的FDI来源。事实上，60%的被调查的IPAs认为中国是最有前景的FDI来源，这很大程度上是由于最近几年中国OFDI快速增加。美国、德国、英国和法国被选为最有前景的发达国家投资者，凸显了其在全球FDI中的一贯地位。印度、韩国、俄罗斯、阿拉伯联合酋长国和土耳其（首次）也被视作发展中国家中主要的FDI来源，而巴西则落选了，很可能是因为2012年其对外投资活动放缓的缘故。

（四）按东道国划分的FDI前景

> 在中期，发展中经济体将继续经历强劲的FDI流入量。

各地区的 IPAs 对 FDI 流入量中期的预期均持乐观态度，而最乐观的是那些发展中经济体和转型经济体的 IPAs。这种乐观情绪不是毫无根据的。更多接受调查的跨国公司把发展中国家和地区作为极其重要的投资东道国。排在前五位的东道国与 2012 年相同，中国位列第一，46% 的受访者选择了中国，紧随其后的是美国，占 45%。排名前五位的东道国中发展中国家占了四位（见图 1.25）。最具前景东道国前 10 位中有 6 个来自发展中国家，墨西哥和泰国首次出现在榜单上。在发达国家中，日本跃居第三，主要是由于 2011 年海啸之后的重建活动，近期扩张的货币政策也提高了其中期对 FDI 的吸引力。同时，澳大利亚、俄罗斯和英国下滑并掉出榜单，德国则提升了两位。

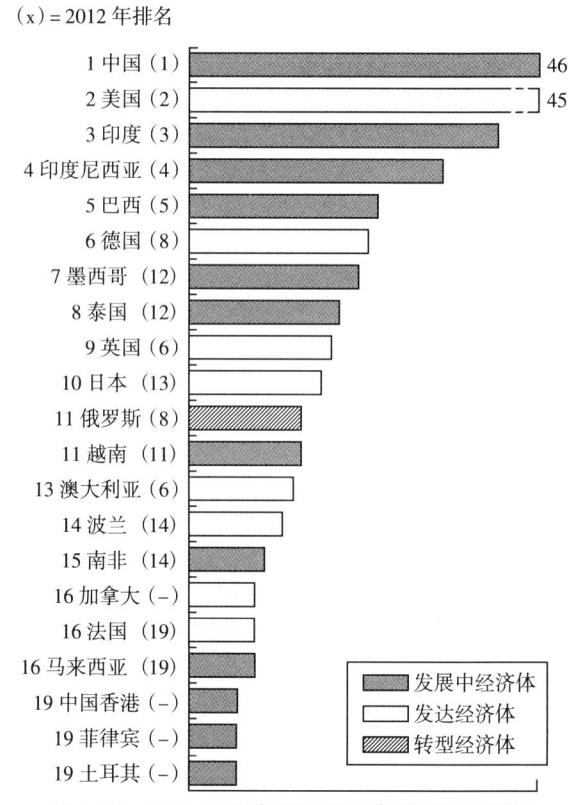

图 1.25 2013~2015 年跨国公司东道国排名预测
注：根据 159 家公司问卷调查得出。
资料来源：UNCTAD。

第二节 国际生产

一、总体趋势

2012 年，跨国公司国际化进程放缓，境外子公司产值和出口略有增长。

国际生产继续扩张，所有境外子公司活动指标都在上升，尽管较早些年增速有所减缓（见表 1.4）。销售同 2011 年相比增长 7.4%，逐渐从危机时期的低点开始复苏。2012 年，境外子公司员工数增长了 5.7%，达到 7200 万人，出口则相对稳定，仅有 0.6% 的小幅增长。同样，境外子公司产值和资产同比增加缓慢，分别为 5.5% 和 4.3%。这一状况表明世界经济仍处于疲软状态（见第一章第一节）。2012 年，发达国家经济增长缓慢，需求急剧下降，其对几个主要新兴市场国家的投资热潮也已经过去，发展中经济体和转型经济体都受到了不同程度的影响。

国际生产的全球趋势反映了世界最大跨国公司的国际化水平。世界 100 强跨国公司（多数来自发达国家）数据表明，2012 年，其国际化进程有所放缓。2012 年，世界 100 强跨国公司在国外市场上的销售下降了 2.1%，而其国内销售——大

第一章 FDI 全球趋势

表 1.4 1990~2012 年 FDI 和国际生产的若干指标

以当前价格计算（十亿美元）

项目 \ 年份	1990	2005~2007 危机前平均值	2010	2011	2012
IFDI	207	1491	1409	1652	1351
OFDI	241	1534	1505	1678	1391
IFDI 存量	2078	14706	20380	20873	22813
OFDI 存量	2091	15895	21130	21442	22593
IFDI 收益①	75	1076	1377	1500	1507
IFDI 回报率②（%）	4	7	6.8	7.2	6.6
OFDI 收益①	122	1148	1387	1548	1461
OFDI 回报率②（%）	6	7	6.6	7.2	6.2
跨国 M&A	99	703	344	555	308
外国子公司销售收入	5102	19579	22574	24198	25980③
外国子公司（产品）产值	1018	4124	5735	6260	6607③
外国子公司总资产	4599	43836	78631	83043	86574③
外国子公司出口	1498	45003	6320	7436	7479④
外国子公司员工（千）	21458	51795	63043	67852	71695③
备忘录：					
GDP	22206	50319	63468	70221⑤	71707⑤
固定资本形成总值	5109	11208	13940	15770	16278
版税和执照费收入	27	161	215	240	235
货物和服务出口	4382	15008	18956	22303⑤	22432⑤

注：表中未包括通过非股权关系与母国有关的国外子公司的全球销售额和这些母公司自身的销售额。境外子公司全球销售、生产总值、总资产、出口和就业数据通过以下国家跨国公司境外子公司全球数据，并以这些国家在世界 FDI 流出存量中所占份额为基础推算出来，其中总销售额根据澳大利亚、奥地利、比利时、加拿大、塞浦路斯、捷克、芬兰、法国、德国、希腊、匈牙利、以色列、意大利、日本、拉脱维亚、立陶宛、卢森堡、挪威、葡萄牙、罗马尼亚、斯洛伐克、斯洛文尼亚、西班牙、瑞典、英国和美国的跨国公司境外子公司的数据推算；总产值根据塞浦路斯、捷克、法国、以色列、日本、葡萄牙、罗马尼亚、斯洛文尼亚、瑞典和美国的跨国公司境外子公司的数据推算；总资产根据奥地利、德国、日本和美国的跨国公司境外子公司的数据推算；就业根据澳大利亚、奥地利、比利时、加拿大、塞浦路斯、捷克、芬兰、法国、德国、希腊、匈牙利、意大利、日本、拉脱维亚、立陶宛、卢森堡、中国澳门、挪威、葡萄牙、罗马尼亚、斯洛伐克、斯洛文尼亚、西班牙、瑞典、瑞士、英国和美国的跨国公司境外子公司的数据推算。

①根据 2012 年 168 个国家的 FDI 流入量收入数据和 136 个国家的 OFDI 收入数据，两者都代表了超过 90% 的全球 FDI 流入量和 OFDI 存量。
②只计算了 FDI 收入和存量数据。
③2011 年和 2012 年的预测根据各变量对 1980~2010 年 OFDI 存量和滞后的独立变量的固定效应面板回归结果计算。
④1995~1997 年的数据根据境外子公司出口对 1982~1994 年 FDI 流入量存量的线性回归计算。1998~2012 年，采用了 1998 年境外子公司出口占世界出口份额（33.3%）计算。
⑤数据来自 IMF：《世界经济展望》，2013 年 4 月。
资料来源：UNCTAD。

部分在发达国家——则保持稳定（见表 1.5）。同样地，外国员工和资产增长停滞，而国内员工和资产分别同比增长了 6.8% 和 5%。这些数据表明世界 100 强跨国公司正在调整战略，变得更为注重国内生产，也反映了 2012 年 100 强成员的变化。

2012 年，一些老牌企业资产显著减少（不论是总资产还是外国资产），均缺席世界 100 强名单（例如拜耳公司、诺基亚和蒂森克虏伯集团）。这使得来自发展中经济体和转型经济体的更有活力的企业（如鸿海精密工业公司、维佩尔通讯和美国 Móvil SAB）首次进入世界 100 强。

事实上，总部设在发展中经济体和转型经济体的 100 强跨国公司的国际化指标表明，通过大幅增加境外资产和销售的国际化步伐加速。2011

年，来自这些经济体的跨国公司的外国资产增长了 19.7%，增速快于世界 100 强跨国公司，几乎是国内资产增长（11%）的 2 倍（见表 1.5）。2011 年，其国外销售同比增长超过 1/3，轻松超过了国内销售增长。只有在员工数量方面未表现出这一趋势，国内就业增长略高于国外子公司。这一趋势表明尽管发展中经济体和转型经济体跨国公司的业务正在国际化，但其生产过程的核心仍然保留在国内。

表 1.5 2010~2012 年世界及发展中经济体和转型经济体非金融跨国公司 100 强若干国际化指标

变量 \ 年份	世界 100 强 TNC					发展中经济体和转型经济体 100 强 TNC		
	2010	2011①	2010~2011 变化率（%）	2012②	2011~2012 变化率（%）	2010	2011	变化率（%）
资产（十亿美元）								
国外	7285	7634	4.8	7698	0.8	1104	1321	19.7
国内	4654	4897	5.2	5143	5.0	3207	4561	11.0
总计	11939	12531	5.0	12842	2.5	4311	4882	13.2
国外占比	61	61	-0.1	60	-1.0③	26	27	1.5③
销售（十亿美元）						9044		
国外	4883	5783	18.4	5662	-2.1	1220	1650	35.3
国内	2841	3045	7.2	3065	0.7	1699	1831	7.8
总计	7723	8827	14.3	8727	-1.1	2918	3481	19.3
国外占比	63	66	2.3③	665	-0.6③	42	47	5.6③
就业（千人）								
国外	9392	9911	5.5	9845	-0.7	3561	3979	11.7
国内	6742	6585	-2.3	7030	6.8	55483	6218	13.4
总计	16134	16496	2.2	16875	2.3	90444	10197	12.7
国外占比	58	60	1.9③	58	-1.7③	39	39	-0.3③

注：从 2009 年起，财政年度结果的报告期为 4 月 1 日至次年 3 月 31 日。截稿时，尚未得到 2012 年发展中经济体和转型经济体 100 强跨国公司的全部数据。
①修正结果。
②初步结果。
③百分比。
资料来源：UNCTAD。

那些世界最大的跨国公司在跨国公司领域的重要性正在逐渐下降。2011 年，其外国资产占所有跨国公司的份额降至 9.3%，十年前该份额为 12%，而境外子公司雇员所占的份额从 2001 年的 13.7% 上升到了 14.4%。然而，同一时期，世界 100 强跨国公司销售占全球海外销售的份额急剧上升，从 13% 上升至 21%。在海外资产减少的同时，海外销售却在逐渐增加，这在很大程度上说明了非股权模式的重要性，比如，国外生产份额的上升是通过合同而非直接控股。

相反，发展中经济体和转型经济体的世界 100 强跨国公司的地位却在上升。它们在国际生产中的份额正在增长：2001~2011 年，外国资产份额从 0.8% 增加至 1.6%，海外销售份额从 0.9% 升至 5.9%，境外子公司雇员份额从 1% 上升到了 8%。

比较并购交易也有一些差异（见图 1.26）。世界 100 强跨国公司的大部分并购交易在发达国家进行（2012 年，超过 200 件并购交易发生在发达国家，而发展中经济体和转型经济体少于 100

件），发展中经济体和转型经济体的大部分并购交易在其他发展中经济体和转型经济体进行（2012年，有将近 120 件发生在发展中经济体和转型经济体，而发达国家为 70 件）。数据表明世界 100 强跨国公司既进行垂直投资也进行水平投资[7]（不同年份会有差异）。发展中经济体和转型经济体的世界 100 强跨国公司更多地参与垂直投资，不论是在发达国家（2012 年，垂直投资超过 20 件，水平投资少于 10 件）还是在发展中经济体和转型经济体。

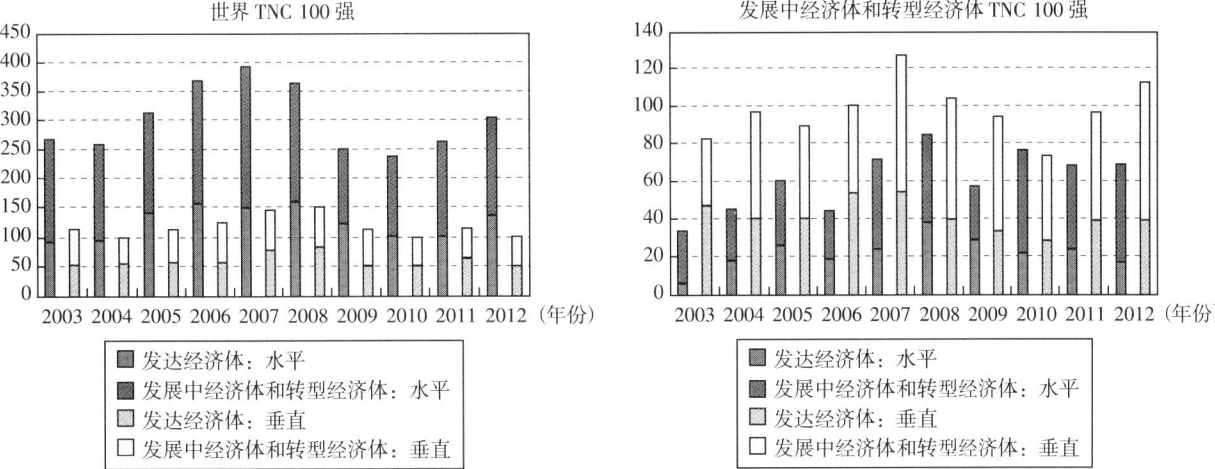

图 1.26　2003~2012 年发达经济体和转型经济体最大跨国公司跨国并购交易：水平投资数量 vs 垂直投资数量

资料来源：UNCTAD。

世界最大跨国公司及发展中经济体和转型经济体的跨国公司的绿地投资项目最多的是投向发展中经济体和转型经济体。与世界最大跨国公司相比，发展中经济体和转型经济体的跨国公司往往将更多的子公司设立在这些东道国。相比之下，将近一半的发达国家绿地投资通过扩张进行，它们更愿意参与当地合作（见图 1.27）。

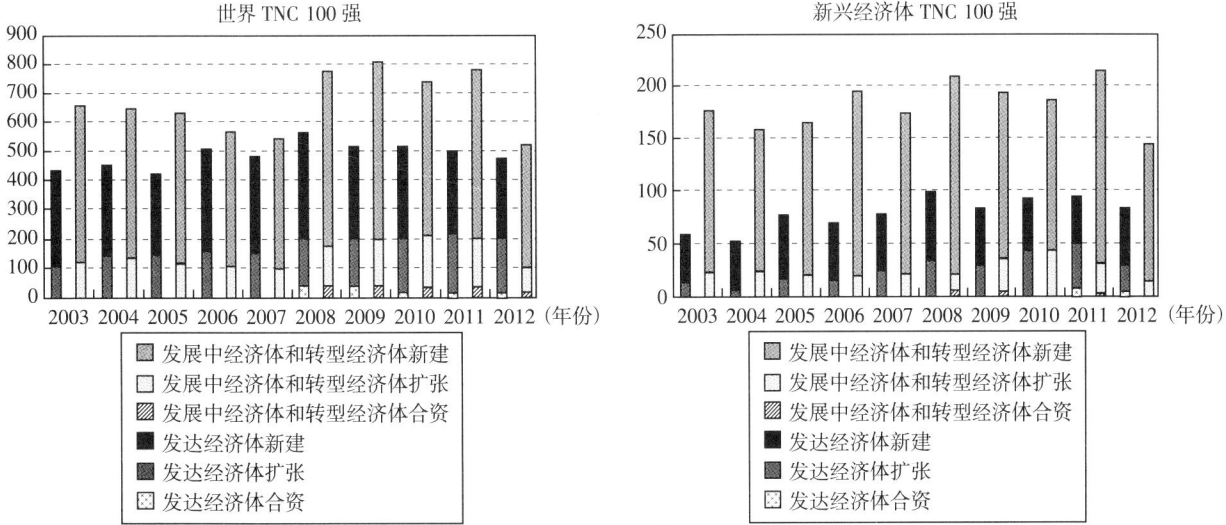

图 1.27　2003~2012 年世界 100 强跨国公司绿地投资按地区和类型划分（项目数）

资料来源：UNCTAD。

二、重新定位：战略性撤资、转移和海外业务回流

> 许多跨国公司通过撤资重新配置其海外资产，境外子公司的回流和转移是公司撤资战略的重要部分。

全球 FDI 下降可能是全球投资项目数减少（或项目金额减少）和跨国公司撤资的结果（见专栏 1.3）。在某些情况下，跨国公司从一个地区撤资是为了重新定位其国际业务以应对需求类型和区位竞争力的变化。跨国公司可以将公司转移至另一个国家或母国（回流）。当离岸的相应成本增加、市场距离或业务变得不利时，跨国公司就会进行业务回流。[8]

资产剥离是跨国公司国际化战略的一个组成部分，是重新定位其资产和业务活动，应对全球经济变化的一个体现。撤资决策可能包括母公司将境外子公司全部或部分的出售给东道国企业或第三国企业，减少母公司对子公司的股权投资，或完全关闭子公司，这可能伴随着将业务撤回母国或迁移至其他国家。

尽管缺少资金撤出方面的数据，但也有证据表明这是一个重要的现象。法国、德国、日本、英国和美国是少数几个统计报告资金撤出，将其作为 FDI 数据库一部分的国家。这些国家的资金撤出规模庞大，2011 年，资金撤出占总股权投资的 1/3（日本）到 2/3（法国）。例如，2011 年英国的总股权投资为 950 亿美元，但资金撤出达到 430 亿美元，也就是说净股权投资只有 530 亿美元（见图 1.28）。撤资规模随时间变化而变化，取决于经济周期、公司战略和经济环境等因素。以法国为例，2000~2010 年，股权剥离仅占总股权投资的 39.9%，远低于 2011 年的 67%（见图 1.28）。

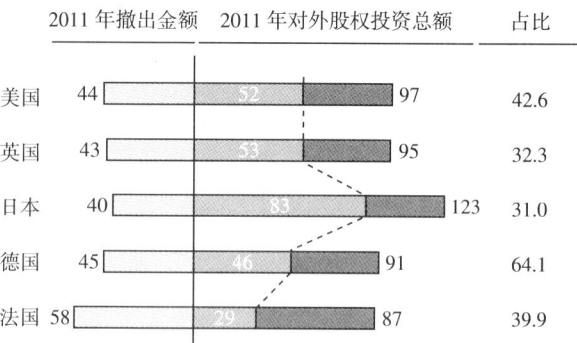

图 1.28 2011 年法国、德国、日本、英国和美国股权投资撤资金额及其占 2000~2010 年对外股权投资总额的比例

资料来源：UNTCAD，根据法兰西银行、德意志联邦银行、日本中央银行、英国国家统计局和美国经济分析局信息得出。

重新定位可能是由重大的区位调整引起的。例如，美国制造业的许多跨国公司重新考虑某些国际业务是由于四大趋势——发展中国家工资成本上升、美元疲弱、3D 印刷等先进技术和国内能源成本下降（广泛的页岩气开采引起的）——提高了美国制造业的竞争力。然而，整体而言，重新定位决策要更温和一些，反映了世界经济、全球价值链（GVC）和跨国公司的持续发展。

如果撤资与转移（至第三国）或者回流（回到母国）相联系，那么撤资并不等同于跨国公司海外业务数量的减少。同样地，对东道国而言，最好的状况是，如果某一企业撤资的经营领域正有另一企业来投资，那么，撤资并不会导致当地就业和产能的下降。然而，事实可能并非如此：完全关闭子公司或缩小业务将导致就业下降、当地收入和税收减少等。随着跨国公司越来越重视 NEMs 而非子公司在国际生产网络中的作用，撤资或回流将进一步加剧。例如，将信息技术服务从东道国合作伙伴撤回所产生的影响与从子公司撤资类似，且成本更低，这使得跨国公司更有可能做出撤资的决策。所以，东道国有责任意识到跨国公司的重新定位、撤资和战略性转移（包括回流）既要把握总体状况，又要了解它们将对东道国造成何种影响。

第一章 FDI 全球趋势

2000~2011 年，日本跨国公司资金撤出超过总股权投资的 30%（见图 1.28）。从有数据提供的案例看，子公司关闭的主要原因是战略性迁移，包括回流到日本。事实上，迁移似乎是日本跨国公司定位和撤资战略的重要特征。根据日本经济贸易和工业部的一项调查，2011 年大约 1/2 的子公司迁回日本或迁移至其他国家（见图 1.29）。另一项东洋经济新报社的调查表明迁移至第三国的数量正在增加，2011~2012 年，剥离的子公司中有 1/4 迁移到了第三国，而十年前只有 1/10。这两项调查表明迁移的日本跨国公司中有一半迁回了日本。

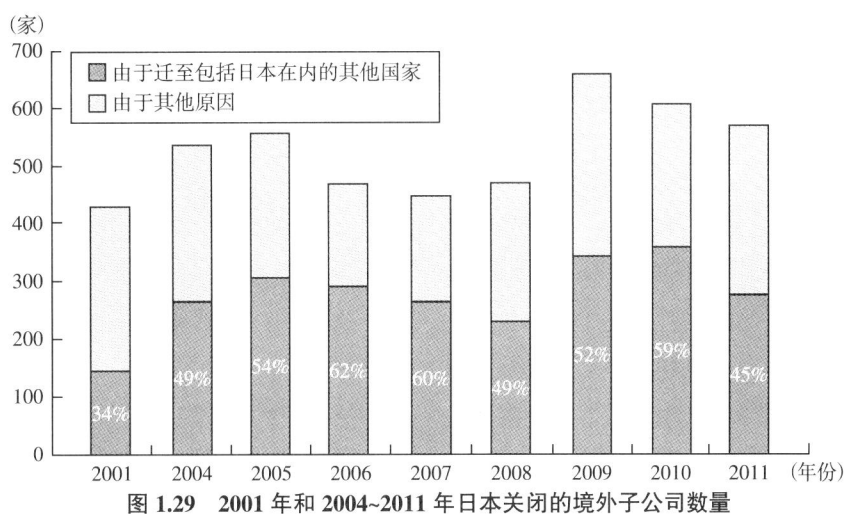

图 1.29　2001 年和 2004~2011 年日本关闭的境外子公司数量

资料来源：UNCTAD，根据日本经济贸易和工业部数据。

专栏 1.3　跨国公司战略性重新定位和撤资

跨国公司采取动态的全球业务配置策略，因此，撤资和新的投资并行。跨国公司管理着一个复杂的跨国关联增值活动内部体系。这个体系不断发展，在某一部门或某一国的扩张可能伴随着在其他部门和地区的收缩。跨国公司增值活动的构成不断变化，以应对外部环境、技术和社会因素以及新的内生战略重点的变化。关键战略定位形式定义如下：

离岸。离岸是从母国向另一国转移部分或全部跨国公司增值活动的过程。涉及离岸时，跨国公司仍保留海外业务所有权。这与离岸外包不同，外包涉及从另一外国公司购买产品或服务。

撤资。撤资是一个逆向投资的过程，包括撤回资本和缩减跨国公司持有的海外资产。撤资既可以部分收回资产，也可以全部回收。很难估计全球的撤资水平，因为 FDI 统计是依据支付平衡记录的。由于国家统计只记录净流量或存量，它并不明确报告撤资数量。

转移。转移是指将现有的资产、资源和人员从所在地迁往另一个地方。它与撤资相关联。跨国公司可能决定迁移其全部或部分增值活动，以应对新的环境或反映公司采取的新战略。转移可能是从一个东道国迁到一个新的东道国或迁回母国。

回流。回流是指跨国公司将全部或部分海外增值活动迁回母国的过程。

近岸。近岸是指将全部或部分增值活动安排在与跨国公司母国在地理上、经济上和文化上相近的国家。

就运作过程而言,股权撤资涉及出售资产、清算和转移(见图1.30)。

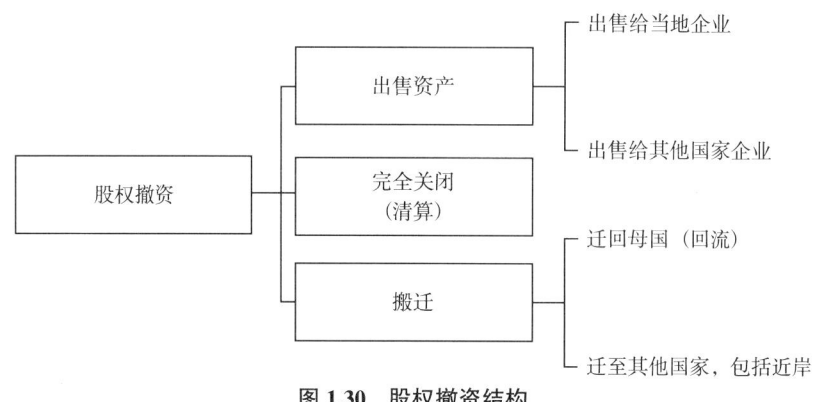

图1.30 股权撤资结构

资料来源:UNCTAD。

导致跨国公司撤资的因素有很多。有一些与全球变化或区域性跨国公司战略相关,另外,还有东道国市场环境或具体行业的经济环境因素(解释目前美国制造业回流现象的案例参见表1.6)。除融资运作变化之外,影响撤资的跨国公司战略因素还包括:

● 全球或区域发展战略,例如重组、重组和/或缩小规模通过重新配置跨国公司的国际生产网络以提高效率。

● 市场服务决策的变化,例如从通过迁离直接生产到利用NEMs;

● 境外子公司表现欠佳〔一份调查了2011年500家日本境外子公司撤资战略的报告表明,15%是由于表现欠佳而关闭的(日本,经济产业省,2013)〕。

东道国环境变化,例如当转移可以明显地节约成本(比如从高成本国家迁至低成本国家)或当地经营条件变得不利(包括政策转变或不断上升的竞争压力)时,可能发生资金撤离。比如设在美国的子公司利润率较低(2011年FDI回报率为4.8%)时,美国的撤资率就比较高。

最后,由于行业生命周期或行业整合(行业成熟度)的动态变化,行业和技术等相关因素也能影响撤资决策。高技术行业进入成熟期很快或需要不同类型的技术,这些技术变化将导致考虑是否需要撤资。

可以从跨国公司的撤资行为总结出许多政策借鉴。对东道国而言,最关键的问题是跨国公司投资的类型和战略;撤资是否会导致出售(资本撤离)或关闭(清算)子公司;以及撤资的原因,企业决定撤资可能是因为东道国提供的区位优势不再。

因此,东道国政府需要考虑其对新投资以及已经存在的企业的吸引力。随着国家的发展,可以预见到低增加值类型的经营活动将迁移至能够提供更低生产成本的国家。在这种情况下,从全球价值链(GVCs)某些环节撤资反映了东道国的发展目标。但与此同时,必须转向高增加值类型的经营活动。当撤资是因为全球投资机会减少,并伴随着跨国公司的财务危机时,东道国可能需要考虑加强投资服务以留住FDI。

关于资金撤离的研究尚在起步阶段,数据不全是一部分原因。资金撤离是一个重要现象,对政策制定有重要参考意义,需要进一步研究和更详细的数据。

表 1.6 2010~2013 年美国制造业回流案例

企业	原东道国	说明
ACE 清水集团	匈牙利、中国	公司为航天和能源发电生产合成模型和焊接组件,质量控制问题是其回流的主要原因。
Altierre 数码零售	中国	公司生产制造数码显示器和零售店招牌,回流主要是为了引入自动化流程,降低劳动力成本和对熟练工人的需求。
野牛齿轮工程公司	中国	公司为冰机、太阳能电池板等一系列产品生产制造齿轮马达。回流是为了使公司能够快速应对需求变化。
法鲁系统公司	韩国、中国	美发和水疗产品制造商,迁移原因有很多,包括从气候到当地对国际混合居民的开发程度等。公司意识到能以与海外相当的成本在美国生产产品。
通用电气	中国	公司生产洗碗机、冰箱和热水器。无法调节适当的库存水平以及交货时间不一致抵消了劳动力节省的成本,总成本比在美国本土高 6%。
LightSaver 技术	中国	公司生产应急灯。公司发现如果将海外生产的时间及其他问题考虑在内,在美国本土生产的成本要低 2%~5%,而在中国的单项制造成本要低 30%。
美国电脑硬件制造商	印度、中国和匈牙利	公司将一部分 ATM 生产业务转移回国时为了更接近市场,直面客户进行创新。迁移不是为了寻找成本最低的国家,回流有更多好处:减少了与市场的时差,改善了内部协作,并降低了目前的营运成本。
Neutex 先进能源集团	中国	通过回流,公司实现了 LED 生产自动化,从而减少了劳动力数量;改进了质量控制。另外,还消除了语言障碍,公司能更好地控制产品交付。
异地网络	中国	技术进步使得公司在本土生产成本更低,这意味着驱使公司在海外生产的劳动力成本只占成本很小的一部分。另外,在中国生产的其他,如运输,一直在上升。
Pigtronix	中国	公司生产使电吉他发声的踏板,发现无法充分监控工厂的生产质量,且面临优势的流失,资本与产品捆绑原先一周就可拿到货款,现在挤压成库存。
太阳能世界	中国	太阳能电池板制造商,认为其在中国的工厂达不到西方劳动力的环境标准。一半是因为劳动占总成本比例不足 10%,使用中国工人降低的劳动力成本,不足以弥补更高的运输成本。更重要的是,美国的劳动生产率更高。

资料来源:UNCTAD,参见 http://www.reshorenow.org/resources/library.cfm 和公司网站。

第三节 FDI 收入和回报率

2011 年(大部分国家都已统计出数据的最近年份),FDI 收入达到 1.5 万亿美元,与 FDI 流入量相当。同年,FDI 回报率为 7%,发展中经济体和转型经济体的回报率高于发达经济体。再投资收益大约占总 FDI 流入量收入的 1/3,2005~2011 年该份额几乎相同。

对于母国而言,随着经济全球化的发展,FDI 为跨国公司提供了在其母国之外从事经济活动赚取利润的机会。对东道国而言,FDI 收入代表了其向作为直接投资者的跨国公司索取的回报。部分收入可能被跨国公司作为其在东道国资本支出的另一个来源,剩余部分则汇回母国或投向其他国家。在某些情况下,来自东道国的回报占跨国公司总资本回报份额较大。

FDI 收入由对直接投资企业(或境外子公司)的股权投资收益(利润)加上直接投资者(或母公司)与直接投资企业间和同行企业间的利息收入构成。股权投资收益占 FDI 收入的份额非常大(见图 1.31)。它可以进一步区分为留存收益(FDI 的组成部分)和汇回(已分配)利润。再投资收益是留存在东道国的收益,由资本性支出(用于购买或升级实物资产的收益)和现金储备两部分构成。

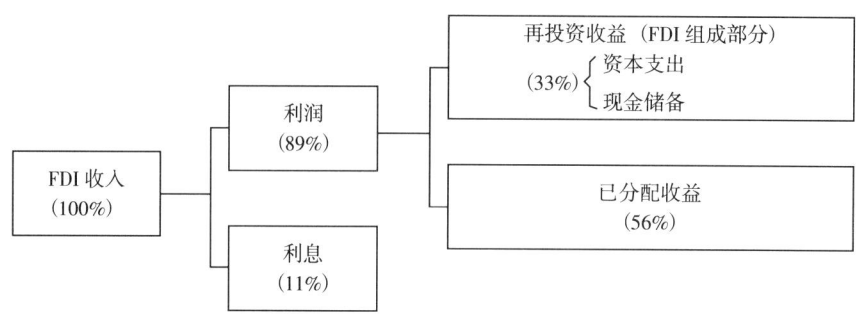

图 1.31　2005~2011 年 FDI 收入结构

注：括号中数字表示 2005~2011 年占总 FDI 流入量收入的百分比。
资料来源：UNCTAD。

由于 FDI 不断增长，FDI 收入已经成为国际收支的重要组成部分，对 FDI 本身有着重大贡献，作为一项国内收入来源或收入流出，其在整个经济中也发挥着重要作用。从东道国角度看，FDI 收入是可以从跨国公司业务活动中取得的几项利得之一。FDI 是潜在的资本形成、就业、技术转移和产业升级源泉，因此，战略上，短期收入赤字必须由长期的产能建设弥补。另外，直接投资的回报率往往高于其他类型的投资，并且在世界各地区差别很大。在投资水平、利润汇回以及 FDI 回报率的差异对 FDI 特征和税收及其他与 FDI 相关的政策提出了问题。

本节主要从东道国角度讨论一些与近年来 FDI 收入的主要趋势突出特征相关的关键经验性问题。第一节回顾了全球和地区两个层面的 FDI 收入构成趋势。第二节集中探讨地区和国家间的 FDI 回报率、金融危机期间及之后回报率的变化。第三节从国际收支角度讨论 FDI 收入。最后一节做小结并探讨了一些 FDI 政策的影响。

一、FDI 收入趋势

（一）总体趋势

全球 FDI 收入为 1.5 万亿元，几乎相当于 FDI 流入的规模。三大类型的经济体的 FDI 收入都有增长，增长最多的是发展中经济体和转型经济体。

继 2008 年和 2009 年（金融危机最严重时期）两年下降之后，2010~2011 年，全球 FDI 收入连续两年急剧增长。FDI 收入从 2010 年的 1.4 万亿美元增加到 1.5 万亿美元，增长了 9%（见图 1.32）。FDI 收入是国际收支的组成部分，占全球经常账户的 6.4%。

2008 年和 2009 年 FDI 收入下降表明境外子公司业务在全球经济开始低迷时受到严重影响。这与许多国家企业利润急剧下降是一致的。然而，到了 2010 年，全球 FDI 收入超过了之前的峰值（2007 年）。而发达国家投资跨国公司所得的 FDI 收入并没有完全恢复到危机前 2007 年的水平，其首要原因是欧盟国家增长缓慢，主权债务危机仍在持续。2009 年发展中国家 FDI 收入略有下降，但 2010 年增长强劲，特别是东亚和东南亚国家。2009 年，转型经济体 FDI 收入大幅下降，但 2010 年和 2011 年强劲反弹。

（二）回报率

自 2008 年以来，全球 FDI 回报率略有下降，不足 6%，各地区回报率也有差异。2011 年，发展中经济体和转型经济体回报率最高，分别为 8.4% 和 13%。

第一章 FDI 全球趋势

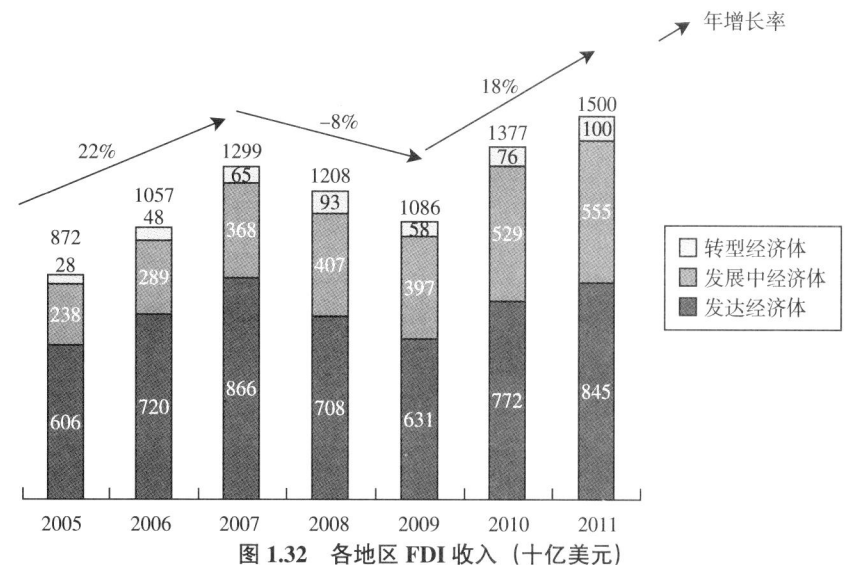

图1.32 各地区 FDI 收入（十亿美元）

资料来源：UNCTAD，根据 IMF 国际收支数据库计算得出。

FDI 回报率[9]或 FDI 利润率可以按地区间、投资方向进行比较，也可以与其他跨国投资相比较。例如，2011年（有较全数据的最近年份），美国的跨国投资组合回报率为 2.7%，FDI 回报率为 4.8%。也可以将 FDI 回报率与东道国本土的投资回报率相比较。美国的 FDI 流入量回报率低于本土企业（2011年，两者回报率分别为 4.8% 和 7.5%）[10]，但是不同国家回报率有差别。导致东道国 FDI 回报率与本土企业回报率不同的原因有很多，包括企业特点（如经营范围）、拥有的无形资产、转移定价和其他税收最小化策略及相对风险。

2011年，全球 FDI 回报率是 7.2%，略高于 2010年的 6.8%（见表 1.7）。2008年以来，发达经济体回报率一直下降。发展中经济体和转型经济体的 FDI 回报率高于发达经济体，不同时间和地区，回报率不同。例如，2006~2011年，全球平均 FDI 回报率为 7.0%，而发达经济体 FDI 流入量平均回报率为 5.1%。相比之下，发展中经济体和转型经济体的平均回报率分别为 9.2% 和 12.9%，如非洲和转型经济体，自然资源、采掘业和加工业持续拉高回报率。因此，就单个国家而言，许多类似经济体在高回报率国家排行榜上排名靠前，前 20 名中只有一个不是发展中经济体或转型经济体（见图 1.33）。

表 1.7 2006~2011 年 FDI 流入量回报率（%）

年份 地区	2006	2007	2008	2009	2010	2011
世界	7.3	7.2	7.7	5.9	6.8	7.2
发达经济体	6.3	6.1	4.6	4.0	4.6	4.8
发展中经济体	9.7	9.8	9.7	8.7	9.0	8.4
非洲	10.0	13.4	15.8	10.8	8.9	9.3
亚洲	9.5	9.1	8.9	8.8	9.8	8.8
东亚和东南亚	9.7	9.3	9.1	9.2	10.5	9.2
南亚	14.2	12.9	10.6	8.6	8.5	8.8
西亚	3.9	3.8	6.7	5.4	4.9	5.1
拉丁美洲和加勒比地区	10.2	10.3	9.9	7.6	7.1	7.1
转型经济体	14.5	12.0	16.5	10.7	10.8	13.0

资料来源：UNCTAD，根据 IMF 国际收支数据库数据计算得出。

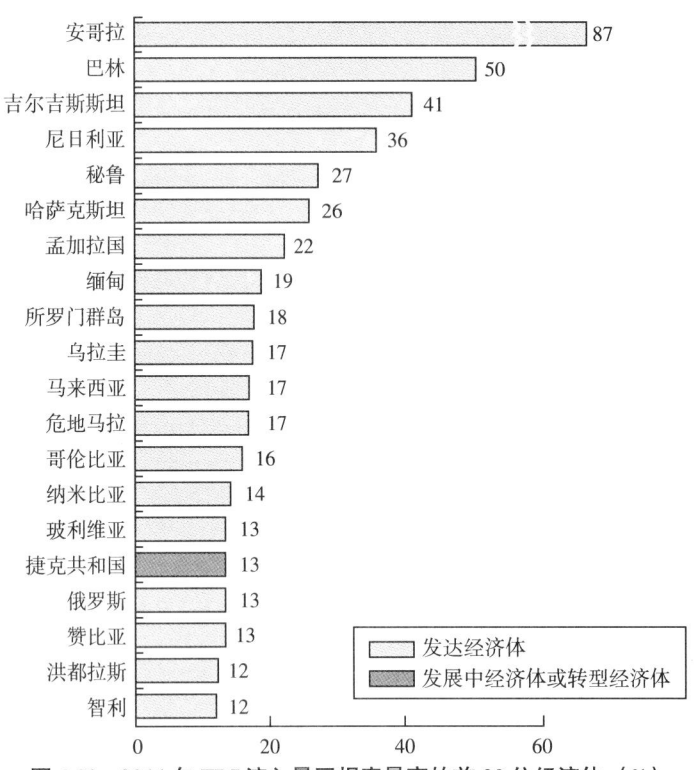

图 1.33　2011 年 FDI 流入量回报率最高的前 20 位经济体（%）

资料来源：UNCTAD，根据 IMF 国际收支数据库数据得出。

（三）再投资收益 vs 汇回收益

> 有 1/3 的 FDI 收入留在东道国作为留存收益，它是全球 FDI 流入量的主要构成部分。

从全球看，2011 年，FDI 收益中有 4990 亿美元再投资到东道国（见表 1.8），另有 1 万亿美元汇回母国或转投其他国家。在投资收益占总的 FDI 收益的份额随时间发生变化，2006 年和 2007 年，这个份额是 1/3；2008 年，金融危机爆发，这个份额只有 20%，2011 年又恢复到 1/3。2005~2011 年，再投资收益占总 FDI 收益的平均份额为 32%。2008 年，发达国家 FDI 流入量的再投资收

表 1.8　2005~2011 年 FDI 流入量再投资收益（十亿美元）

地区 \ 年份	2005	2006	2007	2008	2009	2010	2011
世界	258	378	470	277	291	477	499
发达经济体	161	253	312	109	112	219	260
发展中经济体	86	109	131	130	161	235	214
非洲	7	9	13	17	13	15	11
亚洲	59	72	85	86	116	189	166
东亚和东南亚	55	65	75	74	105	175	148
南亚	3	6	8	10	9	12	12
西亚	1	1	1	2	2	3	5
拉丁美洲和加勒比地区	21	28	32	27	31	30	37
大洋洲	0	0	0	0	0	0	0
转型经济体	11	17	28	37	18	23	25

资料来源：UNCTAD，根据 IMF 国际收支数据库数据得出。

益急剧下降，降幅远大于总收益（见图1.34）。

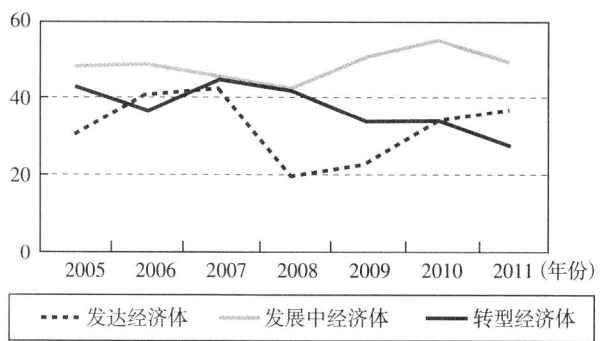

图1.34 2005~2011年再投资收益占FDI收益份额（%）
资料来源：UNCTAD，根据IMF国际收支数据库数据得出。

自2009年以来，再投资收益份额最高的是发展中国家，2011年达到49%（见图1.34）。2007年以来，转型经济体的份额缓慢下降，可能是由于投资者比较担忧部分地区的经济前景。

二、FDI流入量收入对东道国国际收支的影响

> FDI收入可以留存在东道国或汇回母国，与FDI收益相关的资金流动会影响一国的经常账户。

作为直接投资的一部分，收益再投资（或再投资收益）是FDI流入量的主要来源，随时间和地区不同而不同。2011年，全球再投资收益占全球FDI的30%，达到1.65万亿元。2005~2011年，再投资收益占FDI的平均份额为23%，由于2008年爆发了金融危机，这一份额很低，仅为14%，2010年达到了峰值32%。

2011年，发达经济体是将近50%的FDI流入量的东道国，其中22%是通过再投资收益融资的。发展中国家39%的FDI流入量由再投资收益融资，转型经济体为31%（见图1.35）。2005~2011年，发展中国家再投资收益占FDI流入量的份额最高，为39%，发达国家远低于发展中国家，仅为17%（发达经济体中欧盟的比例为36%，低于其他国家）。地区差异也能反映FDI回报率、税收待遇、跨国公司的融资需求和可获得融资来源的差异。

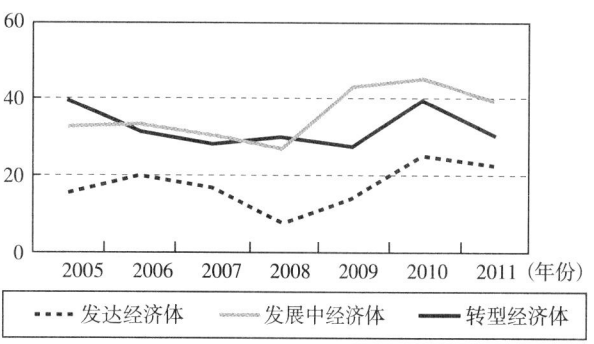

图1.35 2005~2011年各地区再投资收益占FDI的份额（%）
资料来源：UNCTAD，根据IMF国际收支数据库数据得出。

收益汇回是FDI收入影响国际收支经常账户的另一途径。汇回收益占经常账户份额的平均值为3.4%（见图1.36）。发达国家的这一份额（2011年汇回收益占总收支的2.9%）低于发展中经济体转型经济体（分别为4.0%和7.0%）。该比例在各国之间相差很大。例如，哈萨克斯坦（24%）、尼日利亚（18%）、也门（17%）和哥伦比亚（13%）等国相对较高。产生这种差异的原因是不同的FDI部门构成（采掘业收益汇回更常见）和税收制度差异和跨国公司自身的财务决策等。

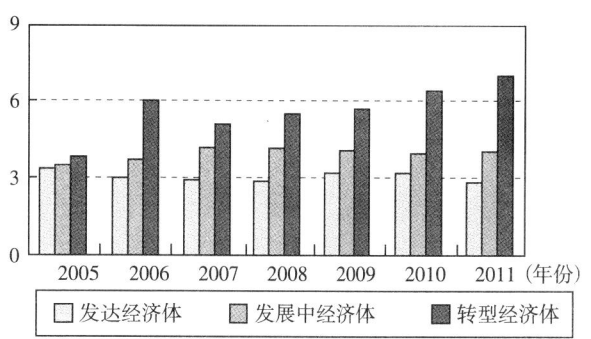

图1.36 2005~2011年各地区再投资收益占经常账户总收支的份额（%）
资料来源：UNCTAD，根据IMF国际收支数据库数据得出。

三、政策含义

> 各国政府应制定和推动政策，鼓励扩大利用外国子公司的再投资收益促进其资本性支出和其他支持东道国经济发展的经营活动。

FDI收入的规模和趋势对政策制定者有很多借鉴意义：

FDI收入至关重要，与全球FDI的年流量有一定可比性。FDI收入体现的是外国投资回报率，同时可创造国内增加值，促进本国GDP、就业、工资收入和财政收入增长。FDI收入来自外国子公司在支付成本和税收之后的盈余。

一些主要依靠采掘业吸引FDI国家的FDI回报率较高，该现象引发了对外国子公司超额租金的担忧。尽管回报率具有波动性——例如随商品价格的变动而上下波动——并且需要根据具体情况而定，但政策制定者仍可使用多种财政工具以确保本国获得公平的资源租金份额（UNCTAD，2012年）。最后，从投资者角度看，收益是对风险的补偿。政策制定者在评估回报率时需要考虑国家、行业和项目风险等因素。

在某些情况下，高回报率也意味着高收益汇回率。这也是某些行业的部分特征：要求高额前期投资的FDI项目向该行业提供的后续投资相对较少，汇回收益的比例较高。一些国家担心，长此以往，FDI会对国际收支具有潜在负作用。

政策制定者更关心外国子公司的利润和汇回收益，某种程度上它们可能被视作本国的"收入漏出"。尽管外国子公司创造的产值增加了东道国的GDP，但其创造的盈余（税后）却不计入该国国民收入。东道国政策目标的关键应该是最大化再投资收益以最大限度地留住FDI租金，并进一步发展生产力。

最后，留存收益并不会自动转化为资本性支出。对东道国而言，投资促进措施应有助于最大化留存收益进行再投资的程度。另外，一些国家采取针对性刺激政策以促进再投资。

注释

［1］绿地项目数据是指已公布的绿地FDI。绿地项目金额指投资者公布的计划资本性支出。尽管这些数据提供了反映投资者对进行海外投资扩张的态度的指标，但由于企业能在当地融资、分阶段投资，也能出于避税考虑而从不同的国家输出投资，这些数据与官方报告的FDI数据出入很大。另外，项目也可能会被取消或并没有在宣布的同年启动。

［2］SWF研究基金排名，2013年2月更新。2013年3月的排名请查询 www.swfinstitute.org/fundrankings。

［3］《国家的进步》，《经济学人》，2012年10月6日。

［4］UNCTAD研究表明，该数据在所有SOE中的比例仍然很小《世界投资报告2011》。

［5］根据本书的研究目的，划入这一类型的国家和地区包括安道尔、安圭拉岛、安提瓜和巴布达、阿鲁巴、巴林、巴巴多斯、伯利兹、英属维尔京群岛、开曼群岛、库克群岛、多米尼加、直布罗陀、格林纳达、马恩岛、利比里亚、列支敦士登、马尔代夫、马绍尔群岛、摩纳哥、蒙特塞拉特、瑙鲁、荷属安的列斯群岛、纽埃岛、巴拿马、圣基茨和尼维斯、圣卢西亚、圣文森特和格林纳丁斯群岛、萨摩亚群岛、塞舌尔群岛、汤加、特克斯和凯科斯群岛、美属维尔京群岛和瓦努阿图。根据OECD：《走向全球征税合作》。

［6］由于许多OFCs不报告FDI数据，流向OFCs的FDI可能被低估。例如，英属维尔京群岛的FDI数据来自对其投资的母国报告的FDI数据。这种统计方法往往低估了FDI流量水平。

［7］水平投资是指目标公司与实施并购的跨国公司同属一个行业，因此一级SIC码有两位数是相同的。垂直投资是指收购的公司属于不同行业。

［8］《外包和离岸业务：无处不在》，特别报道，《经济学人》，2013年1月19日。

［9］年回报率的计算方法是本年FDI收入除以本年和前一年的年末FDI头寸平均值。在这里，只给那些提交了给定年份的FDI收入和头寸的国家计算回报率。由于大多数国家的部门FDI收入无法获得，所以本报告没有提供部门回报率。

［10］数据来自美国商务部。

FDI 地区趋势

第二章

引 言

2012年，三大经济体——发达经济体、发展中经济体与转型经济体FDI流入量均出现下降（见表2.1），尽管下降速度各不相同。

发达经济体FDI流入量下降了32%，至5610亿美元——接近十年前的水平。多数欧盟（EU）成员国和美国FDI流入量大幅下降。流入发展中经济体的FDI相对具有黏性，仅下降了4%，占世界总流入量的52%。流向发展中亚洲、拉丁美

表2.1 2010~2012年FDI流量的地区分布（十亿美元，%）

地 区	FDI流入量			FDI流出量		
	2010年	2011年	2012年	2010年	2011年	2012年
世界	**1409**	**1652**	**1351**	**1505**	**1678**	**1391**
发达经济体	696	820	561	1030	1183	909
发展中经济体	637	735	703	413	422	426
非洲	44	48	50	9	5	14
亚洲	401	436	407	284	311	308
东亚和东南亚	313	343	326	254	271	275
南亚	28	44	34	16	13	9
西亚	59	49	47	13	26	24
拉丁美洲与加勒比地区	190	249	244	119	105	103
转型经济体	75	96	87	62	73	55
结构薄弱、易受冲击的小型经济体①	45	56	60	12	10	10
最不发达国家	19.0	21.0	26.0	3.0	3.0	5.0
内陆发展中国家	27.0	34.0	35.0	9.3	5.5	3.1
小岛屿发展中国家	4.7	5.6	6.2	0.3	1.8	1.8
在世界FDI流量中所占份额						
发达经济体	49.4	49.7	41.5	68.4	70.5	65.4
发展中经济体	45.2	44.5	52.0	27.5	25.2	30.6
非洲	3.1	2.9	3.7	0.6	0.3	1.0
亚洲	28.4	26.4	30.1	18.9	18.5	22.2
东亚和东南亚	22.2	20.8	24.1	16.9	16.2	19.8
南亚	2.0	2.7	2.5	1.1	0.8	0.7
西亚	4.2	3.0	3.5	0.9	1.6	1.7
拉丁美洲与加勒比地区	13.5	15.1	18.1	7.9	6.3	7.4
大洋洲	0.2	0.1	0.2	0.0	0.1	0.0
转型经济体	5.3	5.8	6.5	4.1	4.3	4.0
结构薄弱、易受冲击的小型经济体	3.2	3.4	4.4	0.8	0.6	0.7
最不发达国家	1.3	1.3	1.9	0.2	0.2	0.4
内陆发展中国家	1.9	2.1	2.6	0.6	0.3	0.2
小岛屿发展中国家	0.3	0.3	0.5	0.0	0.1	0.1

注：①未重复计算。
资料来源：UNCTAD，FDI-TNC-GVC信息系统，FDI数据库（www.unctad.org/fdistatistics）。

洲与加勒比地区的 FDI 表现疲软，虽然仍处于历史较高水平。发展中的东亚、东南亚、南亚和西亚 2012 年 FDI 流入量均低于 2011 年同期。唯有非洲地区的 FDI 流入量持续增长。流向转型经济体的 FDI 下降了 9%。

流入结构薄弱、易受冲击的小型经济体的 FDI 从 2011 年的 560 亿美元攀升至 2012 年的 600 亿美元，这源于 LDCs 和 SIDs 的 FDI 强劲增长（见表 2.1）。其在世界 FDI 流量中所占份额也有所上升，从 2011 年的 3.4% 升至 4.4%。

发达经济体 FDI 流出量在 2012 年下降了 2740 亿美元，构成全球 FDI 流出量下降的最主要部分。与发达经济体 FDI 流出量的大幅下降相反，发展中经济体 FDI 流出量在 2012 年增长了 1%，达到 4260 亿美元。因此，其在世界 FDI 流出量中所占份额达到创纪录的 31%。非洲 FDI 流出量几乎呈双倍增长，亚洲、拉丁美洲和加勒比地区 FDI 流出量与 2011 年持平。亚洲国家仍是最大的 FDI 来源国，占发展中经济体总量的 3/4。转型经济体 FDI 流出量在 2012 年有所下降，这源于俄罗斯——该地区 FDI 主要来源国投资者的投资额下降。

一、地区趋势

（一）非洲

表 A 2012 年按范围① 划分的 FDI 流量在经济体间的分布

规　划	流　入	流　出
高于 30 亿美元	尼日利亚、莫桑比克、南非、刚果民主共和国和加纳	南非
20 亿~29 亿美元	摩洛哥、埃及、刚果、苏丹和赤道几内亚	安哥拉和利比亚
10 亿~19 亿美元	突尼斯、乌干达、坦桑尼亚、阿尔及利亚、利比里亚、毛里塔尼亚和赞比亚	尼日利亚和利比里亚
5 亿~9 亿美元	埃塞俄比亚、马达加斯加、尼日尔、几内亚、塞拉利昂、加蓬、喀麦隆	—
1 亿~4 亿美元	科特迪瓦、津巴布韦、毛里求斯、纳米比亚、塞内加尔、马里、乍得、博茨瓦纳、肯尼亚、莱索托、多哥、卢旺达、贝宁、马拉维、塞舌尔、索马里和吉布提	刚果民主共和国、摩洛哥、埃及、喀麦隆、赞比亚和多哥
低于 1 亿美元	斯威士兰、冈比亚、厄立特里亚、中非、佛得角、圣多美和普林西比、布基纳法索、科摩罗、几内亚比绍、布迪隆和安哥拉	毛里求斯、加蓬、苏丹、马拉维、塞内加尔、津巴布韦、科特迪瓦、肯尼亚、突尼斯、尼日尔、斯威士兰、马里、毛里塔尼亚、塞舌尔、几内亚、加纳、几内亚比绍、布基纳法索、圣多美和普林西比、佛得角、纳米比亚、莫桑比克、博茨瓦纳、莱索托、阿尔及利亚和贝宁

注：①各经济体根据其 FDI 流量幅度列出。

第二章 FDI 地区趋势

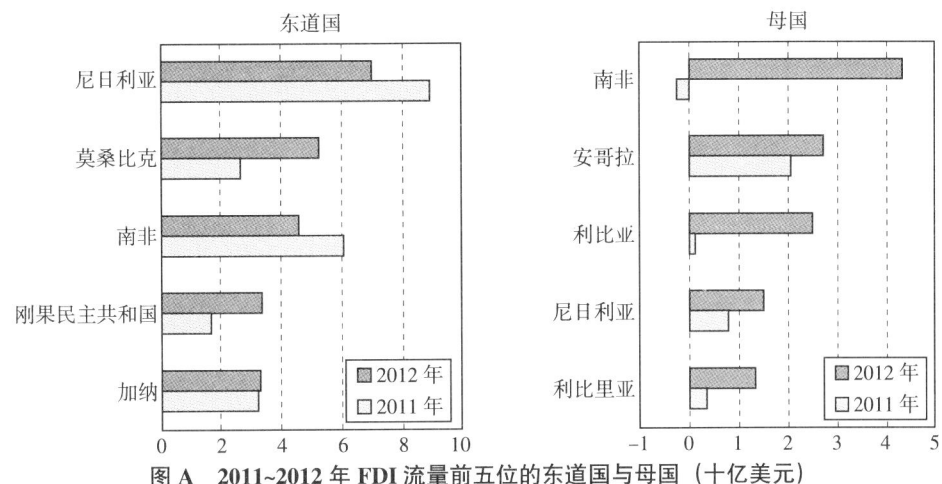

图 A 2011~2012 年 FDI 流量前五位的东道国与母国（十亿美元）

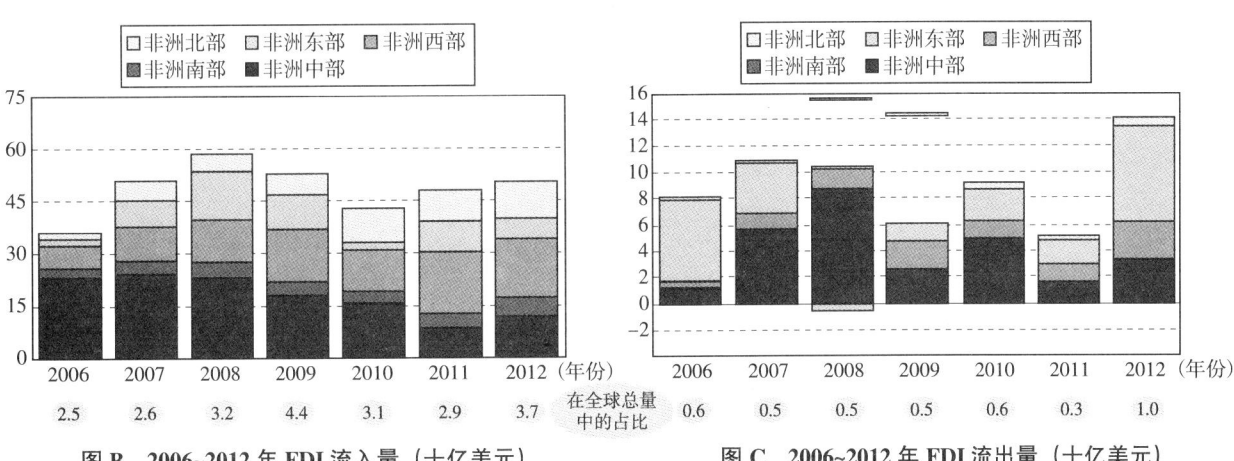

图 B 2006~2012 年 FDI 流入量（十亿美元）

图 C 2006~2012 年 FDI 流出量（十亿美元）

表 B 2011~2012 年跨国并购的行业分布（百万美元）

产业/行业	出售额 2011年	出售额 2012年	购买额 2011年	购买额 2012年
总量	8592	−1195	4378	611
第一产业	2993	−1127	−5	267
采矿、采石与石油业	2924	−1150	−5	245
制造业	1766	245	4418	1518
食品、饮料与烟草业	870	634	15	185
焦炭、石油产品与核燃料产业	—	—	2099	—
化学与化工产品	155	59	835	340
金属与金属制品业	286	−437	—	—
服务业	3833	−313	−35	−1174
贸易	2161	—	−181	—
运输、仓储与通信产业	489	−782	−10	−16
金融业	1120	325	198	−1702
商业服务	149	114	37	379

表 C 2011~2012 年跨国并购的地区/国家分布（百万美元）

地区/国家	出售额 2011年	出售额 2012年	购买额 2011年	购买额 2012年
全球	8592	−1195	4378	611
发达经济体	4397	−3412	4288	634
欧盟	2400	−1619	1986	1261
美国	1634	−144	41	—
日本	649	—	—	—
发展中经济体	4163	2049	90	−23
非洲	409	114	409	114
东亚和东南亚	2986	1843	−94	−386
中国	2441	1580	−16	—
南亚	318	22	−337	426
西亚	464	73	87	100
拉丁美洲与加勒比地区	−14	−3	24	−277
转型经济体	—	—	—	—

表 D　2011~2012年绿地投资项目的行业分布
（百万美元）

产业/行业	非洲作为投资目的地		非洲作为投资国/地区	
	2011年	2012年	2011年	2012年
总量	82939	46985	35428	7447
第一产业	**22824**	**7479**	**4640**	**445**
采矿、采石与石油业	22824	7479	4640	445
制造业	**31175**	**20863**	**23107**	**4013**
食品、饮料与烟草业	5115	2227	411	438
焦炭、石油产品与核燃料产业	9793	5661	20742	50
金属与金属制品业	5185	4469	9	1144
机动车与其他运输设备	3151	2316	—	—
服务业	**28940**	**18643**	**7681**	**2979**
电力、燃气与水	10484	6401	1441	60
运输、仓储与通信产业	5696	2940	419	895
金融业	1426	1511	916	614
商业服务	5631	1886	2282	889

表 E　2011~2012年绿地投资项目的地区/行业分布
（百万美元）

伙伴地区/经济体	非洲作为投资目的地		非洲作为投资国/地区	
	2011年	2012年	2011年	2012年
全球	82939	46985	35428	7447
发达经济体	**39181**	**17314**	**18983**	**1683**
欧盟	23861	7882	178	251
美国	6638	4831	18759	1362
日本	1302	726	—	39
发展中经济体	**43033**	**29604**	**16445**	**5764**
非洲	10749	3821	10749	3821
东亚和东南亚	12360	4616	400	166
中国	1953	1764	334	102
南亚	11113	9315	980	149
西亚	7038	11610	150	1160
拉丁美洲与加勒比地区	1774	242	1167	469
转型经济体	**725**	**67**	**—**	**—**

非洲FDI流入量2012年上升至500亿美元，比2011年增长5%。这源于流向北非、中非和东非的FDI增长，尽管西非和南非FDI流入量有所下降。来自发展中国家的FDI正在增加。私募股权基金FDI前景广阔，但目前FDI量仍相对较少。消费者导向的FDI在制造业和服务业日益增加，但短期内的扩张仍相对有限。

非洲是自2010年以来为数不多的FDI流入量持续上升的地区之一。这主要源于在资源勘探和开发方面的投资和来自中国的巨额投资（见表C和表E）。更一般地，非洲大陆包括制造业和服务业的良好的经济表现——2012年GDP增长5%——为投资的持续增长奠定了基础。

投资者对于北非地区的投资信心再次回升，FDI流入量上升35%，至115亿美元（图B）。大部分的增长是由于流向埃及的投资复苏。在经历了2011年5亿美元的净撤资后，埃及2012年吸引净投资额28亿美元（见表A）。其他地区，如摩洛哥和突尼斯FDI流入量上升，而阿尔及利亚和苏丹FDI流入量下降。

相比之下，西非的FDI流入量下降了5%，至168亿美元，这很大程度上是由尼日利亚FDI流入量的减少造成的。由于政治动荡和全球经济不景气，尼日利亚FDI流入量从2011年的89亿美元下降至2012年的70亿美元（见图A）。与此同时，流入利比里亚和毛里塔尼亚的FDI激增。在毛里塔尼亚，FDI流入翻了一番，达到12亿美元，部分源于来自加拿大的第一量子矿产和Kinross公司采矿作业（铜和黄金）的扩张。

流入中非的FDI增长了23%，至100亿美元。刚果民主共和国的FDI流入量从17亿美元攀升至33亿美元，这抵消了流向刚果FDI的降低。部分FDI流向正在扩张的Tenke Fungurume铜钴矿。近期发现的自然资源也致使东非的FDI流入增加，从2011年的46亿美元增至2012年的63亿美元。这包括对坦桑尼亚联合共和国天然气和乌干达油田的投资（《世界投资报告2012》）。

南部非洲的FDI流入量从2011年的87亿美元下跌到2012年的54亿美元。这一下降主要源于两个FDI接受国——安哥拉和南非FDI流入量

第二章 FDI 地区趋势

的减少。安哥拉连续第三年遭遇净撤资,其 FDI 流入量降幅达 69 亿美元。南非更低的 FDI 流入量——2012 年下降了 24%,为 46 亿美元(图 A)——源于 2012 年第四季度某外国矿业公司关闭其在南非的子公司而形成的净撤资。莫桑比克近 2 倍的 FDI 流入增长部分抵消了安哥拉和南非的下降,其巨大的海上天然气储备吸引投资达 52 亿美元。

近年来,来自新兴市场的 FDI 增长强劲,发展中国家的跨国公司(TNCs)在非洲日益活跃。马来西亚、南非、印度和中国(依次)是非洲 FDI 最大的发展中来源国。马来西亚在非洲的 FDI 存量 2011 年达 190 亿美元(可获得的最新数据),投资已涉及整个非洲大陆的所有行业,包括农业和金融业。农业投资流向东非和西非,而金融投资集中在毛里求斯。南非和中国紧随其后,其在非洲的 FDI 存量分别达 180 亿美元和 160 亿美元,投资遍及所有行业。印度在非洲 140 亿美元的 FDI 大部分流向毛里求斯,但绿地投资项目数据表明,该国对非洲内陆发展中国家(LLDCs)的投资正在上升。

2012 年,非洲 FDI 流出量几乎翻了 3 倍,从 2011 年的 50 亿美元升至近 140 亿美元(见图 C)。南非公司在矿业、批发和医疗保健等行业的收购行为异常活跃,2012 年该国的 FDI 流出达 44 亿美元。来自南非的投资增长强劲,同时安哥拉的 FDI 流出量也有所上升,导致非洲南部海外投资活动高涨。中非、北非和西非的 FDI 流出量在 2012 年也大幅攀升,这主要源于刚果民主共和国、利比里亚、利比亚和尼日利亚 FDI 流出量的增加(见图 A)。

私募股权基金 FDI 在非洲前景广阔,但目前 FDI 量仍相对较少。该类型的 FDI 来源已得到广泛关注。但对私募股权在非洲的良好预期如何与实际活动相匹配,跨国并购(M&A)这一私募股权投资的主要投资模式(见图 2.1)表明私募股权在非洲还有待发展。2006 年和 2007 年并购数目达到峰值,但自那时以来便鲜有变动,这正是私募股权基金 FDI 的停滞(第一章)对非洲的影响。

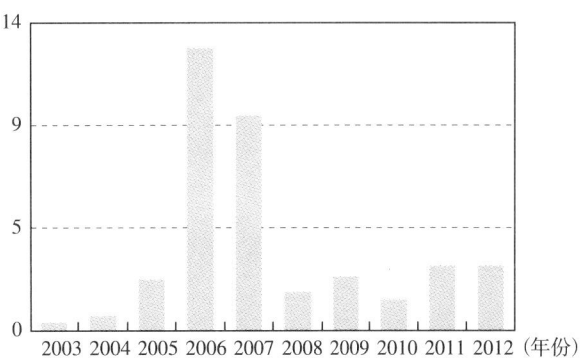

图 2.1　2003~2012 年按私募股权基金划分的非洲跨国并购投资额(十亿美元)

资料来源:UNCTAD FDI-TNC-GVC 信息系统,跨国并购数据库。

非洲私募股权投资集中在少数几个国家。根据 Preqin 数据显示,2011 年南非接收的私募股权投资超过此类总投资的一半(53%)。埃及、毛里求斯和摩洛哥各占 8%,尼日利亚占 5%。在非洲最大的私募股权交易列表中,南非的吸引力也得以显现,1996~2012 年世界上 10 个最大的私募股权 FDI 项目中有 7 个流向南非(见表 2.2)。

基金经理人表示,私募股权基金在非洲的投资领域囊括了商业服务、信息技术、工业产品、传媒和通信这四个最受欢迎的行业。跨国并购数据凸显出采掘业的重要性。过去四年,近 46% 的非洲私募股权投资集中在采矿、采石和石油开采业。其他行业主要包括非金融服务,如基础设施和通信。[1]

虽然私募股权基金 FDI 相对多元化,但交易数量仍然很小且地域集中。随着全球经济的复苏,此类型的 FDI 在全球和非洲会更加活跃。政策制定者要给予应有的重视,因为该类型投资填补了其他金融类投资的空白,且其积极作用明显,如提高管理实践和改善企业治理。同时,政策制定

表 2.2　1996~2012 年非洲十大私募股权基金 FDI 项目

年份	金额（百万美元）	投资公司	母国	被收购公司	东道国	被收购公司所在行业
2006	4802	股东①	南非	Kumba Iron Ore	南非	铁矿石开采
2007	3502	Bain Capital LLC	美国	Edgars Consolidated Stores Ltd.	南非	零售业，nec
2006	2313	投资者组合①	阿拉伯联合酋长国	Tunisie-Telecoms	突尼斯	电话通信，无线电话除外
2007	1438	股东①	南非	Mondi Ltd.	南非	造纸
2007	1410	Abraaj Capital Ltd.	阿拉伯联合酋长国	Egyptian Fertilizers Co. SAE	埃及	氮肥
2009	1277	Paulson & Co Inc.	美国	AngloGold Ashanti Ltd.	南非	金矿石开采
1997	1261	投资者组合①	美国	Telkom South Africa（Telkom）	南非	电话通信，无线电话除外
2011	1200	投资者组合①	科威特	Orascom Telecom Tunisie SA	突尼斯	电话通信，无线电话除外
2006	1000	Lexshell 44 Genera Trading (Pty) Ltd.	英国	Victoria & Alfred Waterfront (Pty) Ltd.	南非	土地细分，墓地除外
2007	933	Cleansheet Investments (Proprietary) Ltd.	美国	Alexander Forbes Ltd.	南非	保险代理人、经纪人和服务业

注：①由股东和投资者组合运作的并购包括私募股权基金。
资料来源：UNCTAD FDI-TNC-GVC 信息系统，跨国并购数据库（http//www.unctad.org/fdistatistics）。

者还应意识到私募股权的相关问题，如透明度和投资周期问题（《世界投资报告 2012》）。

在非洲，消费者导向的 FDI 日益普遍。投资者们越来越关注非洲大陆的人口增长。首先，大约 10 亿的人口预计 10 年后将增加 1/4，2050 年翻了一番。其次，城市人口也将增加，从 2010 年的 40% 增长到 2050 年的 54%，这一扩张主要是中产阶级的增加。最后，25 岁及以下人口比例目前维持在 60% 左右，预计这一水平在未来的几十年里将保持不变（UNDESA，2011 年）。这些特性以及积极的经济前景使非洲消费者市场前景广阔。

数据显示，投资者正调整策略进驻非洲消费者市场，过去十年最受欢迎的行业集中在以消费者为导向的制造业和服务业，如金融服务、食品、饮料和烟草、机动车辆（见表 B 和表 D）。绿地投资项目数据显示出在消费者导向产业的 FDI（FDI 数据不提供详细的行业分类）。当前投资数额较小且地域集中。然而，消费者导向行业的绿地 FDI 的比例正在上升，2012 年将达到约 1/4（见图 2.2）。

在非洲，有越来越多未涉及采掘业的制造业 FDI 的成功案例，包括南非的汽车、埃塞俄比亚的皮革、莱索托的服装和东非的制药行业。值得

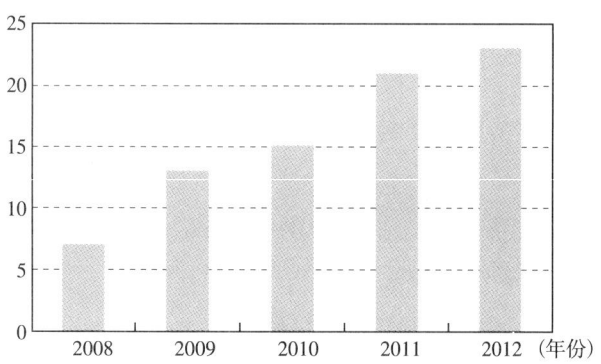

图 2.2　2008~2012 年非洲消费者相关行业①绿地投资在总绿地投资中的份额（%）

注：①消费者相关行业包括制造业（食品、饮料和烟草，纺织，服装和皮革；电气和电子设备，机动车及其他运输设备）和服务业（运输、存储和通信，金融，教育，卫生和社会服务；社区、社会及个人服务业活动）。
资料来源：UNCTAD FDI-TNC-GVC 信息系统、金融时报有限公司的 FDI 市场数据（www.fdimarkets.com）。

注意的是，以上案例不仅限于来自发达国家的 FDI——很多情况下，来自发展中国家如巴西、中国、印度和土耳其的投资者已经开始进军非洲制造业。此外，非洲大陆间投资，即使交易额比较小，也往往流向服务业和制造业——后者尤其集中在技术低下和资本密集型产业。

从地理分布上看，非洲最大的消费者市场也是该大陆服务业和制造业消费者导向 FDI 的主要目的地，但外国投资者并未满足于此。例如，电

信公司如南非 MTN 和印度 Bharti Airtel 的足迹遍及至少 15 个非洲国家。南非零售商 Shoprite 和 Massmart（2011 年美国沃尔玛收购其多数股权）的业务分别延伸到 17 个和 12 个非洲市场。

FDI 流入在非洲消费者导向行业及投资地域的扩张表明，非洲消费能力增强正吸引着更多的外国投资者进入。不过，同样明显的是，这种吸引力还处于孵化阶段。原因在于未来一段时间内，投资者的主要目标仍是极少数的高端消费者。对非洲 2011~2016 年消费增长预测显示 40%的增长将来自于年收入超过 2 万美元的家庭——仅占所有家庭的 1%~2%。[2] 政策方面，国家面临的挑战是要引导投资进入缓解贫困的行业，生产穷人买得起的商品和服务，为国内 SMEs 创造机会。

（二）东亚与东南亚

表 A 2012 年按范围① 划分的 FDI 流量在经济体间的分布

规 划	流 入	流 出
高于 500 亿美元	中国、中国香港、新加坡	中国、中国香港
100 亿~490 亿美元	印度尼西亚、马来西亚	韩国、新加坡、马来西亚、中国台湾、泰国
10 亿~99 亿美元	韩国、泰国、越南、蒙古、中国台湾、菲律宾、缅甸、柬埔寨、中国澳门	印度尼西亚、菲律宾、越南
1 亿~9 亿美元	文莱、老挝	中国澳门
低于 1 亿美元	朝鲜、东帝汶	蒙古、柬埔寨、文莱、老挝

注：①各经济体根据其 FDI 流量幅度列出。

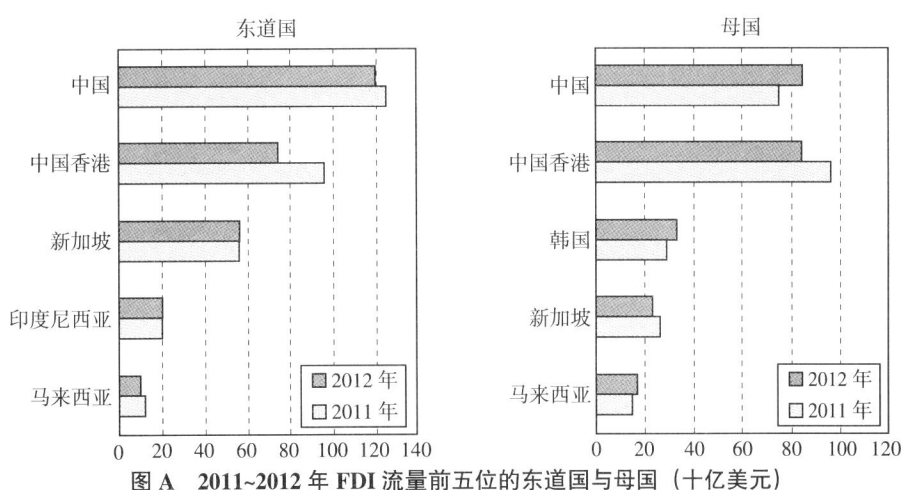

图 A 2011~2012 年 FDI 流量前五位的东道国与母国（十亿美元）

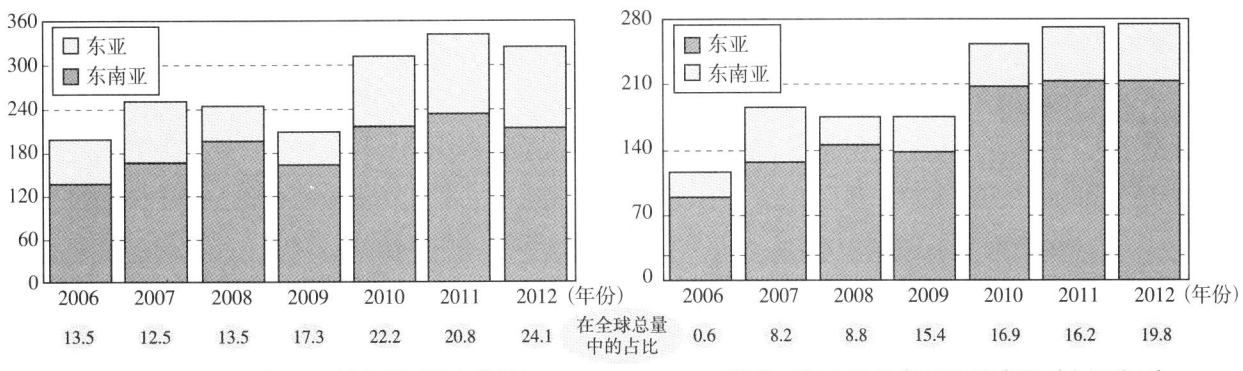

图 B 2006~2012 年 FDI 流入量（十亿美元）

图 C 2006~2012 年 FDI 流出量（十亿美元）

表 B　2011~2012 年跨国并购的行业分布（百万美元）

产业/行业	出售额		购买额	
	2011 年	2012 年	2011 年	2012 年
总量	35513	22550	72458	69357
第一产业	5658	758	21083	10344
采矿、采石与石油业	5224	357	21431	11756
制造业	11436	12873	11582	12859
食品、饮料与烟草业	3462	7197	1311	4948
金属与金属制品	789	281	1281	2822
精密仪器	533	1830	390	1596
电器及电子设备	3407	717	2306	2477
服务业	18419	8919	39793	46153
电力、燃气与水	2539	756	4017	2525
运输、仓储与通信产业	1697	4426	−1414	4633
金融业	4962	721	33411	38820
商业服务	5537	2043	−432	1050

表 C　2011~2012 年跨国并购的地区/国家分布（百万美元）

地区/国家	出售额		购买额	
	2011 年	2012 年	2011 年	2012 年
全球	35513	22550	72458	69357
发达经济体	16708	5148	47518	50102
欧盟	5591	2686	14773	20062
英国	2796	−2958	6192	15091
北美洲	3865	−1584	21349	15125
加拿大	1220	−290	8968	7778
美国	2645	−1294	12381	7347
日本	6516	3821	738	2969
发展中经济体	16428	16427	24206	24198
非洲	−94	−386	2986	1843
南亚、东亚和东南亚	14596	17234	11637	16570
拉丁美洲与加勒比地区	168	119	9311	5324
转型经济体	1531	—	734	−4944

表 D　2011~2012 年绿地投资项目的行业分布（百万美元）

产业/行业	东亚和东南亚作为投资目的地		东亚和东南亚作为投资国	
	2011 年	2012 年	2011 年	2012 年
总量	206049	147608	115133	118476
第一产业	4444	363	5158	3022
采矿、采石与石油业	4444	363	5158	3022
制造业	127673	70614	73297	43443
化学与化工产品	25615	9886	6495	10733
金属与金属制品业	16836	8902	14522	6799
电器及电子设备	21768	9361	11455	11468
机动车与其他运输设备	17578	17716	9022	4797
服务业	73932	76632	36678	72011
电力、燃气与水	4567	4507	7697	22813
建筑业	7021	19652	3840	29147
运输、仓储与通信产业	19730	13096	7653	2950
金融业	16651	13658	5371	6074

表 E　2011~2012 年绿地投资项目的地区/行业分布（百万美元）

伙伴地区/经济体	东亚和东南亚作为投资目的地		东亚和东南亚作为投资国	
	2011 年	2012 年	2011 年	2012 年
全球	206049	147608	115133	118476
发达经济体	133212	99091	16726	43863
欧盟	58072	38248	7299	18768
德国	22308	12020	1129	249
英国	11621	8372	1175	15003
美国	32580	27628	5961	21525
澳大利亚	2230	1473	1410	2070
日本	30416	24646	533	677
发展中经济体	71605	47824	91844	69246
非洲	400	166	12360	4616
东亚和东南亚	55390	43666	55390	43666
南亚	10973	2388	9197	8211
转型经济体	1232	694	6563	5368

流入东亚和东南亚的 FDI 在 2012 年下降了 5%，而 FDI 流出量增长了 1%，在世界 FDI 总流入量和总流出量中分别占 24% 和 20%。过去几年在制造业尤其是劳动密集型产业中有相当大的调整。同时，采掘业和基础设施行业外国资本增长显著，在一定程度上助推了该地区的投资。

2012 年，东亚和东南亚 FDI 流入量下降到 3260 亿美元（见图 B），这是 2009 年以来首次下降，原因在于主要经济体如中国、中国香港、马来西亚和韩国的投资下降。全球经济低迷、欧洲债务危机、全球跨国并购显著收缩和跨国公司投资情绪谨慎是造成 FDI 流入量下滑的主要原因。

跨国并购和绿地投资都有所下降（见表 B 至表 E）。2012 年，跨国并购交易额萎缩了约 37%，为 230 亿美元，绿地投资交易额下降了 28%，这是十年来的最低水平。但区域间并购增长了 18%，达170亿美元，这主要源于中国、中国香港、马来西亚和泰国的公司在该地区的积极扩张。然而，区域间并购的增长未能逆转发达国家跨国并购的下滑趋势，该增长率甚至不到2011年的1/3。

东亚FDI流入量下降了8%，为2150亿美元。尽管中国FDI流入量下降了2%，但其仍是发展中国家最大的FDI接受国。由于生产成本不断上升，出口需求低迷和外国公司迁至更低收入的国家，制造业FDI面临巨大的下行压力，但FDI仍保持在1210亿美元的较高水平（见图A）。[3] 中国香港作为东亚第二大FDI接收者，其FDI流入量下降了22%，为750亿美元，但2012年底由于巨额资本流入而使得其前景向好。流入韩国的FDI下降了3%，为100亿美元，这源于股权投资和投资收益下降。中国台湾的FDI流入量从2011年的-20亿美元飙升至2012年的30亿美元。由于部分外国资本流向采掘业，蒙古的FDI流入量虽有下降，但仍高于40亿美元。然而，政府和外国投资者对采矿业的前景存在争议。

与东亚不同，东南亚的FDI流入量上升了2%（为1110亿美元），部分原因是由于东南亚第一大FDI接受国——新加坡的FDI流入量有所增长（上升了1.3%，为570亿美元）。印度尼西亚和菲律宾的FDI流入也略有增长，同时低收入国家如柬埔寨、缅甸和越南的FDI流入表现良好。这些国家是东南亚的新兴力量，尤其是在劳动密集型FDI和价值链活动方面。流向其采掘业和基础设施的FDI增幅显著，包括合同协议外投资。泰国绿地投资增长强劲，尤其是在汽车和电子行业。一些汽车制造商，特别是日本跨国公司，一直致力于在泰国业务的拓展。例如，泰国已经取代中国成为丰田的第三大生产基地。[4]

由于区域一体化，东盟（ASEAN）经济共同体发展前景良好和低收入国家如缅甸出现新机遇，日本及其他地区跨国公司加快了在该区域的扩张步伐。来自欧洲和美国的跨国公司也已开拓或正在开拓其在缅甸的业务。例如，希尔顿酒店已进驻仰光。中国在印度尼西亚和老挝人民民主共和国进行基础设施投资，为东亚和东南亚的区域内基础设施FDI注入新活力。

流入东亚和东南亚的FDI前景很可能更广阔，主要源于该地区主要经济体表现良好和投资者信心回升。

不同于全球FDI输出的急剧下滑，东亚和东南亚FDI流出量增长了1%，达到2750亿美元（见图C）。这表明该地区的FDI流出连续四年增加，其在世界FDI流出量中所占份额从2008年的9%飙升至2012年的20%，接近欧盟所占份额。

东亚的FDI流出量增长了1%，为2140亿美元。中国的FDI流出继续增长，达到840亿美元的历史新高，目前是世界第三大FDI来源国（第一章）。为实现在市场、效率、自然资源和战略导向等方面的多元化投资目标，中国企业正加快国际化进程，扩大投资领域和地域。[5] 韩国的FDI流出上涨了14%，为330亿美元，中国台湾的FDI流出量增加到130亿美元。对中国大陆高端电子行业的大型投资是以上两个经济体FDI输出增长的主要原因。

东南亚的FDI流出增加了3%，为610亿美元。来自该地区FDI重要来源国——新加坡的FDI下降了12%，为230亿美元。然而，马来西亚和泰国的FDI流出量分别增长了12%和45%，为170亿美元和120亿美元。这主要受区域内的投资驱动。

制造业在区域内转移。中国不断上升的生产成本导致生产活动通过外国以及中国跨国公司外流。尽管有些活动迁往其他地区和跨国公司的母国（第一章第二节），但区域内转移在该地区内已普遍发生。一方面，外国公司的生产活动已从中国沿海地区向内地转移，导致大量FDI流入中国中西部地区；[6]另一方面，一些外国公司开始将生产设施转移至东南亚的低收入国家。[7]目前，相对于东南亚国家，更多的生产活动转移至中国内陆，但由于中国生产成本上升，东南亚国家的竞争力得到巩固。[8]

生产活动的转移主要发生在劳动密集型行业，如服装和鞋类。例如，来自区域内经济体如中国香港和中国台湾的公司，从中国大陆迁到劳动力成本约为中国1/3且生产力日益增强的柬埔寨。传统上，东南亚的印度尼西亚和越南以及南亚的孟加拉国是转移的主要目的国。一些大型跨国公司，包括耐克（美国）和阿迪达斯（德国），均增加了其在东南亚生产基地的生产合同。因此，例如耐克在越南鞋类生产的份额从2005年的25%上升到2012年的41%。[9]

与此同时，随着国内外对高技术产业如电子元件的投资增长，中国制造业已完成升级。例如，三星已在苏州建立合资企业，以生产最新一代的液晶显示器（LCD），并计划在西安制造价值70亿美元的闪存生产设备。该设备在2013年底投产，西安将成为三星第二大内存芯片生产基地，该项投资是公司有史以来最大的海外投资。此外，越来越多的外资研发（R&D）中心——过去五年内翻了一番，到2012年底增至1800个——表明FDI帮助中国进入了价值链高端。

大量外国投资者聚集到采掘业。在过去的几年中，流向采掘业（包括石油和天然气、金属矿）的外资驱动了某些国家FDI增长，包括蒙古和缅甸（见表2.3）。在某些情况下，外资参与开采引发国家和国际层面上的政治争议，这对国际投资者有重大影响。

蒙古自开放了金属采掘业的外国投资以来，其矿产FDI流入显著增加，包括煤、铜、金和铀。2009年，蒙古政府和由Rio Tinto（澳大利亚和英国）控股51%的加拿大公司Turquoise Hill Resources（前身为Ivanhoe Mines）合资开发世界

表2.3 蒙古和缅甸采掘业外资参与的大型项目

项目/目标公司	所在行业	投资额（百万美元）	外国投资者	母国	进入模式（股份）	年份
蒙古						
Tomortei Mining Co	铁矿石开采	160	Shougang	中国	绿地投资	2005
Boroo Glod Mine	铁矿石开采	228	Centerra Gold	加拿大	绿地投资	2005
Baruunbayan Uranium Project	铁矿石开采	—	Solomon Resources	加拿大	绿地投资	2005
Khangai and Bayankhongor Project	铁矿石开采	—	Dragon Gold Resources	英国	绿地投资	2005
Bao Fung Investments Ltd.	铁矿石开采	87	Asia Resources Holdings	中国香港	并购（100%）	2009
Mountain Sky Resources	铁矿石开采	237	Green Global Resources	中国香港	并购（100%）	2009
Oyu Tolgoi Mine	铁矿石开采	—	Ivanhoe Mines	加拿大	绿地投资	2009
MRCMGL LLC	铁矿石开采	20	Alamar Resources Ltd.	澳大利亚	并购（100%）	2011
Ar Zuun Gol & Zuun Gol Coking	煤炭开采	35	Hunnu Coal Ltd.	澳大利亚	并购（70%）	2011
Wolf Petroleum Ltd.	石油和天然气	42	Strzelecki Metals Ltd.	澳大利亚	并购（100%）	2012
缅甸						
Blocks AD-2, AD-3 and AD-9	石油和天然气	337	ONGC	印度	绿地投资	2007
Block M3 in the Gulf of Martaban	石油和天然气	1000	PTTEP International	泰国	绿地投资	2007
Letpadaung Copper Mine	铁矿石开采	600	Wanbao Mining	中国	绿地投资	2008
Chauk Oil Field	石油和天然气	337	Interra Resources	新加坡	绿地投资	2008
Gas Project Block AD-7	石油和天然气	1700	Daewoo	韩国	绿地投资	2009
Dornod Uranium Mine	铁矿石开采	—	Rosatom	俄罗斯	绿地投资	2009

资料来源：UNCTAD FDI-TNC-GVC信息系统、跨国并购数据库和各种媒体资料。

最大的未开发铜金矿 Oyu Tolgoi。该项目于 2010 年启动，预计于 2013 年投产。然而，最近蒙古政府和 Rio Tinto 在此项目上出现争议，致使施工进度受阻。[10]

在授予采矿许可证时，蒙古政府试图吸引更多的投标人，结果导致了国际投资者对世界最大的焦煤和热能煤矿 Tavan Tolgoi 的激烈竞争。参与 West Tsankhi 矿区部分投标的公司来自世界各地。[11]

在缅甸，大量投资流向采掘业。许多西方公司开始进驻石油和天然气行业；来自印度、韩国、泰国和新加坡的投资者开始参与石油和天然气的勘探，准备扩大经营（见表 2.3）。[12]

例如，Total（法国）和 Chevron（美国）长期参与石油和天然气的投资项目，但是近期放松管制后两家公司开始扩大其在缅甸的业务。在金属采掘业，一家本地公司和 Ivanhoe Mines（加拿大）在 2004 年成立合资企业共同经营一家大型铜矿，之后来自中国的投资者取代该加拿大公司并参与经营。

2013 年引入新矿业法后，来自中国、印度、菲律宾、俄罗斯、越南和美国的投资者涌入缅甸采掘业，使得采掘业 FDI 流入量增加。

区域间投资尤其是基础设施投资增加显著。区域间 FDI 流量持续上涨，在绿地投资和跨国并购中的占比分别是 37% 和 24%（见表 C 和表 E）。

过去十年，在东亚和东南亚国家的基础设施行业，如交通和电信，区域间投资尤为重要（UNCTAD，2008 年）。总部设在中国香港、马来西亚、新加坡和泰国等新兴经济体的公司构成该行业投资的主要力量（UNCTAD，2013a）。它们日益加快在该地区及周边的扩张步伐。例如，来自泰国和新加坡的电信运营商积极投资于邻近的东南亚国家的电信业，来自马来西亚和新加坡的企业开始进军中国运输行业。

在过去的几年中，中国对东南亚基础设施的投资持续增长。例如，在电力行业，中国华电集团对巴厘岛最大的发电厂初期投资 6.3 亿美元。总体而言，中国企业在印度尼西亚基础设施建设方面已投资约 70 亿美元。在运输方面，中国已决定对老挝人民民主共和国国内铁路投资 70 亿美元；一条连接昆明和万象全长 410 公里的高速铁路预计于 2018 年通车。中缅铁路亦开始建造。连接中国和新加坡的高速铁路局域网将在未来几年建成，这将大大促进该地区的区域一体化和经济发展。

（三）南亚

表 A 2012 年按范围[①] 划分的 FDI 流量在经济体间的分布

规划	流入	流出
高于 100 亿美元	印度	
10 亿~99 亿美元	伊朗	印度
1 亿~9 亿美元	孟加拉国、巴基斯坦、斯里兰卡、马尔代夫	伊朗
低于 1 亿美元	阿富汗、尼泊尔、不丹	斯里兰卡、巴基斯坦、孟加拉国

注：①各经济体根据其 FDI 流量幅度列出。

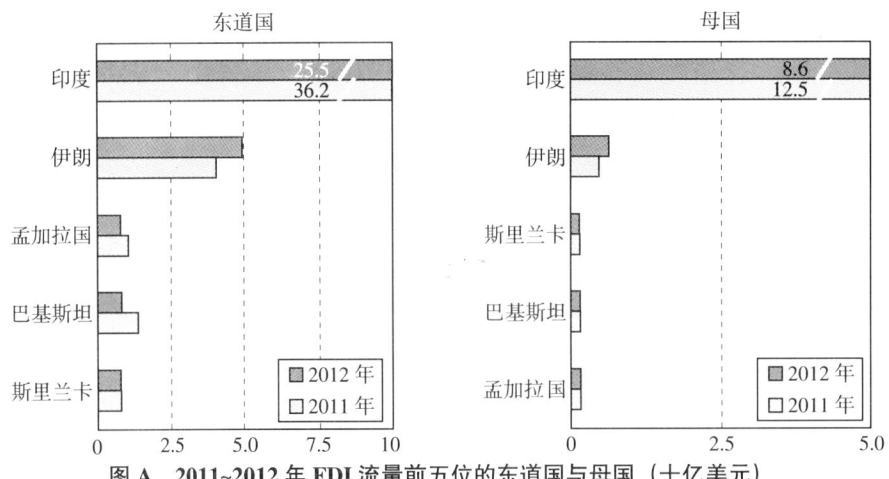

图 A 2011~2012 年 FDI 流量前五位的东道国与母国（十亿美元）

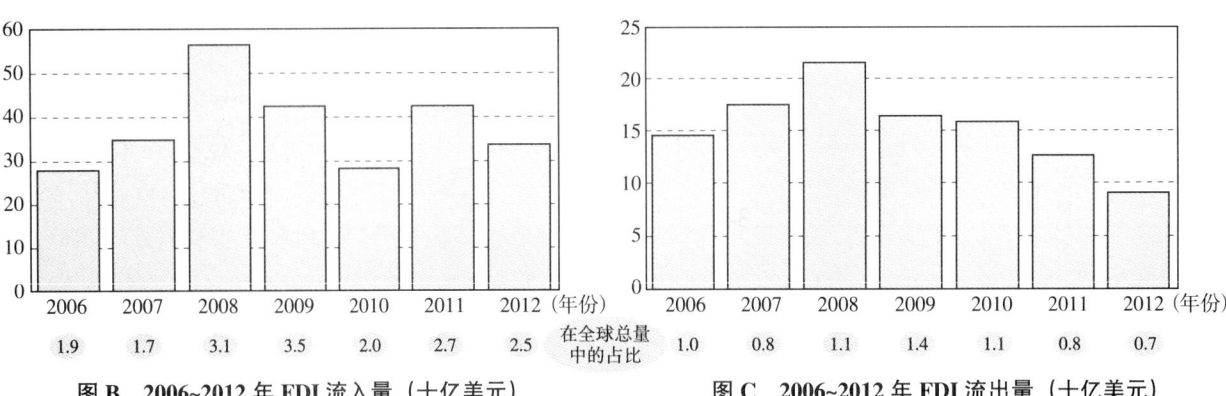

图 B 2006~2012 年 FDI 流入量（十亿美元）

图 C 2006~2012 年 FDI 流出量（十亿美元）

表 B 2011~2012 年跨国并购的行业分布（百万美元）

产业/行业	出售额 2011 年	出售额 2012 年	购买额 2011 年	购买额 2012 年
总量	13181	2637	6143	2651
第一产业	8997	130	834	−70
采矿、采石与石油业	8997	130	834	−70
制造业	1951	1403	1489	498
化学与化工产品业	96	102	1370	293
金属与金属制品业	47	124	−644	116
电器与电子设备业	83	493	288	37
机动车与其他运输设备	977	197	470	58
服务业	2233	1104	3820	2223
运输、仓储与通信产业	135	−590	1954	25
金融业	859	1408	1461	659
商业服务	418	−21	101	243
健康与社会服务	80	145	—	665

表 C 2011~2012 年跨国并购的地区/国家分布（百万美元）

地区/国家	出售额 2011 年	出售额 2012 年	购买额 2011 年	购买额 2012 年
全球	13181	2637	6143	2651
发达经济体	15732	1161	5304	1967
欧盟	13232	618	1154	435
英国	13184	−782	682	−172
美国	1652	405	28	1531
澳大利亚	14	17	4082	−374
日本	986	966	40	7
发展中经济体	−2573	1462	1083	683
非洲	−337	426	318	22
毛里求斯	−348	82	—	—
南亚、东亚和东南亚	−2373	−39	585	625
拉丁美洲与加勒比地区	4	—	180	119
转型经济体	—	—	−245	—

第二章　FDI 地区趋势

表 D　2011~2012 年绿地投资项目的行业分布
（百万美元）

产业/行业	南亚作为投资目的地		南亚作为投资国/地区	
	2011 年	2012 年	2011 年	2012 年
总量	58669	39525	35627	27714
第一产业	—	165	4165	4602
采矿、采石与石油业	—	165	4165	4602
制造业	37813	16333	19469	11367
化学与化工产品业	4567	1786	1370	1668
金属与金属制品业	9595	3317	8287	2178
精密仪器	3169	929	140	1234
机动车与其他运输设备	11396	4248	2628	2938
服务业	20857	23027	11993	11745
电力、燃气与水	1862	6199	4463	4236
运输、仓储与通信产业	3815	7210	345	1442
金融业	2552	3264	1710	726
商业服务	5890	2805	3228	2046

表 E　2011~2012 年绿地投资项目的地区/行业分布
（百万美元）

伙伴地区/经济体	南亚作为投资目的地		南亚作为投资国/地区	
	2011 年	2012 年	2011 年	2012 年
全球	58669	39525	35627	27714
发达经济体	42036	23579	4529	8529
欧盟	15990	12962	2538	2889
美国	14121	5559	1497	829
澳大利亚	1049	23	62	4576
日本	8787	3147	8	84
发展中经济体	16244	15694	30274	18742
非洲	980	149	11113	9315
东亚和东南亚	9197	8211	10973	2388
南亚	1910	2328	1910	2328
西亚	4093	4972	5672	4100
拉丁美洲与加勒比地区	64	34	606	611
转型经济体	389	252	824	380

流入南亚的 FDI 下降了 24%，为 340 亿美元，这源于跨国并购和绿地投资的急剧下滑。与此同时，由于印度企业并购活动骤减，FDI 流出量下降了 29%，为 90 亿美元。

南亚 FDI 流入量在 2012 年显著下降（见图 B），这源于主要 FDI 接受国，包括印度、巴基斯坦和斯里兰卡 FDI 流入量的下滑（见图 A）。流向以上三个国家的 FDI 分别下降了 29%、36% 和 21%，为 260 亿美元、8.47 亿美元和 7.76 亿美元。孟加拉国 FDI 流入量也下降了 13%，为大约 10 亿美元。尽管如此，孟加拉国仍为南亚第三大 FDI 接受国，在印度和伊朗伊斯兰共和国之后。流入伊朗和伊斯兰共和国的 FDI 增长了 17%，达 50 亿美元的历史高位。

2012 年，印度仍是南亚占主导地位的 FDI 接受国。然而，印度经济经历了十年来的最低速增长，同时高通货膨胀率意味着国内外投资者的高风险。因此，投资者信心受到影响，流入印度的 FDI 显著下降。

但是，许多其他的积极因素表明印度的 FDI 流入前景广阔。由于印度进一步开放其重要行业，如零售业，流向服务业的 FDI 将有所增长（见第三章）。[13] 预计流向制造业的 FDI 或有增长，因为许多主要投资国家（包括日本和韩国）在印度建立了国别工业园区（见专栏 2.1）。

专栏 2.1　印度建立国别工业园区

印度政府致力于为来自德里—孟买工业走廊（DMIC）的特定国家的投资者建立工业园区，以促进 FDI（见专栏图 2.1.1）。① 国外公共资金实现杠杆化，这可能使印度未来几年如电子产品业的 FDI 流入增长显著。

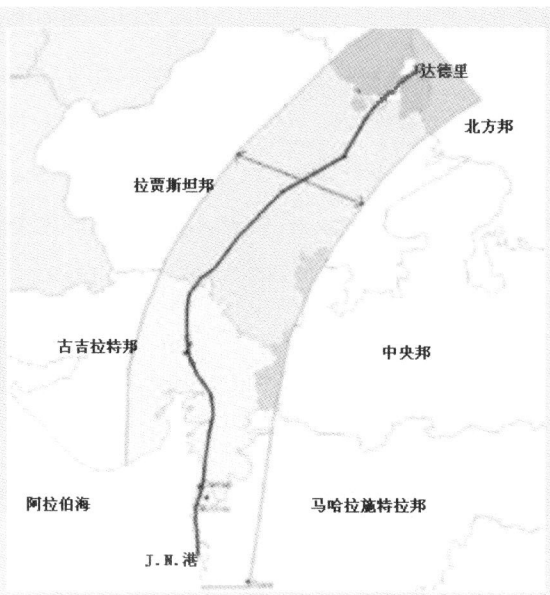

专栏图 2.1.1　德里—孟买工业走廊：地理覆盖范围

2013 年 2 月，印度和日本政府签署协议，为日本电子企业在 DMIC 建立工业园区。② 这是印度首次为特定国家特定行业的企业正式建立工业园区。虽然日本在印度的 FDI 存量高于韩国，但在电子行业，日企已远远落后于韩国同业者。③ 工业园区的建立将有助于日本电子企业扩大其在印度的影响力，并缩小与韩国同业者间的差距。

与此同时，韩国试图巩固其先发优势。2013 年 3 月，韩国贸易投资促进机构与拉贾斯坦邦工业发展和投资公司签署了一份在尼穆拉纳建立面向韩国企业的工业园区的合作协议。预计未来将有大量韩国 FDI 进入印度。

此外，印度政府邀请捷克共和国投资其某工业园区。该工业园区主要面向在捷克共和国有强大竞争力的汽车行业。

注：①DMIC 是一项跨越 6 个洲的基础设施项目，也是工业发展项目。包括来自日本的约 900 亿美元的投资与金融和技术援助。该项目在德里和孟买之间，占地 1500 公里。
②在尼穆拉纳，一个工业园区已建成，吸引了日本在汽车零部件等行业的巨额投资。
③参见 Makoto Kojima：《印度—日本经济关系扩大的前景和挑战》，《IDSA 简报》，2011 年 10 月 3 日。
资料来源：UNCTAD。

该地区的许多国家，包括孟加拉国、印度、巴基斯坦和斯里兰卡，已成为成衣（RMG）制造和出口的重要参与者。合同制造有助于南亚 RMG 行业生产能力的提升，使这些国家进入全球价值链和市场。特别是，孟加拉国由于生产成本低和劳动力丰富受到关注。然而，工作条件和其他劳工问题仍然令人担忧，近期频发的灾难性事故使得该国正在蓬勃发展的服装业面临巨大挑战。[14]

关于进入模式，跨国并购和绿地投资均大幅下降（见表 B 至表 E）。2012 年，并购出售额下降了近 4/5，为 26 亿美元。2007 年以来，发展中国家在南亚的并购交易总额首次超过发达国家（见表 C）。这主要是由于来自阿拉伯联合酋长国的企业在该地区的扩张。与此同时，绿地投资交易总额减少了约 1/3，为 400 亿美元，是 2004 年以来的最低水平。

第二章　FDI 地区趋势

总体而言，流入南亚的 FDI 前景良好，预计流入印度的 FDI 或有上升。

南亚 FDI 流出量下跌了 29%（见图 C）。该地区最大的 FDI 来源国即印度（见图 A）的 FDI 输出减少到 86 亿美元（仍占南亚 FDI 总流入的 93%），这源于印度企业跨国并购的衰减。与中国同业者相比，印度企业，尤其是大型综合企业，在国际并购市场不如以往积极转而关注其国内业务。许多当地企业已进入服装业全球价值链。孟加拉国、印度、巴基斯坦和斯里兰卡已经成为全球服装出口大国。其中，孟加拉国和印度在全球排名第四和第五，仅次于中国、欧盟和土耳其（世界贸易组织，2010 年）。各国竞争力得到进一步加强，RMG 行业为出口导向型企业提供了良好机遇。基于其区位优势（如丰富的低成本劳动力）以及政府政策支持（例如鼓励 FDI 合作的政策），南亚国家如孟加拉国和斯里兰卡已经进入全球价值链并提升了国内生产能力。

RMG 行业在 20 世纪 70 年代末出现在孟加拉国，现今已成为该国主要制造业：近 5000 家工厂雇佣了 300 万名员工，贡献了约 3/4 的国家出口总额。FDI 在工业发展初期发挥了重要的作用，但当地企业成为目前产业主导（Fernandez-Stark 等，2011 年）。通过提供多种合同制造服务，孟加拉国已经成功打入欧盟和美国市场。2000 年以前，当地企业只是进行初级 CMT 操作，最近许多企业已经开始原始设备制造，从而获取更多利润。

受 FDI 推动，斯里兰卡的 RMG 业迅速崛起。然而，到 2000 年，国内企业占据主导地位。近年来，当地主要合同制造商，如 Brandix 和 MAS[15]已开始在其他地区，特别是非洲投资生产。20 世纪八九十年代参与 CMT 生产的本地企业，自 21 世纪开始进行自主设计制造，为发达国家的品牌所有者，包括 Gap、M&S 和 Nike 提供服务（Wijayasiri 和 Dissanayake，2008 年；Fernandez-Stark 等，2011 年）。作为"统包生产"服装供应商，[16] 他们在缝隙市场如运动装、泳装和童装行业已极具竞争力。当行业进入价值链更高端，当地劳动者技能进一步推动企业的国际化（Kelegama，2009 年）。

印度跨国公司在全球并购市场不如以往积极。基于不同动机，印度企业一直是全球并购市场的积极参与者，尤其是在发达国家。自 2005 年以来，18 个投资额超过 10 亿美元的跨国并购中有 13 个发生在发达国家，包括美国（6 个）、英国（3 个）和澳大利亚（3 个）（见表 2.4）。这些巨额并购主要集中在采掘业（石油和天然气、金属矿业）、基础设施行业（电信和运输）和重工业（汽车、化工和金属生产）。且大多数发生在 2007~2008 年，2012 年没有记录。

表 2.4　2005~2012 年印度跨国公司的大型跨国并购投资

年　份	投资公司	目标公司	目标行业	目标国家	金额（百万美元）	股份（%）
2007	Tata Steel UK Ltd.	Corus Group PLC	钢制品	英国	11791	100
2010	Bharti Airtel Ltd.	Zain Africa BV	通信	科威特	10700	100
2007	AV Aluminum Inc.	Novelis Inc.	合金	美国	5789	100
2010	Investor Group	Republic of Venezuela-Carabobo Block	石油与天然气	委内瑞拉	4848	40
2010	Adani Mining Pty Ltd.	Linc Energy Ltd.	采矿	澳大利亚	2740	100
2008	Investor Group	Sabiha Gokcen International Airport	运输	土耳其	2656	100
2008	Jarpeno Ltd.	Imperial Energy Corp PLC	石油与天然气	英国	2608	100
2008	Tata Motors Ltd.	Jaguar Cars Ltd.	机动车	美国	2300	100

续表

年 份	投资公司	目标公司	目标行业	目标国家	金额（百万美元）	股份（%）
2011	Mundra Port & Special Economic Zone	Abbot Point Coal Terminal	运输	澳大利亚	1951	100
2005	Ratnagiri Gas & Power Pvt Ltd.	Dabhol Power Co.	电力	美国	1939	100
2010	Chennai Network Infrastructure Ltd.	Aircel Ltd-Mobile Towers	通信	马来西亚	1704	100
2007	Essar Steel Holdings Ltd.	Algoma Steel Inc.	钢制品	加拿大	1603	100
2007	Tata Power Co Ltd.	Kaltim Prima Coal PT	采矿	印度尼西亚	1300	30
2011	GVK Power & Infrastructure Ltd.	Hancock Coal Pty Ltd.	采矿	澳大利亚	1260	100
2007	United Spirits Ltd.	Whyte & Mackay Ltd.	食品与饮料	英国	1176	100
2010	Reliance Eagleford Upstream LP	Pioneer Natural Resources Co.	石油与天然气	美国	1145	38
2008	GMR Infrastructure Ltd.	InterGen NV	电力	美国	1107	50
2008	Tata Chemicals Ltd.	General Chemical Industrial Products Inc.	化工产品	美国	1005	100

资料来源：UNCTAD，FDI-TNC-GVC信息系统，跨国并购数据库。

通过积极跨国并购，印度企业已实现其重要战略目标，如技术和品牌并购。[17] 例如，在汽车行业，Tata集团已拥有捷豹和路虎两个品牌。在信息技术（IT）服务业，Infosys和Wipro通过绿地投资和跨国并购将其业务领域扩展到国际新市场。[18] 在电信业，通过收购Zain在非洲的移动业务，Bharti Airtel已将其移动市场扩展到15个非洲国家，成为世界第五大移动电信运营商。在采掘业，印度企业通过与包括澳大利亚、印度尼西亚、苏丹[19] 和委内瑞拉玻利瓦尔共和国的大型并购交易，借以获得世界范围内重要的矿产资源。

近年来，由于财政紧缩，一些印度企业尤其是大型综合企业放缓其海外并购的步伐。在电信和运输服务业，作为2010~2011年全球并购市场的积极参与者近期开始致力于国内业务。[20] 因此，2012年印度企业跨国并购的总交易额下降了近3/5，为26.5亿美元。

（四）西亚

表A 2012年按范围① 划分的FDI流量在经济体间的分布

规 划	流 入	流 出
高于100亿美元	土耳其、沙特阿拉伯	—
50亿~99亿美元	阿拉伯联合酋长国	科威特
10亿~49亿美元	黎巴嫩、伊拉克、科威特、阿曼、约旦	沙特阿拉伯、土耳其、阿拉伯联合酋长国、卡塔尔、阿曼
低于10亿美元	巴林、也门、卡塔尔、巴勒斯坦	巴林、黎巴嫩、伊拉克、也门、约旦、巴勒斯坦

注：①各经济体根据其FDI流量幅度列出。

第二章　FDI 地区趋势

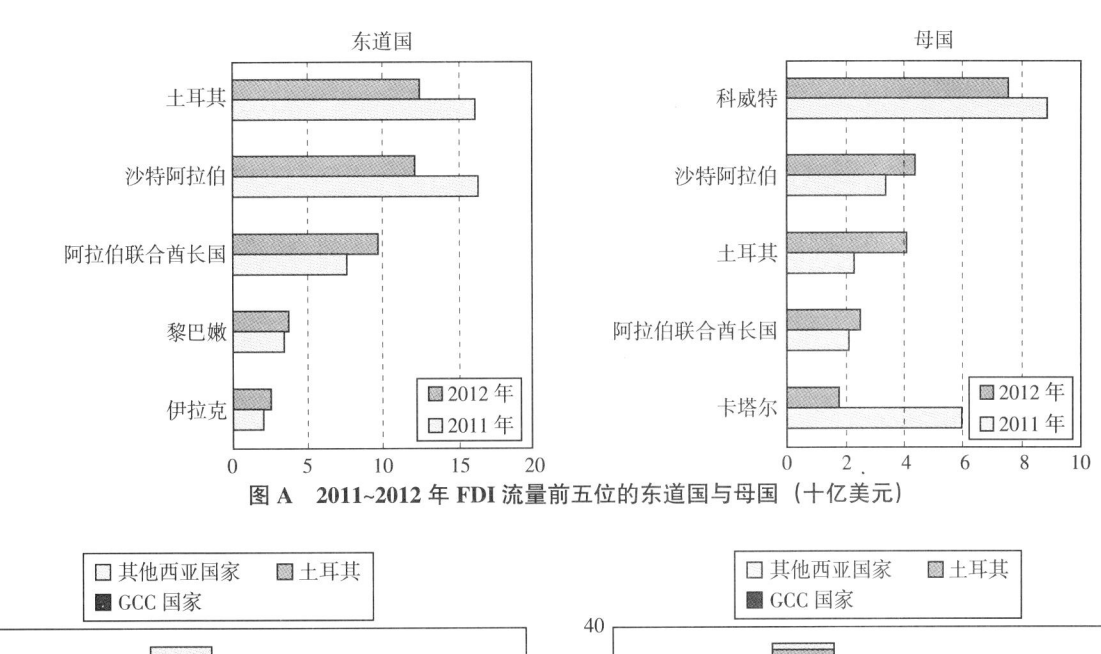

图 A　2011~2012 年 FDI 流量前五位的东道国与母国（十亿美元）

图 B　2006~2012 年 FDI 流入量（十亿美元）

图 C　2006~2012 年 FDI 流出量（十亿美元）

图 B 下方 "在全球总量中的占比"：4.6, 4.0, 5.2, 5.9, 4.2, 3.0, 3.5

图 C 下方 "在全球总量中的占比"：1.6, 1.5, 1.9, 1.6, 0.9, 1.6, 1.7

表 B　2011~2012 年跨国并购的行业分布（百万美元）

产业/行业	出售额 2011年	出售额 2012年	购买额 2011年	购买额 2012年
总量	11111	4295	6603	7775
第一产业	2730	154	87	43
采矿、采石与石油业	2682	154	87	43
制造业	703	2556	969	1702
食品、饮料与烟草业	30	1019	213	1605
非金属矿物制品	−69	137	332	—
金属与金属制品业	198	39	22	—
服务业	7678	1585	5547	6030
电力、燃气与水	341	284	190	—
建筑业	68	125	−35	1126
运输、仓储与通信产业	338	874	−2568	−651
金融业	6221	−298	8177	5517
商业服务	373	562	314	73

表 C　2011~2012 年跨国并购的地区/国家分布（百万美元）

地区/国家	出售额 2011年	出售额 2012年	购买额 2011年	购买额 2012年
全球	11111	4295	6603	7775
发达经济体	9719	−1083	3252	5458
比利时	−522	−3862	−587	140
卢森堡	—	−10	—	2388
西班牙	5891	—	5474	305
英国	4622	−214	−621	1318
美国	−1566	1700	−945	−244
发展中经济体	1088	543	3234	735
亚洲	984	428	2622	662
印度	—	−83	123	1060
马来西亚	−5	116	1915	60
转型经济体	5	3862	117	1582
俄罗斯	—	3862	40	1582

表 D　2011~2012年绿地投资项目的行业分布
（百万美元）

产业/行业	西亚作为投资目的地		西亚作为投资国	
	2011年	2012年	2011年	2012年
总量	70248	44978	45171	35095
第一产业	915	2	503	37
制造业	37505	20247	19009	12216
焦炭、石油产品与核燃料产业	3618	5002	7633	5768
化学与化工产品业	13877	6181	3372	103
金属与金属制品业	9294	2353	4122	2438
服务业	31827	24729	25659	22842
电力、燃气与水	7598	2920	2611	601
建筑业	6620	6693	12520	5284
酒店与餐饮业	4686	3809	1920	3302
金融业	2680	2226	2357	4029
商业服务	3259	2038	901	587
社区、社会与个人服务	912	3487	729	2800

表 E　2011~2012年绿地投资项目的地区/行业分布
（百万美元）

伙伴地区/经济体	西亚作为投资目的地		西亚作为投资国	
	2011年	2012年	2011年	2012年
全球	70248	44978	45171	35095
发达经济体	39119	15649	9615	2066
欧洲	17127	9883	7443	1651
北美	18736	5099	1979	342
其他发达经济体	3257	667	193	73
发展中经济体	30433	26173	34339	30889
非洲	150	1160	7038	11610
东亚和东南亚	5930	8025	3965	1247
南亚	5672	4100	4093	4972
印度	5455	3880	1235	4105
西亚	18503	12761	18503	12761
拉丁美洲与加勒比地区	178	127	699	300
转型经济体	695	3156	1217	2140

2012年，流入西亚的FDI再次陷入低迷，这已是自2009年开始连续四年下滑。这源于持续的政治不稳定及全球经济不确定的双重影响。海湾合作委员会（GCC）国家的国有企业正在接管原计划成立合资公司的项目。沙特阿拉伯采取相应措施增加私人部门的就业，但面临私人就业市场供需不平衡的挑战。

FDI流入复苏计划再次搁浅。虽然下降速度放缓，但流入西亚的FDI已连续四年下滑（见图B），下降了4%，为470亿美元，是2008年FDI流入量的一半。持续的政治不稳定及全球经济不确定导致外国投资者对该地区的投资计划持谨慎态度。

占地区FDI总流入52%的两个主要FDI接受国——土耳其（下降了23%，为24亿美元）和沙特阿拉伯（下降了25%，为122亿美元）——FDI流入量下滑显著。流入沙特阿拉伯的FDI以来自2006年以来首次下降，土耳其代之成为该地区第一大FDI接受国。

2012年，为改善基础设施及提高公共部门就业和工资而增加的政府支出推动沙特阿拉伯经济增长了6.8%，但其FDI流入量出现下降。政治与社会动荡带来的不确定性，及发达国家非健康银行业借入资本能力的衰退，致使外国投资者对该地区的投资计划持谨慎态度进而阻碍FDI流入复苏。

土耳其FDI流入量下降，源于2011年飙升的跨国并购出售额下降70%（见附表1.3）。2012年，土耳其FDI流入降至120亿美元，远远低于2007年220亿美元的历史高位。全球经济增长放缓及欧盟——土耳其最大的海外市场——长期的财政紧缩，使得土耳其出口需求低迷，影响出口导向型如汽车行业FDI的流入（见专栏2.2）。

GCC国家整体FDI流入量与2011年（260亿美元）基本持平，增长0.4%，即使流入沙特阿拉伯的FDI下滑显著。流入GCC其他国家的FDI增长抵消了该下滑。西亚的第三大FDI接受国阿拉伯联合酋长国的FDI流入量增加了25%，为100亿美元，延续了自2010年的复苏，但仍低于2007年的历史高位140亿美元。阿布扎比市的高

第二章 FDI 地区趋势

> **专栏 2.2　欧洲经济衰退牵累土耳其汽车业**
>
> 经过两年的强劲复苏，欧洲低利率、信贷便捷和国内经济反弹弥补了外需疲软，推动汽车销售在 2010 年和 2011 年增长强劲（分别增长 26% 和 8.6%），但土耳其汽车产量在 2012 年开始下降（-9.8%）。这源于土耳其经济活动骤减和该国最大的汽车出口市场——欧盟的长期财政紧缩之外的信贷紧缩。
>
> 土耳其汽车业通过与外国同业者合作得以发展，该国自 1996 年与欧盟建立关税同盟后便进入全球价值链。由于其低工资成本和便于前往东西欧、俄罗斯、北非和中东的地理位置优势，土耳其一直是极具竞争力的汽车生产出口基地。
>
> 三家汽车制造商主导着土耳其的行业，其汽车产量约为土耳其总产量的 3/4。三者均是由土耳其和主要国际生产商共同成立的合资企业，即 Tofas-Fiat，Oyak-Renault 和 Ford Otosan。土耳其汽车业是高度外向型行业，2012 年汽车出口量占其全部产量的 68%，且大约 3/4 出口到欧洲市场。
>
> 鉴于受财政紧缩影响的欧洲需求依旧前景暗淡，在土耳其的汽车业跨国公司更加关注快速增长的新兴市场。汽车业跨国公司，特别是亚洲公司如丰田、本田和五十铃（日本）、现代（韩国）和奇瑞（中国）正在扩大或计划扩大在土耳其的生产规模。此外，Ford Otosan 正在土耳其建造其第三个汽车生产基地，以增加美国市场出口量。
>
> 资料来源：UNCTAD，TKSB 研究，"土耳其汽车业"，2013 年；TKSB 研究，"土耳其汽车业"，2012 年；Abylkassymova 等（2011 年）；经济学人智库，"土耳其汽车业报告"，2013 年 4 月；经济学人智库，《日本/土耳其经济：汽车企业土耳其投资规模扩大》，2012 年 7 月 27 日。

公共支出和迪拜非烃类燃料行业的强劲表现推动了该国 FDI 的增长。仅沙特阿拉伯和阿拉伯联合酋长国便占据 GCC 国家整体 FDI 流入的 83%。科威特的 FDI 流入量翻了一番，为 20 亿美元，这源于卡塔尔电信集团收购科威特第二大移动运营商 Wataniya 92% 的股权。巴林、阿曼和卡塔尔的 FDI 流入量也有所增长。

流入非 GCC 国家的 FDI 整体下降 9%，为 210 亿美元，这源于占该地区 FDI 总流入量 60% 的土耳其的 FDI 流入量大幅下降。然而，该地区大多数其他国家 FDI 流入量有所增加。受保险业和房地产相关服务业外资并购的推动，流向黎巴嫩的 FDI 在 2012 年增长了 9%。在黎巴嫩与塞浦路斯和叙利亚海上边界北部海域最新发现的天然气表明该国石油勘探领域 FDI 前景广阔。大约 46 家国际石油公司参加了于 2013 年 5 月 2 日举行的关于天然气勘探许可证的投标。伊拉克 FDI 流入连续第二年增长，涨幅为 22%，至 25 亿美元，这源于该国受显著增长的政府支出推动的强劲的经济增长（8.4%）。丰富的烃资源储备、庞大的人口和大规模基础设施投资需求，使伊拉克为外国投资者提供了广泛的商业机遇。尽管该国政治与社会动荡，但投资者们正在加速其投资步伐。流入土耳其、黎巴嫩和伊拉克的 FDI 占非 GCC 国家总量的 90%。由于政治局势改善，也门 FDI 流入表现良好（3.49 亿美元），但流入约旦的 FDI 下降了 5%。

特别是来自发达国家的外国投资者对西亚大型项目的投资计划持谨慎态度。这种谨慎反映在绿地投资的显著衰减，投资金额和项目数分别下降了 36% 和 11%。这表明该地区 FDI 前景仍然维持负面（见第一章）。发达国家跨国公司扩张放缓更加显著，其在已宣告投资项目数中的份额从2003~2011年的67%下降到2012年的56%。在投资金额方面所占份额从2003~2011年的56%下滑到2012年的35%，远低于发展中国家跨国公司的相应份额（2012年占57%）。后者近一半的FDI流入该地区，其余流向东亚（主要是韩国和中国）和南亚（主要是印度）。这些已宣告的项目也许不能全部实现，但它们反映了一个持续的趋势：作为西亚的潜在投资者，亚洲发展中国家的重要性正在日渐上升。

2012年，西亚的FDI输出经历2011年的反弹后又下降了9%，为240亿美元（见图C）。GCC国家的FDI流出量继续占主导地位，土耳其已成为该地区重要的投资输出者，其对外投资金额增长了73%，达到创纪录的40亿美元。这主要是因为Anadolu Efes（土耳其）以20亿美元收购俄罗斯和乌克兰的啤酒公司SAB Miller。[21]

GCC国家的国有企业率先推迟其对外投资项目。自全球经济危机爆发以来，GCC国家的FDI输出受到外国银行——尤其是欧洲银行——资金撤离的持续影响。尽管2010~2011年国家油价反弹及GCC经济向好，但外国银行对GCC的融资支持整体在2008年9月至2012年3月下降了5%（卡塔尔是其中一个例外）。由多家银行携手提供的大规模银团贷款正面临结构性挑战，因为许多欧洲银行相继从市场撤资。2011年，该地区银团贷款市场萎缩11%。[22] 外国银行贷款的缩减部分解释了2012年GCC国家显著增加的国内债券（伊斯兰债券）发行量（IMF，2012a）。

外国投资者对大型项目更加谨慎的投资情绪使国有企业在关键项目上表现突出。这解释了炼油和石化项目在2012年的发展路径。例如，沙特阿拉伯在2004年宣布投资46亿美元的Jizan炼油项目——原计划由国有石油公司Aramco（控股40%）与沙特阿拉伯私人部门和国际石油公司（分别控股30%）共同成立合资企业——在完成对跨国公司有限权益的分配后由Aramco接管。与来自韩国、日本和西班牙的跨国公司的建筑合同并未促成该炼油项目。卡塔尔——所有石化项目是与跨国能源公司的合资项目——国有石油公司放弃与国外巨头合作而独自管理在拉斯拉法的价值55亿美元的石化投资。

但是，在2012年，一些推迟已久或中断的与外国公司，如沙特阿拉伯的Sadara化学公司和Yanbu炼油公司的合资项目重新启动。经过Aramco和陶氏化学公司的多次磋商，由一家成立于2011年的合资企业主持进行的大型石化项目成为第一个重启项目。该合资企业将在朱拜勒工业城成立，控制和运营一家价值200亿美元的综合性化工企业（包括26个生产单位）。第二个重启项目是中石化（中国）和Aramco（沙特阿拉伯）签署的一份建设价值85亿美元的Yanbu炼油厂的合资协议，该协议由于2010年最初的合作伙伴康菲石油公司的退出而被推迟。

沙特阿拉伯采取相应措施以增加其私人部门的就业。在政治与社会动荡的背景下，为应对年轻人口膨胀和失业率持续上升，政府出台了最新政策"Saudization"，同时引入一项名为Nitaqat的法律。该法律于2011年5月发布，2011年9月至2012年2月得到进一步完善，是沙特阿拉伯政府提高私人部门就业的长期计划的最新进展。它规定了企业雇佣外国工人的数量。不合格的企业将面临诸多限制，例如对外国工人签证的发行或更新的限制，而合格企业可顺利进行招聘活动。占私人部门工人较大比例（90%）的外籍劳工比国内劳动力更具竞争力，因为他们更便宜、更熟练、更灵活。

然而，在实施"Saudization"时面临的最根本挑战集中在国内劳动力在私人就业市场的供需不平衡（《世界投资报告2012》）。劳动力需求日益扩张的行业——例如服务、建筑和贸易行业——对国内劳动力不具吸引力，同时又缺乏掌握高技能的毕业生。[23]

（五）拉丁美洲与加勒比地区

表A 2012年按范围①划分的FDI流量在经济体间的分布

规划	流入	流出
高于100亿美元	巴西、英属维尔京群岛、智利、哥伦比亚、墨西哥、阿根廷、秘鲁	英属维尔京群岛、墨西哥、智利
50亿~99亿美元	—	开曼群岛
10亿~49亿美元	开曼群岛、多米尼加共和国、委内瑞拉、巴拿马、乌拉圭、特立尼达和多巴哥、哥斯达黎加、危地马拉、巴哈马群岛、玻利维亚、洪都拉斯	委内瑞拉、巴拿马、特立尼达和多巴哥、阿根廷
1亿~9亿美元	尼加拉瓜、厄瓜多尔、萨尔瓦多、牙买加、巴巴多斯、巴拉圭、圭亚那、伯利兹、海地、圣文森特和格林纳丁斯、圣卢西亚、圣基茨和尼维斯	哥斯达黎加、巴哈马群岛
低于1亿美元	库拉索、安提瓜和巴布达、苏里南、格林纳达、荷属圣马丁、多米尼加岛、安圭拉岛、蒙特塞拉特、阿鲁巴	危地马拉、厄瓜多尔、牙买加、洪都拉斯、圣卢西亚、安提瓜和巴布达、阿鲁巴、格林纳达、乌拉圭、伯利兹、苏里南、圣基茨和尼维斯、圣文森特和格林纳丁斯、蒙特塞拉特、多米尼加岛、荷属圣马丁、库拉索、多米尼加共和国、巴巴多斯、秘鲁、哥伦比亚和巴西

注：①各经济体根据其FDI流量幅度列出。

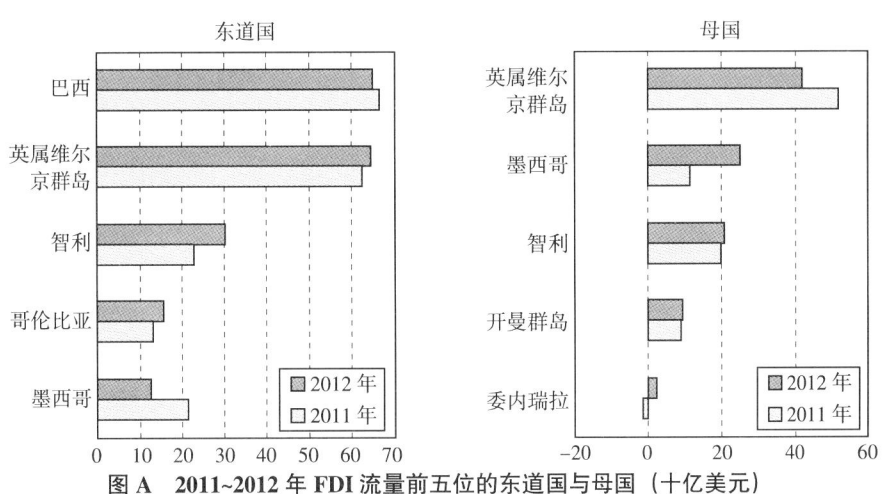

图A 2011~2012年FDI流量前五位的东道国与母国（十亿美元）

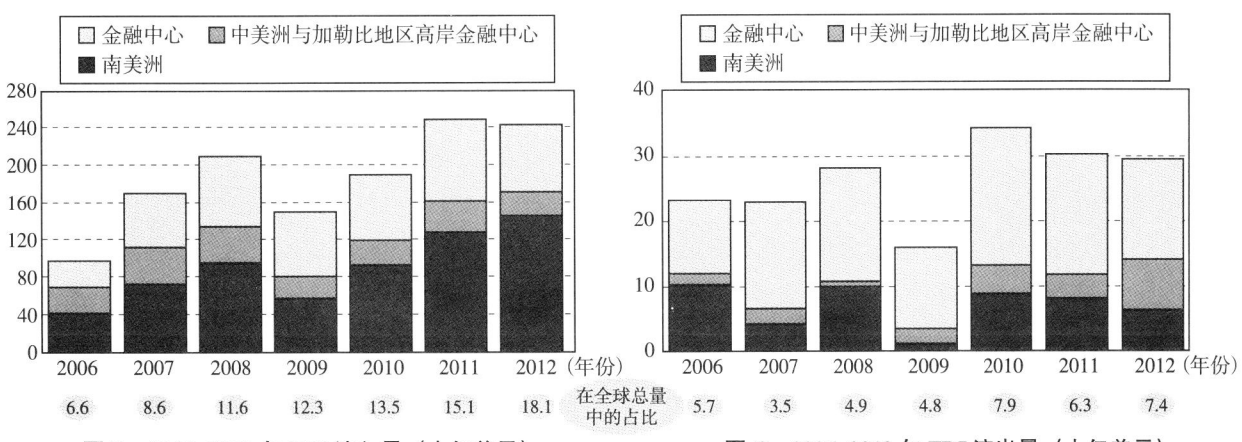

图B 2006~2012年FDI流入量（十亿美元）　　图C 2006~2012年FDI流出量（十亿美元）

表 B 2011~2012 年跨国并购的行业分布（百万美元）

产业/行业	出售额		购买额	
	2011 年	2012 年	2011 年	2012 年
总量	20098	21070	18750	32647
第一产业	6336	−2612	−638	930
采矿、采石与石油业	6027	−2942	−733	930
制造业	2905	9566	6691	4188
食品、饮料与烟草业	7738	3029	2136	236
化学与化工产品	−4664	1643	2453	771
金属与金属制品业	33	4367	863	1326
机动车与其他运输设备	26	—	15	1301
服务业	10856	14117	12696	27528
贸易	1029	1224	−437	3112
运输、仓储与通信产业	2710	4813	6123	3443
金融业	2522	4623	5092	19607
商业服务	1415	1585	138	1089

表 C 2011~2012 年跨国并购的地区/国家分布（百万美元）

地区/国家	出售额		购买额	
	2011 年	2012 年	2011 年	2012 年
全球	20098	21070	18750	32647
发达经济体	2686	−674	9858	16426
欧洲	−3468	−11563	1652	10762
北美洲	−4776	9334	8191	5660
发展中经济体	17015	21405	7563	16370
亚洲	9638	5443	189	133
中国	9651	5400	470	21
拉丁美洲与加勒比地区	7388	16240	7388	16240
南美洲	5307	15345	3318	14449
智利	−464	8961	80	608
墨西哥	2001	−134	4113	448
加勒比	81	1029	39	23
转型经济体	319	—	1329	−149

表 D 2011~2012 年绿地投资项目的行业分布（百万美元）

产业/行业	LAC 作为投资目的地		LAC 作为投资国	
	2011 年	2012 年	2011 年	2012 年
总量	138531	65728	20773	9074
第一产业	21481	5297	2300	159
采矿、采石与石油业	21446	5297	2300	159
制造业	56949	31104	7666	3396
食品、饮料与烟草业	8775	3467	1084	592
金属与金属制品业	15233	5172	1731	823
电器及电子设备	2794	2797	139	48
机动车与其他运输设备	15526	11932	375	439
服务业	60101	29327	10807	5519
电力、燃气与水	11989	10728	156	1040
运输、仓储与通信产业	20643	2979	3678	559
金融业	2978	2129	1290	413
商业服务	20570	9250	5130	1945

表 E 2011~2012 年绿地投资项目的地区/行业分布（百万美元）

伙伴地区/经济体	LAC 作为投资目的地		LAC 作为投资国	
	2011 年	2012 年	2011 年	2012 年
全球	138513	65728	20773	9074
发达经济体	112264	53113	3616	2143
欧洲	60380	25673	1474	356
意大利	5251	8106	68	—
英国	17728	2024	79	162
北美洲	39338	21441	2049	1780
日本	9550	3177	93	—
发展中经济体	25897	12278	17156	6931
亚洲	10264	5638	917	518
拉丁美洲与加勒比地区	14466	6171	14466	6171
巴西	1279	2693	4913	1895
墨西哥	8192	1259	493	676
转型经济体	370	337	—	—

2012 年，流入拉丁美洲与加勒比地区的 FDI 下降了 2%，抵消了南美 FDI 流入量 12% 的增长。发达国家跨国公司继续扩大其在该地区的投资规模，拉丁美洲跨国公司在发达国家的并购活动也日益活跃。资源寻求型 FDI 在南美的增长是有助于巩固其基于自然资源比较优势的经济发展模式。巴西最新产业政策旨在推动国内产业快速发展和提高技术水平，这能够扩大跨国公司的投资领域，包括汽车业。墨西哥近岸外包业务发展迅速，源于中国劳动力成本急速上升和燃料成本波动上涨，致使横跨太平洋的海运业务日渐衰减。

南美继续维持拉丁美洲与加勒比地区的 FDI 流入量。2012 年流入该地区的 FDI 与 2011 年基本持平，下降了 2%，为 2440 亿美元（见图 B）。然而，图 B 表明该地区区域间差异显著，流入南美的 FDI 增长了 12%，为 1440 亿美元，而在中

第二章 FDI 地区趋势

美与加勒比地区 FDI 流入量下降了 17%，为 990 亿美元。

南美 FDI 流入持续增长，尽管流入南美最大的 FDI 流入国/地区巴西的 FDI 在连续两年增长后有所下降（下降了 2%，为 650 亿美元）。流入该区域其他主要 FDI 流入国/地区如智利（增长了 32%，为 300 亿美元）、哥伦比亚（增长了 18%，为 160 亿美元）、阿根廷（增长了 27%，为 130 亿美元）和秘鲁（增长了 49%，为 120 亿美元），FDI 的攀升推动了南美 FDI 流入的增长。诸多因素推升了该地区 FDI 的流入量，包括自然资源禀赋（如石油、天然气、金属和矿石）和吸引市场导向型 FDI 的中产阶级的不断扩大。

中美与加勒比地区，不包括离岸金融中心，其 FDI 流入量下降了 20%，为 250 亿美元（见图 B），主要原因是墨西哥 FDI 流入量下降。而墨西哥作为主要 FDI 流入国/地区，其 FDI 流入量在该区域 FDI 总流入量中所占份额从 2011 年的 68% 下降至 2012 年的 50%。这源于西班牙桑坦德银行从其墨西哥分行撤资 40 亿美元或 25% 的资产。该区域第二大 FDI 流入国/地区多米尼加共和国 FDI 流入量增长了 59%，至 36 亿美元，在一定程度上源于 Ambev（比利时）以 10 亿美元收购该国最大的啤酒公司 Cerveceria Nacional Dominicana。

2012 年，流入离岸金融中心的 FDI 下降了 16%，为 740 亿美元（见图 B），但仍高于全球金融危机爆发前的水平。该中心自危机初期已成为 FDI 重要目的地（《世界投资报告 2012》），其累计 FDI 流入量在该地区外资总额中的份额从 2001~2006 年的 17% 增加到 2007~2012 年的 36%。

发达国家跨国公司继续退出该地区。跨国并购出售额增长了 5%，达到 210 亿美元（见表 B 和表 C），各地区跨国并购出售额非均衡增长。发展中国家跨国公司 2012 年加快其并购步伐（上升了 26%），延续 2010 年以来的增长趋势。这一趋势始于亚洲发展中国家的跨国公司在石油和天然气行业的并购活动（《世界投资报告 2011》），2011 年区域内国家的大规模并购活动激增。2012 年，拉丁美洲跨国公司（来自阿根廷、巴西、智利和哥伦比亚）区域内并购的激增——两倍于 2011 年——推升了该地区的跨国并购出售额，而来自亚洲发展中国家跨国公司的并购活动几乎减半（见图 2.3）。

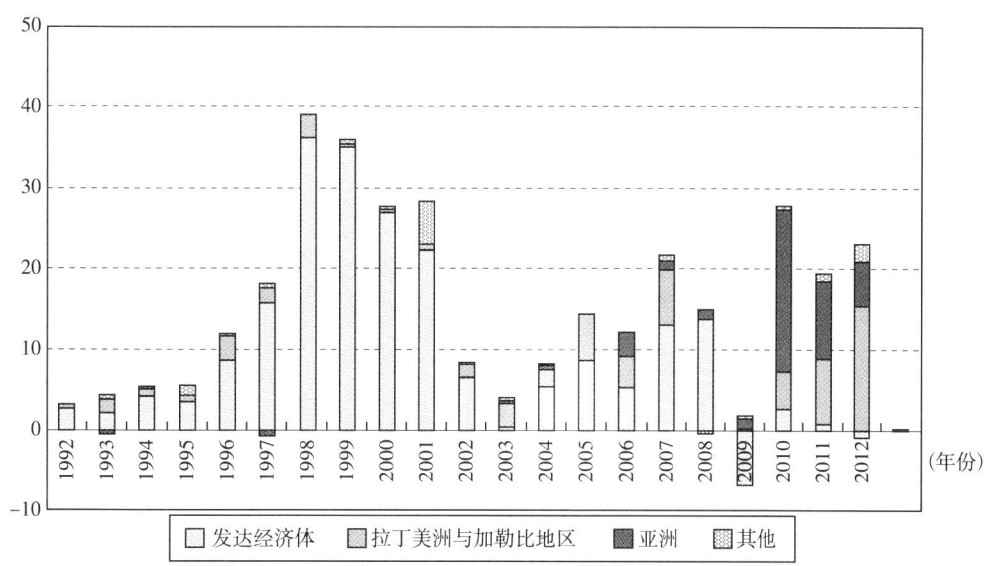

图 2.3 拉丁美洲与加勒比地区：1992~2012 年按来源国划分的跨国并购（十亿美元）

资料来源：UNCTAD FDI-TNC-GVC 信息系统，FDI 数据库（www.unctad.org/fdistatistics）。

相反，发达国家跨国公司继续从该地区撤资，出售额甚至高于其2012年购买额（见表C）。类似情况也发生在2009年全球金融危机爆发之际，发达国家跨国公司相继退出该地区，波及采掘、金融、化工以及电力、燃气和水供应行业。

拉丁美洲跨国公司在该地区及发达国家均有扩张。拉丁美洲总FDI输出在2012年下降了2%，为1030亿美元（见图C），而非洲各国呈现非均衡增长。离岸金融中心FDI流出量跌至540亿美元，下降了15%，巴西FDI输出继续下降至负值，源于巴西境外子公司的公司内部贷款回流增加。[24] 相反，墨西哥FDI输出激增（增长了111%，为260亿美元），智利FDI输出历经2011年的攀升（增长了115%，为200亿美元）后，2012年持续增加（增长了4%，为210亿美元）。

然而，FDI流出数据并未真实反映拉丁美洲跨国公司的境外活动，其跨国并购在2012年实际增长了74%~330亿美元。发达国家的跨国并购活动被拉丁美洲与加勒比地区取代（见表C）。拉丁美洲跨国公司跨国并购的强劲增长势头始于2006年，并于2007年达到峰值，在全球经济危机爆发时减半，2010年开始复苏。自2010年，拉美企业跨国并购累计购买额达670亿美元（见图2.4）。国内市况活跃，资产负债表流动性充裕和国内市场饱和促使拉美企业在海外市场寻求机遇。这解释了智利企业成为最活跃海外购买者的原因，例如，最近LAN Chile斥资34亿美元收购巴西TAM航空公司以及智利零售商Cencosud在哥伦比亚和巴西进行的超过30亿美元的并购案。[25] 陷入债务危机的欧洲企业相继出售其境外资产以提高国内流动性，这给拉美企业带来了机遇。例如，CorpBanca银行（智利）以近12亿美元的价格获得桑坦德银行（西班牙）哥伦比亚子公司95%的股权。机会同时出现在欧洲企业专注于其核心市场业务之时，例如，汇丰银行（英国）为迎合在金融危机后的新法规而出售其非核心资产。最近汇丰银行宣布在2013年以21亿美元将其巴拿马业务出售给Bancolombia。拉丁美洲跨国公司也加快了其在欧洲市场的扩张步伐，抓住欧债危机带来的机遇进行低价收购。例如，América Móvil（墨西哥）收购KPN（荷兰）近1/4的股权，并以45亿美元买下Telekom Austria——或收购陷入财

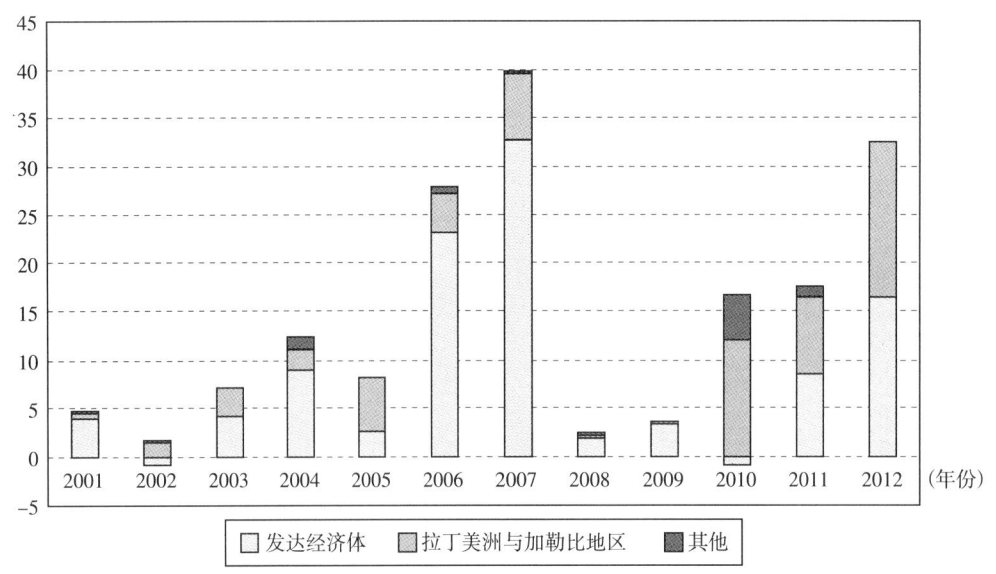

图2.4　拉丁美洲与加勒比地区：2001~2012年按目的国划分的跨国并购（十亿美元）

资料来源：UNCTAD FDI-TNC-CVC信息系统，FDI数据库（www.unctad.org/fdistatistics）。

政危机的企业，如 Camargo Correa（巴西）以 20 亿美元获得了水泥生产商 Cimpor（葡萄牙）40% 的股权。

主导南美金属矿业的外资企业逐渐将其重心转移到自然资源采掘业，它们是南美除巴西外的金属矿产丰富国家的行业领导者。例如，2011~2012 年秘鲁至少 75% 的金属矿业投资由它们贡献（Ministerio de Energiay Minas，2013 年）。在智利，它们占据了铜和金矿领域 2012 年度大额投资的 62%（占 2002~2011 年累计投资额的 53%），同时其累计铜产量在该国总铜产量中的份额从 1991~2001 年的 48% 上升至 2002~2012 年的 59%（Comisión Chilena del Cobre，2012 年）。

南美 FDI 日趋聚集到自然资源领域，主要是采掘业，采掘业 FDI 在总 FDI 中逐渐增长的份额表明了这一点。例如，哥伦比亚采掘业 FDI 存量份额在 2002 年仅为 26%，但 2003~2012 年其在 FDI 总流量中所占份额上升到 53%。[26] 智利采掘业 FDI 存量份额从 2006 年的 27% 增长到 2011 年的 39%，秘鲁相应份额从 2001 年的 14% 增长到 2011 年的 27%。只有阿根廷采掘业 FDI 存量份额从 2005 年的 40% 跌落至 2011 年的 31%。该国最大石油公司 YPF 51% 的资产国有化之后，2012 年该份额进一步下降（《世界投资报告 2012》）。南美国家采掘业 FDI 份额的上升[27]与该行业出口量和增加值的日益增长相一致（见图 2.5）。巴西出台了最新的产业政策。考虑到低成本制造业竞争日趋激烈，尤其是在全球金融危机爆发后，巴西和阿根廷宣布将颁布旨在推动国内产业发展和提高生产能力的产业政策（《世界投资报告 2012》）。2012 年 4 月，巴西采取最新措施，进入 Plano Brasil Maior 的第二阶段，[28]包括对劳动密集型产业的财政激励、巴西国家银行（BNDES）向汽车与 IT 产业发放的优惠利率贷款、扩大出口融资项目和对互联网宽带接入的税收减免以及通过国内产品和服务优先于进口商品的政府购买来刺激国内产业发展。[29] 此外，巴西还于 2012 年 10 月推出了一项新的汽车激励计划（Inovar-Auto），以促进对低油耗汽车的国内生产研发和自动化技术的投资。[30]

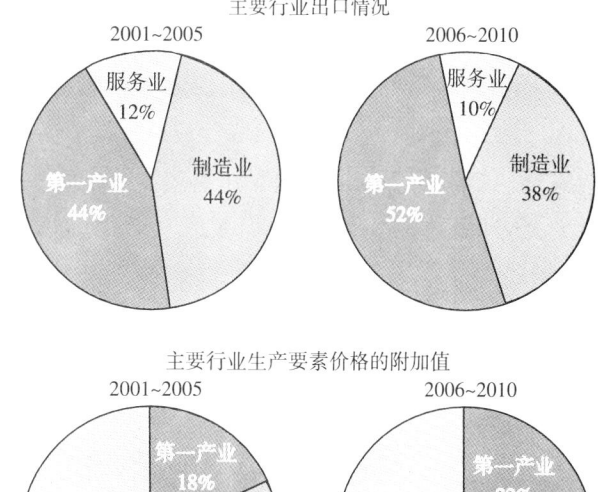

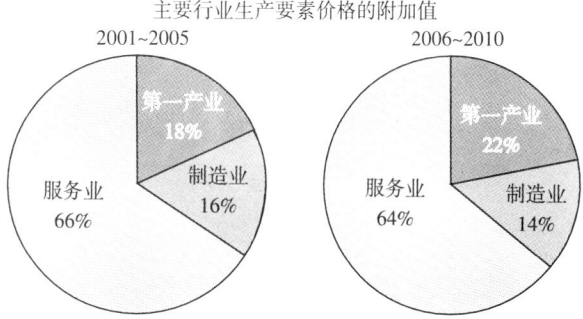

图 2.5 2000~2005 年与 2006~2010 年南美[①] 主要行业出口情况与增加值

注：①除阿根廷和巴西。
资料来源：ECLAC，CEPALSTAT。

巴西政府政策鼓励跨国公司流向汽车业。由外国跨国公司主导的汽车业是巴西政府为提高竞争力和技术升级、支持国内供应商降低进口而要重点发展的行业之一。BNDES 对行业（装配和汽车零部件）提供长期融资支持，2002~2012 年贷款规模达 350 亿美元，几乎占其贷款总发放额的 6%。在 2013 年的前两个月，两家外国汽车制造商——菲亚特和标致雪铁龙收到 BNDES 的贷款审批分别为 12 亿美元和 7700 万美元。[31] 新的汽车产业政策（Inovar-Auto）、BNDES 优惠利率贷款和持续扩张的巴西汽车市场，都促使外国汽车制造商扩大其在该国的投资计划[32]并增加投资金额。流向汽车业（装配和汽车零部件）的 FDI 从 2007~2010 年年均 1.16 亿美元跃升至 2011~2012 年的 16 亿美元。[33]

墨西哥的近岸外包业务发展迅速。在墨西哥，近岸外包，即将生产活动引入国内市场势头强劲，通过就近生产，越来越多的生产商开始降低成本使产品更快打入美国市场。这源于最大的离岸生产地——中国的劳动力成本急速上升和燃料成本波动上涨，致使横跨太平洋的海运业务日渐衰减。同时还包括货币因素，即人民币兑美元和欧元在过去几年持续升值。就近岸外包而言，墨西哥较之美国是制造商的最优选择，尽管两国间的差距正在缩小。[34] 最近几年，越来越多的企业将其制造业务从亚洲转移到离美国更近的墨西哥，包括爱默生（电气设备），Meco 公司（奢侈品）、Coach 股份（高档皮具）和 Axiom（渔具）。

然而，在生产基地选址方面，墨西哥仍落后于中国。中国拥有比墨西哥更高端供应链的优势，而跨国企业很难在墨西哥找到当地零件和包装供应商。与中国政府确定并支持其"支柱产业"不同，墨西哥更渴望扩大企业规模和与外国公司合作的中小企业陷入融资困难。[35]

企业加大力度推进生产多样化以供应整个市场，这源于运输成本上升和市场区域细分。墨西哥邻近美国和与美国的投资协议优势将继续凸显。

（六）转型经济体

表 A 2012 年按范围① 划分的 FDI 流量在经济体间的分布

规　划	流　入	流　出
高于 50 亿美元	俄罗斯、哈萨克斯坦、乌克兰	俄罗斯
10 亿~49 亿美元	土库曼斯坦、阿塞拜疆、白俄罗斯、克罗地亚、乌兹别克斯坦	哈萨克斯坦、乌克兰、阿塞拜疆
5 亿~9 亿美元	阿尔巴尼亚、格鲁吉亚、波黑、黑山共和国	
低于 5 亿美元	亚美尼亚、吉尔吉斯斯坦、塞尔维亚、塔吉克斯坦、摩尔多瓦、马其顿	格鲁吉亚、白俄罗斯、塞尔维亚、波黑、黑山共和国、阿尔巴尼亚、摩尔多瓦、亚美尼亚、吉尔吉斯斯坦、马其顿、克罗地亚

注：①各经济体根据其 FDI 流量幅度列出。

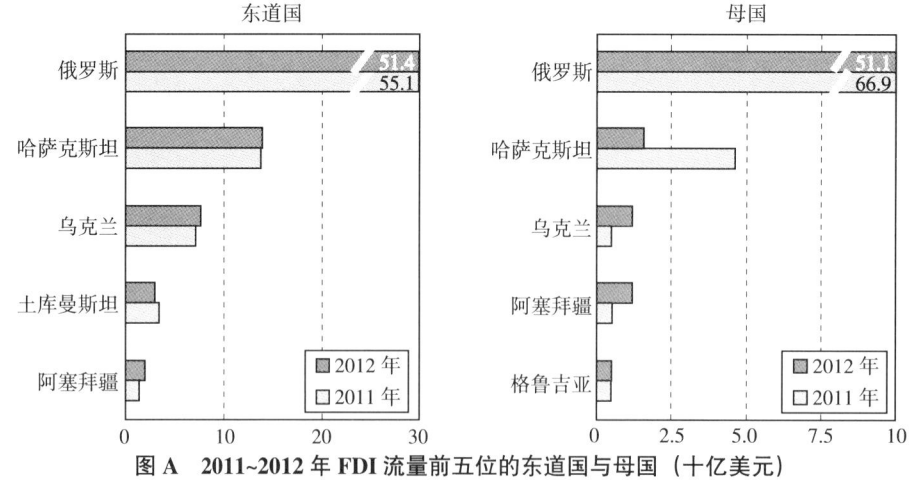

图 A 2011~2012 年 FDI 流量前五位的东道国与母国（十亿美元）

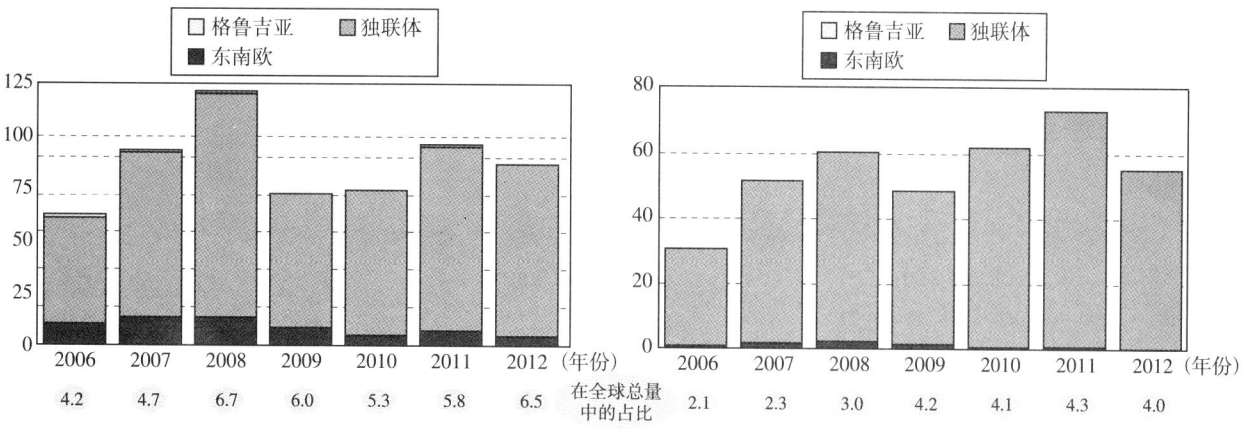

图 B 2006~2012 年 FDI 流入量（十亿美元）

图 C 2006~2012 年 FDI 流出量（十亿美元）

表 B 2011~2012 年跨国并购的行业分布（百万美元）

产业/行业	出售额 2011 年	出售额 2012 年	购买额 2011 年	购买额 2012 年
总量	32815	-1569	11692	8651
第一产业	17508	-1193	10095	1500
采矿、采石与石油业	17450	-1212	10046	1500
制造业	6449	340	-1387	-518
食品、饮料与烟草业	5306	6	111	—
化学与化工产品	984	368	-106	—
金属与金属制品业	—	5	-1401	-193
机动车与其他运输设备		-390		
服务业	8858	-717	2984	7669
电力、燃气与水	68	-451	—	—
贸易	2664	112	—	20
运输、仓储与通信产业	5836	-65	14	1313
金融业	198	-168	2468	6314

表 C 2011~2012 年跨国并购的地区/国家分布（百万美元）

地区/国家	出售额 2011 年	出售额 2012 年	购买额 2011 年	购买额 2012 年
全球	32815	-1569	11692	8651
发达经济体	22410	1496	1300	4365
欧盟	9927	1013	1898	4640
英国	-87	-4242	86	288
美国	7032	-197	-894	-283
其他发达国家	317	-548	-5	—
发展中经济体	1935	-3511	1855	3862
非洲	—	—	—	—
东亚和东南亚	734	-4944	1531	—
南亚	-245			
西亚	117	1582	5	3862
拉丁美洲与加勒比地区	1329	-149	319	—
转型经济体	8537	424	8537	424

表 D 2011~2012 年绿地投资项目的行业分布（百万美元）

产业/行业	转型经济体作为投资目的地 2011 年	转型经济体作为投资目的地 2012 年	转型经济体作为投资国 2011 年	转型经济体作为投资国 2012 年
总量	59546	40529	17991	10042
第一产业	4844	2629	1658	145
采矿、采石与石油业	4844	2629	1658	145
制造业	33716	18316	11755	6471
食品、饮料与烟草业	1259	2377	220	257
焦炭、石油产品与核燃料产业	10134	424	7801	3747
化学与化工产品	2724	5340	68	186
机动车与其他运输设备	7601	4229	1358	1682
服务业	20986	19585	4578	3426
电力、燃气与水	4945	4160	740	594
贸易	2674	2375	714	252
运输、仓储与通信产业	4720	4390	890	891
金融业	2907	2056	1981	1171

表 E 2011~2012 年绿地投资项目的地区/行业分布（百万美元）

伙伴地区/经济体	转型经济体作为投资目的地 2011 年	转型经济体作为投资目的地 2012 年	转型经济体作为投资国 2011 年	转型经济体作为投资国 2012 年
全球	59546	40529	17991	10042
发达经济体	40907	30091	4544	2985
欧盟	31471	21208	2264	2362
德国	6215	4612	136	24
美国	3550	4725	2014	179
其他发达国家	2232	2402	138	156
发展中经济体	8604	7888	3412	4506
非洲	—	—	725	67
东亚和东南亚	6563	5368	1232	694
南亚	824	380	389	252
西亚	1217	2140	695	3156
拉丁美洲与加勒比地区	—	—	370	337
转型经济体	10035	2550	10035	2550

2012年，流入转型经济体的FDI下降了9%，为870亿美元，部分原因在于该地区跨国并购的衰落。东南欧FDI流入量减半，而独联体（CIS）FDI流入量持续回弹。流入俄罗斯的FDI持续高水平增长，尽管部分属于"多层转投"。由于东南欧FDI流入在欧盟整体FDI流入中占比较大，欧债危机对东南欧投资流入有一定的消极影响。

2012年，东南欧转型经济体，独联体和格鲁吉亚[36]的FDI流入较往年均有所下降（见图B）。受作为该区域主要投资来源邻近国家的投资衰减影响，东南欧FDI流入量下降了41%。独联体FDI流入量略下降了7%，这源于该区域扩大的消费者市场和丰富的自然资源。FDI流入增长仍主要集中在少数国家，排名前三位国家（俄罗斯、哈萨克斯坦和乌克兰）的FDI流入量占该地区总量的84%（见图A）。

尽管流入俄罗斯的FDI下降了7%，但其仍处于510亿美元的较高水平（见表A）。外国投资者受强劲增长的国内市场驱动，扩大其在汽车和金融业的投资。俄罗斯加入世界贸易组织同样影响投资者的投资决策，如荷兰APM公司并购Global Ports。发达经济体，尤其是欧盟成员国，仍是俄罗斯的主要FDI来源国。来自离岸金融中心的投资依旧显著（见第一章）。来自全球不同金融中心的俄罗斯居民控制的离岸资本在FDI存量中占据较大份额（见图2.6）。俄罗斯最大额投资是由来自融资便利和税收优惠的塞浦路斯的俄罗斯投资者创造的。然而，由于近期塞浦路斯经济形势恶化，一些俄罗斯投资者纷纷将其他国家作为其投资母国。2012年，塞浦路斯FDI在俄罗斯总FDI流入中的占比滑落至6%，其在2010年和2011年相应占比分别为25%和28%（见图2.6）。

哈萨克斯坦FDI流入量上升了1%至140亿美元，达到其历史第二高水平，这主要源于其丰富的自然资源和向好的经济形势。流入采掘业的

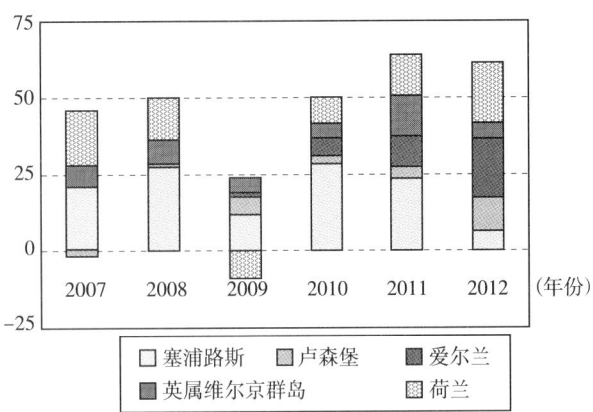

图2.6　2007~2012年俄罗斯前五位投资国/地区所占份额（%）

资料来源：UNCTAD FDI-TNC-GVC信息系统，FDI数据库（www.unctad.org/fdistatistics）。

FDI占该国总FDI流入量的1/5，金融服务业相应占比为12%。尽管国内政治局势不稳定，流入乌克兰的FDI仍达历史新高约80亿美元。其中，来自塞浦路斯的投资占据大半。

2012年，流入转型经济体的FDI整体下降，原因在于该地区跨国并购的衰落，其出售净值首次下降为负值。这源于天然气公司BG集团（英国）在哈萨克斯坦西北部凝析油项目的巨额撤资：为完成对哈萨克斯坦国有石油和天然气公司KazMunaiGaz 30亿美元的投资，该公司将其在该项目中股权从32.5%降至25.25%。[37]绿地投资也明显衰落。

转型经济体FDI输出在2012年也有所下降。俄罗斯对外直接投资继续主导该地区，占2012年FDI总流出的92%。哈萨克斯坦、乌克兰和阿塞拜疆的FDI流出量均超过10亿美元（见表A）。尽管来自自然资源密集的经济体的跨国公司受大宗商品价格上涨推动继续其海外扩张，但最大并购案发生在金融业。例如，俄罗斯最大的银行——Sberbank以39亿美元收购土耳其的Denizbank。

FDI流入中期前景依然向好（见第一章）。基于良好的投资者环境和该地区主要东道国（俄罗斯和乌克兰）国企私有化的进一步发展，预计

2013年该地区FDI流入量将稳步增长。

俄罗斯"多层转投"仍然很高。除了传统的FDI，"多层转投"成为俄罗斯一种独具特色的投资模式，这在该国与诸如塞浦路斯和英属维尔京群岛等离岸中心间的投资交易中普遍存在。以上两个经济体一直是俄罗斯FDI主要来源地与目的地之一。例如，对俄罗斯流入流出FDI的进一步研究发现，俄罗斯排名前三的投资来源——塞浦路斯、荷兰和英属维尔京群岛——同时也排在俄罗斯对外投资目的地的前三名，且双向投资额趋同（见图2.7）。三者占据俄罗斯流入流出FDI总量的60%。

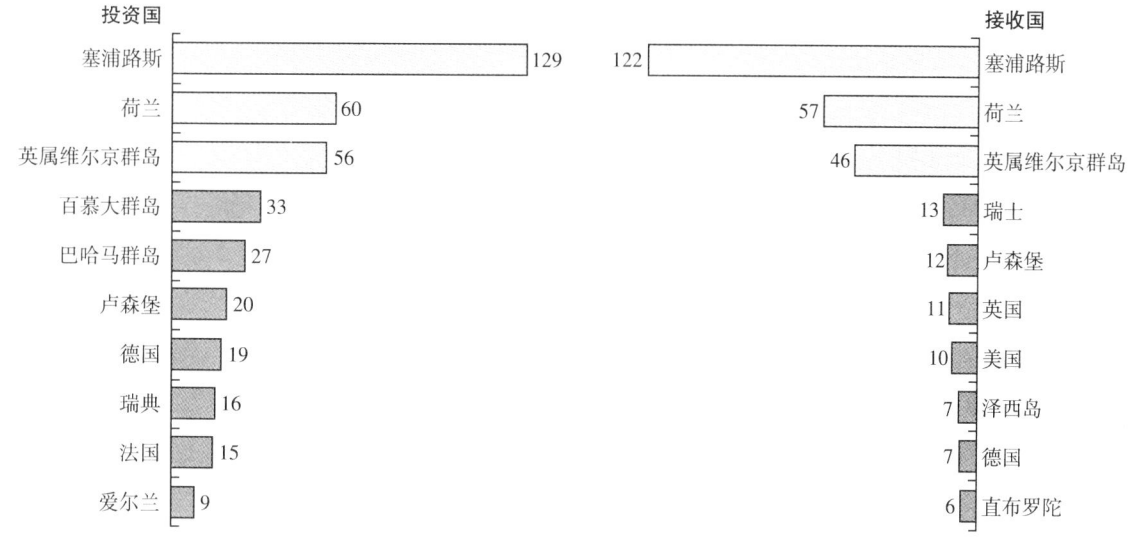

图2.7 俄罗斯：2011年FDI存量前十位投资国/地区与流入国/地区（十亿美元）

资料来源：UNCTAD。

塞浦路斯是俄罗斯最大的FDI投资国/地区与流入国/地区。成立于塞浦路斯的基于商品的俄罗斯Shell公司，为其从事石油、矿产和金属出口的子公司提供资金支持，原因在于其追求税收最小化（见第一章）。例如，俄罗斯第二大钢铁公司Evraz由塞浦路斯的某离岸公司控股，但主要利润由俄罗斯投资者享有。俄罗斯第四大钢铁公司NLMK，也是由来自塞浦路斯的属于俄罗斯投资者的弗莱彻集团控股（85.5%）。在俄罗斯第二大FDI投资国/地区和流入国/地区荷兰，有些投资可能与俄罗斯天然气工业股份公司在荷兰的金融服务子公司有关，该子公司为俄罗斯能源工业提供资金渠道。

东南欧FDI流入量成倍下降。与独联体相反，东南欧FDI流入量历经2011年的短暂回升后在2012年再次下降至42亿美元（见图B），接近十年前的水平。这源于来自欧盟成员国FDI的衰减（该区域主要FDI来源地）。

欧债危机之前，东南欧国家吸引FDI的成果显著，从2002年的21亿美元增长到2008年的133亿美元（见图2.8）。该地区FDI流入的激增，

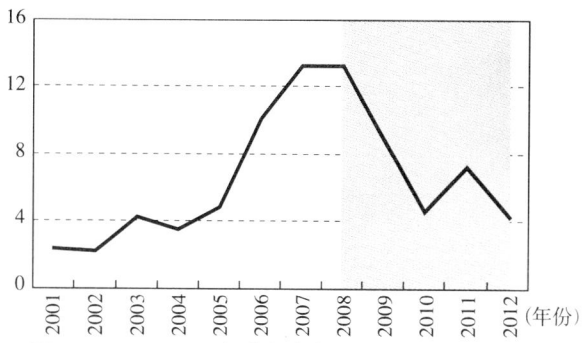

图2.8 2001~2012年流向东南欧的FDI（十亿美元）

资料来源：UNCTAD FDI-TNC-GVC信息系统，FDI数据库（www.unctad.org/fdistatistics）。

尤其是在2006年后，主要是受2005年经济复苏、投资环境改善和与欧盟间的协议磋商启动的推动。此外，相对较低的劳动力成本、欧盟市场的进入便利性和国有企业的私有化也是FDI流入上升的推动因素。克罗地亚和阿尔巴尼亚是该地区最大的FDI流入国/地区。

这种上升趋势在2009年开始逆转。2009年FDI流入量急剧下滑35%，2010年再次下滑46%。在此期间，多项投资被取消或推迟。克罗地亚遭受打击最为严重，其FDI流入量从2008年的60亿美元下降到2010年的4.32亿美元。来自奥地利和荷兰的跨国公司由于经济形势恶化及主权债务市场混乱而取消投资计划，将资本从克罗地亚转移，并从其当地子公司撤资以改善其国内资产负债表。流向前南斯拉夫马其顿共和国的FDI也显著下降。相比之下，阿尔巴尼亚逆流而动，主要是由于其投资者友好的商业环境和国有企业私有化带来的机遇。

流向东南欧FDI的衰减部分来自欧盟的FDI疲软，欧债危机对流向该区域FDI的负面影响显著。非欧盟区大型国际投资国/地区如美国、日本和中国对该区域的FDI作用并不明显。在当前危机下，东南欧行业资本流入表现疲软；投资多元化前景黯淡，主要集中在金融、零售等行业。

（七）发达经济体

表A 2012年按范围① 划分的FDI流量在经济体间的分布

规 划	流 入	流 出
高于1000亿美元	美国	美国、日本
500亿~990亿美元	英国、澳大利亚	英国、德国、加拿大
100亿~490亿美元	加拿大、爱尔兰、卢森堡、西班牙、法国、瑞典、匈牙利、挪威、捷克、以色列	瑞士、法国、瑞典、意大利、挪威、爱尔兰、卢森堡、奥地利、澳大利亚、比利时、匈牙利
10亿~90亿美元	意大利、葡萄牙、德国、奥地利、瑞士、波兰、希腊、新西兰、丹麦、斯洛伐克、罗马尼亚、保加利亚、日本、爱沙尼亚	丹麦、芬兰、以色列、葡萄牙、捷克
低于10亿美元	拉脱维亚、塞浦路斯、立陶宛、冰岛、直布罗陀、马耳他、斯洛文尼亚、百慕大、荷兰、比利时、芬兰	爱沙尼亚、立陶宛、保加利亚、百慕大、拉脱维亚、罗马尼亚、希腊、斯洛伐克、马耳他、斯洛文尼亚、新西兰、波兰、塞浦路斯、冰岛、荷兰、西班牙

注：①各经济体根据其FDI流量幅度列出。

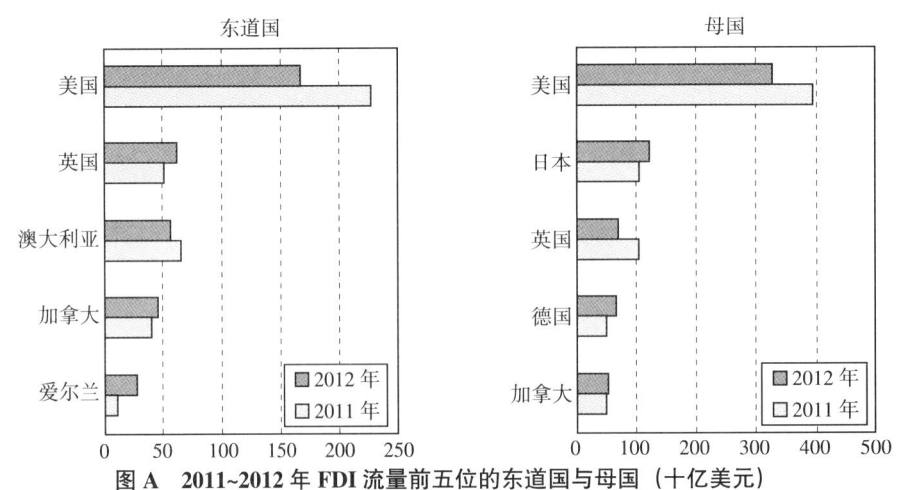

图A 2011~2012年FDI流量前五位的东道国与母国（十亿美元）

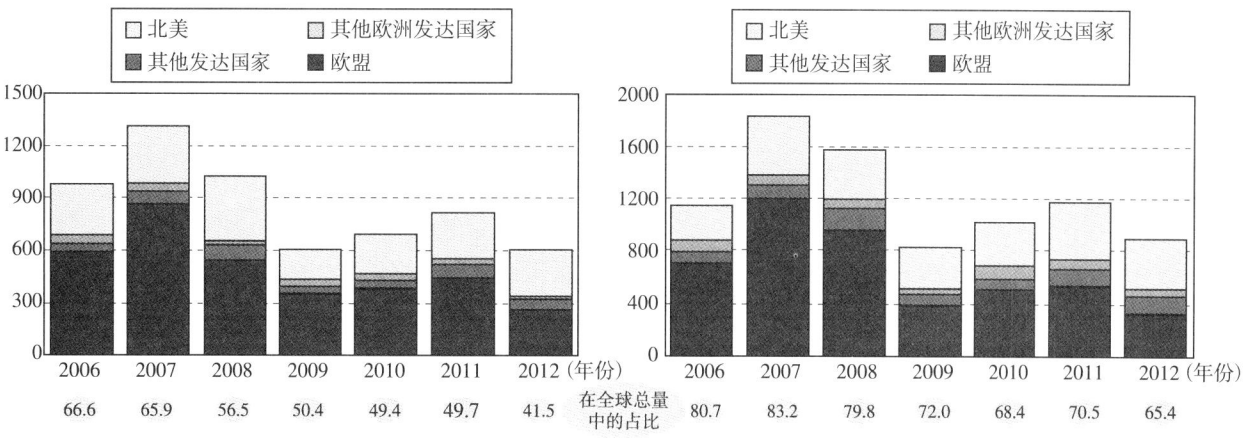

图 B　2006~2012 年 FDI 流入量（十亿美元）

图 C　2006~2012 年 FDI 流出量（十亿美元）

表 B　2011~2012 年跨国并购的行业分布（百万美元）

产业/行业	出售额 2011 年	出售额 2012 年	购买额 2011 年	购买额 2012 年
总量	433839	260282	428075	175555
第一产业	92581	50606	47973	-1700
采矿、采石与石油业	91692	43498	47777	-1840
制造业	179395	109978	201828	122920
食品、饮料与烟草业	27992	20207	27804	28198
化学与化工产品	78971	30621	77747	40319
金属与金属制品业	13889	13083	14137	11164
电器及电子设备	22743	20608	27046	16274
服务业	161863	99698	178273	54335
贸易	13004	12453	5622	18555
运输、仓储与通信产业	23682	15702	21081	3283
金融业	22541	9564	107607	26703
商业服务	48617	32476	32942	18152

表 C　2011~2012 年跨国并购的地区/国家分布（百万美元）

地区/国家	出售额 2011 年	出售额 2012 年	购买额 2011 年	购买额 2012 年
全球	433839	260282	428075	175555
发达经济体	356417	172983	356417	172983
欧盟	103792	10896	156671	79604
美国	131763	72042	124372	49639
日本	43499	30267	3779	-1733
其他发达国家	77363	59778	71595	45473
发展中经济体	70220	74631	49247	1076
非洲	4288	634	4397	-3412
东亚和东南亚	47518	50102	16708	5148
南亚	5304	1967	15732	1161
西亚	3252	5458	9719	-1083
拉丁美洲与加勒比地区	9858	16426	2686	-674
转型经济体	1300	4365	22410	1496

表 D　2011~2012 年绿地投资项目的行业分布（百万美元）

产业/行业	发达国家作为投资目的地 2011 年	发达国家作为投资目的地 2012 年	发达国家作为投资国 2011 年	发达国家作为投资国 2012 年
总量	294560	225537	643354	404307
第一产业	18512	9195	57596	16617
采矿、采石与石油业	18431	9195	57479	16717
制造业	127712	85659	298069	183174
食品、饮料与烟草业	6514	5593	17853	15637
化学与化工产品	11998	12744	51768	25688
金属与金属制品业	6667	4973	32781	16383
电器及电子设备	25470	20926	69779	52401
服务业	148336	130683	287689	204416
电力、燃气与水	53418	33458	77754	39240
建筑业	18173	24204	22300	22919
运输、仓储与通信产业	18112	16273	58151	38563
商业服务	24899	30657	59211	49349

表 E　2011~2012 年绿地投资项目的地区/行业分布（百万美元）

伙伴地区/经济体	发达国家作为投资目的地 2011 年	发达国家作为投资目的地 2012 年	发达国家作为投资国 2011 年	发达国家作为投资国 2012 年
全球	294560	225537	643354	404307
发达经济体	236532	164206	236532	164206
欧盟	131971	93667	148504	100377
美国	52699	38790	40519	36883
日本	21231	9306	5423	4279
其他发达国家	30631	22442	42086	22717
发展中经济体	53484	58346	365915	210010
非洲	18983	1683	39181	17314
东亚和东南亚	16726	43863	133212	99091
南亚	4529	8592	42036	23579
西亚	9615	2066	39119	15649
拉丁美洲与加勒比地区	3616	2143	112264	53113
转型经济体	4544	2985	40907	30091

2012年，发达国家FDI流入和流出量均显著下降。38个发达国家总体FDI流入量整体下降了32%，为5610亿美元（见图B）；流出量下降了23%，为9090亿美元（见图C）。在经济增长前景黯淡、政策充满不确定性的背景下，特别是在欧洲，许多跨国公司开始调整战略积极处置其非核心业务和资产。大宗商品市场的繁荣曾推动FDI流向资源丰富的发达国家，但在最近几年逐渐冷却。此外，向来不稳定的公司内部交易在2012年也导致FDI流入量的下降。公司内部交易的波动性进一步削弱了FDI和外国子公司资本组合间的联系。最近的经验表明，与FDI相比，外国子公司的资本组合具有更强的稳定性，更能适应经济的周期性波动。

按地区来看，欧洲和北美地区FDI流量分别缩减了42%和21%。澳大利亚与新西兰FDI流入量下降了14%。欧洲和北美吸引FDI输出量分别下降了37%和14%。相反，日本FDI输出量表现出持续强劲的增长势头，增长了14%。

2012年FDI流入量的急剧下滑冲抵了2012~2011年的强势复苏。发达国家FDI流入量占全球总流入量的比重从2011年的50%降至2012年的42%。在发达国家中，有23个国家的FDI流入量出现下降，包括2011年两个最大的FDI流入国/地区——比利时和美国（见图A；《世界投资报告2012》）。欧洲国家FDI流入量下滑尤其明显，降至2760亿美元，低于2009年的最低值（2050亿美元）。欧盟占世界FDI流入下降量的近2/3。然而，在全球FDI流入量整体下滑的大背景下，仍有一些国家逆势上场。其中英国FDI流入量持续复苏，增长了22%。捷克共和国FDI流入量达到2005年以来新高，匈牙利也刷新了历史纪录。爱尔兰凭借跨国公司并购的激增，FDI流入双倍增长。[38] 在遭遇连续两年的净撤资后，日本FDI流入量出现增长，尽管相对微弱。

发达国家FDI输出量下降是世界FDI输出量下降的主要原因。22个发达国家FDI输出量出现下滑，包括2011年前四大投资国/地区（图A；《世界投资报告2012》）。曾带领发达国家整体FDI输出量复苏的美国，在2012年出现急剧下滑。欧洲国家FDI输出量不足其2007年最高记录的1/3（1.33万亿美元）。与发达国家FDI输出整体下降趋势不同，爱尔兰、日本和德国出现上升。以爱尔兰为例，超过70%的FDI输出来自再投资收益，这表明该增长主要归功于外国跨国公司在爱尔兰的子公司对欧洲及邻近地区的利润分配。

资金撤离导致跨国并购的衰落。第一点原因，鉴于经济前景不确定，许多跨国公司开始进行战略调整以巩固其核心业务和重要市场，这导致了许多大规模撤资活动。特别地，自金融危机后期启动的金融业重组在2012年持续进行，并对全球FDI影响显著。另一个重要原因是私募股权基金。该类型基金会将不健康资产进行重组，而后出售。因此，利用此类资产进行的跨国并购增加了FDI，不久后的撤资又降低了FDI交易额，正如2012年的情况。

2012年，撤资显著削弱了美国FDI的流入量和流出量。美国跨国并购净出售（即外国跨国公司收购美国企业）金额下降了780亿美元。美国企业对外国在美资产的收购金额（即外国跨国公司撤资）从2011年的340亿美元跃升至710亿美元。大型撤资案包括ING集团（荷兰）以89亿美元出售其美国子公司ING Direct USA和泰科国际（瑞士）从其子公司ADT北美住宅业务公司撤资83亿美元。

跨国并购净购买额（美国企业收购外企）下降了570亿美元。美国跨国公司境外资金撤离达550亿美元。撤资往往影响投资者资金，例如，Lone Star出售其在韩国外汇银行价值35亿美元的股份，高盛旗下某基金出售其在北欧制造业供应商 Aalsell 价值 24 亿美元的资产。

2012 年，虽然撤资也挫伤了日本 FDI 输出的增长势头，但 2012 年增长率仍达 14%，为 1230 亿美元，维护了该国全球第二大投资国地位。以净值计算，日本跨国公司的境外并购额从 630 亿美元下降到 360 亿美元，FDI 资产组合的衰退（下降了 210 亿美元）反映了这一现象。以下交易表现了上述衰退结果：日立以 48 亿美元出售其美国 Viviti 技术公司的硬盘驱动器业务；野村证券以 51 亿美元出售其英国住宅地产公司 Annington 促使境外并购额下滑。FDI 流出量整体上扬源于留存收益的增加和公司内部贷款回流的减少。

美国与日本跨国公司在欧洲的撤资使其跨国并购有所反弹。欧洲跨国并购出售额（即外国跨国公司收购欧洲企业）比 2011 年减少了 760 亿美元。由于欧洲跨国公司也开始从境外撤资，其境外并购净值减少超过 1400 亿美元。撤资同时发生在金融业。欧洲银行继续处置其非核心资产——通常在海外——以巩固基础资本。ING 集团（荷兰）除出售 ING Direct USA 外，又相继以 32 亿美元出售其在加拿大的子公司；以 21.4 亿美元出售其在中国香港、中国澳门和泰国的保险业务。另一欧洲主要银行桑坦德银行（西班牙）宣布出售其在美国价值 80 亿美元的资产，包括首次公开发行的 Grupo Financiero Santander Mexico。

公司内部收入以及贷款金额的总量、波动性均有所增加。特别是在欧洲，除撤资外，2012 年 FDI 资产组合大幅下降的另一诱因，是使用由跨国公司控制的日益扩大的流动性很强的转移基金来管理留存收益。比利时是转移基金对 FDI 流动影响显著的国家之一。

2011 年欧洲最大 FDI 流入国/地区比利时的 FDI 流入和流出在最近几年波动较大。2012 年欧洲 FDI 流量下滑在一定程度上源于比利时 FDI 流量的降低：FDI 流入量从 2011 年的 1030 亿美元下降到 2012 年的-16 亿美元，流出量从 820 亿美元下降到 150 亿美元。例如，德国和卢森堡对比利时的公司内部贷款在 2012 年下降了 560 亿美元，表明该国 FDI 的特殊性。FDI 输出模式同样表现异常。2011~2012 年，比利时跨国公司对卢森堡进行股权投资 440 亿美元，吸收卢森堡"其他资本"（公司内部贷款）410 亿美元。对卢森堡的股权投资大多是在 2011 年，而"其他资本"是在 2012 年流入，这导致比利时 2012 年 FDI 流出量下降了 750 亿美元。流向美国的公司内部贷款同样下滑显著，从 2011 年的 260 亿美元下降到 2012 年的 29 亿美元。[39]

除比利时之外，FDI 流量在其 GDP 中占较大份额的爱尔兰、卢森堡和荷兰也显著影响欧洲 FDI 流量的变动。FDI 缩减的原因是双重的。首先，这些国家向跨国公司提供优惠的税收制度，特别是为了建设资金池；反过来，资金池也可能带来 FDI 流量重复计算的问题，人为地推高 FDI 流量。[40]

商品热潮逐渐褪去。大宗商品价格增速放缓对资源丰富的发达国家产生影响，如澳大利亚、加拿大和美国。近年来由于 FDI 流动增加，这些国家大宗商品领域发展良好。澳大利亚的 FDI 流入量下降了 13%。澳大利亚矿业跨国并购出售额从 2008~2011 年年均 160 亿美元下降到 2012 年的 110 亿美元。流入澳大利亚的 FDI 主要流向能源和采掘业，虽然流入加拿大的 FDI 在 2012 年小幅上涨，但流向上述领域的 FDI 从 2011 年的 170 亿美元下降到 2012 年的 80 亿美元。美国跨国并购出售额下降了 780 亿美元，其中采掘业占 350 亿美元。发达国家采掘业跨国并购出售额整体减少一半以上，从 2011 年的 920 亿美元降至 2012 年的 430 亿美元，而购买额从 480 亿美元下降到-20 亿美元。这一趋势表明受近期大宗商品市场繁荣所驱动的 FDI 可能已经见顶。

下面讲述陷入危机的欧洲国家的 FDI 情况。除爱尔兰外，受金融危机影响最为严重的四个欧元区国家——希腊、意大利、葡萄牙和西班牙——2012 年 FDI 流入量触底。[41] 以上四个国家近期 FDI 的三个方面值得关注：外国收购不良资产、外资银行资本注入和外国公司的退出。

第一，严重的经济衰退为不良资产买进提供了机会。例如，意大利在 2011 年是该地区 FDI 主要流入国/地区。出现许多大型跨国并购，如 Lactalis 集团（法国）收购 Parmalat 和 LVMH（法国）收购 Bulgari，以及亚洲投资者对一系列品牌的收购（如 De Tomaso、Ferretti 和 Coccinelle）。然而，这种势头在 2012 年似乎已经消失，跨国并购出售额从 2011 年的 150 亿美元跌至 2012 年的 20 亿美元。[42] 在西班牙，投资基金开始积极收购西班牙资产。例如总部设在英国的私募股权公司 Bridgepoint 资本收购 Actividades de Construcción y Servicios 的风力发电厂（于 2012 年 1 月完成）；总部设在英国的私募股权公司 Doughty Hanson 收购 USP Hospitales；美国投资管理公司 Fortress Investment 收购桑坦德银行的贷款组合业务。2012 年西班牙近一半（按值）的跨国并购出售额由投资基金完成。

第二，以向银行注入资本的方式流入的 FDI，挫伤了资产负债表。例如，与 2011 年相比，希腊 FDI 流入量增长超过一倍，达到 29 亿美元。这源于跨国公司向子公司注入资本以弥补其亏损。据报道，希腊银行 Emporiki 在 2008~2012 年亏损达 60 亿欧元。应希腊管理者要求，其母公司法国农业信贷银行在出售该子公司之前向其注入资本 28.5 亿欧元。外资银行如巴克莱银行、德意志银行和荷兰 ING 集团可能已向其西班牙子公司注入更多资本以掩盖其损失。2012 年资本注入数据不得而知，但据媒体报道，巴克莱银行计划注资 13 亿欧元来支持其西班牙子公司。[43]

第三，由于希腊和葡萄牙的债务危机最严重，其税收收入最可能收缩，因此跨国公司纷纷撤离迁址。最著名的案例是法国零售商家乐福在 2012 年退出希腊。虽然希腊是其第二大零售市场，但家乐福仍选择退出，将资产以其名义价格出售给希腊合资伙伴。

由于国内经济增长前景黯淡，希腊和葡萄牙国内主要企业积极开拓海外市场，但面临融资困难。因此，诸多企业已决定将总部向海外迁移。如世界第二大瓶装可口可乐生产商可口可乐（希腊）宣布将总部迁至瑞士，并将主要产品线迁往伦敦。

迁移活动主要受近期葡萄牙 FDI 走势的影响。葡萄牙 FDI 流出量从 2010 年的 -75 亿美元飙升至 2011 年的 150 亿美元，在 2012 年回落至 19 亿美元。波动如此剧烈主要是因为荷兰 FDI 输出从 2010 年的 -75 亿欧元增至 2011 年的 89 亿欧元。葡萄牙企业将资本迁往荷兰可能是葡萄牙 FDI 输出剧烈波动的原因。例如，葡萄牙连锁超市 Pingo Doce 的经营者 Jerónimo Martins 集团转让其所有权。这家由 Jerónimo Martins 集团控股的公司在 2011 年迁至荷兰。大多数在葡萄牙主要证券交易所 PSI-20 上市的公司均在荷兰设有控股公司。因此，荷兰近年来已成为葡萄牙最大的 FDI 来源地和目的地。

发达国家 FDI 流动的大幅波动已是常态，正如葡萄牙近期的 FDI 走势。过去 20 年，发达国家的 FDI 流动较之发展中国家更加不稳定（见图 2.9）。同时，影响东道国实体经济的外资公司的投资组合（资本支出和研发投资）更趋稳定。发达国家 FDI 流动与资本支出间的差异可能源自多种因素，最重要的是外资公司的本地融资和跨国并购与特殊目的实体（SPEs）间的相互联系。这表明，特别是在发达国家，需要谨慎对待将 FDI 流动作为实际经济活动指标的行为。

第二章 FDI 地区趋势

过去 20 年，发达国家 FDI 流动一直剧烈波动。发达国家 FDI 流入量的年均增长率介于 2001 年的 –47% 与 1998 年的 78%。这对发达国家较之发展中国家更具决定性：虽然发达国家和发展中国家 FDI 流动走势基本一致，但发达国家的波动幅度更大（见图 2.9）。

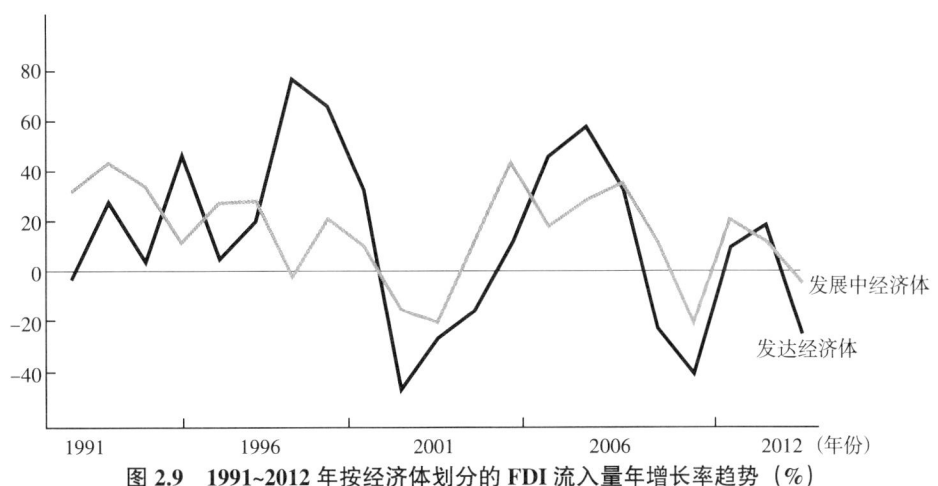

图 2.9　1991~2012 年按经济体划分的 FDI 流入量年增长率趋势（%）
资料来源：UNCTAD FDI-TNC-GVC 信息系统，FDI 数据库（www.unctad.org/fdistatistics）。

发达国家 FDI 的年度波动幅度 2 倍于发展中国家，这可从 FDI 流动年增长率的标准误差判断出。[44] 这一现象在个别国家尤甚。发达国家 FDI 增长率的标准误差中值实际高于发展中国家。[45]

值得注意的是，与 FDI 相比，资本支出与研发投资对东道国实体经济影响显著，其表现也更加稳定（见图 2.10）。资本支出在当前危机下表现出更高的恢复力。这证明发达国家 FDI 流动并未完全反映实体经济活动。

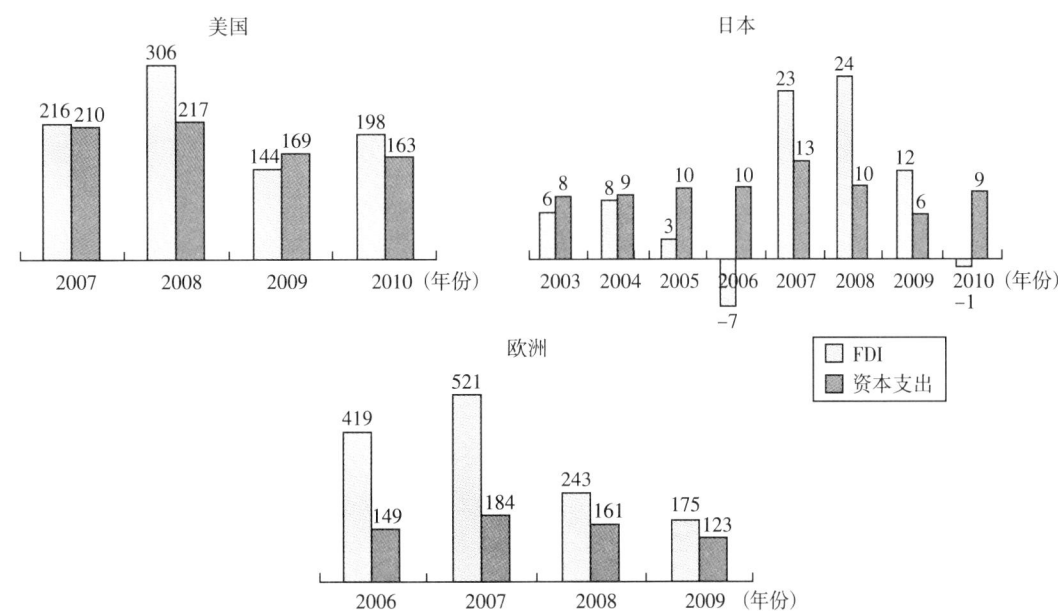

图 2.10　美国、日本与欧洲在不同时期 FDI 流入与境外子公司资本支出的比较（十亿美元）
注：欧洲资本支出数据来自欧盟统计局有形商品的总投资数据。欧洲总数据来自以下欧洲国家：保加利亚、塞浦路斯、捷克、丹麦、爱沙尼亚、芬兰、法国、德国、匈牙利、意大利、拉脱维亚、葡萄牙、罗马尼亚、斯洛文尼亚、斯洛伐克、瑞典和英国。
资料来源：UNCTAD；美国经济分析局；日本经济、贸易与工业部；欧盟统计局。

另外三个主要因素解释了发达国家外国子公司对东道国的投资与FDI间的差异：当地融资渠道、跨国并购和支持SPE的国家的影响。

● 当地融资渠道。外国子公司可向东道国金融机构融资或向当地投资者发债融资。[46]

● 跨国并购。跨国并购交易通过FDI融资。[47]因此跨国并购在FDI流动中占较大份额（见第一章第二节）。然而，这部分资金可能并未转化为资本支出或研发投资，因为所有权变动对资本组合影响甚微。

● 支持SPE的国家。一些欧洲国家，即比利时、爱尔兰、卢森堡和荷兰在全球FDI流量中占据相当大的份额（见附表2），原因在于许多跨国公司看重当地税收优惠，进而利用SPE建立资金池（见第一章第一节）。这些国家FDI流动的年度变化对近年来发达国家FDI流动的剧烈波动作用显著。例如2012年，比利时和荷兰FDI流量的下滑造成发达国家FDI流量的整体下降。

考虑到跨国直接投资在2012年大幅缩减，发达国家FDI流动在2013年不会进一步下降。欧洲经济衰退可能促进对价值低估资产的收购。一些企业可能迫于资产负债表压力折价出售其资产。然而，总体来说，预计发达国家FDI在2013年将温和复苏。

二、结构薄弱、易受冲击的小型经济体的趋势

（一）最不发达国家

表A 2012年按范围[1]划分的FDI流量在经济体间的分布

规划	流入	流出
高于20亿美元	莫桑比克、刚果民主共和国、苏丹、缅甸、赤道几内亚	安哥拉
10亿~19亿美元	乌干达、坦桑尼亚、柬埔寨、利比里亚、毛里塔尼亚、赞比亚	利比里亚
5亿~9亿美元	孟加拉国、埃塞俄比亚、马达加斯加、尼日尔、几内亚、塞拉利昂	
1亿~4亿美元	也门、塞内加尔、乍得、马里、老挝、海地、莱索托、多哥、卢旺达、贝宁、马拉维、索马里、吉布提	刚果民主共和国、赞比亚、多哥
低于1亿美元	阿富汗、尼泊尔、冈比亚、厄立特里亚、中非共和国、所罗门群岛、圣多美和普林西比、东帝汶、布基纳法索、瓦努阿图、萨摩亚、科摩罗、几内亚比绍、不丹、布隆迪、基里巴斯、安哥拉	苏丹、也门、孟加拉国、马拉维、塞内加尔、柬埔寨、萨摩亚、尼日尔、马里、毛里塔尼亚、几内亚、所罗门群岛、几内亚比绍、布基纳法索、瓦努阿图、圣多美和普林西比、莫桑比克、老挝、莱索托、贝宁

注：①各经济体根据其FDI流量幅度列出。

第二章 FDI地区趋势

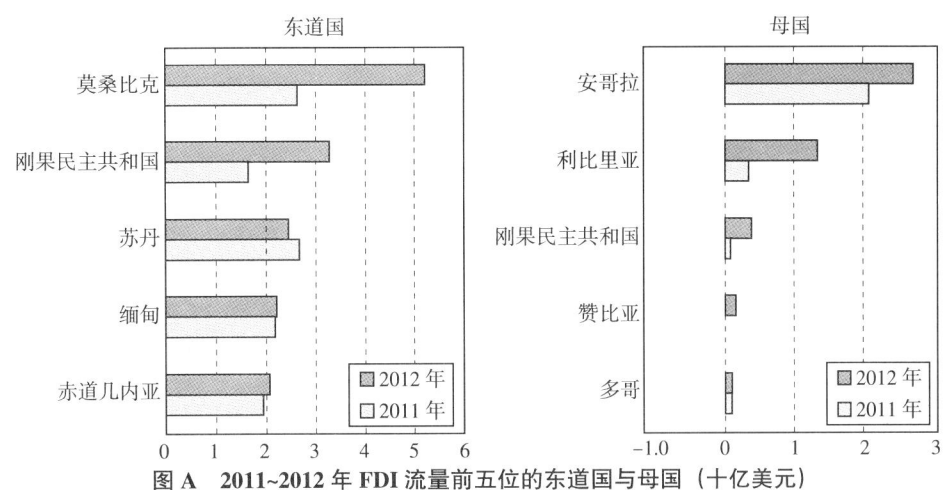

图 A 2011~2012 年 FDI 流量前五位的东道国与母国（十亿美元）

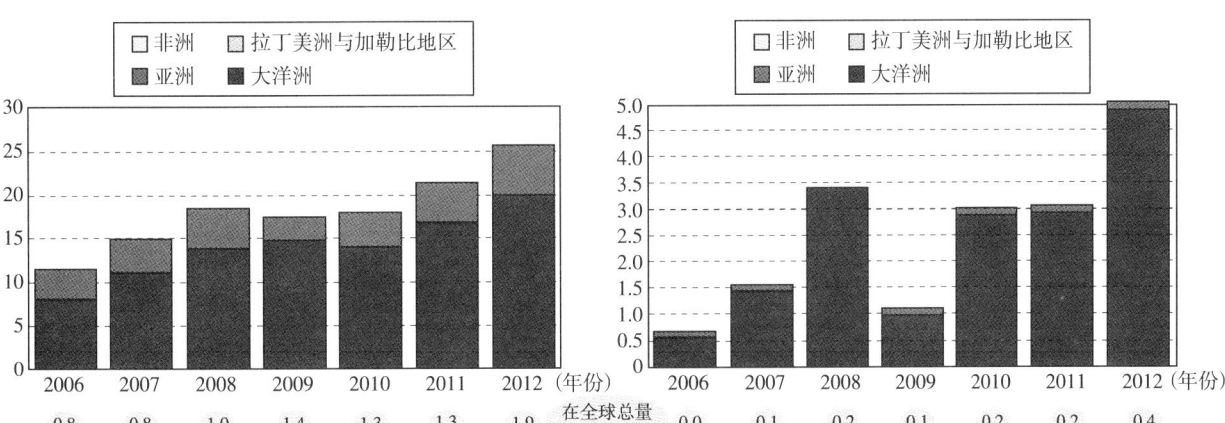

图 B 2006~2012 年 FDI 流入量（十亿美元）

图 C 2006~2012 年 FDI 流出量（十亿美元）

表 B 2011~2012 年跨国并购的行业分布（百万美元）

产业/行业	出售额 2011年	出售额 2012年	购买额 2011年	购买额 2012年
总量	501	354	353	-102
第一产业	-191	11	–	–
采矿、采石与石油业	-191	11	–	–
制造业	624	341	–	-185
食品、饮料与烟草业	632	351	–	–
化学与化工产品	4	–	–	-185
非金属矿物制品	–	90	–	–
电器及电子设备	–	-100	–	–
服务业	67	2	353	83
电力、燃气与水	–	1	–	–
贸易	6	–	–	–
运输、仓储与通信产业	50	–	–	–
金融业	11	1	353	83

表 C 2011~2012 年跨国并购的地区/国家分布（百万美元）

地区/国家	出售额 2011年	出售额 2012年	购买额 2011年	购买额 2012年
全球	501	354	353	-102
发达经济体	428	-1217	–	88
欧盟	180	264	–	88
加拿大	-161	-1258	–	–
美国	-10	-109	–	–
澳大利亚	53	-115	–	–
日本	450	1	–	–
发展中经济体	73	1478	353	-190
非洲	–	90	353	-190
东亚和东南亚	75	1574	–	–
南亚	4	-90	–	–
拉丁美洲与加勒比地区	-6	-3	–	–
转型经济体	–	–	–	–

表 D 2011~2012 年绿地投资项目的行业分布
（百万美元）

产业/行业	LDCs 作为投资目的地 2011 年	LDCs 作为投资目的地 2012 年	LDCs 作为投资国 2011 年	LDCs 作为投资国 2012 年
总量	33654	21824	923	1020
第一产业	**11796**	**4390**	**–**	**–**
采矿、采石与石油业	11796	4390	–	–
制造业	**11767**	**6618**	**424**	**97**
食品、饮料与烟草业	1058	1053	31	74
焦炭、石油产品与核燃料产业	5197	1970	393	–
非金属制品业	1505	1156	–	–
金属与金属制品业	1205	642	–	–
服务业	**10091**	**10815**	**499**	**923**
电力、燃气与水	4499	3905	–	–
运输、仓储与通信产业	1997	2234	–	168
金融业	1572	1919	426	336
商业服务	943	725	26	418

表 E 2011~2012 年绿地投资项目的地区/行业分布
（百万美元）

地区/国家	LDCs 作为投资目的地 2011 年	LDCs 作为投资目的地 2012 年	LDCs 作为投资国 2011 年	LDCs 作为投资国 2012 年
全球	33654	21824	923	1020
发达经济体	**16886**	**8822**	**122**	**32**
欧盟	9510	3195	33	32
加拿大	1314	569	–	–
美国	3611	3251	89	–
日本	896	1371	–	–
发展中经济体	**16052**	**12972**	**802**	**989**
非洲	3841	2584	572	419
东亚和东南亚	5736	4373	151	227
南亚	4219	4424	70	–
西亚	568	1583	8	60
拉丁美洲与加勒比地区	1637	9	–	282
转型经济体	**716**	**30**	**–**	**–**

流入最不发达国家（LDCs）的 FDI 在 2012 年增长了 20%，达 260 亿美元，输出 FDI 增长 66% 至 50 亿美元。LDCs 吸收的 FDI 主要来自发展中国家，尤其是亚洲。绿地投资数据显示，印度在投资金额和投资领域方面作用日益凸显。金融服务业持续吸引绿地投资。LDCs 初级部门 FDI 相应份额有所下滑，但产业多样化程度有限。

LDCs 的 FDI 流入量[48]增长了 20%，达历史高位 260 亿美元（见图 B）。2011~2012 年的这一增长[49]主要源于个别国家 FDI 流入的强劲增长，如柬埔寨（增长 73%）、刚果民主共和国（96%）、利比里亚（167%）、毛里塔尼亚（105%）、莫桑比克（96%）和乌干达（93%）。同时，超过 20 个 LDCs 出现负增长，尽管在某些情况下，其他方式的跨国公司参股有所增加。[50]安哥拉 FDI 流入负增长尤其严重（跌至-69 亿美元）、布隆迪（-82%）、马里（-44%）和所罗门群岛（-53%）。LDCs 的 FDI 流入量在世界 FDI 流入总量中的份额从 2011 年的 1.3% 上升至 2012 年的 1.9%。然而，该群体 FDI 流入量前五名接收者（见表 A 和图 A）仍处于较高水平。[51]跨国并购规模较小（见表 B 和表 C），大部分 FDI 通过绿地投资流入（见表 D 和表 E）。LDCs 的 FDI 流出量增长了 66%，达 50 亿美元，虽然增长主要集中在两个国家：安哥拉（增长 31%）和利比里亚（264%）（见图 A 和图 C）。

虽然 LDCs 的 FDI 流入量有所增长，但绿地投资额——按地区和行业投资额——降至 220 亿美元，为 6 年来最低水平，这源于初级部门和相关加工业已宣布项目的缩减（见表 D 和表 F）。自 2003 年开始有绿地投资数据以来，绿地投资额首次低于实际 FDI 流入金额。[52]按行业划分，2012 年，LDCs 初级部门吸收 FDI 占绿地投资总量的 20%；服务业相应占比 50%；制造业相应占比仍为 30%（见表 D）。流入服务业的 FDI 主要集中在"基础设施"，包括电力、燃气和水，运输与通信，以及金融服务业（三者占行业投资总量的 75%）。

近 60% 的 LDCs 绿地投资来自发展中国家，印度成为其最大投资国/地区。发展中国家为 LDCs 贡献了59%的绿地投资，是2012年该群体FDI的主要来源地，80%来自亚洲和其余大部分来自非洲（见表E）。持续投资（过去10年）主要来自9个发展中国家：巴西、中国、印度、马来西亚、韩国、南非、泰国、阿拉伯联合酋长国和越南。[53]

2012年，LDCs20%的绿地投资来自印度企业。其后五个最大投资国/地区是美国（15%）、日本（6%）、英国（6%）、韩国（5%）和中国（4%）。来自印度的绿地投资较2011年上升了4%，但中国投资额从28亿美元下降至9亿美元——尽管来自中国香港的绿地投资创新高（7个项目共计7亿美元），包括对莫桑比克房地产业5亿美元的投资（见表2.5）。在非洲，南非在LDCs的绿地投资下降了2/3，尼日利亚在水泥和混凝土产品的投资保持稳定，包括在塞内加尔6亿美元的项目（见表2.5）。与此同时，肯尼亚在LDCs绿地投资的项目数增长超过一倍，投资金额从2011年的2亿美元增长到2012年的7亿美元，这源于对乌干达和坦桑尼亚的航空运输业的投资（各1.68亿美元）。

表2.5 2012年LDCs十大绿地投资项目

东道国	行 业	投资公司	母国	预计投资金额（百万美元）	预计创造岗位
安哥拉	石油与天然气开采	Esso Exploration Angola（Block 15）	美国	2500	219
莫桑比克	自然、液化与压缩天然气	Bharat Petroleum	印度	1961	158
孟加拉国	化石燃料电力	NTPC Limited（National Thermal Power）	印度	1500	184
塞内加尔	化石燃料电力	Korea Electric Power	韩国	597	73
塞内加尔	建材、水泥与混凝土产品	Dangote Group	尼日利亚	596	900
莫桑比克	化石燃料电力	Ncondezi Coal	英国	504	58
莫桑比克	房地产、商业与公共房屋建筑	Dingsheng International Investment	中国香港	500	3000
刚果民主共和国	五金、金银矿石开采	AngloGold Ashanti	南非	455	1543
马达加斯加	无线电通信运营	Airtel Madagascar	印度	351	97
坦桑尼亚	可替代/可再生能源、风力发电	Aldwych International	英国	321	88

资料来源：UNCTAD，基于金融时报有限公司的FDI市场数据（www.fdimarkets.com）。

印度对LDCs的投资地域和领域逐渐多元化。在表2.5中展示的大型投资项目目的地中，莫桑比克是印度绿地投资的最大接收者（45%），其次是孟加拉国（37%）和马达加斯加（8%）。在孟加拉国，印度已投资于多个行业，包括汽车，IT、制药、纺织和轮胎。在非洲，印度投资者集中在非洲东部和南部。除采掘业和重工业，印度公司也投资制药业。例如，近期宣布的在乌干达和坦桑尼亚的两个制药项目（各投资500万美元以支持市场营销），以及在乌干达和卢旺达的两个医疗项目[54]。除印度外，越来越多的发展中国家宣布其在LDCs医疗领域的投资（见专栏2.3）。

专栏2.3 南南FDI涌向医疗保健领域

尽管在LDCs总FDI流入量中依旧作用甚微，但南南绿地投资在LDCs医疗保健领域自2006年以来一直持续增长。① 2012年，哈米德医疗（卡塔尔）宣布在也门投资3亿美元建设综合外科医院，这使得LDCs医疗保健绿地投资额创历史新高。2006年，该项投资额仅占发展中国家绿地投资总额的1%，② 目前升至17%。

2006~2012年，LDCs医疗保健绿地投资项目数累计25个，其中12个来自印度，占LDCs医疗保健累计投资额的1/4。从投资额来看，卡塔尔2012年在也门的投资使其成为LDCs最大投资国/地区，占LDCs医疗保健累计投资额的33%。该领域其他南南主要投资国/地区包括泰国（1.08亿美元，投资于柬埔寨、埃塞俄比亚、老挝和尼泊尔的6个项目）、阿拉伯联合酋长国（4900万美元，投资于马拉维）和越南（7600万美元，投资于柬埔寨）。

注：①有史以来在LDCs医疗项目的首次投资是Bumrungrad International（泰国）在埃塞俄比亚投资230亿美元以经营和支持通用医疗和外科医院。
②2007~2008年间保持同样份额，但2009年增加到4%，这源于英国宣布的其在坦桑尼亚联合共和国一项价值4900万美元的建筑项目投资和印度首次投资LDCs（即，孟加拉国和也门）医疗项目。截至2010年，在LDCs的7个项目占世界发展中国家医疗绿地投资的10%。2011年，该份额进一步上升到15%，主要源于来自印度和泰国的绿地投资的增长。

资料来源：UNCTAD；金融时报有限公司FDI市场数据（www.fdimarkets.com）。

LDCs初级部门吸引的投资份额正在下降，但产业多样化程度有限。过去10年，以采矿、采石和石油业为代表，绿地投资在初级部门的重要性已经降低（见图2.11）。因此，在制造业和服务业的绿地投资份额正日益凸显。然而，制造业多样化相对不足。由于资源丰富的LDCs对采掘活动的依赖，2003~2011年吸引绿地投资比重最大的两个行业是焦炭、石油产品以及金属和金属制品。非金属矿物产品在制造业也表现突出，这源于建材领域的巨额投资。虽然采掘业及其相关领域绿地投资额在2012年大幅下降（见图2.11），但57%的制造业绿地投资（2011年相应占比为67%）仍主要流向三个行业（即焦炭、石油产品与核燃料；非金属矿物产品，金属与金属制品）（见表D）。

在服务业，同样，化石、燃料、电力巨额投资依赖初级部门。尽管金融业、运输与通信业绿地投资不断上升，电力行业已主导LDCs服务业投资（见表D）。此外，运输与物流业投资涉及初级部门中的基础服务石油管道和石油集散中心。尽管此类绿地投资的数量和规模较小，但其当前和潜在贡献不容忽视。例如，Ba Liseli资源（赞比亚）参与的安哥拉—赞比亚精炼石油产品项目包括从安哥拉洛比托某炼油厂至赞比亚卢萨卡的全长1400公里的管道和相关基础设施建设。[55]整个项目在公私合营伙伴关系框架下总投资达25亿美元，其中在2012年投资1.68亿美元，这是自2003年以来赞比亚首次对安哥拉进行绿地投资。

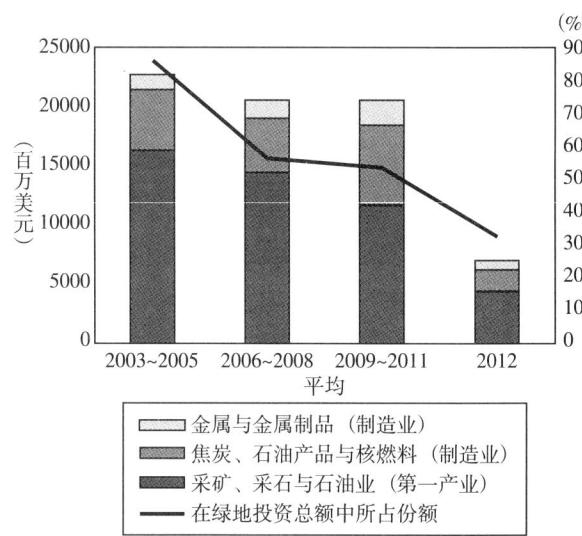

图2.11 2003~2012年LDCs采掘业及相关领域①的绿地投资（百万美元，%）

注：①未包括含有次行业"五金、其他非金属制品"的非金属制品业，因为其作用甚微。
资料来源：UNCTAD，基于金融时报有限公司FDI市场数据（www.fdimarkets.com）。

在金融服务领域，发展中国家投资者在零售银行绿地投资中表现突出。金融服务业继续主导LDCs绿地投资，项目数占2012年绿地投资总数（361个）的25%，投资金额占总金额的9%。过去10年，86%的金融业绿地投资集中在零售银行（2003~2011年40个LDCs相应总投资项目数达497个）。迄今为止，安哥拉吸引的零售银行投资项目数最多（135个，其中76%来自葡萄牙），其次是柬埔寨（56个）、乌干达（39个）。从吸收金额来看，柬埔寨为23亿美元，排名第一位，占零售银行投资总额（80亿美元）的28%，其次是孟加拉国（12%）。

除安哥拉的银行投资由葡萄牙主导外，[56] LDCs银行与金融业的主要投资者来自发展中国家。2003~2012年，70%的零售银行投资来自39个发展中国家（其中11个国家属于LDCs）。[57] LDCs来自发展中国家的最大投资国/地区是Maybank（马来西亚）。在非洲投资者中，LDCs的最大投资者是肯尼亚商业银行。2005~2012年，该银行在LDCs投资总额达3亿美元，涉及5个非洲LDCs的31个项目。2012年最大的投资项目是迪拜伊斯兰银行（阿拉伯联合酋长国）向南苏丹零售银行业投资2.65亿美元，这也是自2003年以来LDCs第二大投资。

在企业和投资银行领域，来自发展中国的首次投资发生在2008年，2003~2012年累计绿地投资项目数40个，其中55%来自发展中国家，占累计投资额（9.74亿美元）的68%。2008~2011年，仅4个发展中国家（中国、印度、多哥和越南）宣布了绿地投资：13个在LDCs（包括4个非洲LDCs）的项目和一个来自俄罗斯的项目（在卢旺达）。2012年，8个发展中国家成为LDCs绿地投资国/地区。[58] 因此，LDCs企业和投资银行领域绿地投资创历史新高（达3.92美元，包括8个非洲LDCs和5个亚洲LDCs，共16个项目）。

在LDCs大量聚集的撒哈拉以南非洲地区，中小型企业（SMEs）信贷缺口——定义为向金融机构贷款或透支融资不足的数额——不断扩大。据估计，全球SMEs的信贷缺口占其当前优秀信贷的300%~360%，而南非SMEs相应比例为29%~35%（Stein等，2010）。鉴于SMEs对经济发展的重要作用，提高LDCs面向SMEs和微型企业的金融服务水平是促进发展的关键。诸多LDCs鼓励外资银行投资以促进金融服务发展。例如，最近安哥拉针对石油业跨国公司财务管理实施监管改革（见专栏2.4）。

专栏2.4　安哥拉：利用外资银行与石油业跨国公司发展国内金融

2012年10月安哥拉新外汇法规开始生效（过渡期12个月），要求该国大型液化天然气（LNG）项目最主要投资者石油业跨国公司必须通过当地银行——包括在安哥拉运营的外资银行——缴纳税金和支付外国供应商和分包商。新法规旨在增加国内银行系统每年约100亿美元的额外流动性。[①]

该法规生效之前，由于国内银行系统不发达，石油业跨国公司将其安哥拉业务收入存入海外银行和将外汇转移到中央银行以缴纳税金。新法规的实施表明该国政府相信国内金融体系已经能够处理跨国公司相关事务。考虑到安哥拉已成为过去10年LDCs零售银行领域绿地投资的最大流入国/地区，该国超过40%商业银行由外资控制，[②] 安哥拉银行系统的发展可能部分源自这些外资银行。

注：①经济学人智库：《国家预测：安哥拉》，2012年10月。请参阅：www.eiu.com。
②22个商业银行中9个由外商独资，占该国资产、贷款、存款和资本的40%（IMF，国别数据，第12/215号，2012年8月）。
资料来源：UNCTAD。

（二）内陆发展中国家

表 A　2012 年按范围① 划分的 FDI 流量在经济体间的分布

规　划	流　入	流　出
高于 10 亿美元	哈萨克斯坦、蒙古、土库曼斯坦、阿塞拜疆、乌干达、乌兹别克斯坦、赞比亚、玻利维亚	哈萨克斯坦、阿塞拜疆
5 亿~9.99 亿美元	埃塞俄比亚、尼日尔	—
1 亿~4.99 亿美元	亚美尼亚、津巴布韦、吉尔吉斯斯坦、乍得、巴拉圭、马里、老挝、博茨瓦纳、塔吉克斯坦、莱索托、卢旺达、摩尔多瓦、马其顿、马拉维	赞比亚
1000 万~9900 万美元	阿富汗、尼泊尔、斯威士兰、中非共和国、布基纳法索、不丹	马拉维、津巴布韦、蒙古、摩尔多瓦、亚美尼亚
低于 1000 万美元	布隆迪	尼日尔、斯威士兰、马里、布基纳法索、吉尔吉斯斯坦、马其顿、博茨瓦纳、老挝、莱索托

注：①各经济体根据其 FDI 流量幅度列出。

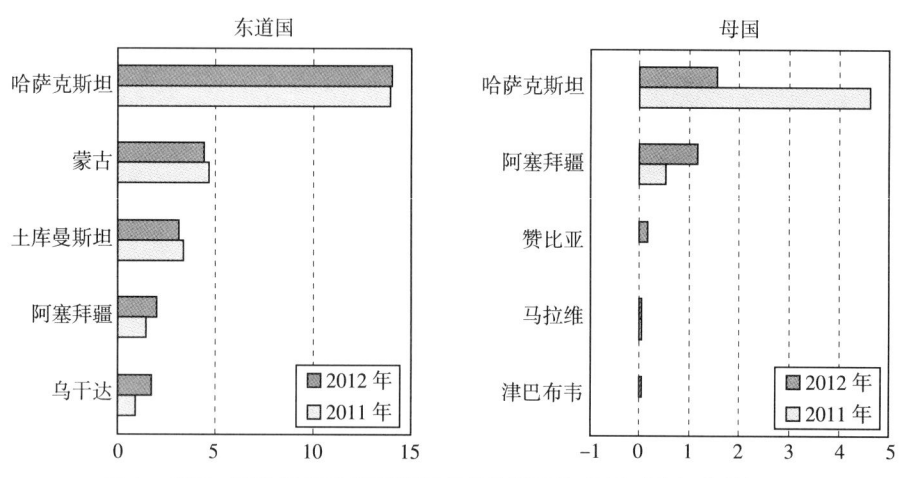

图 A　2011~2012 年 FDI 流量前五位的东道国与母国（十亿美元）

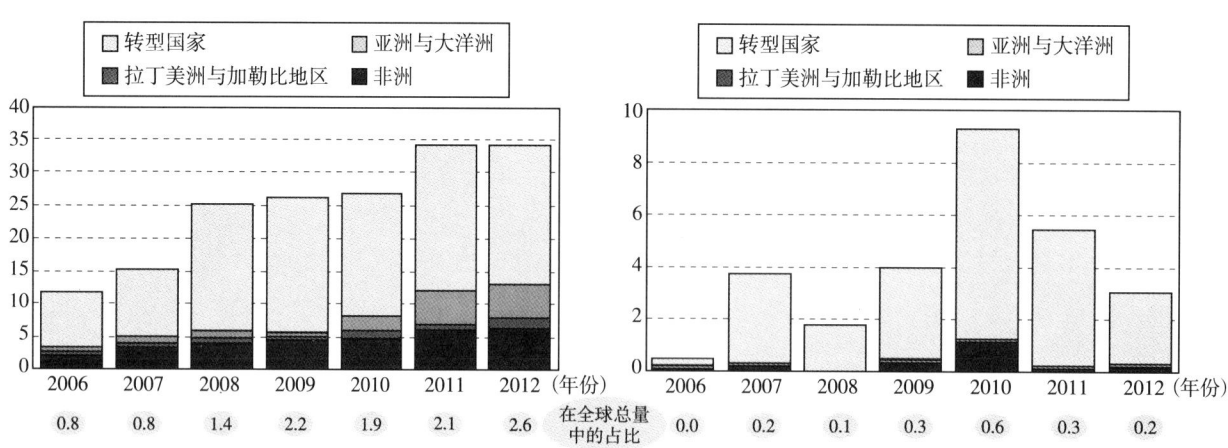

图 B　2006~2012 年 FDI 流入量（十亿美元）　　**图 C　2006~2012 年 FDI 流出量（十亿美元）**

第二章 FDI 地区趋势

表 B　2011~2012 年跨国并购的行业分布（百万美元）

产业/行业	出售额 2011 年	出售额 2012 年	购买额 2011 年	购买额 2012 年
总量	700	−2105	8076	394
第一产业	357	−2612	7921	10
采矿、采石与石油业	312	−2614	7921	10
制造业	189	468	–	−183
食品、饮料与烟草业	163	377	–	–
纺织品、服装与皮革	–	–	–	–
化学与化工产品	10	–	–	−185
金属与金属制品业	33	–	–	2
服务业	154	40	155	566
贸易	1	–	–	20
运输、仓储与通信产业	77	–	7	–
金融业	50	7	148	598
医疗与社会服务	27	7	–	–

表 C　2011~2012 年跨国并购的地区/国家分布（百万美元）

地区/国家	出售额 2011 年	出售额 2012 年	购买额 2011 年	购买额 2012 年
全球	700	−2105	8076	394
发达经济体	−121	−2342	159	445
欧盟	258	−2342	159	435
美国	−4	−22	–	–
日本	–	–	–	–
其他发达国家	−375	41	–	10
发展中经济体	879	179	−9	−185
非洲	−14	94	−14	−185
东亚和东南亚	783	235	–	–
南亚	32	–	–	–
西亚	77	–	5	–
拉丁美洲与加勒比地区	–	−150	–	–
转型经济体	−59	23	7926	133

表 D　2011~2012 年绿地投资项目的行业分布（百万美元）

产业/行业	LLDCs 作为投资目的地 2011 年	LLDCs 作为投资目的地 2012 年	LLDCs 作为投资国/地区 2011 年	LLDCs 作为投资国/地区 2012 年
总量	39438	17931	1137	4011
第一产业	13062	1443	–	–
采矿、采石与石油业	13062	1443	–	–
制造业	18226	8931	150	3282
化学品与化工产品	1284	4781	17	–
橡胶与塑料产品	1324	186	–	–
金属与金属制品业	386	1784	–	–
机动车与其他运输设备	1996	940	3	–
服务业	8150	7558	987	729
电力、燃气与水	1315	2300	100	–
运输、仓储与通信产业	2467	1823	5	168
金融业	1528	1306	366	240
商业服务	2013	467	39	125

表 E　2011~2012 年绿地投资项目的地区/行业分布（百万美元）

地区/国家	LLDCs 作为投资目的地 2011 年	LLDCs 作为投资目的地 2012 年	LLDCs 作为投资国/地区 2011 年	LLDCs 作为投资国/地区 2012 年
全球	39438	17931	1137	4011
发达经济体	15706	5260	231	178
欧盟	11832	3090	221	128
美国	1117	1131	10	50
日本	97	105	–	–
其他发达国家	2661	934	–	–
发展中经济体	16253	11853	205	3593
非洲	2746	679	143	308
东亚和东南亚	7022	5561	–	246
南亚	5367	3643	31	–
西亚	720	1962	31	3034
拉丁美洲与加勒比地区	398	10	–	4
转型经济体	7479	818	701	240

2012 年，内陆发展中国家（LLDCs）FDI 流入量增长了 6%，从 344 亿美元增至 346 亿美元。投资活动主要集中在资源丰富的国家，尤其是占该群体 FDI 总流入量 54% 的"丝绸之路"国家。发展中国家是 LLDCs 最大投资地区，其中西亚国家和韩国成为 2012 年 LLDCs 最大投资国/地区。区域合作加强，比如，沿着现代丝绸之路，基础设施替代选择和目标产业发展是 LLDCs 弥补自身结构性劣势和提高竞争力政策的重要目标。

流入 LLDCs 的 FDI 延续其自 2005 年的增长趋势，在 2012 年仍保持活力（见图 2.12）。

观察自 2003 年以来设立《阿拉木图行动纲领》之后的 FDI 流入趋势，只有非洲 LLDCs 的 FDI 流入在全球经济危机之际没有下滑。2011 年持续强

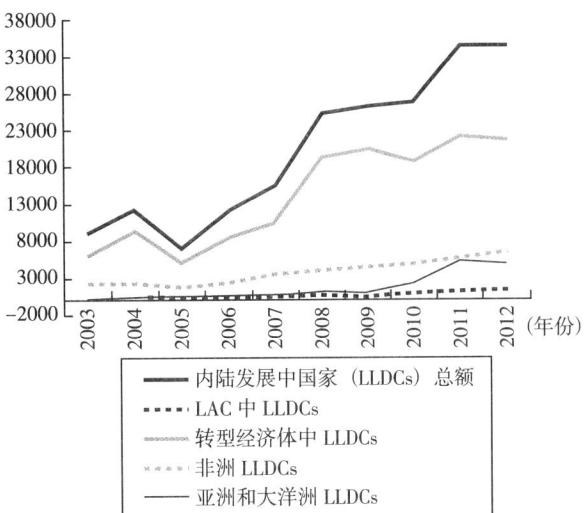

图 2.12 2003~2012 年流入 LLDCs 的 FDI（百万美元）
资料来源：UNCTAD FDI-TNC-GVC 信息系统，FDI 数据库（www.unctad.org/fdistatistics）。

劲增长，增长了 11%，从 59 亿美元增至 65 亿美元。尽管拉丁美洲 LLDCs 的 FDI 流入处于低水平，但仍逆全球下行趋势增长了 28%，从 11 亿美元增至 14 亿美元。其他拉丁美洲国家的 FDI 未来前景明朗。同时，尽管 2011 年有所下滑，流向南亚和东南亚 LLDCs 的 FDI 近年来增长迅速，尤其是老挝，其 FDI 流入可能实现最快增长。

LLDCs 的 FDI 流入量历来在世界 FDI 流入总量中份额较小（2012 年占 2.6%），并且投资主要流向资源丰富的"丝绸之路"国家。LLDCs 区域间差距显著（见图 2.12）。哈萨克斯坦、蒙古、土库曼斯坦和阿塞拜疆在 LLDCs 的 FDI 流入总量中占近 54%（见图 A）。其中，哈萨克斯坦在 2012 年占 LLDCs FDI 超过 40%。

哈萨克斯坦仍主导 LLDCs FDI 流入，这主要源于石油和天然气的强劲投资。2012 年，前四大跨国并购交易发生在该国，总交易额超过 65 亿美元。其中三个流向油气开采领域。作为 2011 年 LLDCs 最大并购案，NK KazMunaiGaz——哈萨克斯坦国家能源公司以 30 亿美元获得原 BG 集团（英国）旗下 Karachaganak 石油公司 10% 的股权，

与美国雪佛龙、意大利埃尼和俄罗斯卢克共同经营 Karachaganak。[59] 其他大型跨国并购交易包括 Glencore[60] 在哈萨克斯坦铜矿公司 Kazzinc 增持 19% 的股权。

在非洲的撤资仍在持续，非洲第一大跨国并购交易是津巴布韦投资集团公司以超过 3 亿美元的价格收购英美资源集团（英国）旗下金矿石生产商 Unki 矿产。第二大跨国并购交易是 Diageo（英国）以 2.55 亿美元收购 Meta Abo Brewery S.C.（埃塞俄比亚）。以上及非洲其他 13 个跨国并购交易均排在 LLDCs 最大跨国并购的前 30 位。

尽管并购活动衰落，但服务业增长依然强劲。LLDCs 行业跨国并购较 2011 年整体下降，但服务业（见表 B）除外，这源于 TeliaSonera（瑞典）以 15 亿美元收购哈萨克斯坦的 GSM。LLDCs 服务业其他大型交易包括 Cablevision（巴拉圭）1.5 亿美元的收购案和一些食品和饮料业交易，尤其是啤酒。

超过半数 LLDCs 跨国并购来自发展中国家。LLDCs 主要跨国并购投资者包括收购 Shubarkol Komir 75% 股权的欧亚自然资源（英国），以及 Glencore（瑞士）和 TeliaSonera（瑞典）。从交易额来看，LLDCs 最大跨国并购 FDI 超过半数来自发展中国家。其中，新疆广汇（中国）对 Alga Capiy Gas（哈萨克斯坦）的收购是迄今为止最大的跨国并购，交易额为 2 亿美元，其次是 Pretoria Portland Cement（南非）以 6900 万美元收购 Cimerwa（卢旺达）。

来自西亚国家和韩国的投资规模扩大，而来自俄罗斯的投资有所下降。2012 年绿地投资趋势与跨国并购类似，尽管投资项目数仅下降了 26%，但投资额下降了约 55%（见表 D 和表 E）。在区域层面上，值得注意的是，2012 年大多数（66%）绿地 FDI 来自发展中国家——2011 年相应份额为 41%。虽然来自发展中国家 LLDCs 绿地投资整体

下降了27%，但来自西亚的投资上升了172%，至20亿美元。2012年韩国超过2011年最大发展中绿地投资国印度，以43亿美元跃居新榜首，较2011年增长220%。在转型LLDCs，来自俄罗斯的投资在2011年显著增长后骤然下降，从72亿美元跌至7.2亿美元。

尽管行业投资整体下滑，但有些行业绿地投资依然出现增长。化学品与化工产品业绿地FDI从13亿美元升至48亿美元，主导制造业绿地投资；金属与金属制品业绿地投资增长显著，从2011年的3.86亿美元增至2012年的18亿美元。在服务业，只有两个行业绿地投资有所增长：电力、燃气与水从13亿美元增至23亿美元，酒店与餐饮业FDI虽水平较低，但涨幅明显，从1.23亿美元增至6.52亿美元。

中亚"丝绸之路"国家FDI流入量有所增加。流入"丝绸之路"国家[61]（哈萨克斯坦、吉尔吉斯斯坦、塔吉克斯坦、土库曼斯坦、乌兹别克斯坦和中国的甘肃省、宁夏回族自治区、陕西省和新疆维吾尔自治区）的FDI近年来持续上升。丰富的自然资源，例如石油和天然气，使得区域内与区域间合作不断加深，得到越来越多投资者的关注。

"丝绸之路"国家作为投资目的地绝非同质。在个别国家，投资领域多样化，同时结合该地区生产要素针对特定领域的投资前景广阔。丰富的自然资源带来大量开采与加工活动。轻工业（主要与加工有关）、贸易、零售、能源和房地产也吸引了大量外国投资者。

2012年，"丝绸之路"国家吸引FDI超过230亿美元。受哈萨克斯坦和土库曼斯坦推动，流入"丝绸之路"国家的FDI已经跃升至2007年的130亿美元和2008年的170亿美元，是2000~2005年平均水平的5倍（见表2.6）。跨国公司在"丝绸之路"各国的投资特点有所不同：哈萨克斯坦制造业与采掘业FDI由欧盟和美国投资者主导。中国和俄罗斯投资者近年来日益活跃，尤其是在石油和天然气领域。在土库曼斯坦，来自中国和土耳其的投资主要集中在能源领域。在乌兹别克斯坦，中国和俄罗斯目前是其最大的投资来源国，大多数外国投资者聚集在石油、天然气和电信行业。乌兹别克斯坦的另外几家主要外国投资者包括马来西亚国家石油公司，瑞士雀巢公司和英美烟草。在投资规模相对较小的吉尔吉斯斯坦，投

表2.6 2000~2012年流向"丝绸之路"国家的FDI

国家/省	2000~2005均值	2006	2007	2008	2009	2010	2011	2012	2009~2012均值
中亚国家	2979	7704	13248	17063	18843	17233	19474	18807	18589
哈萨克斯坦	2488	6278	11119	14322	13243	11551	13903	14022	13180
吉尔吉斯斯坦	45	182	208	377	189	438	694	372	423
塔吉克斯坦	71	339	360	376	16	−15	11	160	43
土库曼斯坦	262	731	856	1277	4553	3631	3399	3159	3686
乌兹别克斯坦	112	174	705	711	842	1628	1467	1094	1258
中国省市	1275	1510	1791	1991	2276	2930	3662	2715	
甘肃省	100	106	128	150	135	70	100	114	
宁夏回族自治区	150	80	88	100	81	202	218	150	
陕西省	925	1195	1370	1511	1820	2354	2936	2155	
新疆维吾尔自治区	100	129	205	230	240	303	408	295	
总额	8979	14758	18854	20834	19508	22404	22469	21304	

资料来源：UNCTAD FDI-TNC-GVC 信息系统，FDI 数据库（www.unctad.org/fdistatistics）；中国商务部。

资者包括加拿大公司（在采矿和石油业）、中国公司（在采矿业）、德国公司（在农工业）、土耳其和俄罗斯的公司（在金融业）。"丝绸之路"中国区2012年吸引FDI约37亿美元，较2011年增长25%，这源于世界主要跨国公司扩大其在该区域投资规模。[62]

尽管"丝绸之路"国家地势偏远，但其竞争优势很明显，有些国家进入最易营商国家前10名。此外，这些国家还有可能成为全球能源的重要供应商。例如，哈萨克斯坦拥有全球最大石油储备；吉尔吉斯斯坦和塔吉克斯坦巨大的水电潜力还未完全显现；新疆维吾尔自治区拥有中国最大的石油、天然气和煤炭储备。

深化区域一体化与合作仍是LLDCs弥补结构性劣势的关键。LLDCs结构和区位劣势众所周知。在矿物资源并不丰富的LLDCs，这是投资者面临的主要障碍，致使其FDI流入甚微。区域一体化与合作如"现代丝绸之路"也因此成为解决以上问题和促进贸易和投资的战略核心。

LLDCs作为一个庞大的市场，拥有超过3.7亿的人口，尽管它不像欧盟或与其他区域性组织那样相互毗邻。区域一体化的加深和区域市场的拓展可促进LLDCs投资尤其是市场导向型FDI的增长。然而，作为区域性协议成员，LLDCs仍可努力使其在FDI增长中充分受益。例如，欲向其他缔约国出口商品的外国公司可通过在该国投资和生产来获得市场准入。在非洲南部发展共同体，南非获得2012年最高份额的FDI流入——46亿美元。尽管其他因素也会影响国家FDI流入，但区域性组织中大型经济体的作用可能影响较小成员国吸引FDI的能力（例如，赞比亚和津巴布韦在2012年共吸收FDI 15亿美元）。[63]

除努力扩大市场及需求外，LLDCs还需要利用区域一体化与合作来改善投资环境，增强投资吸引力。在这方面，建议LLDCs调整相关政策，包括货物运输系统，这对缩短运输时间效果显著；[64]加强与邻国合作，以改善基础设施（如铁路仪表等基础设施的标准化）；合理监管（如区域供应链）；联合应对宏观经济问题（如汇率波动和税收）。

LLDCs《阿拉木图行动纲领》也证明了一体化在多边层面上的重要性，要求其加快"入世"进程，加强对所有市场的准入（在普遍优惠制下的LDCs将从中受益更多），协助贸易便利化能力建设。贸易自由化本身并不创建动态增长路径，但作为综合政策改革的重要部分，它可能激励并提高投资者对有效法治和保护产权的更安全投资环境的认知，类似于国际与双边投资协议的谈判。

基础设施替代选择和产业政策是提高竞争力的关键。在次区域如中亚，如果有替代选择，商品出口海岸缺乏可能不再阻碍贸易发展，可沿东西向轴线建立入海运输路径，特别是铁路或所谓的"钢铁丝绸之路"（见专栏2.5）。虽然亚洲、非洲和拉丁美洲正在开发高速公路运输网络，但由于小规模远距离的常规运输，铁路在海运供应链中具有特别优势。

专栏2.5 内陆贯通经济

为弥补其区位劣势，LLDCs需努力发展内陆贯通经济。这在一定程度上要求进一步整合区域市场，但更需要加大交通基础设施投资力度和调整产业政策。

世界银行和亚洲开发银行（ADB），通过其中亚区域经济合作计划（见专栏图2.5.1），重点开发出六个贸易与运输走廊以促进四通八达的内陆经济建设。例如，它们使许多LLDCs作为区域内核心大陆桥的理想得以实现：①中亚经阿富汗到达伊朗及巴基斯坦；②中国经中亚和哈萨克斯坦到达欧洲——中国乌鲁木齐铁路通车后的所谓的"新丝绸之路"，或"钢铁丝绸之路"；③中国经老挝到达泰国；④通过多民族国家玻利维亚连接大西洋和太平洋；⑤中国经尼泊尔达到印度（Arvis 等，2011）。然而，以上路线沿线的基础设施升级成本可能很高。

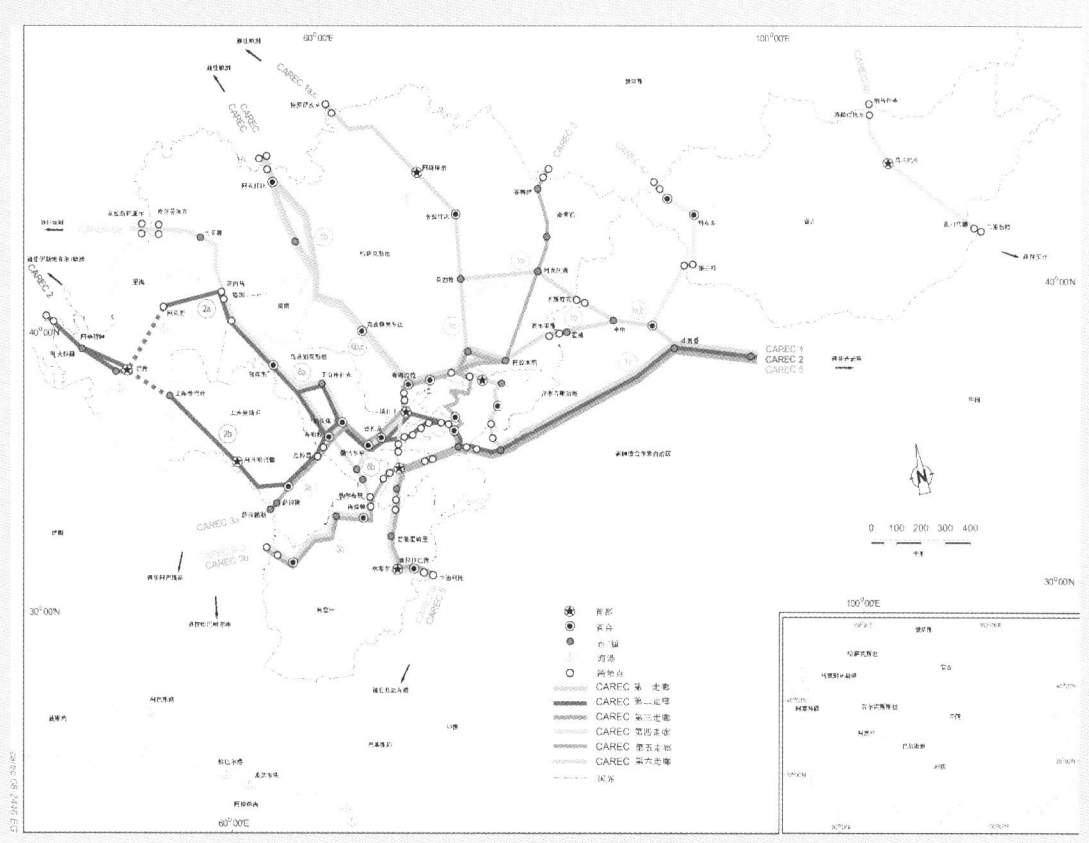

专栏图 2.5.1　中亚国家的六个经济合作走廊

资料来源：亚洲开发银行（2012）。

运输走廊在选址时通常面临的最大难题之一是在边境货物转运或运输方式选择方面的时间与成本损失。同一运输方式下也同样存在转运问题，例如亚洲铁路仪表间的差异。其中一个解决方案是寻求标准化和深化国家间合作，比如阿富汗与巴基斯坦近期签署的关于货物转运协议，允许阿富汗卡车直接抵达巴基斯坦港口（Arvis 等，2011）。

随着时间的推移，经济开发需致力于运输走廊向整合最新贸易和结算模式的经济走廊转变，包括走廊城镇发展和走廊价值链（ADB，2012年）。

资料来源：UNCTAD，Arvis 等（2011年）和 ADB（2012年）。

此外，LLDCs 可探索开发航空和 IT 服务领域，基于逐渐完善的产业政策和增长强劲的国内技能技术投资。LLDCs 可以生产和出口适合航运的体积小价值高的商品（如医药、有机农业、雕花和手表），或者发展不受地域限制、不依赖海运的服务业。由于商业机遇和基础设施已具备，该领域 FDI 的吸引力或将凸显。通过支持公私伙伴关系、特许经营、信贷和保险，政府政策可促进产业转型初期的 FDI 流入。

在所有这些情况中，很明显，为吸引 FDI，各国需制定积极的产业政策，促进来自多边机构与私人部门的基础设施公共投资，从而使 FDI 在基础设施建设和后期经营与维护方面发挥作用。同时还应注意，改善国内商业（投资）环境可显著扩大出口，进一步增强 FDI 吸引力。通过例如简化国内合同执行过程和加强贸易与商业便利化等改进措施可提高出口竞争力和促进贸易与运输便利化（Duval 和 Utoktham，2009 年）。显然，保持 FDI 相关政策和其他领域的一致性是促进 LLDCs 的 FDI 流入增长的必然要求。

（三）小岛屿发展中国家

表 A　2012 年按范围① 划分的 FDI 流量在经济体间的分布

规划	流入	流出
高于 10 亿美元	特立尼达和多巴哥、巴哈马群岛	特立尼达和多巴哥
5 亿~9.99 亿美元	—	—
1 亿~4.99 亿美元	牙买加、毛里求斯、巴巴多斯、马尔代夫、斐济、圣文森特和格林纳丁斯、塞舌尔群岛、圣卢西亚、圣基茨和尼维斯	巴哈马群岛
5000 万~9900 万美元	安提瓜和巴布达、佛得角、所罗门群岛	毛里求斯
100 万~4900 万美元	圣多美和普林西比、东帝汶、马绍尔群岛、瓦努阿图、格林纳达、巴布亚新几内亚、萨摩亚、多米尼加、科摩罗、汤加、帕劳群岛	牙买加、马绍尔群岛、萨摩亚、塞舌尔群岛、圣卢西亚、安提瓜和巴布达、所罗门群岛、格林纳达、斐济、汤加
低于 100 万美元	密克罗尼西亚、基里巴斯	瓦努阿图、圣多美和普林西比、圣基茨和尼维斯、圣文森特和格林纳丁斯、多米尼加、佛得角、巴巴多斯

注：①各经济体根据其 FDI 流量幅度列出。

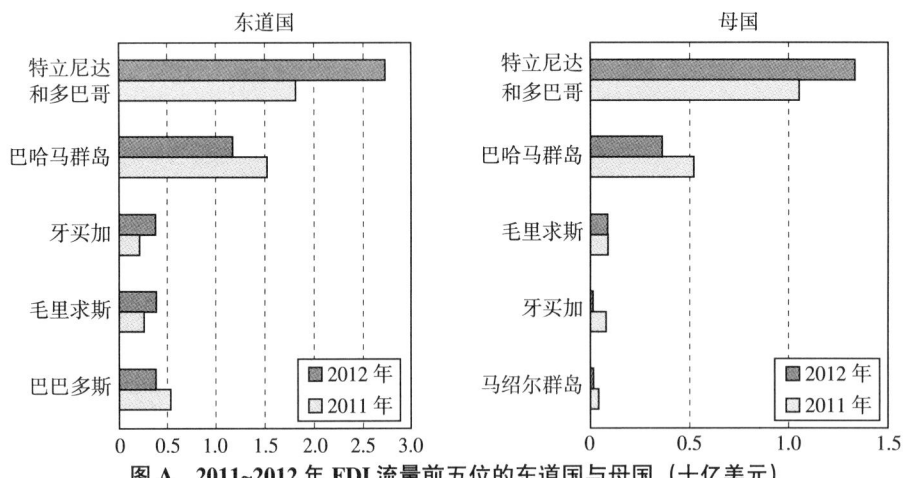

图 A　2011~2012 年 FDI 流量前五位的东道国与母国（十亿美元）

第二章 FDI 地区趋势

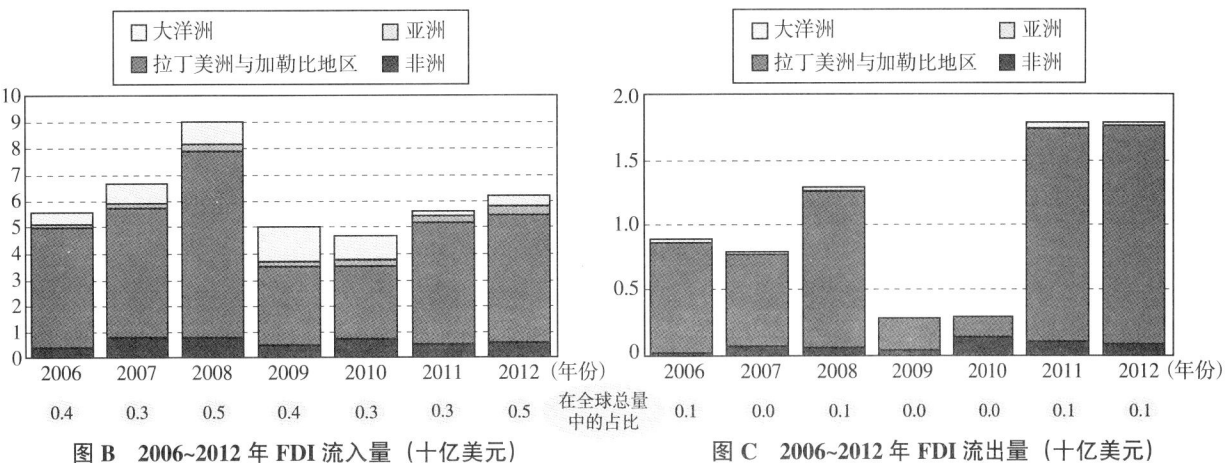

图 B　2006~2012 年 FDI 流入量（十亿美元）

在全球总量中的占比: 0.4　0.3　0.5　0.4　0.3　0.3　0.5

图 C　2006~2012 年 FDI 流出量（十亿美元）

在全球总量中的占比: 0.1　0.0　0.1　0.0　0.0　0.1　0.1

表 B　2011~2012 年跨国并购的行业分布（百万美元）

产业/行业	出售额 2011 年	出售额 2012 年	购买额 2011 年	购买额 2012 年
总量	1223	148	-651	-16
第一产业	938	-10	—	25
采矿、采石与石油业	929	-15	—	-5
制造业	19	—	549	—
食品、饮料与烟草业	19	—	—	—
化学与化工产品	—	—	25	—
非金属制品业	—	—	-78	—
金属与金属制品业	—	—	603	—
服务业	266	158	-1201	-41
贸易	—	—	—	-228
运输、仓储与通信产业	210	20	—	—
金融业	—	13	-1409	-268
商业服务	56	—	—	—

表 C　2011~2012 年跨国并购的地区/国家分布（百万美元）

地区/国家	出售额 2011 年	出售额 2012 年	购买额 2011 年	购买额 2012 年
全球	1223	148	-651	-16
发达经济体	-992	-42	193	5
欧洲	216	-48	—	—
北美洲	-995	-59	193	—
澳大利亚	75	54	—	5
发展中经济体	2215	170	-283	-21
非洲	—	—	79	20
拉丁美洲与加勒比地区	—	—	-10	330
加勒比地区	—	—	-35	—
亚洲	2215	170	-351	-371
中国	1908	—	-16	—
转型经济体	—	—	-561	—
俄罗斯	—	—	-561	—

表 D　2011~2012 年绿地投资项目的行业分布（百万美元）

产业/行业	SIDS 作为投资目的地 2011 年	SIDS 作为投资目的地 2012 年	SIDS 作为投资国/地区 2011 年	SIDS 作为投资国/地区 2012 年
总量	7429	2283	3591	175
第一产业	3000	8	—	—
采矿、采石与石油业	3000	8	—	—
制造业	160	1169	78	130
食品、饮料与烟草业	138	24	15	—
焦炭、石油产品与核燃料产业	—	929	—	—
服务业	4270	1106	3514	45
电力、燃气与水	—	156	1441	—
建筑业	1966	—	—	—
酒店与餐饮业	270	475	2	—
运输、仓储与通信产业	1057	116	—	—
金融业	277	201	180	12
商业服务	618	92	1891	33

表 E　2011~2012 年绿地投资项目的地区/行业分布（百万美元）

伙伴地区/经济体	SIDS 作为投资目的地 2011 年	SIDS 作为投资目的地 2012 年	SIDS 作为投资国/地区 2011 年	SIDS 作为投资国/地区 2012 年
全球	7429	2283	3591	175
发达经济体	1884	1508	42	26
澳大利亚	70	1005	—	—
法国	100	54	—	—
英国	1056	92	15	19
美国	564	196	20	—
发展中经济体	5545	775	3549	149
印度	810	104	—	—
南非	4223	16	19	130
泰国	206	54	—	—
阿拉伯联合酋长国	74	213	—	—
大洋洲	134	—	134	—
转型经济体	—	—	—	—

流入小岛屿发展中国家（SIDS）的 FDI 持续其连续两年的复苏，主要源于两个资源丰富国家 FDI 流入的增长。除石油与天然气业的强劲增长，旅游业也缓慢复苏，这在很大程度上是因为外国投资者在该领域已初具规模，亚洲游客更加多元化。一些国家推动离岸金融发展以实现经济多元化，其他国家则鼓励信息与通信技术（ICT）发展来吸引外国投资者。

FDI 流入持续复苏。2012 年，流入 SIDS 的 FDI 在 2009 年下降 45% 延续之后连续两年的强劲复苏。增长了 10%，达 62 亿美元，这源于两个资源丰富国家 FDI 流入的增长。第一个是特立尼达和多巴哥，2012 年 FDI 流入增加了 38%，占 FDI 总流入量的 41%。第二个是巴布亚新几内亚，FDI 流入复苏强劲，达到 2900 万美元，远高于 2011 年的负值（-3.09 亿美元）。这两个国家共同解释了 2012 年 SIDS 的 FDI 流入 178% 的涨幅，这表明该群体国家间非均衡增长显著。

2012 年流入加勒比地区的 SIDS 的 FDI 增长了 5%，为 48 亿美元（见图 B）。该区域国家——历来是 SIDS 主要的 FDI 接收者，2001~2011 年在 SIDS 的 FDI 总流入中年均份额为 77%——在 2012 年依然是 FDI 主要目的地（2012 年占 77%）。特立尼达和多巴哥 FDI 流入量增长显著的原因在于能源跨国公司再投资收益的扩大。与其他 SIDS 国家相比，除了丰富的石油和天然气储备外，特立尼达和多巴哥靠近大型北美市场间的区位优势、语言共通和经济依赖等因素都使其成为 FDI 目的地。

流入其他 SIDS——非洲、亚洲和太平洋——国家的 FDI 增长了 31%，为 14 亿美元，主要源于巴布亚新几内亚的强劲增长。该区域其他主要 FDI 接收者中，毛里求斯和马尔代夫的 FDI 流入分别增长了 32% 和 11%，达 3610 亿美元和 2840 亿美元，而斐济和塞舌尔群岛 FDI 流入量大幅下降（分别下降了 36% 和 21%，为 2680 亿美元和 1140 亿美元）。

在非洲 SIDS 中，毛里求斯的经济从只涉及农业、旅游业和服装业发展到包括离岸银行业务、外包业务、高端房地产和医疗旅游的多元化经济。作为印度洋离岸金融中心，毛里求斯向投资者提供庞大的协定网络和双轨制避税系统，为流向非洲和印度的资金打开通道。[65] 在塞舌尔群岛，FDI 越来越集中于房地产、金融和保险行业。

太平洋 SIDS 国家——2012 年吸收 FDI 占 SIDS 的 FDI 总流入的 8%——不同于该组别其他国家，它们地势偏远，远离各大陆（除了巴布亚新几内亚）。[66] 地势偏远和人口稀薄成为其增强竞争力和外资吸引力的结构性障碍。流入太平洋 SIDS 的 FDI 主要聚集在自然资源开发，特别是在巴布亚新几内亚（石油和天然气）和斐济（黄金、铝土矿和渔业）。

相对于经济规模，SIDS 国家的 FDI 流入是可观的。按绝对值来看，FDI 流入量较小，但相对于大多数 SIDS 国家的经济规模而言，其数值相当可观。SIDS 的 FDI 存量占 GDP 的比率在 2011 年为 86%，该占比在次区域和个别国家各有不同。10 个加勒比地区的 SIDS 整体占比最高（109%），其次是 2 个亚洲 SDIS（64%），7 个（共 12 个）太平洋 SIDS（50%），以及 5 个非洲 SIDS（39%）。个别国家间差异显著，从基里巴斯的 2% 到圣基茨和尼维斯的 292%（见图 2.13）。尽管 SIDS 的经济高度依赖 FDI，但 FDI 流入对经济的影响鲜为人知，特别是这些影响与 SIDS 结构性劣势间的交互作用。

FDI 输出集中在两个国家。SIDS 的 FDI 流出量在 2012 年增长了 0.5%，至 18 亿美元，其中 2012 年实现 26% 增长的特立尼达和多巴哥占总流出量的 74%。巴哈马群岛——第二大海外投资者，占总流出量的 20%，下降 30%，至 3.67 亿美元。

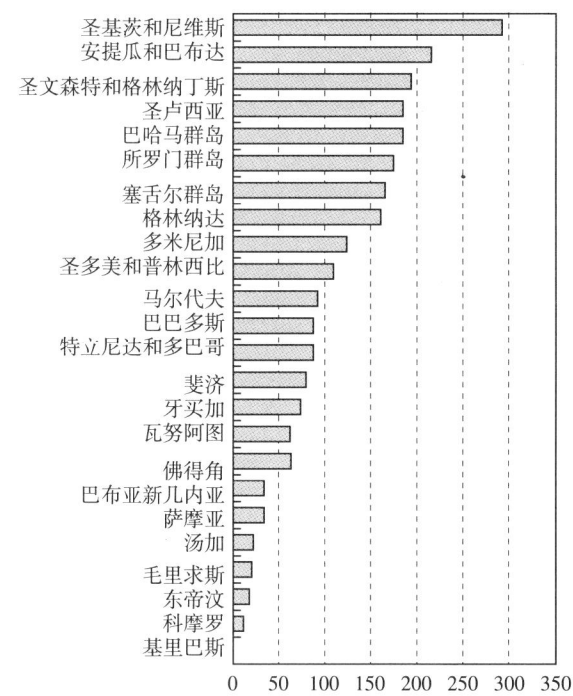

图 2.13　2011 年 SIDS 国家 FDI 存量在 GDP 中占比（%）
资料来源：UNCTAD FDI-TNC-GVC 信息系统，FDI 数据库；IMF（GDP 数据）。

旅游业在新市场多元化发展。大部分加勒比地区旅游业在 2003~2008 年经历了强劲增长，以及其他岛屿，比如在毛里求斯、塞舌尔群岛和马尔代夫，掀起外国投资者对酒店、度假村和别墅建造的投资热潮。尽管全球经济危机严重挫伤了旅游业 FDI——游客数量减少，以及酒店和旅游项目信贷资金可用性降低——但仍有迹象显示其在缓慢复苏。例如，加勒比地区旅游业 2012 年上半年数据有所改善。[67] 然而，2003~2008 年的强劲增长在英国和美国市场需求得到进一步强化或其他市场新需求出现，以及新酒店和相关基础设施的延迟投资重新启动之后才可能再次出现。

旅游业日益复苏的塞舌尔群岛等国家已将目标从发达国家逐渐转向亚洲游客。例如，总部位于阿布扎比的阿提哈德航空在 2012 年以 2000 万美元收购塞舌尔航空 40% 的股权。[68] 新管理层重新设置公司航线，取消欧洲航线发展区域策略，将国际航班集中在毛里求斯、约翰内斯堡和阿布扎比。

许多国家积极发展离岸金融中心。诸多 SIDS 国家通过强化其海外业务东道国形象来扩大宣传（见第一章），特别是吸引 FDI 流向金融业，促进直接或间接受益于离岸金融的扩张如旅游和 ICT 行业的投资。促进离岸业务的积极性源于诸多因素，包括实现经济多样化，以扩大就业机会，增加财政收入的目标驱动。其他 SIDS 也期望在不久的将来成为离岸金融中心，例如，马尔代夫经济当局宣布计划在 2012 年成立离岸金融中心，旨在增加旅游业之外的投资和收入。

牙买加继续推动 ICT 产业。近年来大量 FDI 流向 SDIS 国家 ICT 产业，尤其是牙买加 ICT 的 FDI 流入在 20 世纪增长显著，这源于电信基础设施外国投资的大幅上升。牙买加作为优选近岸投资目的地（北美），提供多样化的信息服务，从基本数据录入到多媒体和软件开发服务。蒙特哥湾免税区尤益于吸引 ICT 产业的投资，这源于其强大的数据传输设备以及精密影像、语音和传真服务。继英国政府在 2011 年投放 2000 万美元贷款基金支持 ICT 产业扩张之后，两家总部位于美国的信息解决方案公司——Convergys 公司和宙斯盾通信有限公司——宣布将在蒙特哥湾建立呼叫中心。

采掘业 FDI 正在复苏且前景广阔。主要大宗商品的可获得性是巴布亚新几内亚和特立尼达和多巴哥 FDI 的持续驱动力。在巴布亚新几内亚，由埃克森美孚（美国）运作的 157 亿美元的液化天然气项目计划于 2014 年开工。届时，它将显著增加该国出口和提供可观的政府收入。虽然巴布亚新几内亚可能从该项目中受益良多，但由环境破坏和土地主赔偿缺失引发的社会冲突仍备受关注。该国可能面临感染所谓"荷兰疾病"的风险，政府正试图通过最新创立的主权财富基金（SWF）加以解决。该 SWF 包括一项按政府项目参股获取股息的开发基金，以及一项来自矿产和石油收入且年均支出低于 GDP 4% 的稳定基金。[69]

特立尼达和多巴哥的石油和天然气行业仍处于该国经济核心地位；由私人和国有企业共同控制且外资参与显著（见专栏 2.6）。然而，近年来，能源、矿产行业面临衰退，勘探活动减少和储量逐年下降。[70] 流向该行业的 FDI——1999~2010 年占 FDI 总流入的 85%[71]——自 2005 年出现下滑；2010 年仅达 2004 年一半的水平。受美国等地页岩气业务扩大影响而出现的天然气价格滑落，且市场前景黯淡。石油和天然气产量下降和全球经济危机已严重影响该国的经济增长，使其自 2009 年以来出现负增长或零增长。通过财政制度改革和促进石油和天然气业上下游发展，政府已成功解决以上难题。受强劲增长的再投资收益驱动，该行业 FDI 在 2011 年和 2012 年恢复增长。[72] 同时钻探活动开始恢复，钻井数量从 2010 年 10 月至 2011 年 6 月期间的零钻井增加到 2011 年 10 月至 2012 年 6 月的 73 个（特立尼达和多巴哥共和国政府，2013）。

专栏 2.6　特立尼达和多巴哥石油和天然气领域 FDI 的地位显著

能源行业对特立尼达和多巴哥的经济至关重要，它在 2010 年占 44% 的名义 GDP 和 83% 的商品出口额，在 2010~2011 年占 58% 的政府收入。该行业囊括了原油和天然气的勘探和生产（47% 的能源行业 GDP）、石化产品（24%）、精炼（15%）和服务（13%）。尽管在经济发展中发挥了巨大作用，但该行业仅提供了 3% 的就业。

天然气的生产主要集中在三家外资公司（BP、英国天然气和特立尼达 EGO 资源），2010 年的产量约占总产量的 95%。约 60% 的原油产量来自私人公司，其中近 80% 来自三家外资公司（BP，雷普索尔和必和必拓）；剩下约 40% 来自国有石油和天然气公司 Petrotrin。Petrotrin 经营着该国近一半的原油精炼业务，同时负责进口原油的精炼。

约 60% 的天然气产量用于液化天然气的出口；其余则用于国内石油化工和发电。大西洋液化天然气（由英国石油、英国天然气、法国苏伊士燃气、西班牙雷普索尔和特立尼达国有 NGC 共同控制）是唯一的液化天然气生产商。它从供应商处购买天然气，加工成液化天然气并出口到其他外国子公司和分销部门。

资料来源：IMF（2012b）。

注释

[1] Preqin 数据。请参阅：http://www.preqin.com。

[2] 麦肯锡，2012 年，第 3~4 页。

[3] 基于中国国家外汇管理局；然而，据中国商务部统计，中国 2012 年 FDI 流入量合计 2540 亿美元。中国商务部与 UNCTAD 统计数据间的差异源于两个政府机构编译方法有所不同。

[4] Chris Cooper：《泰国击败中国赢得丰田意味着海运的繁荣》，彭博资讯，2013 年 2 月 21 日。

[5] 例如，在汽车行业，国有的上汽集团和私有的奇瑞集团均在巴西投资了大型装配设施。

[6] 资料来源：中国商务部。

[7] 近期通过对美国投资者的调查显示，尽管中国市场日益重要，且该国商业前景总体乐观，但有近 15% 的企业将其在中国的生产已迁出或计划迁出，同时 13% 的企业正迁往中国。此项调查涉及 420 家美国公司，由上海美国商业理事会在 2012 年发起。

[8] 与此同时，资本外流也源于为应对全球经济不确定性，企业在外汇管理和财务操作方面的调整（赵，2012年）。

[9] 资料来源：Nike 2005~2012年年报。

[10] 类似情况继续出现。例如，2013年2月，政府取缔了Entree Gold的两个采矿许可证，该公司由Rio Tinto和Turquoise Hill Resources控制，由此引起的争议可能进一步深化（Robb M. Stewart：《蒙古取缔Entree Gold的采矿许可激化Oyu Tolgoi项目争端》，道琼斯，2013年2月28日）。

[11] Dan Levin：《新资本涌入蒙古》，《纽约时报》，2012年6月26日。

[12] Simon Hall：《能源巨头放眼缅甸》，《华尔街日报》，2012年6月7日。

[13] 零售业对一线品牌开放后，该行业的FDI流入量涨幅显著。政府在多品牌部分的政策变化表明印度有关外资的决策正处在十字路口。开放后，预计零售业FDI将出现强势增长。这表明政府吸引FDI成效显著。

[14] 根据劳工团体，自2005年以来，超过700名工人死于服装厂的火灾。2013年4月24日Rana广场塌陷致使超过1000名服装工人死亡（资料来源：媒体报道，例如，Syed Zain Al-Mahmood和Jason Burke：《孟加拉工厂火灾使服装公司再次面临压力：Rana广场塌陷之后，上个月火势蔓延到达卡，导致数百人死亡》，《卫报》，2013年5月9日）。

[15] 例如，年销售额超过10亿美元的MAS已经在10多个国家有38家服装工厂和为超过55000人提供就业机会。Brandix在斯里兰卡、印度和孟加拉国的38个工厂雇用了超过40000名工人。

[16] "统包生产"服装供应商负责成品服装的所有生产工序，包括设计、面料采购、裁剪、缝纫、剪线、包装等。

[17] 尤其是对于服务公司和大型综合企业，如塔塔集团。作为印度最大的私营公司，塔塔集团已将其业务拓展到汽车、化工、移动通信、食品和饮料、信息技术和钢铁。

[18] 例如，惠普在2011年收购了SAIC集团（美国）的石油和天然气IT服务业务，在2012年收购了Promax Application Group（澳大利亚）。

[19] 在苏丹和南苏丹的地缘政治纠纷后，ONGC Videsh已终止了在南苏丹的原油生产和减少苏丹的产量。

[20] 一些印度跨国公司开始更专注于国内市场，通过整合一系列规模较小的国内并购以巩固其国内业务（BCG，2013年）。

[21] 该向交易属于资产互换，南非SAB Miller获得Anadolu Efes 24%的股份，而土耳其Anadolu集团控股42.8%。

[22] 阿拉伯新闻：《GCC的金融市场开始发展》，2012年1月25日，请参阅：http://www.arabnews.com/node/404874。

[23] 参见Raghu（2012年）和经济学人智库：《Nitaqat就业配额面临反弹》，2012年8月3日。

[24] 2012年，企业内部净贷款总额为104亿美元，超过了76亿美元的股本总额，致使巴西FDI总流出量为负。

[25] 2012年，Cencosud以26亿美元收购家乐福（法国）哥伦比亚分公司，以4.95亿美元收购巴西Prezunic杂货店。

[26] 行业FDI存量数据截止到2002年。

[27] 阿根廷和巴西被排除在外，因为在阿根廷，与其他行业相比，流向自然资源领域的FDI已经减少，其在2001~2005年的附加价值与2006~2010年相同。对于巴西，其采掘业由国有公司主导。

[28] 2011年8月，政府在Plano Brasil Maior中公布了其关于工业、科技和贸易的最新政策。旨在增加投资，推动技术进步和提高国内科技产品和服务的竞争力，逆转国内工业的衰落（《世界投资报告2012》）。

[29] 巴西联邦收入秘书处：《大巴西计划：Governo lança novas medidas para fortalecer indústria nacional, Folha de pagamento é desonerada para mais onze setores》。请参阅：http://www.receita.fazenda.gov.br/inot/2012/04/05/2012_04_05_11_49_16_693391637.html。

[30] 首先，对所有轻型车辆和轻型商用车增收30%工业产品税（IPI）。其次，明确申请IPI 30%折扣的汽车制造商应具备的条件。换句话说，符合条件的制造商的IPI税收将保持不变。该项规定仅适用于在2013~2017年的汽车制造商，之后IPI税率将回复到2013年前的水平，除非

该法规被修改。参见 Presidência da República, Casa Civil, Subchefia para Assuntos Jurídicos, DECRETO N° 7.819, 2012 年 10 月 3 日。请参阅：http://www.planalto.gov.br/ccivil_03/_ato2011-2014/2012/Decreto/D7819.html。

[31] 参见 Chiari Barros 和 Silvestre Pedro（2012 年），BNDES 行业表现，请参阅：http://www.bndes.gov.br/SiteBNDES/export/sites/default/bndes_en/Galerias/Download/Desempenho_setorial_ingles_US$.pdf；BNDES 新闻发布室：《BNDES 批准标致雪铁龙巴西的 1.54 亿美元融资》，2013 年 2 月 5 日；《BNDES 批准新菲亚特伯南布哥工厂的 24 亿美元融资》，2013 年 1 月 4 日。

[32] 中国汽车制造商——奇瑞和江淮——正在建设工厂，现代正在建设两个新的生产线。其他公司已经宣布计划建立新工厂或扩大现有业务，包括宝马、通用汽车、大众、菲亚特和 PSA 标致雪铁龙。经济学人智库：《巴西汽车行业报告》，2012 年 11 月。

[33] 资料来源：巴西中央银行。

[34] 2011 年一项调查显示，63%的高级生产管理者认为墨西哥是和接近美国的重新采购制造业务最受欢迎国家，只有 19%的人认为美国是最佳选择。然而，在 2012 年该项调查的差距只有 15%。参见 AlixPartners（2012 年）。

[35] Dussel Peters（2009 年），Moreno-Brid 等（2006 年），McClatchy：《中国工资上升，墨西哥崛起赢得新制造业务》，2012 年 9 月 10 日；英国《金融时报》：《墨西哥：中国不可能的挑战者》，2012 年 9 月 19 日；美洲国家对话：《重新评估中墨竞争》，2011 年 9 月 16 日。

[36] 格鲁吉亚在转型经济体中单独列出，因为其在 2009 年正式退出独联体。

[37] 在哈萨克斯坦，如果影响该国在石油、金属和矿产行业的经济利益，2009 年生效的自然资源法律允许政府单方面更改现有合同。

[38] 根据爱尔兰负责吸引 FDI 的政府机构 IDA，跨国公司创造净就业从 2011 年的 5934 人上升到 2012 年的 6570 人，引进母国总就业人数为危机前记录的 153785 人。

[39] 由美国参议院发起的一项调查，强调通过比利时的某种类型的交易。据参议院报告，美国跨国公司惠普大部分现金储备在国外，是其海外业务的利润积累。这部分现金应被遣返回美国，并向美国纳税。因此，惠普在比利时和开曼群岛的子公司未将这部分资金遣返，而选择向其美国母公司提供短期贷款。由于短期贷款是免税的，母公司可获得资金而无须纳税。

[40] 作为补救措施，2008 年版的《OECDFDI 基准定义》建议：①居民 SPEs 的 FDI 应单独列示；②定向原则应进一步扩展以覆盖同业者间贷款。然而，OECD 提出的新方案尚未被采用。UNCTAD 统计的 FDI 数据未涉及与 SPEs 相关的 FDI 流量，这类数据在个别国家可获得（见第一章）。"扩展的"定向原则只有少数国家采用，因此尚未应用到 UNCTAD 的 FDI 数据统计。

[41] 但是，经济复苏的迹象开始出现。例如，受劳动力成本下降推动，许多汽车制造商将生产从欧洲其他地区转移到了西班牙。日产集团注入更多的资金以扩大产能，创造更多的就业机会。参见 CNN.com：《西班牙汽车业正强劲复苏》，2013 年 2 月 28 日。

[42] 反对外资收购的声音出现，这可能导致此类交易数量下降。一些媒体报道认为意大利银行 UniCredit 决定停止出售其资产管理子公司 Pioneer Investments 的计划是受此声音影响。

[43] 《欧洲银行在西班牙更加步履维艰》，《华尔街日报》，2012 年 6 月 29 日。

[44] 发达国家 FDI 流入（1990~2012 年）年度增长率的估计标准差为 0.34，而发展中国家相应数据为 0.19。

[45] 发达国家 FDI 流入年度增长的中值标准偏差为 1.51，发展中国家相应数据为 1.33。对发展中国家平均标准差的估计基于按 2011 年 FDI 存量排名前 40 位的发展中国家。

[46] 本地融资规模可能相当庞大。日本贸易和工业经济部的数据显示，在 2007 年，70%的外国在日子公司的短期借款来自本地融资。长期借款对本地融资的依赖程度较小但仍超过 50%。此外，外国子公司发行的企业债券超过 3/4 由当地投资者持有。

[47] 并购基金可能来自被收购企业所在国家的本地融资，但英国数据显示，本地融资的重要性相对较小。英国跨国公司在 2001~2010 年进行的海外并购，66%的资金由母公司直接支付，22%来自母公司贷款；海外募集的本地资金仅占 12%（英国国家统计局）。

[48] 由于 2012 年 12 月南苏丹加入，该群体中的国

家从48个增加到49个。因此，现在该群体包括阿富汗、安哥拉、孟加拉国、不丹、贝宁、布基纳法索、布隆迪、柬埔寨、中非共和国、乍得、科摩罗、刚果民主共和国、吉布提、赤道几内亚、厄立特里亚、埃塞俄比亚、冈比亚、几内亚、几内亚比绍、海地、基里巴斯、老挝人民民主共和国、莱索托、利比里亚、马达加斯加、马拉维、马里、毛里塔尼亚、莫桑比克、缅甸、尼泊尔、尼日尔、卢旺达、萨摩亚、圣多美和普林西比、塞内加尔、塞拉利昂、所罗门群岛、索马里、苏丹、南苏丹、东帝汶、多哥、图瓦卢、乌干达、坦桑尼亚联合共和国、瓦努阿图、也门和赞比亚。南苏丹仅涉及绿地投资。

[49] 由于对一些主要接收者2010~2011年数据的向上修正（例如赤道几内亚、莫桑比克、缅甸、苏丹、坦桑尼亚联合共和国和乌干达），《世界投资报告2012》中LDCs的FDI流入量在2010年从169亿美元向上修正到188亿美元，在2011年从150亿美元向上修正到214亿美元。

[50] 诸多LDCs的增长是受跨国公司以非股权模式（NEMs）参与的行业的推动（《世界投资报告2011》），FDI流入的下降可能掩盖了NEMs的快速增长（例如孟加拉国服装业）。采掘业NEMs（如产量共享协议）在许多自然资源丰富的LDCs普遍存在（《世界投资报告2007》）。

[51] 2012年，前五位接收者的FDI流入量占60%，2011年和2010年分别占52%和60%。

[52] 由于绿地投资项目数据的收集方法，已宣布项目的价值可能高于实际投资价值，并非所有宣布的项目都得以实施。

[53] 在转型经济体，俄罗斯是最大投资国/地区，2003~2012年其在LDCs绿地投资累计金额超过40亿美元，其中25亿美元流向2010年宣布的利比里亚的一个矿业项目。

[54] 马德拉斯骨科创伤学研究所宣布投资于卢旺达价值4000万美元的建筑项目，阿波罗医院集团宣布投资于乌干达价值4900万美元的建筑项目。

[55] 路透社：《赞比亚公司构建起于安哥拉的石油管道》，2012年4月12日。请参阅：www.reuters.com/article/2012/04/12/zambia-oil-idAFL6E8FC3T320120412；卢萨卡时代，《赞比亚与安哥拉签署价值25亿美元的石油交易》，2012年4月16日。请参阅：www.lusakatimes.com/2012/04/16/zambia-angola-sign-25bn-oil-deal/。

[56] 在安哥拉，Banco BPI（葡萄牙）绿地投资（2004~2012年投资项目68个）在2003~2012年总零售银行业投资（2.85亿美元）中占了45%，其他两家葡萄牙银行紧随其后，Finibanco（2008）年宣布的11个投资项目占安哥拉零售银行绿地投资的17%和葡萄牙商业银行（Millennium BCP）（占15%）。然而，截止到2012年，葡萄牙银行在零售银行业务项目的主导地位已经消失。Banque du Commerce et Industrie（毛里塔尼亚）——毛里塔尼亚在LDCs金融服务领域首次绿地投资——成为最大投资国/地区，其次是StandardBank Group（南非）。

[57] 11个LDCs投资于其他LDCs的零售银行领域。分别是：安哥拉（1个项目）、柬埔寨（7个项目）、刚果民主共和国（1）、埃塞俄比亚（6）、马里（6）、毛里塔尼亚（4）、卢旺达（1）、多哥（26）、坦桑尼亚联合共和国（6）、乌干达（4）和也门（1）。

[58] 这8个发展中经济体依次是孟加拉国、中国香港、肯尼亚、菲律宾、沙特阿拉伯、南非、泰国和也门。

[59] 关于投资政策，哈萨克斯坦最近出台了一项法律，明确其对建在该国的任何新管道的优先参与权（见第三章）。

[60] 2013年2月，哈萨克斯坦SWF收购该公司28%的股份，防止Glencore的完全控股。

[61] "丝绸之路"在很久以前用来形容商队，尽管浪漫主义已经被当地居民面临的许多现实困难取代，但"丝绸之路"仍逐渐被"重建"，以提供基于基础设施和经济文化关系的潜在商业机会（UNCTAD，2009年）。

[62] 例如，位于中国西部陕西省会西安的高科技中心吸引了许多来自大型跨国公司的FDI项目，如为阿尔斯通（法国）、博世（德国）和大和（日本）提供的新的生产设备，以及为3M（美国）成立的研究中心。该地区其他直接投资项目包括可口可乐在新疆投资建厂和Metro（德国）在宁夏成立新店面。

[63] 南部非洲发展共同体正针对与东非共同体和COMESA（非洲东部和南部共同市场）建立三方自由贸易区进行谈判。投资会谈已进入谈判的第二阶段（预计在2014年下半年启动），期望这能促进该区域整体投资。关于投资政策和区域投资决策制定方法的发展趋势的讨论参见第三章。

[64] 参见 UNCTAD（2003 年）和 Limão 与 Venables（2001 年）。欧洲交通系统和 TIR（国际公路运输）是唯一全面运作的全球交通系统。其他已提出但未完全实施的包括拉丁美洲国际陆路运输协定，以及东南亚关于运输货物和旅客的大湄公河次区域协议。

[65] 在非洲，毛里求斯与多国签署了双税制回避协议，包括博茨瓦纳、刚果、莱索托、马达加斯加、莫桑比克、纳米比亚、卢旺达、塞内加尔、塞舌尔、南非、斯威士兰、乌干达和津巴布韦。它还与印度签署了双税制回避协议。

[66] 太平洋岛屿与最近大陆的平均距离超过在加勒比海或撒哈拉以南的非洲地区一般国家的4~5倍。

[67] 经济学人智库：《加勒比经济：加勒比旅游业复苏缓慢》，2012 年 8 月 21 日。

[68] 阿提哈德航空执行为期五年的经营管理合同，此外，新增资本注入 2500 万美元。

[69] 经济学人智库：《PNG LNG 项目步履维艰》，2012 年 9 月 26 日。

[70] 天然气总储量从 2005 年的 34.9 万亿立方英尺下降到 2010 年的 27.1 万亿立方英尺（相当于 9 年的产量）。石油总储备也有所下降，从 2005 年的 27 亿桶降至 2007 年的 25 亿桶（相当于 14 年的产量）(IMF，2012 年)。

[71] 特立尼达和多巴哥中央银行，2013 年。

[72] FDI 增长强劲，2011 年和 2012 年分别增长了 233% 和 70%。根据中央银行数据，2011 年 1 月至 2012 年 9 月，大约 85% 的 FDI 流入能源领域（特立尼达和多巴哥央行，2013 年）。

近期政策发展

第三章

　　积极鼓励投资，进而促进可持续发展和包容性增长，已成为世界各国重要的政策目标。因此，投资政策的制定已进入转型阶段。

　　2012年投资政策的发展趋势表明，各国在努力吸引外国投资的同时，也更具选择性。各国特别鼓励创造就业、减轻贫困（例如在贫困地区、与贫困相关以及涉及贫困人口方面的投资）或帮助解决环境问题的投资（《世界投资报告2010》）。它们采取趋利避害的观念调控投资，认为严格的监管体制要与自由化的进程相互协调。在越来越重视投资责任和企业社会责任（CSR）的背景下，新一代投资政策，把可持续发展和包容性增长作为吸引和鼓励投资的重点（《世界投资报告2012》）。然而，政府干预的增加也使得国家面临着被指责的风险，即采取投资保护主义政策摆脱经济危机，面临着严峻的挑战。

　　民间团体和其他利益集团在投资政策发展中扮演着日益重要的积极角色。在国际投资政策发展中尤其如此，议会和民间团体非常关注国际投资协定谈判和日益增多的投资仲裁。同样地，为强调公司贡献以及负责任投资者的形象，外国投资者和企业正在转变企业模式《世界投资报告2010》。

第一节 国家投资政策

一、总体趋势

> 大多数国家都在有选择性地吸引和促进FDI，并进一步加强各自的监管体制。

2012年据联合国贸易与发展会议统计，全球至少53个国家和经济体采取了86项政策措施影响外国投资，较2011年增长了30%（见表3.1）。其中61项涉及投资自由化、促进和创造有利的外国投资环境，20项提出了新的限制或管制措施。

表3.1 2000~2012年各国投资政策变化（数量）

项目 \ 年份	2000	2001	2002	2003	2004	2005	2006	2007	2008	2009	2010	2011	2012
改变政策的国家数	45	51	43	59	80	77	74	49	41	45	57	44	53
政策调整数	81	97	94	126	166	145	132	80	69	89	112	67	86
自由/促进政策	75	85	79	114	144	119	107	59	51	61	75	52	61
限制/管制政策	5	2	12	12	20	25	25	19	16	24	36	15	20
中立/不确定政策[①]	1	10	3	0	2	1	0	2	2	4	1	0	5

注：①在某些情况下，政策措施对投资的预期影响是不确定的。
资料来源：联合国贸发会议，投资政策监控数据库。

与往年相同，2012年大多数国家继续吸引和促进外国投资。与此同时，很多国家加强了对外国投资环境的监管。新投资规制政策占比从2011年的22%上升至2012年的25%，2011年暂时下降后恢复增长趋势（见图3.1）。2013年前4个月，这一比重上升至38%。新规制政策在发达国家占比最大（31%），其次是发展中国家（23%），最后是转型经济体（10%）。虽然绝对数较小，但投资规制政策特别对战略产业影响深远。

鉴于当前经济危机的状况，世界各国均推行FDI自由化政策。这些政策覆盖行业广泛，尤其是在服务业（见专栏3.1）。此外，航空运输和能源行业的私有化政策也是此次政策转变的重要组成部分。

大多数国家采取投资促进和便利化措施（见专栏3.2）。至少16个国家推行新的鼓励投资项目。其他诸如美国、白俄罗斯、开曼群岛、巴基斯坦和乌兹别克斯坦等国家和地区建立特殊经济区（SEZs），采用一站式服务网点，既方便了外国投资者（例如在哥斯达黎加和乌克兰），也支持了本国企业的对外投资。还有一些国家降低了公司所得税率。

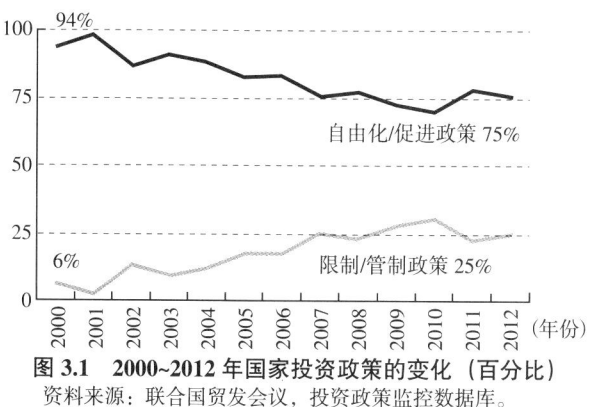

图3.1 2000~2012年国家投资政策的变化（百分比）
资料来源：联合国贸发会议，投资政策监控数据库。

专栏 3.1　2012~2013 年采取投资自由化、私有化措施的案例

中国将合资证券公司中外国投资者所有权上限由 33% 上调至 49%。①

印度在包括单品牌和多品牌零售业、能源业、广告业、民用航空业、外商非银行金融公司等一些行业，以及对巴基斯坦投资和利用巴基斯坦外资方面采取自由化措施。②在一定条件下，印度也把资产重建公司中外国直接投资的外商所有权上限从 49% 上调至 74%。③

阿拉伯联合酋长国中的迪拜酋长国颁布一项法规（2012 年法规 2 号文件）以扩大非阿拉伯联合酋长国公民拥有房产范围。该法规规定，非公民也能拥有房屋使用权（终身财产所有权），期限为 85 年。④

缅甸一项新的外国投资法规定：由投资审议委员会授权，允许企业中外资占比 100%。⑤

葡萄牙出售葡萄牙机场股份有限公司（国营机场营运商运营的葡萄牙机场）100% 股份给法国万喜集团。⑥

乌克兰将六个地方性电力公司私有化。⑦

注：①86 号法规，中国证监会，2012 年 10 月 11 日。
②第 4、5、6、7、8 号通告，工商部，2012 年 9 月 20 日；第 41 号通告，印度储备银行，2012 年 10 月 10 日。
③财政部新闻，2012 年 12 月 21 日。
④《迪拜允许非居民拥有房屋使用权》，《海湾时报》，2012 年 6 月 22 日。
⑤外国投资法（2012 年 21 号法令），总统办公室，2012 年 11 月 2 日。参看相关网站：www.president-office.gov.mm/en/hluttaw/law/2012/11/23/id-1103。
⑥111-F/2012 号决议，政府公报，2012 年 12 月 28 日。
⑦《政府颁布燃料和能源综合企业私有化法规》，乌克兰政府官网，2013 年 2 月 19 日。
资料来源：联合国贸发会议，投资政策监控数据库。更多有关投资政策措施的例子可以参看 2012 年和 2013 年联合国贸发会议发表的投资政策监控。

专栏 3.2　2012~2013 年采取投资促进和便利化措施的案例

中国简化了资本流动以及国外企业外汇兑换限额的审查程序，例如，企业开设外汇账户或进行外汇储备再投资等业务，只需到相关部门注册即可。①

哥斯达黎加采取商业便利化措施，缩短企业注册时间。全部手续可在同一地点集中办理，注册时间从 90 天缩短至 20 天甚至更短。②

日本实施"紧急经济措施以复兴日本经济"，其中包括促进日本企业向海外市场扩张。③

巴基斯坦颁布了一项特别经济区（SEZs）法案。该法案允许在国家的任何地区建立不小于 50 英亩的特别经济区，并对区内的国内外投资者提供一些税收优惠政策。④

苏丹通过了 2013 年投资法案。该法案向战略产业提供税收及关税优惠，同时也支持建立特殊法庭，处理投资案件和纠纷，此外，当发生国有化浪潮、资产查没时，该法案还可为投资者提供保障。⑤

注：①《简化直接投资外汇管理，促进贸易和投资便利化》，中国国家外汇管理局，2012 年 11 月 21 日。
②哥斯达黎加工商联经济部新闻，2012 年 10 月 23 日。
③《紧急经济措施以复兴日本经济》，日本内务省，2013 年 1 月 11 日。

第三章 近期政策发展

④《总统扎尔达里2012年签订特别经济区法案》，巴基斯坦投资委，2012年9月10日。
⑤《内阁通过2013年国家投资法案》，苏丹内阁事务部，2013年2月3日。
资料来源：联合国贸发会议，投资政策监控数据库。更多有关投资政策措施的例子可以参看2012年和2013年联合国贸发会议发表的投资政策监控。

促进投资、投资自由化的总体趋势与一些国家在针对一般性投资（见专栏3.3）以及具体FDI领域（见专栏3.4）所构建监管框架之间，形成鲜明对比。

专栏3.3 2012~2013年国内外投资新规的实例

阿根廷成立了一个委员会来监管保险和再保险公司的投资。该措施是国家战略保险计划的一部分，要求保险公司将部分投资资金用于实体经济。①

印度尼西亚出台了新规以管制私人银行所有权。新规在原则上规定：金融机构在新收购私人银行中的所有权将不能超过40%；通过非金融机构收购，其所有权将不超过30%，通过传统银行中个人股东收购，其所有权不超过20%。②

哈萨克斯坦通过了一项法律。该法律规定，国家在国内主干管道建设上享有优先权，并占至少51%的股份。③

菲律宾颁布了一条行政命令，在转变现有分税体制的新法律出台之前，暂停签订新采矿合同。为了达到环保标准，该命令也要求对现有采矿作业进行复查。④

注：①Resolución Conjunta 620/2012 y 365/2012，阿根廷政府公报，2012年10月23日。
②第14/8/PBI/2012规定，印度尼西亚央行，2012年7月13日。
③《哈萨克法规定国家控制新石油管道》，路透社，2012年6月14日。
④第79-S-2012号行政命令，菲律宾政府公报，2012年7月16日。
资料来源：联合国贸发会议，投资政策监控数据库。更多有关投资政策措施的例子，参看2012年和2013年联合国贸发会议发表的投资政策监控。

专栏3.4 2012~2013年FDI监管案例

贝宁虽然允许外国实体长期租赁土地，但禁止其拥有土地所有权。①

玻利维亚颁布了法令，规定将拉巴斯市的配电公司（Eletropaz）、欧陆罗市的电力公司（ELFEOSA）、管理和投资公司Business Bolivia SA (Cadeb)、企业服务公司（Edeser）的所有股份交由国有企业Empresa Nacional de Electricidad (ENDE) 所有。上述四家公司由Iberbolivia投资公司所有，该公司隶属于西班牙可再生能源公司Iberdrola。②该法令也将西班牙航空公司Abertis和Aena的一家附属公司Bolivian Airport Services (SABSA) 国有化，该公司运营玻利维亚的埃尔阿托市、科恰班巴市和圣克鲁兹市的机场。③

加拿大政府已经阐明其将如何凭借投资法律处理外国国有企业投资（SOE）。需要特别指出的是，加拿大政府宣布将寻找一家外国国有企业收购本国一油砂公司，同时将为本国带来净收益作为收购的先决条件。④

匈牙利修订了宪法，以确保只有本国公民可以购买国内农田。⑤

意大利建立了一项交易审查机制，并对国防及国家安全部门旗下公司，能源、运输和通信部门的公司资产做重点审查。⑥

注：①《新土地法》（第2013-1号法），2013年1月14日。
②《政府国有化Eletropaz和Elfeo公司，并提供工作保障、保护带薪职工》，政府新闻，2012年12月29日。
③《Morales Dispone Nacionalización del Paquete Accionario deSabsa》，政府新闻，2013年2月18日。
④加拿大总理发表关于外国投资的声明，2012年12月7日。
⑤修订宪法的T/9400/7号法令，2012年12月18日。
⑥2012年56号法令，第111号政府公报，2012年5月14日。

资料来源：联合国贸发会议，投资政策监控数控库。更多有关投资政策措施的例子可以参看2012年和2013年联合国贸发会议发表的投资政策监控。

二、各行业的投资政策

> 服务业主要采取自由化和FDI促进性政策，战略产业则主要采用限制性政策。

2012年出台的大部分政策措施都与具体部门或行业有关（见表3.2）。几乎全部跨行业措施都是自由化政策，而限制措施主要是针对具体行业。

表3.2 2012国家投资政策的变化统计

部门/行业	促进措施(%)	限制措施(%)	中立措施(%)	政策措施总数
总计	74	22	4	120
跨行业	82	8	10	40
农业综合业	60	40	0	5
开采业	54	46	0	13
制造业	87	13	0	16
服务业（总计）	70	28	2	46
电力、天然气和水	50	50	0	10
运输、存储和通信	85	15	0	13
金融服务	59	33	8	12
其他服务	82	18	0	11

注：由于一些政策措施属于多种类型，因此总计数与表3.1不同。

资料来源：联合国贸发会议，投资政策监控数据库。

（一）服务业

服务业是投资政策聚焦的领域之一。一直以来，自由化和FDI促进性政策主要集中于批发零售服务和金融服务等特定服务部门。2003~2012年，在所有分部门的自由化和促进性政策中，平均有近68%的政策与服务业有关。2012年，印度发展最为显著，其在一些行业放松了对FDI的管制政策（见专栏3.1）。

（二）战略产业

针对外国投资者的限制性政策，主要适用于战略产业，特别是采掘业。2000~2012年，近40%的行业管制政策针对采掘业（见图3.2）。其他诸如电力、天然气、供水以及金融服务等行业，由于涉及政治经济敏感领域，因此受到与投资相关的管制政策约束。此外，所有行业也许会同时受到普遍性行业的限制措施，类似于限制土地所有权之类。因此，管制政策对战略产业和其他涉及敏感领域行业的影响会更大。

对战略产业实施FDI管制政策的原因是多方面的。首先，FDI政策在工业政策中的角色发生了改变。过去，实施FDI管制政策是为了促进幼稚产业发展或是基于社会文化原因（例如土地所有权管制政策）。这些相对狭隘的管制范畴，如今扩大到保护国家龙头企业、战略企业和有关国计民生的基础设施等这些更广泛的领域上来。[1]其次，对国家安全和经济利益造成影响的FDI，国家将严格审查。这些可看做对国有企业和主权财富基金增加投资，或者自然资源领域（采掘业和农业）FDI增加的政策应对。最后，近期的经济

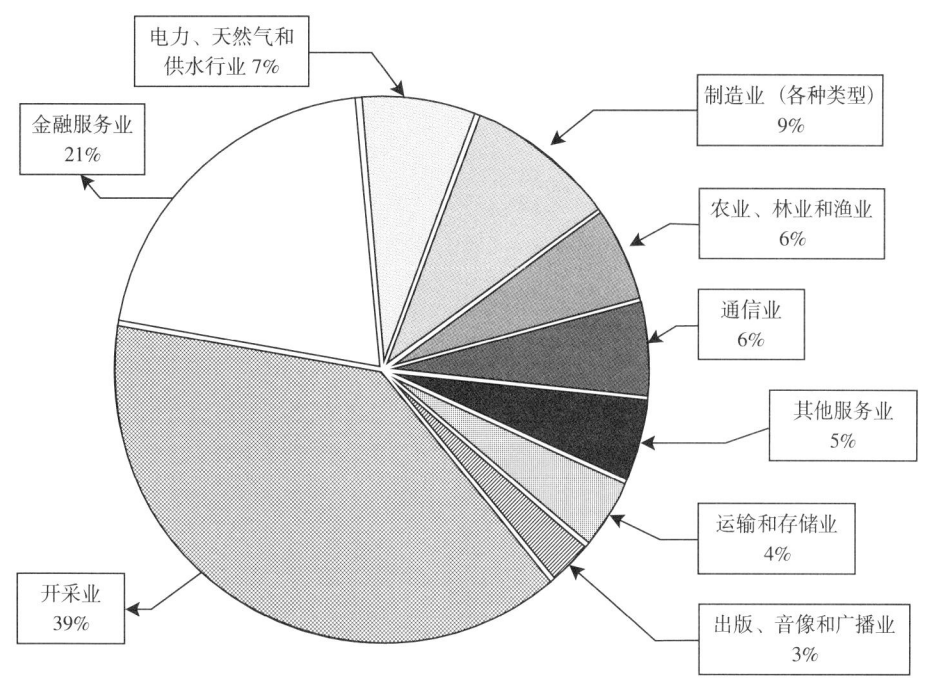

图 3.2　2000~2012 年受管制政策影响行业占比

资料来源：联合国贸发会议，投资政策监控数据库。

金融危机也许使政府更容易采纳工商业界和民间团体的游说，采取措施保护国有经济免遭外国竞争的建议。

三、审查跨境并购

> 由于管制或政策原因，一大批跨境并购被迫取消，这在金融危机期间尤其明显。

近几年，针对流入型 FDI 的审查和监管机制正发挥着越来越重要的作用。各国在努力吸引 FDI 的同时，对准入程序也变得更加具有选择性。与此有关的一个重要例子就是近期跨境并购政策的发展。

并购在转移资本、技术和技巧，尤其在提高后续投资和经营扩张中，对东道国具有重要意义。但并购也会带来诸如降低当地企业能力、弱化竞争或减少就业等成本损失。[2] 跨境并购中最大化收益和最小化成本方面，FDI 政策扮演着重要角色。FDI 政策包括部门预定、所有权管理、规模标准、竞争审查和激励等措施。[3]

在过去 10 年间，超过 2000 例跨国并购被撤销。这些交易总值达到 18 万亿美元，或平均占每年跨国并购总值的近 15%（见图 3.3）。[4] 在金融危机期间，被撤销的交易无论在数量上还是在价值上，其占比都达到了峰值。

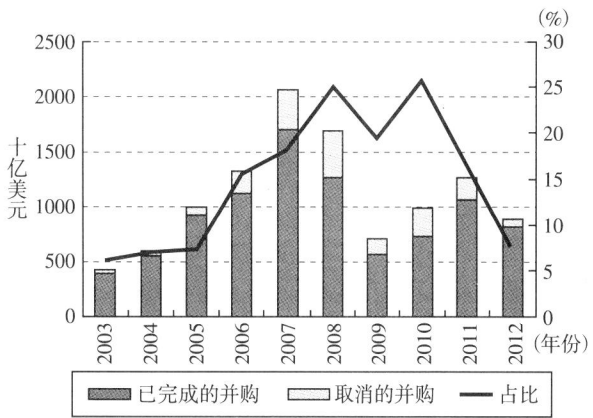

图 3.3　2003~2012 年已完成和撤销的跨国并购总价值以及取消的跨国并购占比

报告分析了 2008~2012 年 211 个单笔交易额至少 5 亿美元的跨国并购撤销案。撤销并购具有多种原因（见图3.4）。大多数原因是基于企业自身考虑，例如，企业内部各方无法就交易的经济条件达成一致意见，或是出现第三方出价高于潜在收购者（竞购）。还有些并购撤销案是与总体经济条件的变化（尤其在后金融危机时代）有关。此外，与计划收购有关的法律纠纷、融资收购的困难也是并购失败的原因。

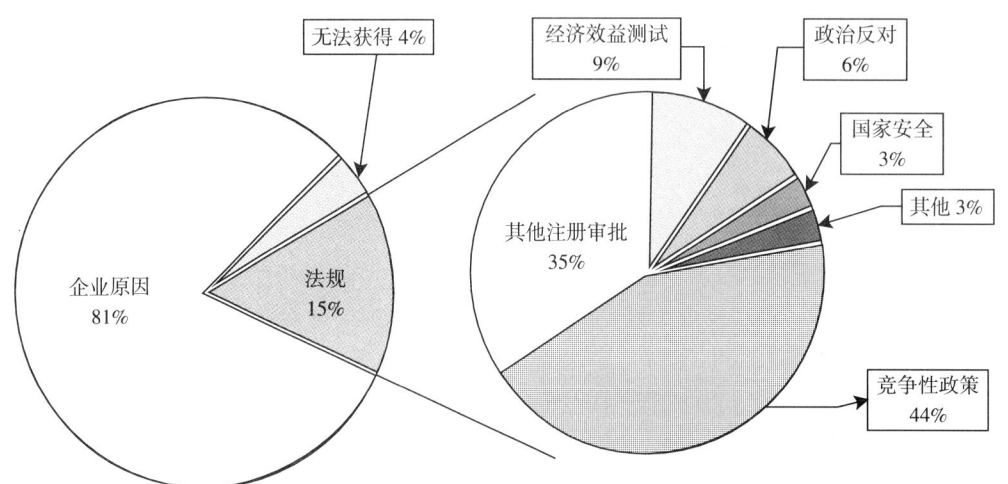

图 3.4　2008~2012 年撤销跨国并购的原因

注：统计基于 5 亿美元或者价值更高的交易，与取消 Chinalco-Rio Tinto 交易有关的 7 个独立并购交易在这里合并为一个。
资料来源：联合国贸发会议，路透社关于并购的数量资料和其他新闻资料。

由于法规限制或政治反对也会取消并购。有时当得知由于技术原因或者一般性政治反对（例如必和必拓并购失败），该并购无法获得批准时，即使政府尚未下达最终决定，公司也会撤销竞标。有时公司会修订拟议中的交易，然后重新提交以期通过后续的审批过程（例如中海油收购尼克森石油公司）。有些情况，政府干预会同时受到法规限制和政治因素的影响，因此很难判断取消并购的真正原因。[5]

2008~2012 年，由法规限制或政治反对原因而取消的并购总价值接近 2650 亿美元（见图3.5）。[6] 在 2012 年所有跨国并购撤销案中，由上述因素所导致的案例占全部并购撤销案的 22%，2010 年该比重达到顶峰，超过 30%。这表明金融危机对政府在跨国并购的法规监管以及政治立场的影响。尽管因法规或政治原因而取消的并购价值在 2012 年有所下降，但其占比仍相对较高。

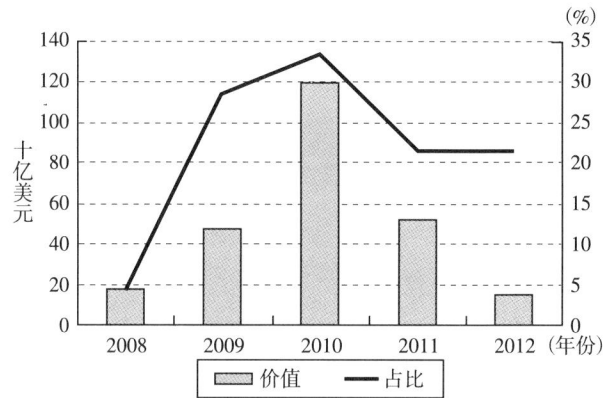

图 3.5　2008~2012 年由法规限制或政治反对而撤销的跨国并购总价值及其占比

金融危机期间，并购撤销案涉及的主要行业为采掘业（见图3.6）（例如，中国铝业获取南戈壁资源的控股权未果、必和必拓放弃收购加拿大钾肥公司，以及中国铝业并购力拓公司失败）。并购撤销案涉及的其他行业包括制造业、金融服务业和通信业（例如，德国证交所对纽约泛欧交易所并购案被否决，新加坡交易所对澳洲证交所的

第三章 近期政策发展

并购案被否决、南非电信 MTN 集团与巴蒂电信合并受挫)。

考虑到目标公司所在国,无论是按撤销并购的数量或者价值核算,澳大利亚、美国和加拿大都排前三(见表 3.3)。它们也是由于法规限制或政治原因撤销并购排名前三位的发起国。

用来审查以及驳回并购的政策工具有多种类型,主要分为两大类:一类适用于并购活动本身,不考虑收购公司国籍;另一类只适用于外国投资者(见表 3.4)。第一类中最重要的政策即竞争政策。竞争政策不仅适用于东道国已计划的并购,也适用于影响国内市场的第三国并购项目(例如,丸红商事收购美国粮食商 Gavilon 公司,参看专栏 3.5)。[7] 第一类政策还包括控制可转让性股票占比,或推行"金股"政策,即授予所有者(通常

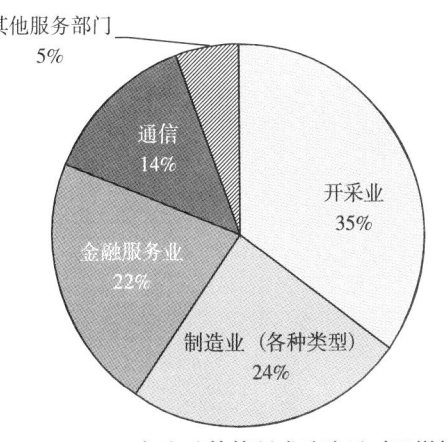

图 3.6　2008~2012 年由政策管制或政治反对而撤销的跨国并购的行业分布

注:统计基于 5 亿美元或价值更高的交易。
资料来源:联合国贸发会议,路透社关于并购的数据资料。

表 3.3　2008~2012 年由于法规限制或政治原因而撤销跨国并购的前十位目标国和发起国(按价值计算)

排名	目标国			发起国		
	国家/经济体	总价值(十亿美元)	取消交易数	国家/经济体	总价值(十亿美元)	取消交易数
1	澳大利亚	87.8	8	澳大利亚	112.9	5
2	美国	54.5	7	美国	47.1	7
3	加拿大	43.8	4	中国	23.6	5①
4	匈牙利	15.8	1	奥地利	15.8	1
5	南非	11.4	1	印度	11.4	1
6	印度	8.8	1	德国	10.2	1
7	英国	6.7	1	南非	8.8	1
8	中国台湾	5.6	3	新加坡	8.3	1
9	中国香港	4.1	3	法国	6.1	1
10	瑞士	4.0	2	中国香港	2.2	1

注:统计基于 5 亿美元或价值更高的交易。①与取消 Chinalco-Rio Tinto 交易有关的 7 个独立并购交易合并为 1 个。
资料来源:联合国贸发会议,路透社关于并购的数据资料。

表 3.4　影响跨国并购的政策措施

仅适用于外国投资者	适用于国内外投资者
正式政策	
1. 所有权上限 2. FDI 审查 　● 国家安全 　● 经济利益 　● 其他审查 (例如主要基础设施)	1. 审查参与竞争的主体 2. 转让股份政策(例如:"毒丸计划"或强制收购) 3. "金股"权
非正式政策	
1. 拖延外购程序 2. 给予国内企业财政支持 3. 促进国内企业合并 4. 施加政治压力	

资料来源:联合国贸发会议。

为国家）拥有决定性的少数股份，以此抑制国内外恶意收购。[8]

第二类政策具体包括：当与国家安全相关时，设定外资所有权上限，实行国内审查程序、设立行业政策目标或进行国家利益评定。各国也会对特殊类型的外国投资者（例如国有企业）或特殊投资活动（例如关键基础设施领域投资）采取特殊的监管规则。监管程序要求投资者对东道国经济有经济贡献，或者至少并购提案不能对东道国经济产生负面影响。

除采取否决并购外，在允许并购实施前，东道国也会设置特定条件。这一方法经常应用于竞争性政策中，但也在诸如经济利益评定框架等其他领域发挥重要作用（见专栏3.5）。

专栏 3.5 2008~2012 年政府否决或仅在一定条件下允许的跨国并购案例

近年来，各国政府审查了大批跨国并购案例，这主要考虑到竞争政策、经济效益、国家安全等因素。其中一些裁定适用于第三国并购项目，这表明此类政策具有跨境效应。例如：

德国证交所并购纽约—泛欧交易所（2012年）

基于合并有损竞争原因，欧盟监管部门否决了德国证交所总检察长联合纽约泛欧交易所建立世界最大交易所的提案。①

新加坡交易所并购澳洲证交所（2011年）

自2011年以来，澳大利亚政府首次拒绝重大外资收购项目，同时也阻止了荷兰皇家壳牌石油公司投标伍德赛石油公司。澳大利亚财长称，该交易会削弱澳大利亚经济和监管主权；由于澳洲证交所主管清算及交割业务，因此该交易会增加实体风险，引发监管问题；交易还会阻碍资本流入澳大利亚企业。②

必和必拓收购加拿大钾肥公司（2010年）

2010年11月，根据国外投资法，加拿大工业部部长认为，此次收购未向加方带来"净收益"，因此拒绝必和必拓提出的386亿美元收购加拿大钾肥公司的方案。尽管必和必拓有30天时间重新制定出满足加政府要求的计划书，但公司选择放弃收购。③

马来西亚国家石油公司收购加拿大进步能源公司（2012年）

加拿大工业部部长批准马来西亚石油勘探公司〔马来西亚国家油气公司所有〕收购加拿大进步能源公司。当马来西亚石油公司在企业监管、商业动向、促进就业以及资本投资方面做出重大承诺之后，部长宣布该投资将给加拿大带来净利益，这些承诺将会促进加拿大长期经济发展。④

丸红商事收购美国粮食商Gavilon公司（2012年）

通过对中国大豆市场施加重要保障条件，中国商务部允许日本丸红商事公司收购美国粮食供应商Gavilon集团有限责任公司。这些条件包括：两公司将继续向中国出售大豆；使用不同的团队、建立公司防火墙，防止私下交换市场信息。⑤

罗兹食品集团收购蒙特公司（2011年）

南非竞争委员会以解决就业问题为条件，批准罗兹食品集团公司收购其竞争者蒙特水果公司。否则，在下一个罐头加工季，合并后的公司将会致使1000名左右季节工失业。⑥

美国 Alliant Techsystems 公司收购加拿大 Macdonald Dettwiler 公司（2008 年）

加拿大一家提供航空航天、信息服务及相关产品的公司（Macdonald Dettwiler and Associates）计划向 Alliant Techsystems 公司（美国）出售其信息系统及地理空间服务业务。但由于该公司笛达2 号卫星涉及国家安全，加拿大政府拒绝了此项出售提案。[⑦]

注：①彭博社：《欧盟委员会否决德国证交所并购纽约泛欧交易所》，2012 年 2 月 1 日。参看相关网站：www.bloomberg.com/news/2012-02-01/european-commission-blocks-proposed-deutsche-boerse-nyse-euronext-merger.html（accessed 30 April 2013）。
②路透社：《在澳大利亚否决并购以后，新加坡交易所取消并购澳洲证交所的投标》，2011 年 4 月 8 日。参看相关网站：www.reuters.com/article/2011/04/08/usasx-sgx-idUSTRE7370LT20110408（accessed 30 April 2013）。
③印度《经济时报》：《必和必拓放弃收购加拿大钾肥公司 Potash》，2010 年 11 月 15 日。参看相关网站：http://articles.potash-corp-marius-kloppers-saskatchewan（accessed 30 Apri l2013）。
④加拿大工业部新闻，2012 年 12 月 7 日。参看相关网站：http://news.gc.ca/web/article-eng.do? nid=711509（accessed 30 April 2013）。
⑤《金融时报》：《中国允许日本丸红商事公司收购美国粮食供应商 Gavilon 集团有限责任公司》，2013 年 4 月 21 日。
⑥竞争新闻：《罗兹食品集团收购蒙特公司》，2011 年 3 月，参看相关网站：www.compcom.co.za/assets/Uploads/AttachedFiles/MyDocuments/Comp-Comm-Newsletter-38-March-2011.pdf（accessed 6 May 2013）。
⑦CBC 新闻：《政府确定拒绝出售 MDA 公司空间系统》，2008 年 5 月。参看相关网站：http://www.cbc.ca/news/technology/story/2008/05/09/alliant-sale.html（accessed 30 April2013）。
资料来源：联合国贸发会议。

政府也可以采取非正式方式阻止外资恶意并购。其也许会对外国收购商施加政治压力以阻止并购，例如暗示如果收购成功，公司将面临不利的收购环境；或寻找"友好的"国内买家（"白衣骑士"）来阻止外资恶意收购。另一种方式是采取拖延政策，例如提出新的要求或提高现存监管要求，或只对国内投标者提供融资服务。政府也可以支持国内两家公司合二为一，导致新公司规模过大而使外国公司无法收购。[9] 对于这些非正式手段，很难在法律上指责政府，因而产生一个灰色区域。

最后，近期出现了"新型并购"案例，例如旨在进行外资逆并购的政府政策；或者东道国政府将外国投资者收购的公司收归国有；抑或政府购买外商股份，颁布不利于外资公司运营的政策。

四、投资保护主义风险

随着政府加强管制、审查和监管，风险也随之增加，因为这些措施隐藏了保护主义的目的。

随着各国采取更多的工业政策，更严格的审查和监管程序，其对跨境并购审批更为谨慎，更加限制涉及战略产业的 FDI 活动，出于保护主义目的政策的风险也随之增加。[10] 随着国际生产网络的出现和快速扩张，贸易保护主义政策会波及价值链的所有参与者，不论国内还是国外（参看第四章）。

由于缺乏"投资保护主义"共识，因此很难在投资规则或限定中识别具有保护主义性质的措施。[11] 各国也许有很好的理由限制外国投资。FDI 限制或选择政策是战略发展的潜在重要组成部分，也体现了特定公共政策目标。出于国家安全考虑，FDI 管制具有合理性。但问题在于，对个别国家合法的限制政策理由，未必适用于其他国家。

世界各国应共同努力，界定"投资保护主义"的含义，建立一系列准则，明确针对外国投资的保护主义行为。具体信息可参考《联合国贸发会议投资政策监管》，它具体展示了各国及国际投资政策发展，以及每年两次由 G20 发布的关于投资政策的 UNCTAD-OECD 报告。

从国家层面考虑，技术援助能帮助提高质量

监管而非过度监管。对于FDI政策，这意味着一国特定公共政策应主导管制政策的制定和范围。大多数国际投资协定的非歧视原则，也为评估投资管制政策的合法性提供了一个基准。扩大G20的承诺范围以及扩大全世界的监管范围也有助于限制保护主义。

联合国贸发会议提出的促进可持续发展的投资政策框架（IPFSD）可以作为政策设计参考。由一系列投资政策制定的核心原则、国家投资政策指导方针和国际投资协定设计选项组成的IPFSD，倡导一个开放友好的投资环境，同时也认识到政府出于公共利益而管制投资的需求（《世界投资报告2012》）。

第二节　国际投资政策

一、国际投资协定发展趋势

（一）新协定数量持续下降

> 尽管国际投资协定总数仍持续扩张，大量谈判正在进行中，但每年新增的协定数量却降到了历史最低水平。

2011年共达成30项国际投资协定（其中20项为双边投资协定，10项为"其他投资协定"[12]），该年末总计达到3196项（其中2857项为双边投资协定，339项为"其他投资协定"）（参看附表3.1，列示每个国家双边投资协定数和"其他投资协定数"）。2012年，双边投资协定签订数只有20个，达到25年以来最低水平。

这一下降趋势在历年比较中明显反映出来（见图3.7）。2010~2012年，平均每周只签订1项IIA，是1990年峰值的1/4，当时每周平均签订4项IIA。

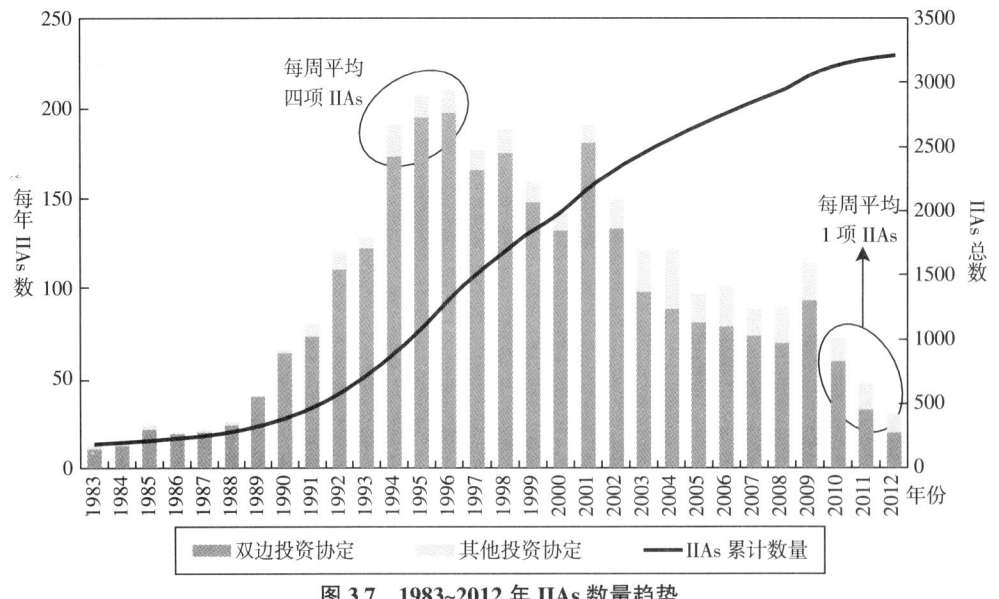

图3.7　1983~2012年IIAs数量趋势

2012 年达成的 10 项"其他投资协定",有 8 项是地区协定。双边投资协定很大程度上彼此相似,然而其他投资协定却有很大不同。与 2010 年世界投资报告相同,2012 年达成的协定也可以划分为三大类:

第一类:双边投资协定等价条款。澳大利亚、马来西亚自由贸易协定(FTA)和中日韩投资协定属于第一类协定,双边投资协定规定其条款包括投资保护的实质标准以及投资者与东道国争端解决条款(ISDS)。

第二类:限制性投资条款。欧盟与秘鲁、哥伦比亚、伊拉克和中美洲国家签订的条款属于此类(例如基于一系列积极方式、与直接投资相关的资本流动而预设置的国家协定)。智利—中国香港自由贸易协定也属此类条款(例如,根据各方安排,包括在金融业领域建立公司、提供服务、组建服务供应商的国家协定)。

第三类:投资合作条款以及进一步谈判授权。包括秘鲁和美国在内的海湾国家合作委员会(GCC)框架协议、欧盟—越南框架协议以及太平洋联盟框架协议(智利、哥伦比亚、墨西哥和秘鲁)均属于第三类条款。这些协议包括与投资有关的合作总条款,以及(或者是)关于投资的进一步谈判授权。

(二)可持续发展因素

> 新国际投资协议(IIAs)表明政策制定者起草符合可持续发展目标的条约的增长趋势

仔细阅读 2012 年达成的 17 项国际投资协定的具体内容可以发现,它们日益呈现出面向可持续发展的特点。[13] 在所有这些国际投资协议中,其中 12 项(包括 8 项 BITs)在序文中提及保护健康和安全、劳动权利、环境或可持续发展;10 项(包括 6 项 BITs)涉及一般免责条款,例如为保护人权、动植物生命或健康或保护濒临灭绝自然资源而免责;[14] 7 项(包括 4 项 BITs)明确表明各方不得为吸引投资而降低健康、安全或环境标准。其中有关企业社会责任(CSR)的内容很少涉及,但欧盟—哥伦比亚—秘鲁自由贸易协定的"贸易与可持续发展"一章以及中日韩投资协议的序言(详细内容参看附表 3.2)对此内容有所描述。

旨在更广泛地保护一般公共政策监管空间的条约,或尽可能降低投资诉讼的条约也体现出可持续发展的特征。协议具体包括以下条款:①协议关注条约特定范围(例如,投资定义中排除特定资产);②明确义务(本着公平公正的原则,或在间接征收的基础上制定具体条款);③为转移资金义务或股权割让设立免责条款,以建立审慎监管措施;④加强使用投资者与东道国争端解决条款(ISDS)监管(例如限制 ISDS 内条约规定的条款、排除 ISDS 特定政策领域的条款、设定特定税收机制和审慎措施的条款或限制在规定时间期限内提交索赔的条款)。一些协议不包括保护伞条款或完全忽略 ISDS。

2012 年签订的 17 项 IIAs 包括一项或多项上述条款。许多条款与联合国贸发会议可持续发展投资政策框架(IPFSD)的政策选择一致,详细阐述见《世界投资报告 2012》第四章。

二、国际投资协议谈判趋势

(一)地区主义势力上升

> 全球范围内有超过 110 个国家参与了 22 轮谈判。

2012 年达成的 10 项"其他国际投资协议"中有 8 项是地区性协议,由此可见近期谈判中表现出的地区主义倾向。2013 年至少有 110 个国家参与 22 轮谈判。[15] 涉及多方的地区性以及地区间投资协议制定可以采取不同的形式。值得注意的是一个地区集团内部的谈判、一个地区集团和第三国谈判，或具有共同目标的国家谈判。下面具体阐述一些地区投资政策的发展。

1. 亚洲

2012年11月22日，东盟发起与澳大利亚、中国、印度、日本、新西兰和韩国共同组建区域全面经济伙伴关系（RCEP）的谈判。RCEP旨在该区域建立自由、便利、具有竞争力的投资环境。基于"区域全面经济伙伴关系谈判指导原则和目标"，投资谈判将涉及促进、保护、便利化和自由化四个方面。[16] RCEP协议允许未参与RCEP谈判的任一东盟自由贸易区合作伙伴参与，也允许RCEP谈判结束后的任一其他合作伙伴国参与。

2012年12月20日，东盟和印度就服务贸易和投资达成共识。依据东盟和印度2003年全面经济合作框架协议，东盟—印度服务贸易和投资协议由两个独立的条约谈判达成。预计该协议将会完善已签署的货物自由贸易协议。[17]

2. 拉丁美洲

2012年，智利、哥伦比亚、墨西哥和秘鲁签署框架协议，建立太平洋联盟作为深度一体化区域（最早于2011年推出）。[18] 按照规定要求，该谈判继续关注商品、服务、资本和人员的自由流动，以及在各方现有贸易投资框架下促进投资。投资谈判着眼于吸引可持续投资，以及解决像投资责任和企业社会责任等新问题。

3. 非洲

由于建立三方贸易谈判论坛，在南部非洲发展共同体、东非共同体和东南非共同市场（COMESA）间建立自由贸易区的谈判在2012年呈回升态势。该论坛负责技术谈判并且以谈判路线图为指导。在谈判的第二期安排投资洽谈，计划于2014年下半年启动。[19]

4. 欧洲

在欧洲，区域性条约制定活动由欧盟主导，欧盟作为一个联盟与其他国家或地区谈判。[20] 近期大部分磋商都围绕着投资保护和自由化。这与2009年12月里斯本条约生效后FDI竞争力由各成员国向欧盟转移相一致（《世界投资报告2010》、《世界投资报告2011》）。由于新的欧盟投资条约终将会取代欧盟各成员国与第三国之间的双边投资协议，这些磋商将会巩固国际投资协定体系（参看第二章第二节）。

（1）近期举行的谈判。[21] 2013年3月1日，欧盟和摩洛哥就全面深入自由贸易协议（DCFTA）进行磋商。摩洛哥是第一个与欧盟磋商包括投资在内的DCFTA的地中海国家。欧盟下一步将要就该问题与埃及、约旦和突尼斯进行磋商。[22]

2013年3月6日，欧盟与泰国的自由贸易协议（FTA）正式启动。除了投资自由化，谈判还涉及关税减免、非关税壁垒，以及其他涉及服务、采购、知识产权、监管问题、竞争和可持续发展的问题。[23]

2013年3月，欧洲委员会要求其成员国批准启动与美国的大西洋两岸贸易与投资伙伴关系（TTIP）谈判。[24] 除投资外，TTIP还可能包括相互开放商品和服务市场以及促进监管体制的兼容性。关于投资问题，欧盟—美国就业和增长高级工作小组建议，未来的条约应该包括投资自由化和保护条款，这些条款是基于双方迄今达成的最高水平自由化和保护标准。[25] 考虑到欧盟贸易协议可持续发展部分以及美国贸易协议的环境和劳务部分，小组还建议双方应寻求机会解决重要问题。[26]

2013年3月25日，欧盟和日本正式启动自由贸易协议（FTA）谈判。[27] 双方都致力于就商品、服务贸易和投资以及与贸易问题相关规则达成进一步互惠自由化协议。[28]

(2)正在进行的谈判。欧盟正与加拿大进行全面经济和贸易协议（CETA）谈判。CETA将成为欧盟第一个包括可持续投资保护内容的协议（采用后里斯本方式）。[30]

自2012年12月欧盟与新加坡自由贸易谈判结束后，双方希望在里斯本条约下新的欧盟竞争条款基础上达成独立投资协议。[31] 2007年启动的欧盟和印度自由贸易协议（FTA）谈判，预期包括一部分实质性的投资保护内容（同样遵循后里斯本方式）[32]。

欧盟正在与亚美尼亚、格鲁吉亚和摩尔多瓦共和国就加入欧盟问题进行磋商。此外，欧盟也与阿塞拜疆、哈萨克斯坦和中国的谈判也在进行中，以加强现有合作伙伴关系，落实合作协议中的相关投资条款。[33]

(3)区域间谈判。就不同区域国家成员间的谈判而言，各国继续讨论跨太平洋伙伴关系协议（TPP），并于2013年5月结束了第17轮谈判。[34] 此次会议有11国参与谈判，分别是澳大利亚、文莱、加拿大、智利、马来西亚、墨西哥、新西兰、秘鲁、新加坡、美国和越南。2013年3月13日，日本正式宣布有意加入TPP谈判，泰国也欲加入。预计该协议将包括一个完善的涵盖典型投资自由化和保护标准的投资条款。

在北非和中东，阿拉伯国家预计将继续讨论和谈判修订对阿拉伯国家资本投资统一协议。2013年早期完成了草案内容，包括：确保资本自由流动，并为投资提供国民待遇和最惠国待遇（MFN）。

2000年启动的欧盟与南方共同市场（MERCOSUR）区域间谈判，预计将于2013年取得新进展。自2004年以来谈判一直陷于停顿，在2010年5月举行的马德里峰会上谈判重启。[35]

受多哈回合谈判僵局影响，一个新的、非正式的WTO成员组正在讨论服务贸易协定。22个WTO成员国，它们也被称作"真正的服务贸易伙伴"，[36] 正参与会谈。[37] 拟议中的协定建立在WTO服务贸易总协定（GATS）基础之上，其目标是自由化承诺，超越当前GATS之下普遍的承诺。[38] 市场准入制度进程遵循GATS协议下WTO成员国通用的基于一种"正面清单"的模式。[39] 相反，国民待遇条款将适用于所有服务业，同时包括"暂停"和"棘轮"责任。尽管服务协议中的新贸易条款将覆盖服务贸易的四大模式，模式三（类似于投资的商业存在）却更受关注。因此，相关人士明确关注此次谈判的投资标准。[40] 如果多数WTO成员国确保参与谈判，谈判结构将有望多边化。

在企业和私人部门的支持下，政府继续达成双边贸易协议（BITs）和"其他贸易协议"，然而其他利益相关方却质疑IIAs的成本和收益，以及协议未来的最优发展方向（《世界投资报告2011》第三章）。过去一年，存在各种反对IIA继续在全球谈判的声音。

这种反对的案例包括：澳大利亚、新西兰和美国的律师极力促成TPP谈判，放弃达成ISDS协议的计划。[41] 公民贸易运动（CTC）代表400名劳工、消费者和环保组织就TPP和21世纪其他协议中多个侵权条款向美国国会请愿；[42] 保护环境和代表消费者利益的13家泰国组织建议政府重新考虑加入TPP谈判的身份；[43] 来自9个国家超过80个民间社会团体发表声明反对全面经济贸易协议（CETA）中"过多的公司权利"；[44] 印度和欧洲非政府合作组织[45]以及欧洲国会议员[46]反对欧盟—印度自由贸易协议中的投资内容；加拿大第一民族议会起诉加拿大政府近期签署的加中双边投资协议，宣称政府没有履行宪法义务：在达成协议时没有咨询加拿大第一民族议会，并表示上述协议影响第一民族议会权利。[47]

（二）地区主义产生的系统性问题

> 尽管地区主义为 IIA 体制合理化提供了机会，但存在于现有方法中的风险增加了 IIA 的复杂性。

当今 IIA 体制以复杂、无条理、差异和重复为特征。国际投资政策制定中不断上升的地区主义为体制的合理化提供了一个难得的机会，并且创建了一个更为连贯、可控和以发展为导向的投资政策组合。然而，事实上，地区主义的作用刚好相反，它会导致条约多层化，使得国际投资义务网络更加复杂，趋于重复、无条理。

分析 2006~2012 年签署的 11 项地区 IIAs 可知，许多条款并没有规定逐渐淘汰旧的 BITS。相反，大多数协调地区协议和条约之间的关系的条约规定，允许 BIT 和地区条约可以继续共存（见表 3.5）。

表 3.5 地区和双边 IIAs 关系（说明性）

地区协议	受影响的双边协议数量	关系	相关条款
东盟全面投资协议（2009）	26	并存	44 号条款
东南非共同市场共同投资区协议（CCIA）(2007)	24	并存①	32 号条款
南部非洲发展共同体财政和投资协议（2006）	16	未知	无
中欧自由贸易协定（CEFTA）(2006)	11	并存	30 号条款
东盟—中国投资协议（2009）	10	并存	23 号条款
欧亚经济共同体投资协议（2008）	9	未知	无
东盟—韩国投资协议（2009）	8	并存	1.4 号条款
多米尼加—中美—美国自由贸易协议（CAFTA）(2004)	4	并存①	1.3 号条款
中美—墨西哥自由贸易协议（2011）	4	替换	21.7 号条款
中日韩投资协议（2012）	3	并存	26 号条款
东盟—澳大利亚—新西兰自由贸易协议（2009）	2	并存①	2 号条款（第 18 章）

注：除了 CEFTA 的所有协议与 BIIs 相同，包括实质性投资保护程序条款（CEFTA 包含一些类似 BII 的实质性条款但不包括 ISDS 机制）。①有关条款内容导致是否同时使用与前期 BIIs 和地区 IIA 的质疑。

资料来源：联合国贸发会议。

地区性 IIAs 采用不同方式，调节之前的 BITs 和新协议之间的关系。一些条款明确规定在 BITs 下各方的权利和义务，这表明之前的 BITs 仍具有效力。例如，通过参看 BITs 附表（比如欧洲自由贸易协议或 CEFTA）或参考地区协议中各签署国签订的 BITs（比如，中日韩投资协议）的方式达到调控目的。一些 IIAs 包含一个一般性条款以确定协议各方的义务，在这些协议中各方代表不同利益（比如，东盟共同投资区协议，以及东盟和中国、东盟和韩国的协议）。

另一组地区 IIAs 确定了协议中各方的义务，在这些协议中各方组成一个利益团体（比如东盟—澳大利亚—新西兰自由贸易协议、中美自由贸易协议，以及东南非共同市场）。条款内容的歧义性带来一个问题：之前的 BITs 是否仍具有效力，以及是否能与地区 IIAs 共存。[48]

例如中美洲—墨西哥自由贸易协议[49]，一个地区协议可能取代一系列之前的 IIAs，也有可能不涉及此类问题。在后者的情况下，维也纳公约中与同类问题有关的法律条约规则[50]有助于解决该问题。

早期 BITs 和近期包括投资条款的地区协议并存，具有系统性影响并带来一些法律和政策问题。例如，如何处理由于两者并存所引起的潜在条款不一致问题。当一些 IIAs 包括具体"冲突规则"时，需要说明产生矛盾时应遵循哪个条款；[51]反之则不需要做此类说明。当不存在冲突规则时，适用维也纳公约法律条款中的国际法总则（特别是"后法"规则)。另外,在ISDS背景下,并行也提出了一个挑战:同一外国投资者可以按两个不同的法律条款起诉一国政策两次。

由多方面、多层次的IIAs体制引起的协议共存也处于重复、矛盾以及随之而来的透明度缺乏和由多方面、多层次IIA制度造成的不可预测等系统性问题的核心。协议共存还增加了一层负担,即国家掌控杂乱无章协议和追求统一集中的IIA战略将更加困难。

近期地区谈判为巩固IIA体制提供了机会。

尽管协议并存是当今流行的方式,然而区域性IIA谈判为巩固现存BITs网络提供了机会。当前议程上9项包含BIT类型规定的区域性谈判可能与近270项BIT重复,这270项BIT将近占全球BIT网络的10%(见表3.6)。

表3.6 谈判中的地区倡议和谈判各方现存BITs数量(说明性)

地区倡议	谈判各方现存BITs数量
阿拉伯国家质检的投资协议草案	96
东盟和澳大利亚、中国、印度、日本、新西兰、韩国地区全面经济伙伴关系协议(RCEP)	68
全面经济和贸易协议(CETA)	23
跨太平洋伙伴关系协议(TPP)	21
欧盟—印度自由贸易协议	20
欧盟—摩洛哥深入全面自由贸易区(DCFTA)	12
欧盟—新加坡自由贸易协议	12
欧盟—泰国自由贸易协议	8
欧盟—美国跨大西洋贸易投资伙伴关系(TTIP)	8

注:这9项地区谈判覆盖了当前BITs中的投资保护问题。
资料来源:联合国贸发会议。

这种区域性谈判已在欧盟环境中运行,2012年12月生效的规则1219/2012为欧盟成员国与第三国间建立的一个BIT过渡性协议。规则的第3号条款规定:在不损害成员国联盟法其他权益的条件下,根据[欧盟运作协定]和规则,依据规则的2号文件生成的双边投资协议仍具有效力或产生效力,直到由欧盟和第三国达成的双边投资协议产生效力为止(斜体字为附加的)。

三、国际投资协议体制转变

(一)改善国际投资协议体制的选择

解释、修订、替换和终止均能为改善IIA体制提供机会。

在ISDS案件日益增加促使形成一个更审慎的解决方案之前,许多国家已累积了一系列1990年达成的老版的BITs。日益增多的争议引起的风险以及各国希望外国投资为可持续发展做出贡献,导致"新一代"IIAs的产生(《世界投资报告2012》)。寻求一个更加持久的体制,引发了关于改善IIA方式的争论。

各国采取先发制人或纠正措施的方式很多,这取决于各国要达到多大程度的改变。下面分别来介绍这些方式:

解释。作为条约的起草者和操控者,各国拥有条约解释权。仲裁法庭的工作是就ISDS条款进行裁决、解释并最终运用IIAs,但签约国享有通过官方解释阐明协议条款含义的权利——短期赋予协议条款一个新的不同的含义,这构成了协议的修正案。[52] NAFTA自由贸易委员会发布的解释声明(澄清"条款的最低标准")就是这种方式的具有代表性的例子。[53]

修订。修订是以修正案的方式，修改或废止条约中的条款或增加新条款。通常对协议的修改不会影响总体设计和思想体系，并且存在数量和范围上的限制。修正案要求签约各方同意，以协定议定书的方式存在，并得到国内正式批准。其中一个例子是：自2004年5月加入欧盟后捷克对BITs做的21项修正案，旨在确保BITs和欧盟法在自由转移支付免责条款上的一致性。

替换。替换可以采取两种方式。第一种方式是通过再谈判，一个BIT能被一个新协议替换（例如，双方再次达成一个新协议）。[54] 第二种方式是一个或多个BITs能被一个新的多边或地区协议替换。如果一个新协议取代几个旧协议，第二种方式能巩固IIA网络，这会减少现有协议的总体数量。采取第二种方式替换的例子有：中美—墨西哥自由贸易协议替换了几个自由贸易协议；比如墨西哥—哥斯达黎加自由贸易协议（1994），墨西哥和萨尔多瓦、危地马拉、洪都拉斯协议（2000），墨西哥和尼加拉瓜协议（1997）。

终止。一个协议可以单方面也可以相互确认终止。维也纳公约允许协议各方达成一致意见后随时终止协议。[55] 单方面协议终止规定特别为BIT本身制定。[56] 再谈判也许会导致终止协议（新协议替换旧协议）。为解除协议各方义务（取消BIT）也可以终止协议。更进一步，终止协议的通知是为了使协议另一方再次回到谈判桌上。终止BITs的国家包括委内瑞拉（2008年废除与荷兰签署的BIT），厄瓜多尔（2008年宣告废除9项BITs）[57]，玻利维亚（2011年废除与美国签署的BIT）以及南非（2012年废除1项BIT）。想要单方面终止IIAs的国家——不论出于何种原因——都需要清楚地了解相关协议条款（见专栏3.6）以及这种行为的后果。

专栏3.6 条约终止以及延期条款

BITs通常规定在协议签订的最初10年或15年中必须保持协议效力。除了永久生效协议，很少有协议未设定一个固定的有效期。

最初设定了适用期的BIT还包括一个延期机制。协议延期包括两种方式：第一种方式规定，在协议到期时除非一方选择终止协议，否则协议会自动生效。然而，协议各方可以在任何时候以书面的方式终止协议。第二种方式规定，协议只能在另一个固定期限内（通常与初始期限相同或更短期限）继续生效，此时只能在到期后终止协议。

绝大多数BITs可划分为两类：①协议到期后可随时终止协议；②只能在协议规定的每个期限到期后终止协议。这两类即为："随时终止"和"到期终止"（参看专栏表3.6.1）。

专栏表3.6.1 BITs终止条款类型

随时终止			到期终止
期限： 初始期固定 不定期自动更新 终止： (1) 初始期到期后 (2) 后续期任何时候 案例： 匈牙利泰国BT（1991）	期限： 初始期固定 将来定期更新 终止： (1) 初始期到期后任何时候 (2) 后续期任何时候 案例： 冰岛墨西哥BT（2006）	期限： 初始期限不固定 非定期协议 终止： 案例： 美国加拿大BT（1997）	期限： 初始期固定 将来定期更新 终止： (1) 初始期到期后 (2) 后续期到期后 案例： 阿塞拜疆—比利时卢森堡BT（2004）

第三章　近期政策发展

"随时终止"模式最具灵活性，签约各方不需在特定日期终止条约，但他们必须通知各方其终止意图。相反，"到期终止"模式只能每隔几年行使终止权。若是没有在提示期（通常是到期前6~12个月）内通过对方终止意向，各方将进入下一个合约期限，在此期间，各方不得单方面解约。

资料来源：联合国贸发会议。

依据 IIA 战略以及变化预期达到的程度，各国采取适当的方式以达到它们的特定政策目标，并选取相应的工具完成目标。在某种程度上，从缔约双方同意的变化着手，有众多而直接的方式可供选择。

然而，如果只有一方想要修订、再议或终止协议，情况就变得更加复杂了。

（二）协议到期

> 2013年末，超过1300项BITs将到期，并迎来"随时终止阶段"。

20世纪90年代达成的BIT数量最多。随后15年，达成的BIT数量降到最低值。这也为IIA体制进行系统改善提供了一个机会之窗。[58] 随着协议到期，签约方可以选择自动延期或通知对方想要废除协议。[59] 若选择后者，缔约方可以在多方面和多层次的IIA体制下就有关解决协议不一致性和重复性问题，重新审视协议。此外，选后者也为巩固发展提供机会。

2012年9月，南非宣布终止与比利时—卢森堡经济联盟的BIT，该协议于2013年3月到期。南非进一步表示打算终止将要到期的与其他欧盟国家签订的BITs，否则这些协议会自动延期10年或更久。[60]

这些大量到期或将要到期的BITs为升级和改善IIA体制提供了很好的机会。2014~2018年，至少有350项BITs首期将到期。仅2014年一年，首期固定的103项BITs就将到期（见图3.9）。首期固定协议到期后，多数BITs在发出通知后的任何时间可以单方面终止（"随时终止"）；少数BITs——若首期期末没有终止——延期将是固定期限，并且只能在到期后终止协议（"到期终止"）。

大多数BITs首期期限通常为10年或15年，并且80%的BITs首期到期后采用"随时终止"方式。由于现有BITs中大部分是在20世纪90年代签订的，现在已经到期，预计到2013年底超过1300项BITs可由缔约方在任何时候终止。随着"随时终止"方式的BITs到期，这一数量将会继续增加（见图3.8和图3.9）。

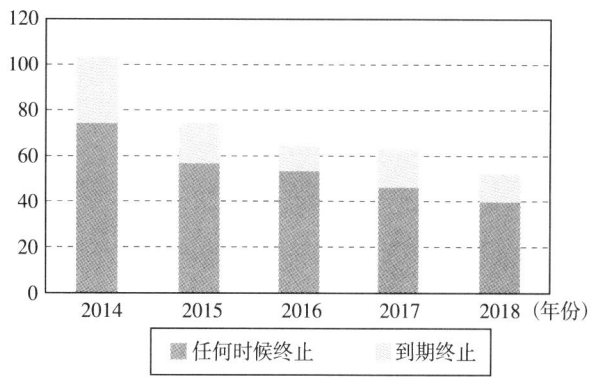

图 3.8　2014~2018年首期到期的 BITs

研究方法：BITs有效数据来源于：对内容可获得的BITs，分析其内容；对内容不可获得的BITs，推测分析其性质，推测内容是从300项有代表的BITs中获得的。

资料来源：联合国贸发会议。

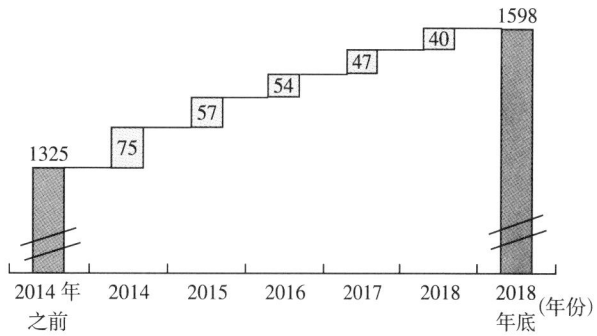

图 3.9　可随时终止或磋商的 BITs 累计数

研究方法：2014年以前"任何时候终止"的BITs数据的选取基于超过300个有代表性的BITs，通过统计首期到期协议，推断BITs总数。

资料来源：联合国贸发会议。

使用协议期限改变 IIA 体制并不是一种直接的方式。首先需要了解 BIT 的条约终止规则,以确定何时会出现机会以及所需的相关程序步骤(参看专栏 3.6)。

其次,挑战还来自于大多数 BIT 包含的"生存条款",它立即生效、禁止单方面终止协议。它通过将协议延期 10 年或 15 年的方式,延长了东道国的国际责任。[61]

最后,由于 MFN 义务,旨在减少或重新调整协议义务的再谈判努力将变得徒劳。

如果新协议中的最惠国待遇条款适用范围没有限制,会导致与第三国签订的 IIAs 中意料之外的更强大的投资者权利。因此,如果要修订协议和/或重新磋商以降低投资者权利,IIA 谈判方希望明确最惠国待遇条款,以防止植入大量来自其他 IIA 的条款。[62]

此外,各国需要分析协议终止的优缺点,并考虑其对总体投资环境和当前投资的影响。

四、投资者—东道国仲裁:改革方式的选择

(一)达成 ISDS 数量持续增长

2012 年新达成的 SIDS 数量达到峰值。2012 年新签订了 58 项国际投资者—东道国条款。[63] 这是签订 ISDS 条款最多的一年,说明外国投资者倾向于使用投资者—东道国仲裁的方式解决问题(见图 3.10)。66% 的新条款缔约方是发展中经济体或转型经济体。

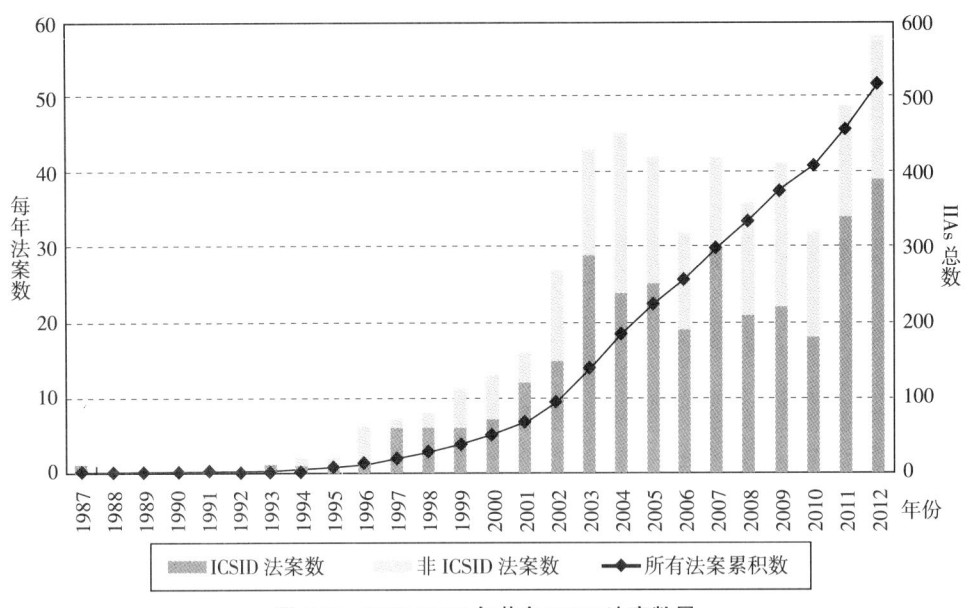

图 3.10 1987~2012 年著名 SIDS 法案数量

资料来源:联合国贸发会议。

2012 年,外国投资者要求改善一系列政府政策,包括改善国内监管框架(涉及天然气、核能、黄金市场和货币监管),以及与取消营业执照有关的监管(涉及采矿、通信和旅游部门)。投资者也会采取行动反击违反投资合同、违反公开招标、撤回之前允诺的补贴(太阳能行业)以及直接没收投资的行为。

2012 年末,已知条款(包括已完成的、讨论中的和中止的)[64] 总数达到 514 项,共有 95 个国家参与一项或多项 SIDS 条款。多数条款仍在

ICSID 惯例、ICSID 附加设施规则（314 项）以及联合国国际贸易法委员会规则（131 项）下拟定。其他仲裁法案很少使用。

2012 年至少达成了 42 项仲裁决议，包括反对法庭司法权决议、有关纠纷绩效的决议、关于取消一项仲裁裁决的补偿和申请程序决议。

在 2011 年 17 项解决纠纷绩效的公共决策中，有 12 项投资者索赔得到满足，至少是部分满足。

2012 年达成的所有协议中，31%的协议内容有利于投资者，另有 27%的协议保持中立。

至 2012 年末，总共达成 244 项协议。这些协议中，有近 42%的协议内容有利于东道国，31%有利于投资者，约 27%的协议保持中立。[65]

2011 年达成的协议取得了一些显著的进展，包括：

● 美国西方石油公司起诉厄瓜多尔单方面解除石油合同，获得 ISDS 诉讼史上最高赔偿（17.7 亿美元）。[66]

● 基于 ISDS 诉讼的第一条约规定：仲裁法庭享有被告国上诉投资者的司法权。[67]

（二）制定五种改革方案

目前，确保公平和中立的 ISDS 机制的系统性缺陷引起广泛关注。

随着 ISDS 数量日益增加，关于 ISDS 机制的优缺点引起广泛关注。这在一些国家表现得尤其显著，这些国家要么把 ISDS 列入 IIA 谈判议程，要么国内存在有争议的投资者条款。

设计该 ISDS 机制是为了使投资争议去政治化，并创建一个论坛，在独立、中立和合法的仲裁之前为投资者提供一个公平的听证会。通过一个快速、低成本和有弹性的程序，该机制达成最终并且可强制执行的判决，而争议当事人能在相当大的程度上掌控该程序。[68] 将与主权国家行为有关的投资者投诉置于主权国家以外审理，能确保投资者的投诉按照独立、中立的方式裁决。

然而，投资协议下的 ISDS 的实际运行却引起对当前制度系统性缺陷的担忧。这些系统性缺陷已被记录成文字，现总结如下：[69]

● 合法性。值得怀疑的是：在评估一国法案特别是涉及公共政策问题的法案的有效性时，权益之下任命的三个人是否可以信任。公共财政压力[70] 以及潜在遏制公共利益规则的因素，会阻碍一国的可持续发展。

● 透明度。[71] 尽管自 21 世纪初以来体制的透明度有所改善，但仍能对 ISDS 程序内容保持其秘密性——如果纠纷双方愿意保守秘密——即使是涉及公共利益的纠纷也不例外。[72]

● "国籍计划"。投资者能通过企业结构的方式进入 ISDS 程序。在与东道国建立 IIA 协议的国家建立一家企业，通过这个企业对东道国投资，仅仅是为了享受 IIA 协议的好处。

● 仲裁决议的一致性。仲裁裁决不一致时有发生，导致对相同或相似协议条款的完全不同的合法解释，以及对相同案件裁决绩效的不同评估。对条款解释的不一致导致主要协议义务含义的不确定性以及将来如何理解协议缺乏预测性。[73]

● 错误决策。仲裁法庭一旦做出错误审判，大部分通过现存的审查机制无法更改。尤其需要指出的是，ICSID 废除仲裁委员会除了有限的审查权外，[74] 由于其是通过解决纠纷成立的，彼此可以否定仲裁裁决。

● 仲裁员的独立性和公正性。由于争议各方认为仲裁员带有偏见，仲裁员正面临越来越多的挑战。尤其值得担忧的是，纠纷各方都倾向于选择与自己观点相同的仲裁员。在未来的仲裁决议中，被重新任命的仲裁员的立场，以及他们经常"扮演不同角色"（有时为仲裁员，有时为律师），都加剧了这种担忧。[75]

● 财务成本。高额的仲裁费用对投资者（尤其是中小企业）和东道国都是不可忽略的成本。从国家角度考虑，即使判决政府获胜，法庭也会禁止原告投资者赔偿被告相关成本费用。雇佣律师和仲裁员的费用使得政府公共财政平均增加800万美元的负担，并且这一费用不得挪作他用。[76]

这些制度性缺失已经引起关于 ISDS 带来的机遇和挑战的争论。相关文献、学术会议/实际工作会议以及公民社会组织的宣传工作促进了讨论的发展。在 UNCTAD 投资委员会和专家会议、世界投资论坛多方利益相关者[77]及其组织的一系列非正式会谈[78]以及 OECD 自由投资圆桌会议[79]的支持下，这些讨论得到进一步发展。

讨论得出了以下五种改革方式：①提出替代性的纠纷解决方案；②通过个别 IIAs 完善现存体制；③限制投资者进入 ISDS；④引入上诉机制；⑤建立一个长期国际投资法庭。

1. 提出替代性的纠纷解决方案

改革方式选择范围是从制定个别国家特定的修订案到需要各国对话和合作的系统改革不同。

这种改革方式需要更加依赖所谓替代性的纠纷解决方式（ADR）以及纠纷预防政策（DPPs），这两者都是 UNCTAD 技术援助和 IIAs 咨询服务的组成部分。ADR 既适用于 IIAs，也可以不具体参照 IIA 而适用于国内。

与仲裁相比，像调解和调停等不具约束力的 ADR 方式[80]不强调法律权利和义务。这种不具约束力的 ADR 方式涉及中立的第三方，它的主要目的不是执行法律，而是寻求一个纠纷各方都接受的解决方案。ADR 方式可以节省时间和成本，寻求一个各方接受的方式，防止扩大纠纷也能确保纠纷各方维持合作关系。但不能保证一个 ADR 程序能够解决纠纷，若 ADR 失败，将会增加成本。此外，由于投资者质疑某一国的法律性质（例如一个普遍适用的法律），因此各国政府并不总是接受 ADR 方式。一个投资监察员可以在早期平息纠纷。

在一国范围内，ADR 可以与加强纠纷防范和管理的政策并存。此类政策旨在创建有效的沟通方式，改善投资者和各机构（例如投资安置服务）之间的制度管理，以及改善处理投资问题的各部门之间的制度管理。一个投资专员办公室或者占据主导地位的一个特别指定的机构，一旦与投资者的冲突升级，有助于早日解决投资纠纷，也有助于评估国际仲裁前景以及在必要的时候为国际仲裁做准备。[81]

从执行角度看，这是一种相对直接的方式，一些国家已开始执行其大部分内容。更为重要的是，由于大部分 ADR 和 DPP 都在一国内部执行，因此各国执行 ADR 和 DPP 的时候不需要获得缔约伙伴国的通过。然而，与下面将要提到的方式相同，ADR 和 DPP 并不能解决与 ISDS 相关的核心问题。ADR 和 DPP 最多只能降低正式的法律纠纷的数量，这样它们只是 ISDS 改革的一个补充方式，而不是一个单独的方式。

2. 通过个别 IIAs 完善现存体制

这种方式表明，现存体制的主要特征得以保存；各国可以使用"专门修改"的方式——在新的 IIAs 中改变 ISDS 体制的某些方面。许多国家已经开始采用这种方式。[82]同时出现了一系列的程序创新，这些创新也体现在联合国贸发会议中的 IPFSD：[83]

● 为制定新条款设定时间限制。例如，为防止国家干预以及"旧"条款再次启用，规定制定条款的时间为三年。[84]

● 在解释协议方面发挥缔约方的作用，以避免法律解释违背协议的本意。例如，采取综合联合缔约方解释的方式；要求法庭在做出判决时参考协议各方相关条款；便利未卷入纠纷的缔约方介入其中。[85]

● 建立一个巩固相关条款的机制。该机制可以帮助解决与诉讼有关的问题，有助于法律一体化，提高判决的一致性和连贯性，并且降低与诉讼有关的成本。[86]

● 提高 ISDS 的透明度。例如，允许公众获取文件、参与听证会，允许像公民社会组织这样的未涉及纠纷的缔约方参与审判。[87]

● 建立一个机制以早日废除非核心条款，避免整个诉讼过程浪费资源。[88]

除此之外，还要加入大量 IIAs 条款措辞的变化，这些变化是由一系列国家提出的，以明确协议内容和范围，从而提高法律规范的确定性，降低仲裁员的自由裁量权。[89]

专门修改能满足个别国家的需要，但也可能忽略了系统缺陷。

这种方式通过各国提供 IIAs 的专门修改，允许个性化的解决方式并催生大量协议改变。例如，在 IIAs 中，各国选择解决与它们关系最大的问题与担忧，但这种方法不能解决所有与 ISDS 相关的问题。

而且，专门修改的方式要求综合培训和能力建设，以提高与 ISDS 相关问题的认知和理解。[90] 以一个合理的价格，为发展中国家提供高质量的法律援助的机制也为提高对 ISDS 相关问题理解发挥作用（见专栏 3.7）。

专栏 3.7　解决与 ISDS 有关的问题：拉美政策

2013 年 4 月 22 日，在厄瓜多尔部长级会议中，7 个拉美国家（多民族玻利维亚、古巴、多米尼加共和国、厄瓜多尔、尼加拉瓜、圣文森特和格林纳丁斯）就"受跨国利益影响的拉美国家"发表联合声明。声明中，部长就建立一个解决跨国公司问题的制度框架达成协议，该框架尤其针对 BITs 中向政府索赔的问题。该声明也支持组建一个解决投资纠纷的地区仲裁中心以及一个就国际间投资纠纷合作的跨国平台。多米尼加共和国、厄瓜多尔和委内瑞拉玻利瓦尔共和国已于 2013 年 7 月通过一个决议，以建立一个这样的跨国合作平台。

一系列地区国家集团在此决议之前已制定政策，旨在帮助各国充分应对资源短缺以及 ISDS 系统整体的合法性问题。早在 2009 年，UNCTAD 和 The Academia de Centroamerica、美洲国家组织、美洲开发银行共同致力于建立一个关于跨国投资法律和 ISDS 的咨询机构。为解决技术问题举办了一系列会议，这些技术问题包括：这个平台提供什么类型的服务（例如，为 IIA 谈判和执行而进行的能力建设、对 ISDS 案件的管理和预防、法律意见书的规定、ISDS 案件的法律陈述）、成员资格限制（对所有国家以及组织开放或仅仅对个别国家开放），以及如何筹资。

注：http://cancilleria.gob.ec/wp-content/uploads/2013/04/22abr.declaralion_transnacionales_eng.pdf。
资料来源：联合国贸发会议。

现实中只需两个缔约方（或多个、多边协议中）通过，就可以实施"专门修改"。然而这一方式的效果是有限的：这些"修改"只适用于新达成的 IIAs，而对 3000 项"旧"协议不起作用，除非新协议在旧协议基础上谈判达成。这种方式的核心优势之一在于：各国可以选择性地解决问题，

然而这也是其核心劣势，因为这种片段式改革不能提供一个全面完整的方式。

3. 限制投资者进入 ISDS

限制投资者进入 ISDS 有助于降低 ISDS 诉讼扩散的速度，减轻国家财政负担，以及节约资源。

这种方式缩小了投资者诉诸 ISDS 的范围，而

且可以通过以下三种渠道实施：①降低 ISDS 条款覆盖范围；②严格限制从协议中获益的投资者范围；③在诉诸国际仲裁前，使用当地救济条款。这一方式的深远影响在于废除 ISDS 作为一种纠纷解决的方式，如同近期新达成的协议，重新回归国家间仲裁程序。[91]

一些国家采取的政策属于第一种渠道，例如仲裁审查范围不包括特定类型的条款。[92] 历史上，这种方式更多地被用于限制仲裁法庭的审判权，例如，只在征收纠纷中适用 ISDS 条款。[93]

限制从条约中获益的投资者范围，方法之一是对"投资者"定义增加要求，以及/或者使用限制权益条款。[94] 这一方式会引起许多关注，其中包括投资者的"国籍计划"和"条约采购"，并且这一方式也确保其与潜在东道国实质相关。

要求投资者使用当地救济条款，或要求投资者阐明国内法庭审判无效以及带有偏见，都将使得 ISDS 成为可以最后求助的特殊救济条款。尽管在一般的国际法中，使用当地救济条款的义务是进入国际司法论坛的必不可少的先决条件，[95] 但多数 IIAs 免除了这项义务。[96] IIAs 允许外国投资者直接进行国际仲裁，而不用事先经过国内审判体系。一些人认为这是一大优势，并认为恢复使用国内救济的要求将降低 ISDS 的有效性。

这些限制投资者进入 ISDS 的渠道减缓了 ISDS 的扩散，降低了由 ISDS 裁决引起的国家财政负担，也节约了资源。如果将这些渠道与加强法律以及国内司法和审判系统的帮助相结合，还会带来其他额外收益。然而，从某种程度上说，限制投资者进入 ISDS 的方式回到了早期体制，在早期体制下投资者只能在东道国的国内法庭提起诉讼，在特定的投资者——东道国合约下磋商仲裁条款，或寻求母国的外交保护。

这一方式不要求大批国家采取一致行动，可以通过个别协议的缔约方实施。未来 IIAs 的实施是简明的，旧条约需要修正、再协商或单边终止。[97] 然而与"专门修改"方式相似，这种方式也只是一种局部性改革。

4. 引入上诉机构[98]

权威上诉机构的一致的和非歧视的审判将提升 ISDS 体制的可信度。一个上诉机构表明一个常设机构审查仲裁法庭裁决的能力。这一机构能提高案例法的一致性、更正一审的错误判决以及提高法律的预测性。[99] 一些国家已计划采取这一方式。[100] 如果这一机构的永久成员是由各国的众多知名专家组成，它就会变为一个发表一致、非歧视观点的权威机构，这一机构能解决关于近期 ISDS 机制一些合法性问题。[101]

上诉机构关于法律的权威公告为纠纷各方（评估各自的权利时）和仲裁员裁决纠纷提供了指南。尽管当今一级法院体制未发生改变，对上诉标准的有效监管将缓解各方的担忧。总之，上诉机构为现存分散的、未分级的、临时机制设置规则、提供指导。

与此同时，完全的一致性和确定性在一个由 3000 个法律条文组成的法律系统中是不可能实现的，具体协议会根据不同场合做出不同解释。而且，尽管可以像 WTO 上诉机构那样设定严格的时间限制，但是引入上诉阶段将会进一步增加诉讼的时间和成本。[102]

就实施而言，要使这种方式有意义，需要得到各国的支持。除了原则上达成共识以外，更需要做出一系列选择：该机构仅限于 ICSID 体制还是适用于其他仲裁法规？谁来选择机构成员？如何选择？如何筹措资金？[103] 总的来说，这种改革方式将面临巨大的、执行方面的挑战。

5. 建立长期稳定的国际投资法庭

一个长期稳定的国际投资法庭是一个公益机构，但它是否适用于一个由上千种协议组成的分散的体制？

这一方式意味着以一个长期稳定的国际投资法庭取代当前临时仲裁法院体制。国际投资法庭是由国家在永久性基础上任命或选举的仲裁员组成，例如有固定任期。该法庭也可以包括上诉室。

这一方式建立在私人判决（即仲裁）模式理论之上，不适用于涉及公共法的案件。[104] 涉及公法的案件需要独立、公正判决的客观保证，只有通过任期保障——使得判决不受像寻求连任、维持仲裁领域等外界利益的影响——才能实现。人们认为，只有拥有终身法官的法庭能建立一个不带偏见的公平体制。[105]

一个长期固定的投资法庭是一个服务于投资者、国家以及其他利益相关者的公共机构。该法庭能解决上述提到的大部分问题：确保体制的合法性和透明性，促进裁决的一致性和准确性，保证仲裁员的独立性和公平性。[106]

事实上，这一方式也很难实施，因为它要求许多国家配合对现存体制进行彻底检查。然而，并不需要达成普遍共识。一个长期固定的投资法庭由多边协议组建，其他国家通过准入机制加入其中。

最后，人们会质疑新法庭是否适合一个由众多双边 IIAs 组成的分散的体制。人们认为这一方式在按统一标准适用法律的体制中能发挥最大作用。[107] 尽管现存的 IIAs 具有多样性，但一个长期固定的投资法庭在解释以及运用协议准则时与其他临时性法庭相比更具一致性和连贯性。

现存 ISDS 体制带来了很多问题，各国应尽早评估现存体制，选择最适合的改革方式。

根据上面提到的五种方式，有些人认为政府和其他利益相关者的个体行动需要组成联合行动，由许多国家共同执行。多数改革方式与增强 ISDS 相关问题意识和理解力的综合培训以及能力建设相结合将会达到更好的效果。[108]

尽管集体行动方式在解决问题时更有效，但在执行时也面临更大挑战，也需要许多国家达成共识。多边集体行动有助于达成改革共识，也有助于形成执行方式。

我们必须时刻谨记 ISDS 是法律的应用系统。因此，改善 ISDS 系统应与国际投资法律的进步和发展同步。[109]

本章提及的国家政策趋势为外国投资者提供了综合信息。多数国家仍继续引进 FDI，但一些国家发展中的宏观经济、系统和法律改革以及政治选举的影响，也会造成监管的不确定性。这种不确定性加上全球经济持续低迷、动荡，迫使外国投资者实施扩张计划。总之，投资政策正处于转型期，调整前期的自由政策向一个更加注重可持续发展以及其他公共政策目标的平衡方式发展。这一转变也体现在国际水平的政策发展中：新一代的 IIAs 以及 ISDS 体系改革正在进行。

注释

[1] 参看 UNCTAD（2011：105-106）。

[2] 参看 Lall（2002）。

[3] 参看 UNCTAD（2000）。

[4] 数据不包括将要取消的交易或没有价值的取消的交易。在有些情况下，基于商业或法规限制/政治反对原因取消一起跨国并购也许会影响到其他交易。

[5] 参看 Dinc and Erel（2012）以及 Harlé, Ombergt and Cool（2012）。

[6] 尽管有些取消的交易被记录下来，但更多的基于法规限制或政治反对的原因而取消的交易未被记录。因此可以推定，现实中有更多的交易被取消，法规限制或政治反对的影响更大（参看 Dinc and Erel, 2012 以及 Heinemann, 2012）。

[7] 依据竞争法中的"效果原则"，一旦外商反竞争行为对国内市场产生经济影响，就可以实施制裁。

[8] 参看 Dinc and Erel（2012：7-10）and Heinemann（2012：851）。

[9] 参看 Dinc and Erel（2012：7-10）。

[10] 政府FDI新措施中的规定和限制份额已从2000年的6%增至2012年的25%（见图3.1）。

[11] 参看UNCTAD（2012：101）。

[12] "其他投资协定"而非双边投资协定，是指包括与投资相关条款的经济协定（例如经济合作框架协定）、经济伙伴协定和自由贸易协定中的投资章节。

[13] 该分析基于2012年签署的16个国际投资协议，即阿尔巴尼亚—阿塞拜疆双边投资协议、澳大利亚—马来西亚自由贸易协定、孟加拉国—土耳其双边投资协议、喀麦隆—土耳其双边投资协议、加拿大—中国双边投资协议、中国—日本—韩国三边投资协议、欧盟—中美洲协会协议、欧盟—哥伦比亚—秘鲁自由贸易协定、欧盟—伊拉克伙伴与合作协定（PCA）、前南斯拉夫马其顿—哈萨克斯坦双边投资协议、加蓬—土耳其双边投资协议、伊拉克—日本双边投资协议、日本—科威特双边投资协议、尼加拉瓜—俄罗斯联邦双边投资协议和巴基斯坦—土耳其双边投资协议。分析不包括框架协议。

[14] 其中两个免责条款包含在不只针对投资但适用于投资的一章中，参看欧盟—伊拉克伙伴与合作协议（第203条）和欧盟—哥伦比亚—秘鲁自由贸易协议（第167条）。

[15] 这包括27个欧盟成员国单独计算。

[16] 2012年8月，指导原则在柬埔寨暹粒市被柬埔寨经济部长采纳，同时在第21届东盟首脑会议上东盟国家领导人批准了该原则，参看相关网站：http://www.asean.org/news/asean-secretariat-news/item/asean-and-ftapartners-launch-the-world-s-biggest-regional-free-trade-deal。

[17] 2012年12月20日，东盟—印度峰会，印度新德里，愿景陈述，http://www.asean.org/news/aseanstatement-communiques/item/vision-statement-asean-indiacommemorative-summit，由于两份协议于2012年底签署，因此它们不属于2012年已完成的国际投资协议。

[18] "Mandatarios suscriben Acuerdo Marco de la Alianza del Pacifico"，2012年6月6日秘鲁共和国安托法加斯塔管辖，http://www.presidencia.gob.pe/mandatarios-suscriben-acuerdo-marco-de-la-alianza-del-pacifico。

[19] 计划在2014年6月结束的第一阶段谈判主要聚焦于商品贸易自由化、基础设施发展和工业发展。

[20] 本部分所指的谈判包括2013年成立的欧盟所进行的谈判、早期的谈判以及基于新欧盟指令的投资保护和自由化谈判。更早的谈判以及不直接针对投资保护的谈判（例如EPA谈判内容）不包括在内。

[21] 本部分包括启动于2013年的谈判要想更全面地了解欧盟自由贸易协议和其他谈判，详见http://trade.ec.europa.eu/doclib/docs/2006/december/tradoc_118238.pdf。

[22] 2012年12月欧盟委员会接受更新与地中海伙伴国家包括投资保护的合作协议，自此以后谈判开启。参看相关网站：http://trade.ec.europa.eu/doclib/press/index.cfm?id=888。

[23] 参看相关网站：http://ec.europa.eu/trade/creating-opportunities/bilateralrelations/countries/Thailand。

[24] 参看相关网站：http://ec.europa.eu/trade/creating-opportunities/bilateralrelations/countries/united-states。

[25] 2013年2月11日，《就业和增长高水平工作小组最终报告》，http://trade.ec.europa.eu/doclib/docs/2013/february/tradoc_150519.pdf。

[26] 继2012年4月"国际投资原则共同声明"，此部分包含了一系列投资政策制定原则，包括促进可持续发展因素（见http://europa.eu/rapid/press-release_IP-12-356_en.htm和2012年世界投资报告，第三章B节）。

[27] 参看相关网站：http://ec.europa.eu/trade/creating-opportunities/bilateralrelations/countries/japan。

[28] 参看相关网站：http://trade.ec.europa.eu/doclib/press/index.cfm?id=881。

[29] 这部分是指2013年以前启动的谈判的最新进展。

[30] 参看相关网站：http://ec.europa.eu/trade/creating-opportunities/bilateralrelations/countries/canada。

[31] 参看相关网站：http://trade.ec.europa.eu/doclib/press/index.cfm?id=855。

[32] 参看相关网站：http://ec.europa.eu/trade/creating-opportunities/bilateralrelations/countries/india。

[33] 在2012年2月14日欧盟—中国首脑会议上，各国领导人一致认为"内容丰富的欧盟—中国投资协议将在双方促进和便利投资"，并且"对这个协议的谈判将包括与双方利益相关的所有问题，以达成公正的协议"。参

[34] 美国贸易代表署新闻，参看2013年3月13日，参看http://www.ustr.gov/about-us/press-office/pressreleases/2013/march/tpp-negotiations-higher-gear。

[35] 在一次欧盟—南方共同市场部长级会议期间（2013年1月26日），双方强调了确保在下一阶段谈判取得进展的重要性，并同意启动各自交换报价的内部筹备工作，http://trade.ec.europa.eu/doclib/docs/2013/january/tradoc_150458.pdf，请注意这些谈判目前注重于建制但不包括双边型的保护问题。见 http://eeas.europa.eu/mercosur/index_en.htm。

[36] WTO的真正友好伙伴群成员共有22个经济体，分别是：澳大利亚、加拿大、智利、哥伦比亚、哥斯达黎加、欧盟、中国香港、冰岛、以色列、日本、墨西哥、新西兰、挪威、巴基斯坦、巴拉圭、秘鲁、韩国、新加坡、瑞士、中国台湾、土耳其、美国。

[37] 2013年2月15日，欧盟委员会新闻，http://europa.eu/rapid/press-release_MEMO-13-107_en.htm。

[38] 真正友好伙伴中没有国家能达到摩尔多瓦、吉尔吉斯斯坦和其他一些国家设定的标准。

[39] 严格地说，服务贸易总协定无论是自下而上还是自上而下，并没有规定任何特定日程安排模式。

[40] 2012年10月15日，新闻报道，Crowell & Morning，http://www.crowell.com/NewsEvents/AlertsNewsletters/all/1379161；全球服务联盟，多边服务协议声明，2012年9月19日，http://www.keidanren.or.jp/en/policy/2012/067.pdf。

[41] 参看相关网站：http://tpplegal.wordpress.com/open-letter.

[42] 参看相关网站：http://www.citizenstrade.org/ctc/p-content/uploads/2013/03/CivilSocietyLetteronFastTrackandTPP_030413.pdf.

[43] 参看相关网站：http://www.bilaterals.org/spip.php?page=print&id_article=22300.

[44] 参看相关网站：http://tradejustice.ca/pdfs/Transatlantic%20Statement%20on%20Investor%20Rights%20in%20CETA.pdf.

[45] 参看相关网站：http://www.globaleverantwortung.at/images/doku/aggv_28092010_finaljointletter_eu_india_fta_forsign.doc.

[46] 参看相关网站：http://www.dewereldmorgen.be/sites/default/files/attachments/2011/01/18/mep_open_letter_final.pdf.

[47] 参看相关网站：http://canadians.org/blog/?p=18925.

[48] 这种歧义源自：协议中"各方"可以解释为包含全部或部分地区协议的签约方。后者的解释也包括BITs，因此可以应用于各种条款；前者的解释仅仅包括地区各方都签署的协议，因此不包括一些地区协议的签约方达成的双边协议。

[49] 中美洲—墨西哥自由贸易协定（2011年）取代了墨西哥—哥斯达黎加（1994年）、墨西哥—萨尔瓦多、危地马拉—洪都拉斯（2000年），以及墨西哥—尼加拉瓜（1997年）的自由贸易协定。

[50] 维也纳公约法律条约规则（1969），http://untreaty.un.org/ilc/texts/instruments/english/conventions/1_1_1969.pdf.

[51] 例如东南非共同市场（COMESA）投资协议，第32.3条："当这种协议与本条第2段中提到成员国之间的其他协议出现不一致时，针对不一致的范围，当执行本协议条款，另有规定的除外。"东盟—澳大利亚—新西兰自由贸易协议第2.3条使用一种"柔和"的方式来处理不一致条款，即："当本协议与任何其他协议不一致时，在其他协议中两方或更多方为一利益团体，各方应立即寻求一个相互满意的解决方案。"

[52] 各国采用的各种解释工具，参看UNCTAD，"国际投资协议解释：国家可以做什么"，IIA期刊注释，2011年12月。

[53] "解释NAFTA第11章某些条款的注释"，NAFTA自由贸易委员会，2001年7月31日，参考相关网站：http://www.sice.oas.org/tpd/nafta/Commission/CH11understanding_e.asp.

[54] 由于反对修订协议，当各方希望大量修改条约时会重新谈判。

[55] 维也纳公约条约法第54条（b）。

[56] 如果需要的话，除了条约中所规定的规则，维也纳公约的条约法规则也适用。

[57] 这些是与古巴、多米尼加共和国、萨尔瓦多、危地马拉、洪都拉斯、尼加拉瓜、巴拉圭、罗马尼亚和乌拉圭签订的双边投资协议。随后，2013年3月9日，厄瓜多尔宣布其打算终止所有剩余IIAs，并表示，立法大会将从2013年5月15日开始采取必要的措施以达成其目标。参见由厄瓜多尔Rafael Correa总统宣言，ENLACE Nro 312 desde Piquiucho-Carchi，2013年3月10日公布，可从以下网址获得：http: //www.youtube.com/watch? v =CkC5i4g W15E (at 2: 37: 00)。

[58] 由于"其他国际投资协议"引起一系列不同的问题，这部分仅限于双边投资协议，并不适用于"其他国际投资协议"。尤其在像FTA这样的一个广泛的经济协议中，除非终止所有协议，否则不会单独终止投资部分。

[59] 根据一般国际法，条约缔约方一旦达成一致意见，可以在任何时间终止条约，而不管条约是否已达到其初始固定期限［维也纳公约条约法第54（b）条］。

[60] 南非贸易与工业部发言人公布，可从以下网址获得：http: //www.bdlive.co.za/opinion/letters/2012/10/01/letter-critical-issues-ignored。

[61] 除非单方面终止协议或合约各方均同意终止条约，否则幸存条款是否具有可操作性很有争议。这可能是由具体条款措辞以及其他解释因素引起的。

[62] 这不会自动解决那些没有重新谈判的旧协议的问题，但将要形成一个新基础，在此基础上谈判员可以组建一个更加平衡的网络体系。

[63] 更多的细节参见UNCTAD：《投资者—东道国争端解决最新进展》，IIA期刊注释2013年3月。

[64] 如果没能向相关的仲裁机构提前缴纳必要的成本，则该条款将不能继续。

[65] 许多仲裁程序不能继续下去不是由审理造成的（如没能向相关的仲裁机构提前缴纳必要的成本）。还有一些程序现状无法获得，则不计入"已完成的"条款。

[66] 西方石油公司起诉厄瓜多尔，第ARB/06/11号ICSID案例判决，2012年10月5日。

[67] Antoine Goetz 起诉其他公司，S.A. Affnage des Metaux 起诉布隆迪共和国，第ARB/01/2号ICSID案例判决，2012年6月21日，第267~287段。

[68] 关于ISDS的核心特征的讨论，请看《投资者—东道国争端解决—续》，IIAs案例的UNCTAD系列（即将上市的）。

[69] 详见迈克尔·魏贝尔等人（合编）《强烈反对投资仲裁：认知与现实》（Kluwer出版社，2010）；D. Gaukrodger 和 K. Gordon 所著《投资者—东道国争端解决：投资政策团体的调查论文》，OECD在国际投资上的工作文件，第2012/3号；P. Eberhardt 和 C. Olivet 所著的不公平的利润：法律公司，仲裁员和金融家们如何促进投资仲裁繁荣（共同欧洲天文和跨国研究所，2012年），详见：http: //corporateeurope.org/sites/default/files/publications/profiting-from-injustice.pdf。

[70] 东道国已经面临高达1140亿美元的ISDS索赔（索赔主要有三大来源，它们组成了前尤科石油公司的主要股东，索赔主要发生在俄罗斯联邦正在进行的仲裁程序），以及高达17.7亿美元的判决费（西方石油公司和西方石油公司勘探和生产公司起诉厄瓜多尔，第ARB/06/22号ICSID案例判决，2012年10月5日）。

[71] UNCTAD，透明度—续集，在国际投资协定系列Ⅱ的问题（联合国，纽约和日内瓦，2012年）。

[72] 这表明永久仲裁法庭（PCA）管理的UNCITRAL仲裁规则中的85个案例中，只有18个公开（截至2012年底）。资料来源：国际仲裁局永久法庭。

[73] 有时，一个具体的IIA应用于一个案例中时对协议内容解释的差异会造成不同的审判结果，但这往往代表不同仲裁员的差异化观点。

[74] 值得注意的是，即使在一个仲裁决议中已认定是"明显的法律错误"时，ICSID废止委员会可能发现它本身不能撤销裁决或纠正错误。比如，CMS天然气输送公司起诉阿根廷，ICSID案件，第ARB/01/8号，临时废止委员会的决定，2007年9月25日。在各州和公民的其他州的投资争端解决惯例（ICSID惯例）第52（1）条款列举如下几点来废止协定：①仲裁法庭所用法律不当；②仲裁法庭明显超越权利；③仲裁法庭成员腐败；④严重背离程序根本原则；⑤仲裁裁决缺乏缘由陈述。

[75] 更多的细节详见 Gaukrodger 和 Gordon（2012：43-51）。

[76] 律师费（大型律师公司的合作伙伴可能达到每小时 1000 美元）占支出的最大份额，平均而言，律师费约占案件总成本的 82%。D. Gaukrodger 和 K. Gordon，2012 年，第 19 页。

[77] 参看相关网站：http://unctad-worldinvestment-forum.org。

[78] 2010 年和 2011 年，UNCTAD 举办了七次"炉边会谈"，即由专家组成的小组关于对 ISDS 体制可能改进方案进行的非正式性会谈。

[79] 参见例如 OECD：《关于投资者—东道国争端解决的政府视角：进度报告》，自由投资圆桌会议，2012 年 12 月 14 日。详情见：www.oecd.org/daf/inv/investment-policy/foi.htm。

[80] 调解是一种非正式并且灵活的程序：调解员可以生成一个各方之间的互动非常有效率的机制，也可以有效地提出并安排一个争端解决方案。它通常被称为"辅助谈判"。调解程序遵循正式的规则。在程序的最后，调解员通常制定协议条款，代表公正的争端和解（对各团体不具约束力）。由于其较正式，一些人称调解为"不具约束力的仲裁"。

[81] 详情请见 UNCTAD：《投资者—东道国争端：仲裁的预防和替代》（联合国，纽约和日内瓦，2010 年），UNCTAD：《如何预防和管理投资者—东道国争端：来自秘鲁的经验教训，投资发展系列最佳实践》（联合国，纽约和日内瓦，2011 年）。

[82] 尤其是加拿大、哥伦比亚、墨西哥、美国和其他一些地方。据了解，欧盟也正在考虑这种做法。详情见 N. Bernasconi-Osterwalder：《关于投资者—东道国争端解决协议的欧盟委员会草案文本分析》，投资条约新闻，2012 年 7 月 19 日。参见：http://www.iisd.org/itn/2012/07/19/analysis-of-the-european-commissions-draft-text-on-investor-state-dispute-settlement-for-eu-agreements。

[83] 个别 ISDS 因素的政策选择详情分析参看 UNCTAD：《投资者—东道国争端解决：续》（即将出版）。

[84] 参看 NAFTA 1116（2）条款和 1117（2）条款；中日韩投资协议第 15（11）条款。

[85] 参看 UNCTAD，IIAs 的解释：什么情形可以做，IIA 期刊注释，2011 年 12 月。针对权威解释有两个问题值得关注：第一，解释和修改之间的界线有时会模糊；第二，如果某个事件正在进行过程当中就公开了，合约方解释可能会引起和此过程相关的关注。

[86] 参见 NAFTA 第 1126 号条款，以及加拿大—中国 BIT 第 26 号条款。

[87] 参看加拿大—中国 BIT 第 28 号条款，以及 NAFTA 第 1137（4）号条款和附注 1137.4。

[88] 参看 ICSID 仲裁规则的第 41（5）号条款（2006）；美国—乌拉圭 BIT 第 28 号条款。

[89] UNCTAD：《世界投资报告 2010》，详见 http://unctad.org/en/Docs/wir2010_en.pdf。参看 UNCTAD 关于范围和定义的分红系列续集，最惠国、没收、FET 和透明度。参看 http://investmentpolicyhubunctad.org/Views/Public/IndexPublications.aspx。

[90] 这种能力构建活动正在其他国家、UNCTAD 以及不同的合作组织中开展。例如，拉美国家已从 UNCTAD 2005 年后每年有关 UNCTAD 的先进地区培训课程中获益。

[91] 近期没有 ISDS 条款的 IIAs 的例子是日本—菲律宾经济伙伴协议（2006 年）、澳大利亚—美国 FTA（2004 年）、澳大利亚—马来西亚 FTA（2011 年）。2011 年 4 月，澳大利亚政府在其发布的一个贸易政策声明中宣布，它会在未来的 IIAs 中停止 ISDS 条款，为的是对监管公共政策问题上的澳大利亚能力加强限制。详情见吉拉德政府贸易政策声明：《贸易带来更多的工作和繁荣》，2011 年 4 月，参看 www.dfat.gov.au/publications/trade/trading-our-way-to-more-jobs-and-prosperity.pdf。

[92] 例如，有关房地产的条款（喀麦隆—土耳其 BIT）；有关财政机构的条款（加拿大—约旦 BIT）；有关投资建立和收购的条款（日本—墨西哥 FTA）；与具体贸易义务如国民待遇和绩效要求有关的条款（马来西亚—巴基斯坦关于建立更紧密经济伙伴协议）；保护国家安全利益措施的条款（印度—马来西亚建立更紧密经济合作协议）。进一步的分析，参看 UNCTAD 投资者—东道国争端解决：监管和程序（联合国，纽约和日内瓦，即将上市）。

[93] 例如，20 世纪 80 年代以及 20 世纪 90 年代初达成的中国的 BITs（例如，1993 年中国—阿尔巴尼亚协议，1989 年保加利亚—中国协议），就与投资没收赔偿金额有关的纠纷支持投资者诉诸国际仲裁。

[94] 拒绝给予各国的权益条款：以拒绝对投资者的协议保护，这些投资者在所谓的母国没有大量贸易活动，或者这些投资者由被拒国家或未参与协议国家中的国民或实体所拥有或控制。

[95] Douglas，Z.：《投资条款的国际法》，剑桥大学出版社，2009年版。

[96] 一些IIAs要求投资者在一定时间内（如比利时/卢森堡—博茨瓦纳的BIT和阿根廷—韩国BIT）在东道国寻求当地救济。少数协议要求投资者在用尽东道国的行政补救措施前将争议提交仲裁（如中国—科特迪瓦BIT）。

[97] 由于"幸存"条款通常在协议终止后10~15年支持继续运用协议，因此IIAs的终止是复杂的。

[98] 在2004年，ICSID秘书处提出一个上诉机制概念，但在当时这个想法未获得国家足够的支持。参看ISCID "ICSID仲裁框架可能的改进"，讨论文件，2004年10月22日，第六部分和附件 "ICSID上诉机制的潜在特征"。在过去的8年中，许多政府的意见有可能改进。

[99] 对于相关的讨论，参看C. Tams：《一个上诉选择？关于ICSID上诉结构讨论》，跨国经济法论文，第57号，2006年。

[100] 一些美国已完成的IIAs，达成建立一个听取投资者—东道国仲裁上诉的常设机构。智利—美国FTA是协议中建立的第一个"插槽"，用于上诉机制的插入，这将建立一个独立的多边的协议〔第10.19（10）条〕。多米尼加共和国—中美洲—美国FTA（CAFTA）(2004)进一步要求成立一个谈判小组制定上诉机构或类似机构（附件10-F）。尽管有这些规定，对这些谈判没有任何公布，也没有任何建立上诉机构的文字。

[101] 另一种解决办法是系统的初步裁决，据此，正在进行诉讼的法庭能够或要求参考核心部分来解决法律不清楚的问题。尽管没有授权上诉，但这种方式，将帮助提升仲裁决定制定一致性。参见C. Schreuer：《投资仲裁的初步裁决》，K. Sauvant（主编）：《国际投资争端上诉机制》OUP，2008年。

[102] 在世界贸易组织中，上诉程序仅限于90天。

[103] 其他相关问题包括：上诉仅限于法律中还是也包括现实问题？它能更正裁决还是仅有遣回原法庭的权利？如何保证新上诉结构覆盖早期已完成的IIAs？

[104] 因为这些案件"涉及裁决机构拥有决定权力，回应个人的要求，至高无上权威使用的合法性，以及授予非法政府行为的弥补措施"，G. Van Harten：《国际投资法庭案例》，国际经济法学会成立大会，2008年7月16日，详情请见http://papers.ssrn.com/sol3/papers.cfm? abstract_id=1153424。

[105] 同上。

[106] 与由争议各方任命法官不同，在此系统中，法官被分配到案件中，也将节省大量如今花费在搜寻仲裁员档案的资源。

[107] 同样，欧洲人权法院按照欧洲宪法保护人权和基本自由裁定起诉。

[108] 由包括其他组织在内的UNCTAD（和不同合作伙伴组织）正在开展这种能力建设活动。例如，拉美国家受益于UNCTAD的自2005年开始的ISDS年度先进区域性收益训练课程，参见http://unctad.org/en/Pages/DIAE/International%20Investment%20Agreem-ents%20（IIA)/IIA-Technical-Cooperation.aspx。

[109] IPFSD，2012。

全球价值链：促进发展的投资与贸易

第四章

第四章 全球价值链：促进发展的投资与贸易

引 言

> 由于企业国际生产网络的扩张，及其全球价值链中子公司与其合作伙伴间投入品和产出品贸易的扩大，全球贸易和 FDI 在过去 10 年呈指数级增长。

当今全球贸易总额超过 20 万亿美元，其中大约 60% 来自中间商品和服务贸易，它们包含在生产最终消费的商品和服务生产过程的不同阶段。生产过程的分离以及生产过程中任务和活动日益趋向国际分散化，驱使无国界生产体系的形成，这或许是顺序链或复杂的网络，又或是全球性、区域性的，甚至有可能仅跨越两个国家。这些体系被称为全球价值链（GVC）。

全球价值链通常由跨国公司主导，在其子公司网络、合作伙伴（非股权模式的国际生产或 NEMs；参阅《世界投资报告 2011》）和正常供应商之间进行生产的投入和产出品的跨境贸易。由跨国公司的效率寻求型 FDI 导致的国际化生产并不完全是新现象，《世界投资报告 1993》的主题是一体化国家生产，然而，自 2000 年以来，全球贸易和 FDI 均呈指数增长，大大超过全球 GDP 的增速，这表明在跨国公司主导的网络中，国际化生产已经迅速扩张。

全球价值链导致全球贸易数据中出现大量的重复计算。在 A 国开采的原材料可能首先出口至 B 国的子公司进行加工，然后再次出口至 C 国的制造工厂，也可能将产成品再次出口至 D 国进行最终消费。原材料的价值在 A 国 GDP 中仅计算一次，但在世界出口额中却计算多次。[1]

近年来贸易统计数据上的改进旨在确定总贸易数据的重复计算，并指出全球价值链创造的价值。图 4.1 是附加值贸易的一个简单例子。附加值贸易统计数据能够深入洞察全球价值链、贸易、投资和发展。为了编写《世界投资报告 2013》，UNCTAD 与 Eora 项目[2]合作，建立了一个附加值贸易数据库：UNCTAD-Eora 全球价值链数据库（见专栏 4.1）。[3] 本章中将使用该数据库来评估附加值贸易和投资的模式、驱动和决定因素及其不断发展的影响和政策意义。

不同的经济理论学院、发展研究学院和国际商务学科都使用全球价值链这一概念，但每一批学者都采用不同的定义和范畴进行分析。表 4.1 列出了许多重要的对比。本章力图汇总不同学者的观点，借鉴不同学科的概念，并添加新的交叉学科的见解。

表 4.1 全球价值链的概念

	国际商务"公司角度"	经济"国家角度"
概念定义	● 全球价值链指由领先企业（跨国公司）从事的散布于全球的各种工作和活动的分散的供应链	● 全球价值链解释了出口中可能包含的进口投入，即出口中包含国外和国内创造的附加值
范围	● 全球价值链目前主要存在于具有这种供应链特征的行业，典型的例子包括电子产品、汽车和纺织行业（虽然范围正扩散至农业、食品和离岸服务业等）	● 通过研究和必要的统计计算，全球价值链和增加值贸易涵盖所有贸易，即所有的出口和进口都是价值链的一部分
投资和贸易的作用	● 投资和贸易是互补的，也是企业国际化经营的替代模式，即企业可以通过设立子公司或通过贸易进入国外市场或获得资源	● 国家需要利用投资建立生产能力（即投资能带来产生附加值的生产要素）；投资和出口附加值均对 GDP 有贡献

资料来源：UNCTAD。

专栏 4.1　制定全球价值链与 UNCTAD-Eora GVC 数据库的国际努力

全球价值链日益增长的重要性使人们意识到，传统上计算国际贸易的方式可能不再胜任。越来越多的工作致力于清算全球价值链对全球贸易"重复计算"的影响，确定贸易中的附加值，确定附加值在终端产品最终消费前如何在国家间沿全球价值链移动。贸易中附加值的估计可以以国际投入产出表（I-O）——阐述国家间的经济互动——为基础。迄今为止，已经采取若干措施，使用不同方法汇编国家间投入产出表。主要措施的选择参见专栏表 4.1.1。

专栏表 4.1.1　确定贸易附加值的特定方法

项目	机构	数据来源	国家	行业	年份	注
UNCTAD-Eora GVC 数据库	UNCTAD/Eora	国家供给使用表、投入产出表和来自欧盟统计局 IDE-JETRO、经济合作与发展组织的投入产出表	187	25~500取决于国家	1990~2010	"元"数据库将许多来源和差值的遗漏部分汇编，从而提供广泛、一致甚至覆盖贫穷国家的相关数据
国家间投入产出模型（ICIO）	OECD/WTO	国家投入产出表	40	18	2005、2008、2009	依据由 OECD 调整的国家投入产出表
亚洲国际投入产出表	经济研究所（IDE-JETRO）	国民账户和公司调研	10	76	1975、1980、1985、1990、1995、2000、2005	美国—亚洲投入产出表以及双边投入产出表，包括中国—日本
全球贸易分析项目（GTAP）	普渡大学	源自各研究院和组织机构	129	57	2004、2007	非官方数据集；包括能源量、土地使用、二氧化碳排放和国际移民等领域的数据
世界投入产出数据库（WIOD）	欧盟资助的 11 家财团机构	国家供给使用表	40	35	1995~2009	基于国民账户官方数据；根据使用用途在合作伙伴国之间分配流量

UNCTAD-Eora GVC 数据库使用投入产出表估算出口产品和附加值贸易中的进口率。附加值贸易数据来自于 Eora 全球多区域投入产出表（MRIO）。Eora 多区域投入产出表汇集各种来自于包括国家投入产出表、国家统计局的主要加总数据、欧盟统计局的投入产出纲要、IDE（经济研究所）—JETRO（日本贸易振兴机构）和 OECD、国民账户数据（联合国国民账户主要加总数据库和联合国国民账户官方数据）、贸易数据（联合国商品贸易国际贸易数据库和联合国服务贸易国际贸易数据库）的原始数据。Eora 将这些原始数据与全球多区域投入产出平衡表相结合，在一些地区使用内插法和估值法提供 1990~2010 年的连续数据集。因此，Eora 多区域投入产出表是建立在国际社会的一些其他努力之上。Eora 网站（www.worldmrio.com）提供的结果中包含的每一个数据是该数据点偏离标准值的估计值，反映在将连续的原始数据汇编入全球 MRIO 过程中受争议、内插或估计的程度。关于 Eora 数据库的更多详细信息，请参阅数据库发布报告"全球价值链和发展"中的 UNCTAD-Euro GVC 数据库中的技术说明书，网址为：http://unctad.org/en/PublicationsLibrary/diae2013d1_en.pdf（第 26~30 页）。OECD-WTO 联合项目（参见专栏表 4.1.1）是公认的为设定估算

第四章 全球价值链：促进发展的投资与贸易

贸易附加值统一标准而付出的一种全面努力。它强调方法论的重要性，必然会牺牲覆盖国家、行业和时间序列的一定程度的统计严谨性。相比之下，UNCTAD-Eora GVC 数据库的主要目标是扩大其覆盖程度，提供发展中国家的看法。这就解释了 MRTO 方法的选择，其创新的关键之处在于使用的算法允许使用不同的数据来源和类型，同时使计算误差最小化，并将最不发达国家的数据包含在内。

资料来源：UNCTAD。

本报告中，UNCTAD 的研究目标是证明全球价值链如何建立投资与贸易的关系，揭示全球价值链在当今全球经济尤其是发展中国家的重要性，同时帮助政策制定者最大化全球价值链对经济增长和发展的益处，并提出使相关风险最小化的具体建议。

为此，基于附加值贸易数据，本章第一节将描述全球价值链在全球，特别是在发展中国家的模式，并指出 FDI 和跨国公司经营活动如何形成这种模式。第二节借鉴其他全球价值链学科和国际商务理论来探讨全球价值链活动企业层面的驱动因素以及区位决定因素，这对政策制定者了解影响国家层面参与全球价值链的因素具有重要意义。第三节描述了参与全球价值链带来的日益扩大的影响，包括全球价值链（通过直接或间接业务联系）对 GDP 的贡献、全球价值链中就业创造和工作环境、通过全球价值链进行技术传播和能力构建的潜力、全球价值链的社会和环境影响以及全球价值链对改善和促进工业长期发展的潜在贡献。第四节探讨政策意义，提出一个"全球价值链政策框架"，该框架着重分析全球价值链在发展战略中的作用，在贸易和投资政策、贸易和投资促进、主流可持续发展以及包容性增长之间的协同效用。

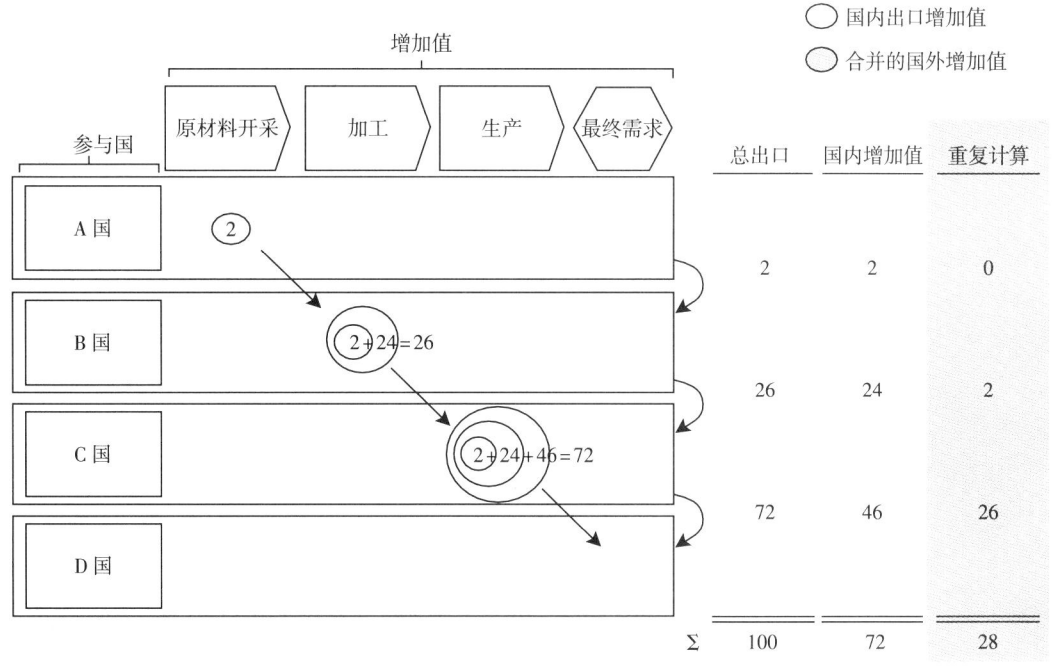

图 4.1 附加值贸易是如何形成的

资料来源：UNCTAD。

第一节 全球价值链、附加值贸易和投资模式

一、全球经济中附加值贸易模式

> 全球价值链导致全球总贸易数据中出现重复计算，随着大多数国家越来越多地参与到全球价值链，这俨然是一个日益普遍的现象。实际上，只有国内出口附加值对一国的 GDP 有贡献。

在全球层面，出口附加值对 GDP 的平均贡献约为 28%（见图 4.2），这意味着 2010 年 19 万亿美元的世界商品和服务出口额中，外国用于进一步出口的贡献约有 5 万亿美元，因此，全球贸易数据被重复计算。[4] 其余的 14 万亿美元是对全球经济有贡献的真实贸易附加值（占全球 GDP 的 1/5）。

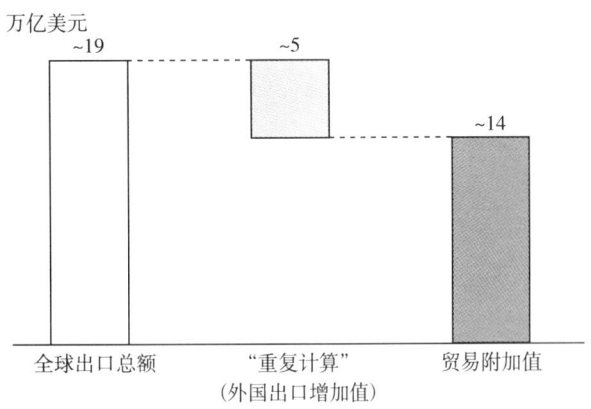

图 4.2 2010 年全球贸易附加值
资料来源：UNCTAD-Eora GCV 数据库，UNCTAD 展望。

在不同的国家和行业中，数据存在显著差异，这具有重要的政策含义。

从国家层面看，出口品中的国外附加值用来衡量价值链上游国家吸收的贸易对本国 GDP 的贡献程度，或者衡量一个国家的出口对进口产品的依赖程度。此外，这也体现了经济垂直专业化分工水平，即一国经济活动专注于全球价值链中特定任务和活动的程度。

从行业层面看，平均国外附加值代表的是通过将行业价值链分割、"细分"为具体贸易业务产生贸易的不同的业务分工所造成重复计算的程度。这对决策者在制定例如产业发展政策、贸易和投资促进策略时非常重要。

总的来说，发达国家出口产品国外附加值占比 31%，高于全球平均值（见图 4.3），即发达国家出口依赖进口的程度更高。然而，造成这一扭曲现象的是高度一体化的欧盟区内部贸易，欧盟出口占了世界出口的 70%。日本和美国重复计算程度要低得多。

因此，尽管发展中国家国外附加值占比（25%）低于世界平均水平（28%），但仍比日本和美国高很多。如果仅考虑对外贸易，那么发展中国家国外附加值份额也高于欧盟。

在发展中国家中，国外附加值占比最大的是东亚和东南亚国家以及中美洲国家（包括墨西哥），这些国家加工产业是出口的一个重要组成部分。非洲、亚洲西部、南美洲和转型经济体的自然资源和大宗商品大量出口，而进口很少，因而国外出口附加值较低。国外出口附加值占比最低的是南亚，主要是因为服务业出口比重较大，而较少从国外进口。

某行业出口附加值占出口总量的平均份额，以及某一行业全球出口重复计算的程度粗略地反映了该行业依赖国际综合生产网络的程度，因为

第四章 全球价值链：促进发展的投资与贸易

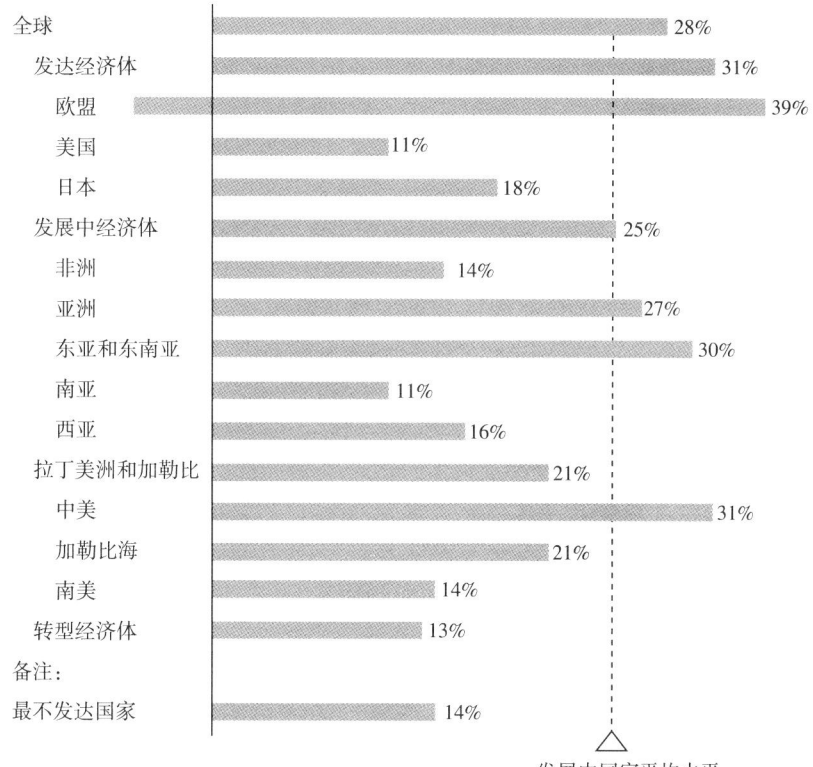

图 4.3　2010 年各地区国外附加值占出口的份额

资料来源：UNCTAD-Eora GCV 数据库。

专栏 4.2　了解附加值贸易数据和指标

一国的出口品可以分为国内生产的附加值和包含在出口商品和服务中的进口（国外）附加值。此外，出口品可以进入国外市场用以最终消费或作为中间品再次出口到第三国（或销回原产地）。对全球价值链（GVCs）的分析既考虑到出口品国外附加值（价值链上游），也考虑到包含在第三国出口中的出口附加值（价值链下游）。本报告所用的指标也即最常用的指标如下：

（1）国外附加值（国外附加值作为出口品的一部分）表明一国总出口中哪些部分组成在他国生产的投入品。此部分出口品不增加一国 GDP。①

（2）国内附加值：国内生产的出口品的一部分，也就是出口品中对 GDP 有贡献的部分。国外附加值和国内附加值总和为总出口品价值。国内附加值与其他变量相关：

①作为 GDP 的一部分，国内附加值衡量了贸易对一国 GDP 的贡献。

②作为全球附加值贸易的一部分（"增加值贸易馅饼的一部分对附加值贸易的细分"），国内附加值可以用于比较全球出口品中一国的份额或全球 GDP 中一国占全球总出口的份额或一国占全球 GDP 的份额。

（3）GVC 参与程度②表明一国出口份额，通过增加国外附加值，成为多阶段贸易加工的一部分。国外附加值用于一国出口品出口的同时还用于其他国家的出口品出口。尽管其他国家将出口品用于进一步出口的程度表面看起来与一国政策制定者关系不大，因为这种程度并不会影响国内附加值对贸易的贡献，但参与度却是衡量一国出口品参与国际生产网络一体化程度的重要指标。因此，参与度是研究贸易与投资关系的重要依据。

GVC参与程度弥补了国外附加值和国内附加值指标的局限性，各国在价值链初期（例如原材料出口商）按定义，其出口品的国外附加值较低。该指标将各国参与包括上下游在内的GVCs的程度描绘得更加具体。

一国GVC参与度衡量出口份额，有效衡量出口对GVC依赖度。在某种程度上，它也是衡量如果一国出口品被限制出口受限对GVC的"损害"程度的一个指标，或者它代表GVC在各国冲击下的易损性。

GVC指标用于评估某一产业依赖国际一体化生产网络的程度。工业产业附加值贸易数据能为各国的比较优势和比较竞争力提供有价值的指标，从而为发展战略和政策提供基础。已经设计出一系列复杂方式来衡量GVC的长度。[3] 本报告将用一个简单方式：通过考察产业中重复计算程度，从而在概念上粗略替代GVC的长度。

注：①该变量与衡量垂直专业化的文献有关，第一个指标等于进口投入占一国出口总额的比重。对垂直专业化指标的细化修正了一个事实，即A国使用的用于生产出口品的进口值（从"标准"的投入产出表中检索得到）实际上可能包含A国国内附加值（作为B国的投入，然后由A国追溯），只允许B国的国外附加值计入A国投入的计算中。参看Hummels, D., J. Ishii 和 K-M. Yi (2001)《世界贸易中垂直专业化的本质和发展》，《国际经济学杂志》，第54期，第75-96页；Johnson, R.C.和G. Noguera（2012）《中间商：生产共享和贸易附加值》，《国际经济学杂志》，第86期，第224-236页。②首次引入该指标是在 Koopman, R., W. Powers, Z. Wang 和 S. J. Wei (2011)《追根溯源：在全球生产链中追溯附加值》，美国国家经济研究局论文集，第16426号，2010年9月，2011年9月修订。③参看Fally, T. (2011)《美国的生产分工》，科罗拉多博尔德大学，7月。

资料来源：UNCTAD。

它体现了行业总产出中中间商品和服务的跨境直至最终消费的程度。

一些传统制造业已经处于价值链细分的前端，并伴随着诸如外包和离岸的趋势。电子和汽车行业的成品能被分解为独立生产的组件，容易在低成本国家运输和组装，因而率先形成全球价值链，其出口附加值占贸易的份额最高（见图4.4）。许多以采掘业产品和大宗商品（如石油制品、塑料、基础化学品）为原材料的行业紧随其后。采掘业排名很靠后，因为除了某些服务，它几乎不需要进口其他产品。国外出口附加值作为一个衡量全球价值链产业复杂性的指标还未完全成熟；很显然，采掘业是许多全球价值链一个基本的"起点"，并不是因为它含有国外附加值，而是因为它是许多其他产业出口的进口附加值。同样地，诸如商业服务、金融、公共事业等服务业，就其出口产品中所需要的进口产品而言，排名也很低，因为它们需要较少的中间投入，并且它们是典型的通过实现工业制成品附加值的形式参与到全球价值链中的。

很显然，全球价值链并不等同于产业。某一特定产品的价值链中可能包含由许多不同行业产生的附加值（例如制造业产品中包含服务业中的附加值）。行业全球平均国外附加值份额忽略了一个事实：一个产业可能会处于多条不同价值链中并贡献于不同的价值链。

全球产业平均值也掩饰了国家或地区间的显著差别（见图4.5）。发达国家纺织业国外附加值的份额比发展中国家高很多，这说明发展中国家向发达国家出口商提供了更多的半成品。电子行

第四章 全球价值链：促进发展的投资与贸易

业是另一个发达国家进口占出口附加值较大份额的行业。相比之下，机械、化学和汽车行业的出口产品生产过程中，发展中国家投入的外国中间产品更多。

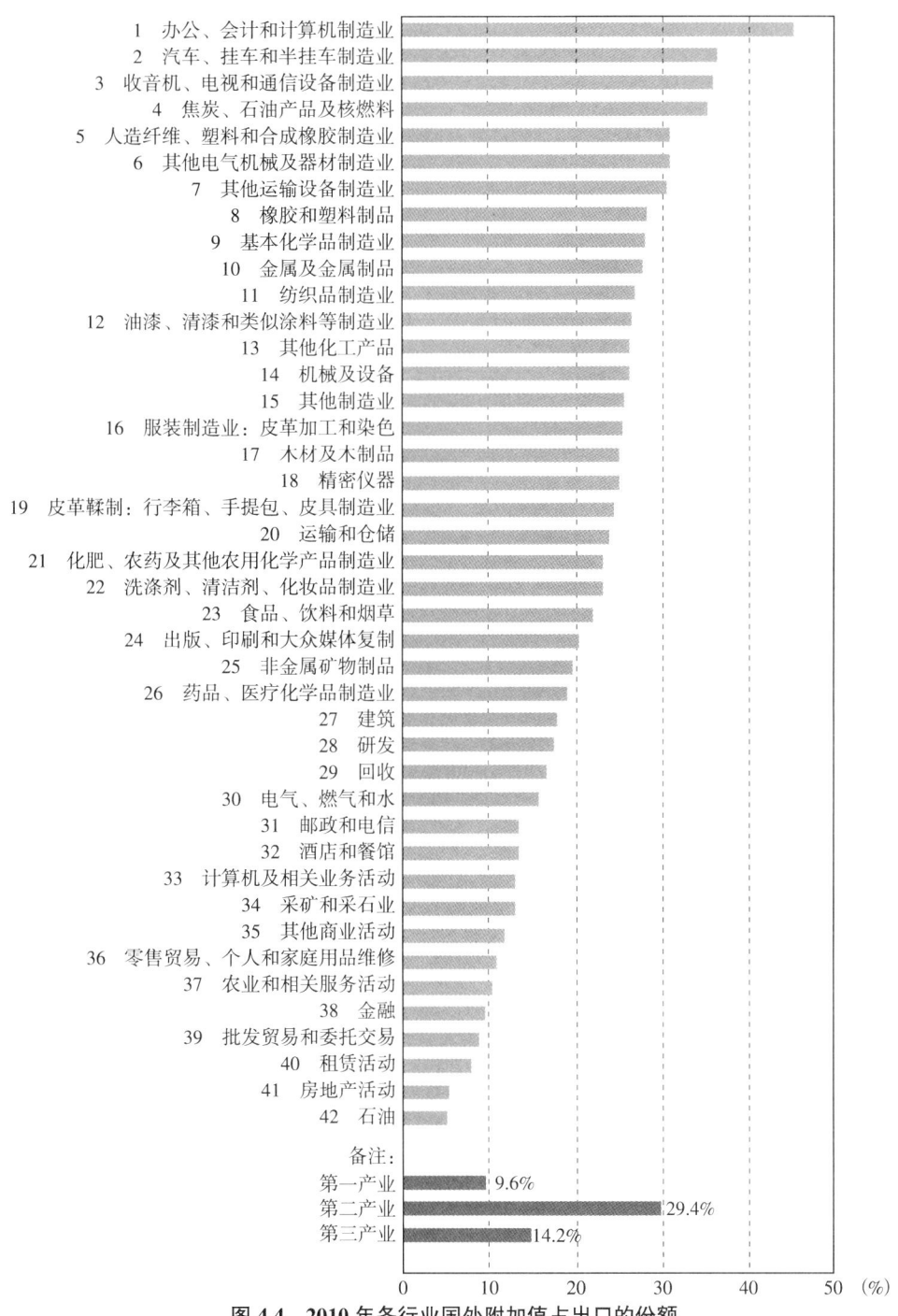

图 4.4 2010 年各行业国外附加值占出口的份额

注：行业列表中各级行业的划分是基于其在全球价值链中的重要性。
资料来源：UNCTAD-Eora GVC 数据库。

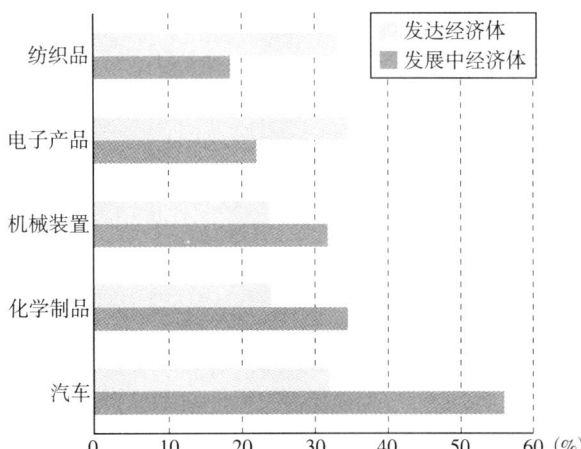

图 4.5　2010 年发达经济体和发展中经济体各行业国外附加值占出口的份额

资料来源：UNCTAD-Eora GVC 数据库。

因为出口包含国外生产附加值，因而不同国家的国内出口附加值相差很大（见图 4.6）。影响国内出口附加值份额的因素包括：

（1）经济规模。经济规模大的经济体，如美国或日本，往往具有明显的内部价值链，并较少的依赖外国投入品。当然，也有一些例外，如中国、德国和英国。

（2）出口组成和在全球价值链中的地位。那些主要出口自然资源、石油或其他商品的国家，例如俄罗斯和沙特阿拉伯，往往具有较高的国内附加值贸易份额，因为这些出口产品在全球价值链的"前端"，并且很少需要外国投入品。那些主要出口服务的国家，例如印度，也往往具有相对较高的份额（当然印度的自然资源出口也是很重要的）。相比之下，那些高度细分行业出口份额较高的国家，生产出口产品时就需要更多进口产品投入。

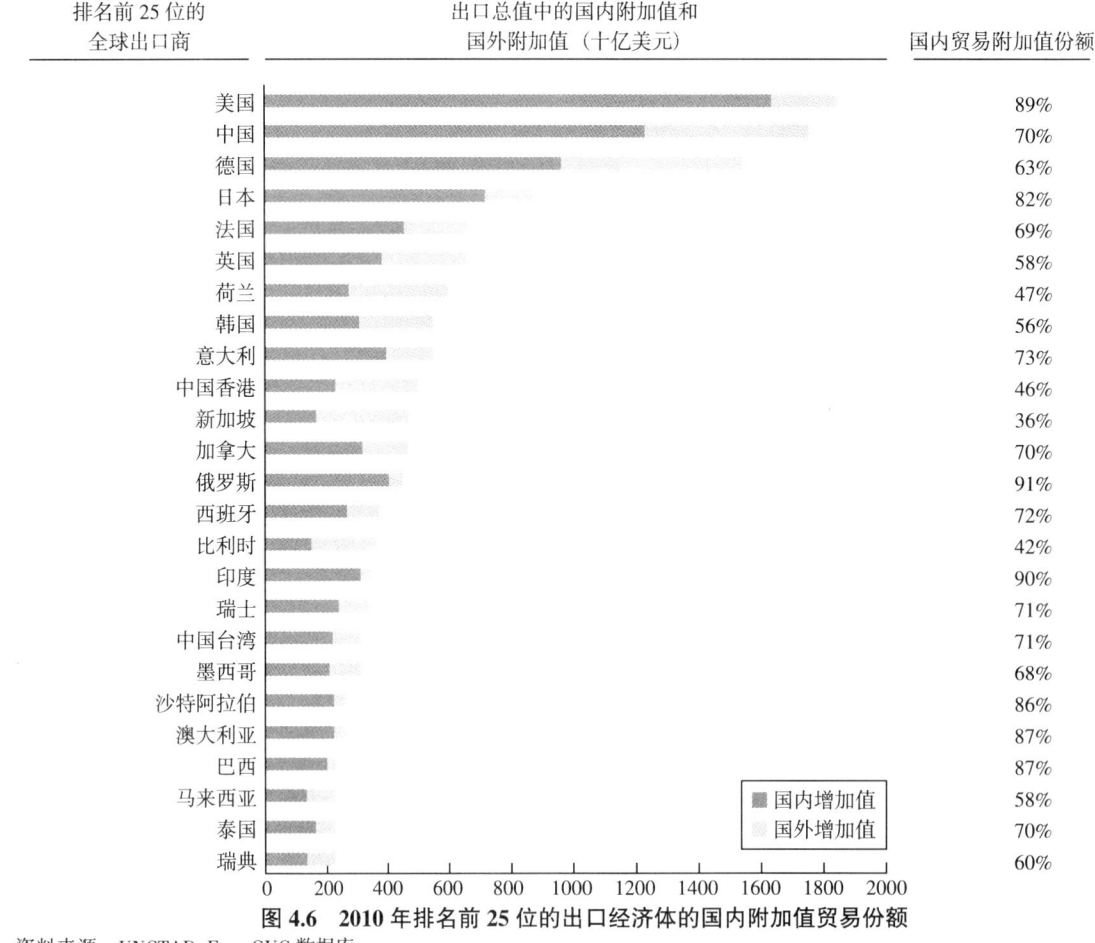

图 4.6　2010 年排名前 25 位的出口经济体的国内附加值贸易份额

资料来源：UNCTAD-Eora GVC 数据库。

第四章 全球价值链：促进发展的投资与贸易

（3）经济结构和出口模式。转口贸易所占份额较大的国家，例如中国香港、新加坡或荷兰，拥有更高的国外附加值份额。这同样适用于拥有重要加工贸易行业的国家。

上述三个因素解释了大多数国家的国内附加值份额（政策因素将单独在下文阐述）。例如中国，一方面是一个内部供应链日益重要的大型经济体；另一方面其加工贸易份额不断增加，并且是电子产品重要的出口国（电子产品行业有最复杂的全球价值链体系）。因此，其国内附加值份额大约稳占全球平均水平的72%。

国内附加值来自于贸易。扣除进口附加值后贸易对GDP的实际贡献力与当地经济规模具有重要关系。虽然贸易对全球GDP的贡献大约为1/5，但是这一比例在发展中国家和转型经济体中较高（见图4.7）。在非洲、西亚和转型经济体中尤其高，主要是因为这些国家自然资源出口相对较多，并且部分由于当地"非贸易"经济规模相对较小。在东亚和东南亚，贸易对GDP的贡献也较高，按照这一标准，其竞争对手是高度一体化的欧洲市场。这一较高的贡献力不仅反映出这些亚洲经济体的出口竞争力，也反映了其与欧洲相比较高的国内附加值贸易份额。

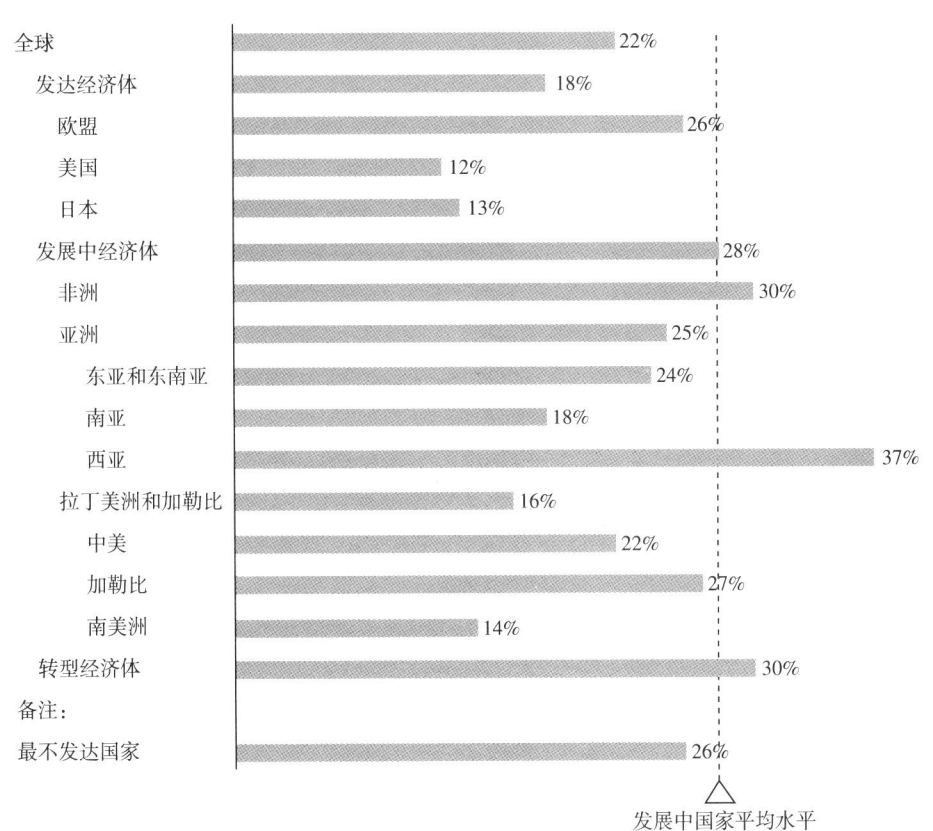

图4.7　2010年各地区国内贸易附加值占GDP的份额

资料来源：UNCTAD-Eora GVC 数据库。

发展中国家依赖全球价值链——不论是上游环节（国外出口附加值）还是下游环节（出口投入其他产品并再出口）的出口及所占份额相当大（见图4.8）。东亚和东南亚仍然是全球价值链参与程度最高的地区，反映了其作为最重要的出口导向型制造业和加工活动地区的首要地位。中美洲

（包括墨西哥）也有较高的参与率，虽然就国外出口附加值而言，其与东南亚不相上下，但是它的下游参与率较低，这表明其相对较多地向美国国内市场出口而非前向出口。

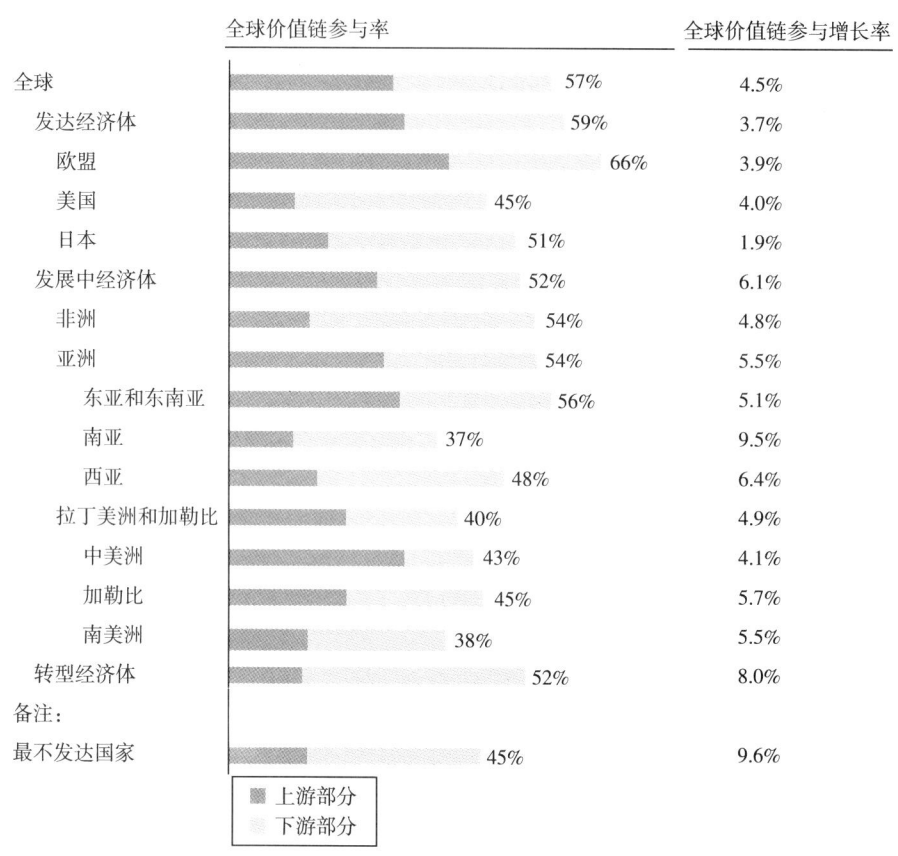

图4.8　2010年全球价值链参与程度以及2005~2010年参与全球价值链增长率

注：参与全球价值链指一个国家多级贸易过程中的出口份额，等于一国出口中使用的国外附加值（上游层面）与供应其他国出口的附加值（下游层面）之和除以出口总额。此处参与全球价值链的增长率是指上游部分与下游部分之和的年度增长率。

资料来源：UNCTAD-Eora GVC 数据库。

与国外附加值份额相比，大宗商品出口国有更高的全球价值链参与率，这表明大部分出口产品被再加工，且其附加值纳入第三国出口中——它们处于全球价值链的起点。南亚仍是全球价值链参与率排名最低的地区，部分原因是其出口自然资源，而且大部分来自该地区的服务出口是用于满足进口国的最终需求，而非生产更多的出口品。

另外，尽管其基数低，但南亚是全球价值链参与率增长最快的地区。转型经济体的增速也高于平均水平。几乎所有发展中国家的全球价值链增速均超过发达国家。应当指出的是，按照这一衡量方式，发展中国家全球价值链参与率增长主要归因于其处在全球价值链下游，投入较多的自然资源和原材料。尽管从对GDP贡献率的意义上说，下游投入是参与全球价值链的更重要的组成部分，但是缺少上游部分的同步增长，也表明许多贫穷的发展中国家在进入更为分散化、多元化的全球价值链方面仍然落后。

如上所述，参与全球价值链——或每个国家在国际生产网络中发挥的作用——受到许多不同因素的驱动，从经济规模到产业结构、工业化水平、出口构成、价值链中的定位、政策和其他因素。因此，具有不同特征的国家在参与全球价值

第四章 全球价值链：促进发展的投资与贸易

链的排名也许会非常相似（见图4.9）。

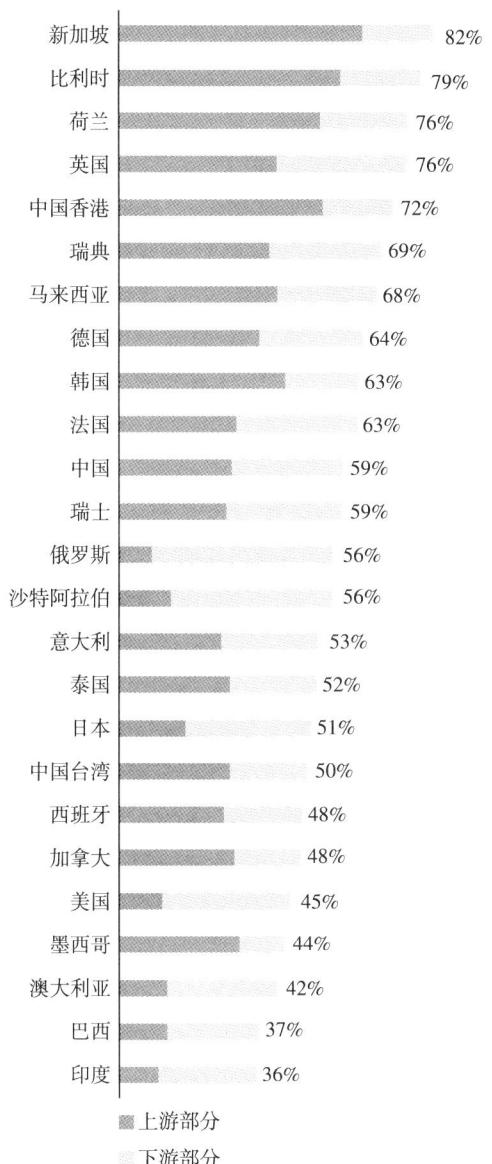

■ 上游部分
■ 下游部分

图4.9 2010年全球价值链参与率排名前25位的出口国
资料来源：UNCTAD-Eora GVC 数据库。

许多国家参与全球价值链，与其各自区域内的全球价值链的交互作用有很大关系。正如图4.10所示，大多数价值链并不是延伸到全球各地的，而是具有鲜明的地域特征。北美和中美价值链的联系特别强，欧盟内部也一样。区外全球价值链双边流动最大的依次是德国和美国、中国和德国、日本和美国。

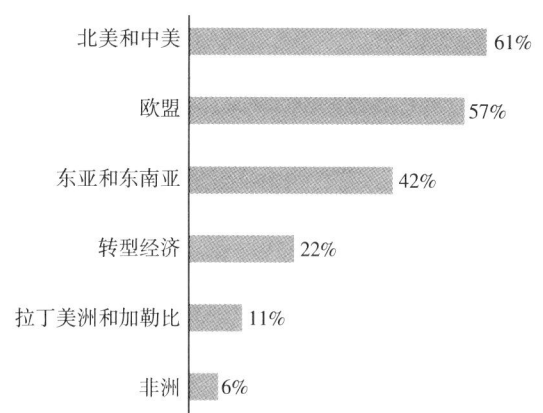

图4.10 2010年区域内GVC流动占总GVC的份额
资料来源：UNCTAD-Eora GVC 数据库。

二、发展中国家附加值贸易模式

> 发展中国家，包括最贫穷的国家都正在越来越多地参与全球价值链，增加国内附加值。

发展中国家的全球附加值贸易份额正迅速上升，从1990年的20%增加至2000年的30%，2010年已经超过40%。作为一个整体，发展中国家和转型经济体的全球附加值份额越来越大（见图4.11）。随着全球贸易的增长，发达经济体的出口似乎日益依赖进口中间产品，这使得在发展中国家的出口中，国内附加值不成比例地增加。

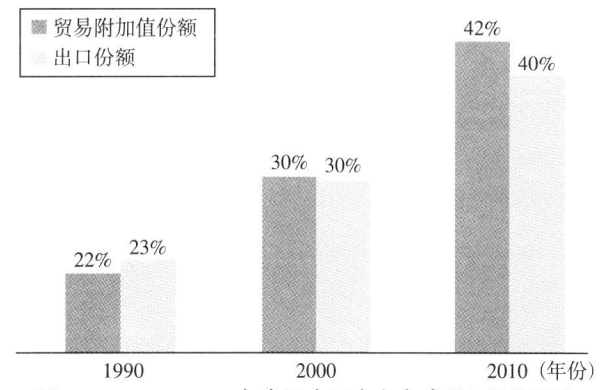

图4.11 1990~2010年发展中国家占全球附加值贸易和出口总额的比重
资料来源：UNCTAD-Eora GVC 数据库。

观察发展中国家出口排名前25位的国家（不包括主要石油出口国）的国内附加值占贸易的份

额，可以看出，很少使用进口产品制造出口产品同时主要出口自然资源和原材料（国外出口附加值较低）的出口国（如智利和印度尼西亚），其国内附加值份额相对较高，服务业出口国，如印度也一样。

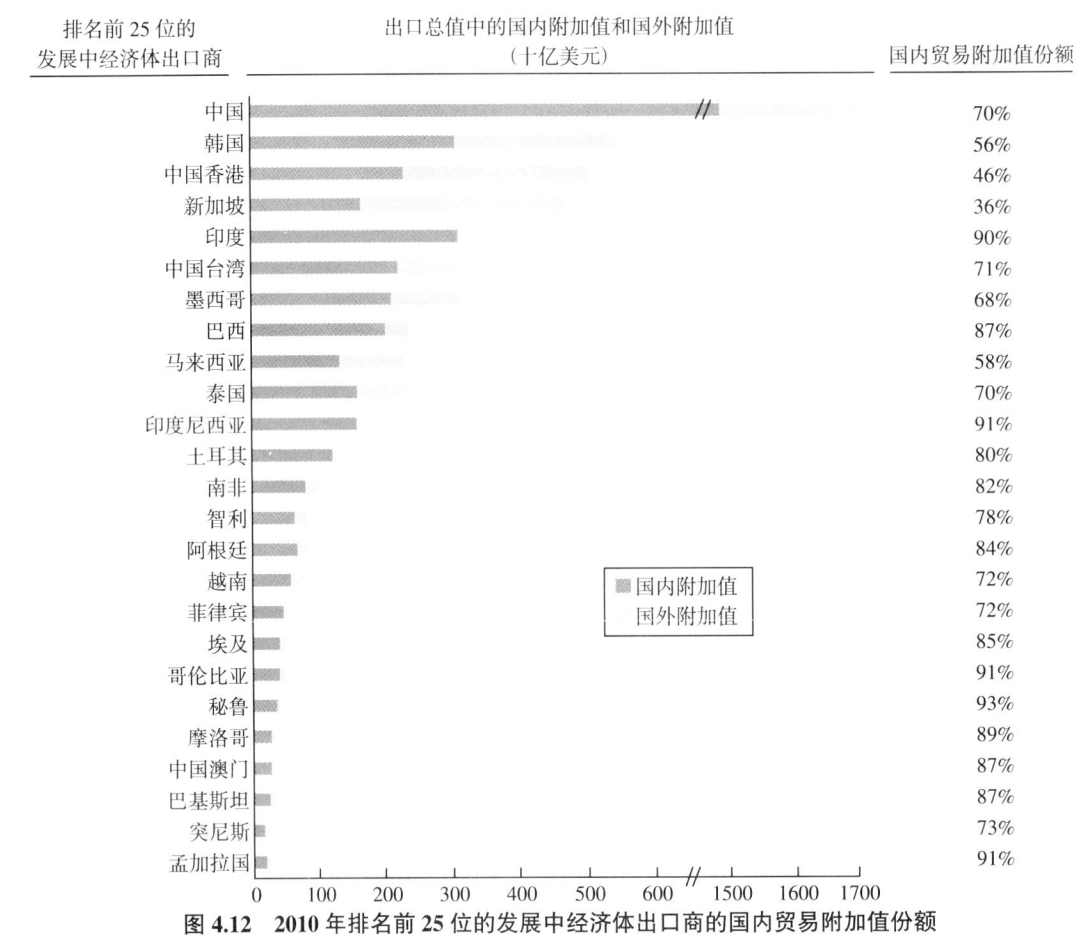

图 4.12　2010 年排名前 25 位的发展中经济体出口商的国内贸易附加值份额

注：前 25 名不包括主要的石油出口国。
资料来源：UNCTAD–Eora GVC 数据库。

虽然那些出口表现强劲、全球价值链参与程度非常高，同时相对开放的发展中经济体（如韩国、中国香港、新加坡、马来西亚）的贸易附加值对 GDP 的绝对贡献较大，但是其贸易附加值占其出口的份额较低。

出口排名前 25 位的发展中经济体中，出口对全球价值链的依赖程度有显著差异（图 4.13）。东亚和东南亚的主要出口国参与全球价值链最多，因为它们不仅进口大量的出口品（外国附加值），而且大部分出口的产品是第三国出口制造业的中间投入品。因此，这些国家的出口融入了全球价值链的上下游中；换句话说，它们在全球价值链的"中间"运作。大宗商品出口国在参与全球价值链排名中也相对靠前，但主要是第三国出口制造业大规模的投入其出口的产品，处于全球价值链下游。

一些较大的新兴市场国家的全球价值链参与率相对较低，如印度、巴西、阿根廷和土耳其。这些国家的上游参与程度可能较低，一方面是因为其出口的性质（自然资源和服务出口往往不太

三、FDI和跨国公司在塑造全球价值链中的作用

> 全球贸易的80%是通过跨国公司实现的。它们通过企业内部、NEM和公平交易形成附加值贸易模式。

投资和贸易密不可分地交织在一起。大部分自然资源贸易受跨国公司对采掘业的大型跨国投资驱动。跨国公司的市场寻求型FDI也能产生贸易，一般从公平贸易转向内部贸易。效率寻求型FDI与全球价值链关系密切，跨国公司将某一独立的生产过程设在低成本地区，它扩大了跨国公司国际生产网络内发生的贸易，并造成全球贸易流动中的"重复计算"。

FDI一般先扩大出口。因此，FDI是全球贸易流动越来越重要的推动力。企业层面的证据证实了这一点。在大多数经济体中，只有很小一部分公司从事国际贸易，而且贸易活动高度集中。在欧盟国家，排名前10%的出口企业通常占出口总量的70%~80%，然而美国的这一数据升至出口总额的96%，在美国，大约2200家公司（排名前1%的出口商大多数是跨国公司母公司或外国子公司）占比超过贸易总额的80%。跨国公司母公司和子公司形成的国际生产网络占大多数国家贸易的份额很大。[5]

基于这些国际生产的宏观指标和企业层面的证据，UNCTAD估计，全球贸易出口总额的大约80%与跨国公司的国际生产网络有关，无论是通过NEMs（其中包括合同制造、授权和特许经营）进行的公司内贸易，还是通过至少涉及一个跨国公司的公平交易（见图4.14和专栏4.3）。

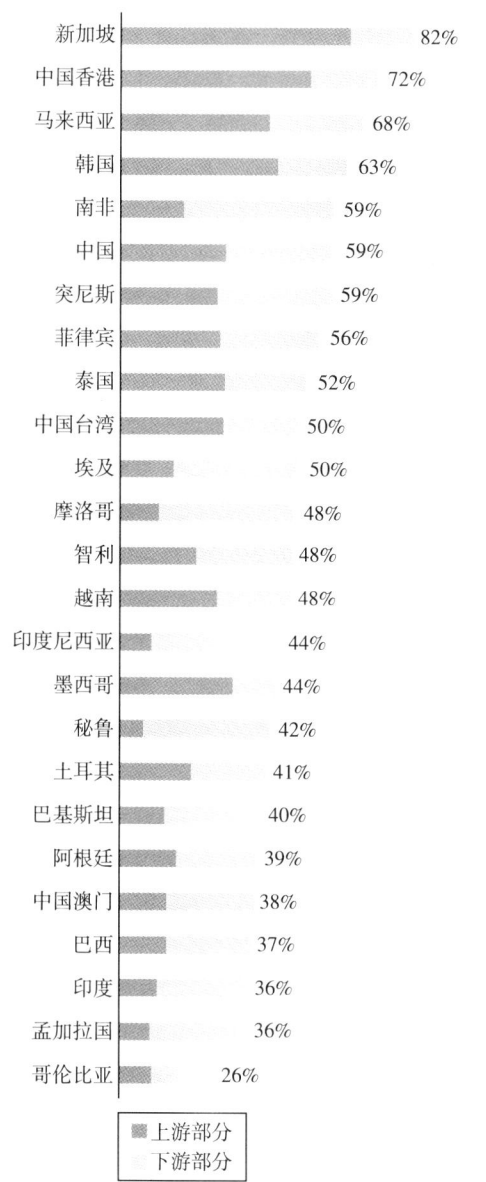

图4.13　2010年排名前25位的发展中经济体出口商的全球价值链参与率

注：前25名不包括主要的石油出口国。
资料来源：UNCTAD-Eora GVC 数据库。

需要进口或国外附加值）；另一方面则是因为作为大国，生产出口产品所需的中间产品很大程度上能够自给自足。它们的下游参与率也不高，这是因为他们更多地专注于生产所谓的最终消费品和服务，即没有用作第三国生产出口品的中间产品。

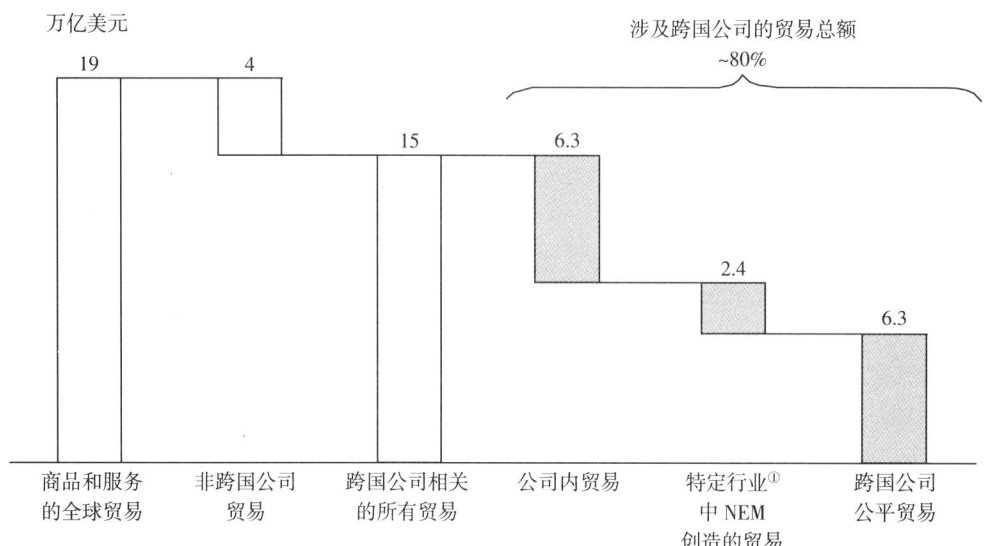

图 4.14　2010 年跨国公司参与的全球贸易总额（商品和服务出口）

注：①包括电子、汽车零部件、医药、服装、鞋类、玩具等合同制造业，以及 IT 服务和业务加工外包（参看《世界投资报告 2011》）。跨国公司公平贸易还包括其他 NEM 贸易。

资料来源：UNCTAD 展望（参看专栏 4.3）。

专栏 4.3　对跨国公司国际生产网络内贸易的估计

图 4.14 中对跨国公司国际生产网络内发生贸易的估计是基于各个国家和地区投资与贸易联系方面的证据：①

● 2010 年在美国，国外跨国公司子公司占商品出口的 20%、进口的 28%，然而总部设在美国的跨国公司占出口的 45%、进口的 39%。因此，商品进口和出口的约 2/3 可以被认为是在跨国公司国际生产网络内发生的。

● 2010 年在欧洲，法国跨国公司约占出口的 31%、进口的 24%，法国的外国子公司占出口的 34%、进口的 38%。因此，2009 年法国总出口的约 64%、总进口的 62% 可被认为是跨国公司国际生产网络内发生的。相似的情况也发生在其他欧盟国家。

● 总部设在日本的跨国公司占商品和服务出口的 85%，而外国子公司占 93%。因此，日本商品和服务出口总额的 93% 与跨国公司相关。

● 在中国，2012 年外国子公司约占出口的 50%、进口的 48%。考虑到中国 OFDI 较低（但不断增长）的份额，虽然中国跨国公司的贸易活动或许不如法国或美国同行所占份额大，但估计其国际生产网络内的贸易将超过美国所占份额。

● 发展中国家作为一个群体，跨国公司生产网络内的贸易所占份额较高，原因有两个：①公司生产曲线比发达国家陡峭，意味着高于平均生产水平的少数大型出口商和进口商，即主要跨国公司及其子公司的贸易可能会更加集中。②采掘业出口份额（约为 25%）明显高于世界平均水平（约为 17%），而且采掘业和自然资源贸易通常涉及跨国公司。

第四章 全球价值链：促进发展的投资与贸易

内部贸易所占份额显著，如母公司和其子公司间或者是这些子公司间商品和服务的国际流动，而不是非关联方（企业间贸易）之间的公平交易。例如，包括母公司的美国海外子公司其他联属公司的出口份额在过去十年仍高达约60%。同样，设在美国的外国子公司中近一半的出口货物被运至外国母公司，而且高达70%的进口来自于外国母公司。日本跨国公司将商品和服务的40%出口至其海外子公司。虽然有关公司内部交易的进一步证据是不可靠的，但是有关内部贸易的普遍共识是，内部贸易平均占一国出口的30%左右，不同国家间差异较大。

这些解释主要专注于商品贸易。也有证据表明跨国公司参与服务贸易的程度更高，服务业中内部贸易所占份额不断增加（比如公司职能、金融服务）。服务贸易不会以内部贸易的形式出现，而是经常发生在NEM关系中（信息技术、业务流程外包、呼叫中心等）。据估计，NEMs作为一个整体（包括代工业务），预计其价值超过2万亿美元（参看《世界投资报告2011》）。

跨国公司的公平贸易（来自OECD跨国公司数据库的出口数据以及来自非关联方的进口数据）的估计剩余价值约为6万亿美元。非跨国公司相关贸易包括仅有国内业务的公司间所有交易、商品交易所的匿名交易等。

注：①基于美国经济事务局（《外国公司美国子公司和美国的跨国公司》，2012年）、中国商务部、经合组织以及IDE-JETRO的数据做出估计。欧洲的数据来自于Altomonte, C., F. Di Mauro, G. Ottaviano, A. Rungi, 和V. Vicard（2012）《贸易大崩溃时代的全球价值链：牛鞭效应？》，欧洲央行第1412号公文。
资料来源：UNCTAD。

绝大部分的贸易发生在跨国公司的国际生产网络中，这一生产网络主要侧重于为出口制造业提供其所需的中间产品。例如，全球价值链广泛利用于服务业，尽管服务业占全球出口总额的份额只有约20%，但是几乎一半（46%）的出口附加值来自于服务部门的活动，因为大多数制造业出口的生产活动需要服务业。这为全球FDI存量提供了一个对比，全球FDI存量的2/3被分配到服务业活动中（见图4.15）。[6] 这一情况在发达国家和发展中国家基本上相同。

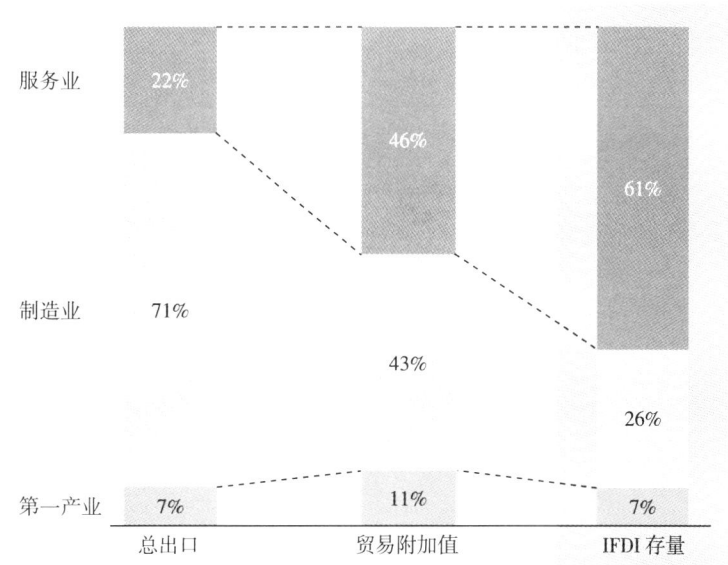

图4.15 2010年全球总出口、贸易附加值和FDI存量的产业组成

资料来源：UNCTAD-Eora GVC 数据库、UNCTAD FDI 数据库。

一国 FDI 存量与其全球价值链参与率的统计关系很大程度上表明了跨国公司参与增值贸易的情况（见图 4.16）。两者严格正相关，且随着时间的推移这一关系愈发明显，尤其是在最贫穷的国家，这意味着 FDI 可能是发展中国家参与全球价值链并提高参与程度的一个重要途径。

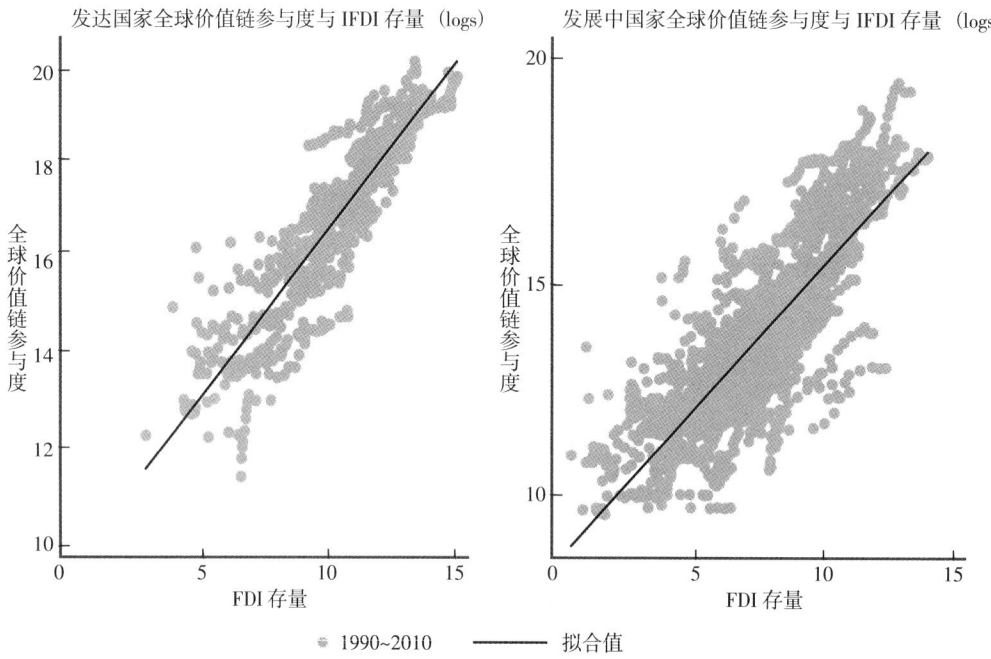

图 4.16 IFDI 存量水平与全球价值链参与程度之间的相关性

资料来源：注：187 个国家 20 多年的数据。发达国家和发展中国家的全球价值链参与程度年增长率与 FDI 存量年增长率回归分析结果均是显著的正相关（在 5% 的水平，且 R^2 分别等于 0.77 和 0.44）。分别考虑 1990~2000 年与 2001~2010 年两个时间段，相关性仍然显著。回归使用滞后（一年）IFDI 存量的增长率以及年固定效应来解释未观测到的异质性。

资料来源：UNCTAD-Eora GVC 数据库、UNCTAD FDI 数据库、UNCTAD 分析。

将国家按照 FDI 存量占 GDP 的比例进行排名，并用四分位法将它们分为四组，可以发现（见图 4.17），大多数 FDI 与其经济规模相关的国家往往具有以下三个特点：

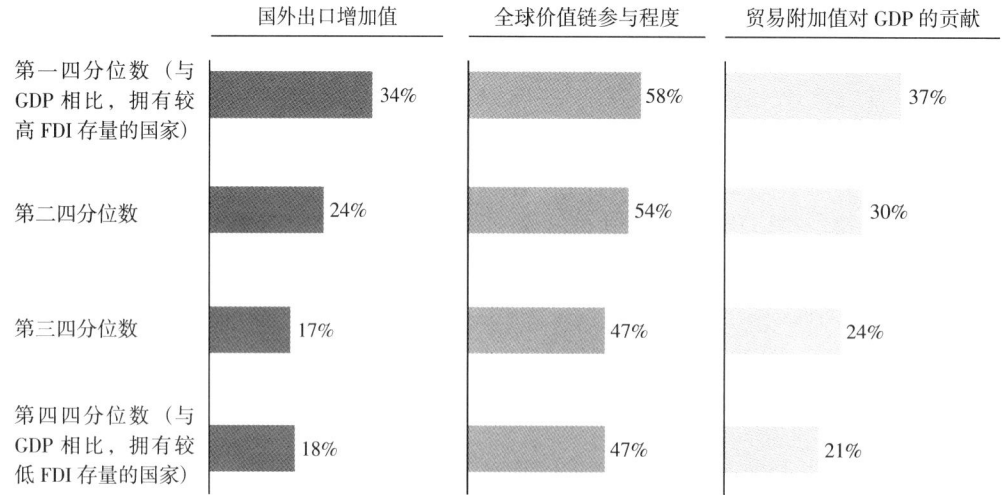

图 4.17 2010 年按 IFDI 存量占 GDP 比重的四分位数划分的贸易附加值重要指标

注：180 个国家的数据，按 FDI 存量占 GDP 的比重排名并分为四分位数；该报告中的数据是每个四分位数的平均值。

资料来源：UNCTAD-Eora GVC 数据库、UNCTAD FDI 数据库、UNCTAD 分析。

(1) 较高的国外出口附加值（生产出口品的跨国公司外国子公司往往倾向于使用由其生产网络的其他部分产生的附加值）。

(2) 较高的全球价值链参与程度（跨国公司的外国子公司不仅在生产中使用外国投入品，而且为生产网络的其他部分提供中间产品以进一步出口）。

(3) 与所占全球出口份额相比，具有相对较高的贸易附加值份额。

虽然可以在宏观层面建立 FDI 与跨国公司活动和附加值贸易模式的联系，但通过企业层面的事实，阐明跨国公司及其生产网络中子公司以及合同伙伴如何形成附加值的贸易模式仍存在挑战。跨国公司所有权结构和财务数据的信息很零散，同类型子公司之间的交易一般不会披露。对于某一给定的国家—行业组合，通过匹配跨国公司网络结构与行业附加值投入和产出，能够获得企业内部的采购和供应倾向（参见专栏 4.4 的具体方法和数据来源）。

专栏 4.4 评估企业层面的附加值贸易模式

确定跨国公司及其外国子公司网络和合同伙伴如何形成附加值贸易是极富挑战性的，因为跨国公司所有制结构信息和财务数据信息是分散的，而且同一集团内子公司间的交易通常是不报道的。为了填补这一空白，UNCTAD 将 UNCTAD-Eora GVC 数据库与来自商业集团数据库的企业层面所有制和财务数据相连接[①]（基于 Orbis 所有权数据库），这使得约 50000 个国际商业集团与近 500000 个全球子公司相匹配。数据库包含有关跨国公司国家和产业活动的关键信息（按照六位 NAICS 标准体系分类），例如外国子公司的数量、营业收入、附加值和员工数量。

将附加值贸易数据和商业集团联系相连接生成一个指数——外国子公司的国外估价值往往来自其商业集团网络内的共同子公司，并为其网络内的其他部分提供附加值投入品。这些倾向指数（上游和下游）可用来估计一个给定经济体下给定行业中跨国公司统治下 GVC 内部贸易联系的相关性。

该方法包括以下步骤：

(1) 从附加值贸易数据库中查找生产投入的来源和产成品的目的地。

(2) 将投入产出模式（附加值贸易模式）与商业集团所有制结构相匹配。附加值贸易流量与合作分支机构网络之间的任何重叠被认为是一个潜在的内部关联贸易（如果贸易流量不能在网络中找到对应，这些联系被认为是公平交易）。

(3) 为基于国家投入产出表生产函数产生的潜在贸易—所有权联系分配权重。

(4) 在商业集团层面估计上游和下游内部贸易的倾向（权重的总和分配给所有内部关联贸易）。

(5) 依据上游销售商品的成本与下游的收入，通过为各个子公司的倾向分配权重而得到行业层面的项目倾向。

该方法有许多局限性：第一，商业集团的任何所有者联系与附加值贸易联系相匹配的基本假设被转化成内部关联贸易，即来自某一个存在合作联盟的国家（进行相匹配的经济活动）的所有投入均被认为是来自其合作联盟。该假设在早期研究中得到验证，早期研究发现公司与母公司所在国之间交易的 80% 是内部交易。[②] 第二，与行业中所有企业具有相同的生产函数这一假设有关。因此，该方法不能区分外国子公司和国内公司间的国外投入份额。人们通常认为，外国子公司可以比国内公司拥有较高的国外附加值。

虽然存在以上局限性，并且目前的方法仅可以适用于一个行业/国家组合，但是有关跨国公司在 GVC 中所起作用的系统分析方法（不是基于案例分析）仍可以为跨国公司集团结构如何形成附加值贸易模式提供一些看法。

注：①参看 Altomonte C. 和 A. Rungi（2013）:《商业集团作为企业的阶级组织：垂直整合与表现的决定因素》，论文集，马特艾基金会。该数据集对控制的定义是建立在跨国公司的国际标准下——如果母公司（直接或间接，如通过其他受控公司）对子公司拥有超过一半（50.01%）的投票权，那么它将被认为是最终实益拥有者。②Altomonte, C. 等，2012年（出处同上）。

资料来源：UNCTAD。

泰国汽车制造业的案例清楚地说明了跨国公司在形成附加值贸易模式和国内价值创造中起到的关键性作用（见表4.2）。汽车制造业是泰国增长最快的行业之一，总产值约为340亿美元，占大约80%的产品出口。国内附加值大约占出口的25%。在25%的国内附加值中，只有60%是由汽车制造业的企业创造，40%来自于其他中间产品供给行业，包括服务业。

表 4.2　泰国汽车行业中跨国公司在形成贸易附加值中的作用

指　　标	数　　值	子公司和附属子公司的例子
泰国汽车行业的生产		
总产量	~340 亿美元	
总产量中出口份额	78%	
国内附加值占出口的份额	25%	
其他行业贡献的国内附加值的份额	40%	
跨国公司的海外子公司数目	52	● 三菱：Tri Petch Isuzu 销售有限公司
海外子公司所属的商业集团数	35	● 本田：泰国本田制造有限公司
海外子公司占公司总数的比重	4%	● 宝马制造有限公司
上游：用于泰国汽车行业（进口）的国外附加值		
国外附加值占出口的份额	75%	
公司内潜在的供应链的数目	~6000	● 三菱：NHK 制造，马来西亚（电子元件）
公司内供应商所属国家数	61	● 本田：Kyusyu TS 有限公司，日本（塑料）
源自公司内部（进口倾向）的国外附加值份额的估计值	27%	● 宝马：SGL 碳纤维有限公司，英国（化学品）
下游：泰国汽车行业的出口		
公司内潜在的客户链数目	850	● 三菱：广州国际展览中心汽车零部件有限公司，中国（汽车配件）
公司内客户所在国家的数目	57	● 本田贸易公司，墨西哥（批发）
源自公司内部（出口倾向）的国外附加值份额的估计值	65%	● 华晨宝马汽车有限公司，中国（批发）

资料来源：UNCTAD 分析，基于 UNCTAD-Eora GVC 数据库和商业集团数据库。

该行业一半以上的总产值是由跨国公司外国子公司一个相对较小的群体创造的，包括52家外国子公司以及35个商业团体或跨国公司网络的一部分——相当于注册公司总数（约1300家）的4%——产值占总产出的56%，在泰国这些外国子公司很大程度上也加强了该行业上下游的联系。

在泰国，这52家外国子公司的总跨国公司网络包括遍布在世界61个国家的大约6000个合作联营公司（所有35个商业团体分支公司的总和）。设在泰国的子公司使用的国外附加值（75%为国外出口附加值）中约27%来自其自身跨国公司网络或商业团体的内部企业。下游方面，估计65%的外国子公司出口被其自身的生产网络中的企业所吸收。下游关联更为集中，存在潜在的企业内出口关系的企业仅限于约850家。

第二节　全球价值链治理和区位决定因素

> 跨国公司选址和合作伙伴选择决策实际是确定投资与贸易目的地。这些决策带动全球价值链中价值增值模式的形成。

第二次世界大战结束后，建立在国家独立、自给自足和进口替代基础上的国际政治经济带来了自主企业间的国际贸易，其中跨国公司主要根据"多国本土化"战略进行业务扩张。这一现象在20世纪60年代末和70年代开始改变。由于经济衰退和国内市场（及之后的国际市场）的竞争压力，开始寻求成本削减策略的日本、欧洲和美国的制造业跨国公司首先在东南亚开展离岸生产。随后几十年，最初的全球价值链必然发生变化，相互联系的技术进步（如现代信息和通信技术、国际质量标准）、政治因素（如自由化和私有化政策，中国崛起成为全球制造业基地）和投资者战略（如业务细分和价值链各环节或子环节离岸，跨境非股权投资模式兴起）共同形成了今天的贸易—投资关系。

如第一节所述，跨国公司在该贸易—投资关系下的贸易活动包括：第一，企业内部的跨境贸易；第二，跨国公司与其NEMs合作伙伴间的合同贸易；第三，企业间的跨境公平交易——跨国公司或者接受独立企业的投入品供应或者反过来成为其他独立企业的供应商（或服务于最终消费市场）。同时，跨国公司需决定是进行内部交易还是外部交易（即通过合同或市场外包给其他公司），是选址母国还是向外扩张。

以上决定将直接影响投资、生产、附加值创造和是否继续留在东道国，所以，本节首先关注跨国公司如何进行全球价值链治理，包括贸易流动，之后分析影响全球价值链环节或阶段区位决定的关键因素。跨国公司对其全球价值链的统筹和调整对各国政府和当地企业的战略影响显著。例如，由于跨国公司将其价值链（或价值链中的某些环节）迁移至新的东道国，致力于吸引FDI或其他跨国公司参与形式的国家须制定出针对具体价值链环节的投资促进政策，以实现资源的更有效利用。

一、全球价值链治理：统筹细分的全球性分布的活动

> 跨国公司通过复杂的供应商关系网和不同的治理模式管理全球价值链。不同治理模式发展意义各异。

跨国公司在价值链上的业务活动日益细分，并选择成本—效益最佳的国内或海外地区开展运营（《世界投资报告2011》）。这显示出企业潜在的高度分散的组织结构或全球价值链结构，可能涉及多种业务、活动和任务：外国子公司（FDI）、合同伙伴企业（NEMs）和公平交易模式中的一种或几种，以及地理上分散的全球价值链环节、活动和管理模式。最后，有效的全球价值链治理要求高度重视全球跨国公司网络内的通信、信息流

动和物流。

由于全球价值链涉及广泛，跨国公司必须同时管理复杂的、零散的、地理位置上分散的生产流程以及贸易和投资流动，因此，必须组织、整合和协调全球价值链使其符合公司的战略目标（参见专栏4.5）。全球价值链可以是庞大而复杂的，而且涉及的范围远不止于制造业。例如，即使是相对单一的仅提供一种服务（咖啡）的星巴克（美国），也需要管理跨越各大洲的价值链，直接管理员工150000人；从数以千计的贸易商、代理商和发展中国家的合同农民手中采购咖啡；在30多个工厂里主要通过与靠近最终市场的企业合作的形式进行加工；通过50多个主要的中央和地区仓库以及配送中心将咖啡运至各零售店；在全球50多个国家经营约17000家零售店。[7] 这一全球价值链必须是高效并能够盈利的，同时遵循严格的生产/服务质量标准。链内拥有一系列企业自身或相关供应商或其他合作伙伴的服务，包括供应链管理和人力资源管理的相关支持。涉及的贸易流量巨大，包括农产品、工业制成品运输以及技术和管理服务的转移。

专栏 4.5 全球价值链治理：体制、程序和工具

当今全球价值链背景下，跨国公司实力或资产的重要组成部分与如何管理、控制以及协调全球网络有关。因此，跨国公司在设计其公司结构、管理程序、功能服务、相关步骤和工具进行全球价值链管理时，应基于以下目标：

第一，将与产品、过程和活动以及相关技术、技能、技术标准等有关的目标和要求传递至其附属公司、合作伙伴以及独立公司（以保证公平交易）。

第二，尽可能维持、强化以上公司间的权力平衡。

第三，实现其在全球价值链中附加值份额最大化。

为管理全球价值链并实现总体目标，跨国公司开始升级并重新配置公司服务与支持程序。建立了完善的国际性基础设施来管理各种活动、附属公司、NEMs以及公平交易网络。该基础设施已应用于各跨国公司。不同的行业驱动因素和跨国公司战略形成了多种全球价值链模式，因此，全球价值链管理也大不相同。

选择具体公司服务或过程进行外包取决于该服务或过程是否"核心"（即对比较优势至关重要）、外包的价值所在（例如，外部机构是否能更好地培养跨国公司的NEMs合作伙伴或其附属公司）、成本、适当NEMs伙伴的可获得性以及其他区位决定因素。就"核心"基础设施而言，通常指跨国公司总部保留的前景、控制以及监管职能（尽管在原则上这些职能可配置在世界各地），然而供应链管理和支持功能可划分为核心因素和非核心因素，这取决于跨国公司及其全球价值链的情况。例如，跨国公司把分配和物流视为非核心业务并外包出去，通常外包给专门提供这些服务的全球综合物流跨国公司。例如，DHL（德国）就是一家这样的物流跨国公司，并且为世界各地的主要跨国公司提供物流支持以及链式解决方案。

供应链管理战略是跨国公司协调其全球价值链的核心。当然，供应链战略结构基于环境因素而有所不同，例如需求变化、产品生命周期以及管理目的。① 供应链管理因素是否要位于母国，为全

球管理目标选择重要国际区位,支持区域价值链战略,还是要在东道国完全培养伙伴公司,取决于全球价值链的具体情况。例如,IBM(美国)已从20世纪六七十年代的区域分离结构(产品销往150个国家),到八九十年代的全球一体化,转变为当今以网络结构中"供应链管理分析"为运作核心的企业。在这个过程中,IBM将30多个供应链整合为一个,并集中关注风险管理、透明度、成本控制以及可持续性。该过程基于ICT服务,并提高了协调性,降低了成本,增强了盈利能力。②

注:①参看 Engel. B (2011):《你现在应该做的十大最佳实践》,《供应链》(季刊),第一季。Perez, D. (2013):《供应链策略:哪一个切中时弊?》,《供应链》(季刊),第一季。②参看 Cooke, J. A. (2012):《多对一:IBM 的统一供应链》,《供应链》(季刊),第四季。

资料来源:UNCTAD。

企业应选择 FDI、NEMs 还是公平交易(或三者的组合)——类似于全球价值链管理模式——取决于交易成本、权力关系和外化的内部风险等因素(《世界投资报告 2011》)。将全球价值链分析作为一种组织概念框架的学者认为对于供应商或合作企业而言,其是否易于整理成文对具体的全球价值链(或其一部分)的管理模式选择具有较大意义。反过来,这也要求跨国公司能够合理运用其所选模式,如 FDI、公平交易或 NEMs。[8]

(一)外国直接投资

对于 FDI,跨国公司必须能够有效协调和整合子公司的活动。在全球价值链下,知识流动是复杂的,而且不易于归纳整理(由于资产的共同专业化,它们可能是隐性的或不容易分离的)。如果潜在合作伙伴或公平交易供应商的能力低,那么通过 FDI 进行经营内部化是最有可能采用的治理模式。管理公司内的这些活动本身是复杂的,涉及的成本很高,而且跨国公司已经制定出复杂的战略性企业支持基础设施来管理它们的业务,诸如人力资源、财务和运营管理等"总部功能"。这进一步提高了企业组织、协调和管理分散在全球的子公司在其 GVC 各环节的运营。在 GVC 下,该模式常被称为"等级型",并被用于价值链中不同行业的跨境垂直一体化下。[9]

(二)公平交易

跨国公司对国际性公平交易的依赖要求其具备从完全独立的远距离企业获得服务或服务于这些企业的能力。这种治理模式适合标准化产品,能够以一种简单的方式在采购方与供给方之间交换商品或服务信息——价格、规格(也许是依照国际标准的)和质量保证。全球价值链治理的市场模式是某些 GVC 的一个重要特征,而且要求具有相对简单的协调能力,即采购和远距离服务的能力,还需要监控合规的程序。

(三)非股权模式(NEMs)

当较复杂的买方—卖方关系导致协调成本上升和关联交易时,跨国公司利用非股权模式(NEMs)管理全球供应链。今天,全球价值链网络已经高度发达(《世界投资报告 2011》),但其协调机制多种多样。将这些机制视作 NEMs(或非股权管理模式)的次级模式就凸显了该多样性。在全球价值链相关文献中,非股权模式存在三种基本类型:俘获型、模块型和关联型。特定的 NEMs 供应商并不局限于其中某一种模式,这取决于它自身的能力,它可能采取不同的模式,同时与不同的跨国公司建立业务关系。

在俘获型 NEMs 下,跨国公司应对能力有限的潜在供应商或合作伙伴的做法是,为将要执行的任务提供清晰的、已成文的指示，并在必要的时候为供应商提供支持，从而使它们发展自己的能力。这有利于构建一个供应商基地（通常囊括主要供应商），从而能够将投入品交付全球价值链中处于领先地位的跨国公司，但是考虑到能力上的高度不平衡，供应商要受到领头企业的控制。然而，跨国公司意识到当地能力的发展对其长期发展目标至关重要。因此，跨国公司如IKEA通过它们的贸易销售办事处（充当联系当地企业的接口）协助其全球供应商网络，包括定期监管和经常实地考察。这些办事处为当地供应商提供技术支持，以帮助它们提高运营能力和创新能力。[10] 俘获型非股权模式享有的独立性较低，这使得它们类似于垂直整合型FDI下的受到严格控制的子公司，所以两者的控制机制是相似的，比如供应商和合作伙伴间的组织与协调，包括管理知识转移和质量监控。

模块型NEMs作为一种策略，可实现全球价值链协调成本最小化、选择和更换供应商便利化。该管理模式广泛应用于电子产业。非常有实力的一级供应商的联合和产品规格的标准化意味着跨国公司能够获得定制产品，而不必与供应商发生复杂的交易。非股权模式的合作伙伴与跨国公司一起提供定制的产品，但它也可以是其他企业的供应商，并且容易被其他供应商取代。

关联型NEMs来自于跨国公司及其合作企业间的相互依存性。当跨国公司和其他公司之间的合作依赖于隐性知识的交流和共享它们之间的核心竞争力时，关系型治理模式便产生了。支持这类关联管理的合同安排需要反映隐性知识交易和评价合作伙伴在业务中投入的努力程度时遇到的困难。出于这个原因，类似于合资企业的方式是典型的关联型管理。

表4.3总结了全球价值链的治理模式，这些模式对供应商和东道国政府都有重要的意义（见表4.4）。

表4.3 全球价值链治理模式：领先企业层面

治理模式	跨国公司与供应商关系主要特点	典型实例	跨国公司协调性
FDI（所有权）	交易复杂 产品规格或加工规格方面的信息专有或不易于整理和传播 领先企业可能需要对风险管理进行全面控制	具有高知识产权、高质量风险以及高品牌价值的产品	高
NEMs			
—俘获型	交易相对简单 领先企业往往具有较强的购买力 领先企业有效控制生产	汽车行业供应商的分级结构	较高
—关联型	交易复杂 产品信息或加工规格不容易整理和传播 团体合作	供应商与零售商或大型服装品牌的买方之间的关系	中等
—模块型	交易复杂 产品规格的相关信息不容易传播 领先企业倾向于协调合作伙伴与供应商管理公司间的关系	土耳其电子行业的供应商关系	较低
交易（市场）	交易相对简单 产品规格的相关信息易于传播 以价格作为中央治理机制	商品以及商品化的产品	低

资料来源：UNCTAD。基于Gereffi, G., J. Humphrey 和T. J. Sturgeon：《全球价值链治理》，《国际政治经济评论》2005年第12期，第78~104页。

第四章 全球价值链：促进发展的投资与贸易

表 4.4 全球价值链治理模式：供应商层面

治理模式	对供应商的主要影响	全球价值链发展的重要影响
FDI（所有权）	● 供应商是完全垂直整合的，并受到全面的管理控制	● 参与全球价值链要求获得所有权优势的唯一且快捷的方法 ● 扩展技术和知识转移需要的商业联系
NEMs		
—俘获型	● 相对较小的供应商、购买力高度不对称 ● 受到领先企业的高度监管和控制 ● 侧重于提高效率的知识共享	● 造成对少数跨国公司（具有低转换成本）相对较高的依赖度 ● 发生知识转移（由于互惠互利），但范围有限
—关联型	● 合作伙伴间的相互依存度 ● 合作伙伴间的频繁交易和知识交流 ● 供应商更容易生产差异化产品	● 知识转移和学习程度相对较高 ● 由于领先企业具有较高的转换成本，需求更加稳定
—模块型	● 对领先企业的依赖度较低、供应商往往参与多个全球价值链 ● 有限的特定交易投资（如通用机械可用于多个客户）	● 联系的范围广 ● 企业间信息流动量相对较高
交易（市场）	● 交易伙伴间没有正式合作 ● 客户转换成本低	● 受到市场力量的影响 ● 学习方式仅限于贸易渠道

资料来源：UNCTAD。基于 Gereffi, G., J. Humphrey 和 T. J. Sturgeon：《全球价值链治理》，《国际政治经济评论》，2005 年第 12 期，第 78~104 页。

二、全球价值链的区位决定因素

> 对于许多全球供应链环节、任务和活动，少有"事关成败"的区位决定因素作为各国进入全球价值链的先决条件。

除了决定如何协调全球价值链的活动外，跨国公司还要决定价值链中价值增值活动（或环节）的区位选择。决定跨国公司东道国区位选择的因素有很多，包括经济特征（如市场规模、增长潜力、基础设施、劳动力获取和技能）、政策框架（如投资行为管理规则、贸易协定和知识产权制度）以及商业便利化政策（如经营成本、投资激励）等。

随着时间的推移，"典型的"投资区位决定因素（《世界投资报告1998》）已经发生了变化，涌现出许多新兴行业、新型参与者和全球价值链模式，价值链活动正变得日益细化。特别是，当跨国公司采用的治理模式和所处的全球价值链环节或子环节不同时，某些决定因素的相对重要性也不同。跨国公司活动的区位决定因素日益视具体的全球价值链环节和模式而定。作为说明，表 4.5 提供了一个指示性的、简单的列表，列出了一般全球价值链不同环节的关键区位决定因素。

许多区位决定因素与特定的价值链环节无关。稳定的经济、政治和社会环境、稳固的商业法律和合同制度是所有全球价值链环节的重要先决条件。同样的，旨在减少"冲突"成本或者支持外国子公司或当地企业的商业便利化措施也是重要的先决条件。一般来说，贸易和投资政策对所有的价值链环节都是有影响的，尽管某些措施可能对不止一个环节具有影响。

然而，全球价值链的大多数环节有某些特定的区位决定因素，这些因素对跨国公司的活动尤其重要。例如，在知识创造阶段（包括创新、研发、设计和品牌推广），存在合适的知识产权体制、受过教育但成本相对较低的劳动力是关键因素（见表 4.5）。

全球价值链主要运营环节的区位决定因素主要取决于创造的产品或服务的性质。例如，制造业中区位选择取决于成本相对较低的熟练劳动力/非熟练劳动力的可获得性、物流基础设施的质量、

表 4.5　全球价值链任务和活动的重要区位决定因素

全球价值链环节或阶段	经济决定因素	政策决定因素和商业便利化
所有环节		
	● 经济、政治、社会稳定 ● 可获得劳动力的特点（成本、技能水平、语言熟练程度、教育、科技竞争力） ● 距离以及进入市场或价值链下一环节 ● 交通和物流基础设施的可用性和质量 ● 本土企业的存在和能力	● 贸易限制和促进 ● 投资政策 ● 稳健的商业法律和合同执行制度 ● 商业便利性（如经营成本） ● 支持外国子公司的商业便利化（如投资促进、售后服务、提供社会福利设施） ● 支持本土企业的商业便利化（如本土企业发展、质量升级、提高生产力和本土企业能力的规划、创业激励、对工作环境标准和本土企业社会责任的支持）
知识创造环节		
创新和研发	● 国家创新体制 ● 可获得劳动力的特点（成本、教育、科技竞争力） ● 研究集群的存在	● 政府 R&D 政策 ● 知识产权制度 ● 本土企业出售知识产权的政策（技术许可证） ● 管理合同调查和许可合同的法律 ● 投资激励 ● 科技园区
设计和品牌	● 不同地区消费者偏好（本地/区域市场导向型商品和服务） ● 可获得劳动力的合适性和特点（成本、教育、市场竞争力） ● 设计和创新集群	● 知识产权制度 ● 本土企业出售知识产权的政策（品牌许可证、商标等） ● 投资激励 ● 设计中心和机构支持
主要运营环节		
原材料和农业投入	● 自然资源的可获得性，包括相关原材料、农业投入（土地、水） ● 公用设施服务的可获得性和质量（电力、水） ● 低成本劳动力 ● 原材料投入品的本地生产商的存在和能力	● 环境政策 ● 贸易限制和促进、普通优惠制（GSP）和其他优惠贸易协定（PTAs） ● 有关外国所有权、租赁和自然资源（包括土地）开发/利用的政策 ● 土地所有权制度、获得土地和其他资源的传统权利 ● 私有化政策 ● 管理农业合同的法律 ● 海关和边境手续
制成品（包括零部件和组件）	● 基本的基础设施和公共设施的可获得性和成本（能源、水、电信） ● 产业集群 ● 可获得劳动力的合适性和特点（成本、技能水平）	● 贸易限制和促进、普通优惠制（GSP）和其他优惠贸易协定（PTAs） ● 海关和边境手续以及贸易便利化 ● 支持技能培养的政策 ● 管理制造业合同的法律 ● 海关和边境手续 ● 工业园区和出口加工区（EPZs） ● 投资促进，包括一站式商店、形象构建活动和便利化服务 ● 本土企业发展和能力升级的规划方案

第四章 全球价值链：促进发展的投资与贸易

续表

全球价值链环节或阶段	经济决定因素	政策决定因素和商业便利化
销售和服务支持		
销售和物流	● 交通和物流基础设施的可获得性和质量 ● 投入品的可获得性、质量和成本（交通、通信、能源） ● 本地销售网络和相关产业的物流公司（如批发、仓储、销售等）	● 有关外国所有权、租赁和战略产业中运营的政策 ● 基础设施发展政策 ● 海关和边境手续 ● 区域基础设施连接和通道
服务（如总部、IT、人力资源、法律、审计）	● 通信基础设施和服务的可获得性和质量 ● 低成本劳动力 ● 可获得劳动力的合适性和特点（成本、语言熟练度、教育）	● 服务贸易限制和促进 ● 通过教育、科技竞争力支持技能培养的政策 ● 税收政策 ● 机密性和数据保护法 ● 管理服务外包合同的法律 ● 本土企业发展和能力升级的规划方案 ● 区位的宜居性（尤其是外籍资深员工）

资料来源：UNCTAD。

与最终市场的距离以及投入品的可获得性。FDI是以当地竞争力实力或合资企业合作伙伴以及工业园区的可用性为条件的，然而，通过NEMs进行运营的决定受到当地公司的能力和监管制造业合同的法律的影响。对于原材料和农业，主要决定因素是自然资源的存在、支持开采和运输的基础设施的规模、管理利用和消费的一整套政策。服务业、劳动力的具体特点（语言技能和教育受到政策激励的支持）和电信基础设施的可靠性都是很重要的。

全球价值链区位决定因素作为一个整体，它必然不同于那些决定是否选择FDI、非股权模式或公平交易来协调单个环节、任务和活动的因素。如表4.5所示，尽管某些区位决定因素对跨国公司价值链的所有环节和管理模式都很重要，但是大多数全球价值链环节或活动只有少数几个"事关成败"决定因素。

因此，各国政府能够有针对性地选择符合其禀赋和发展目标的全球价值链及全球价值链环节。例如，在服务外包的情况下，政府可能首先会通过专注于一些关键因素来吸引服务中心（被认为是服务业中入门级活动），比如具备基本技能的低成本劳动力、电信基础设施和数据保护法，然后转向业务流程外包，这要求更多具体的、高技术的、协调一致的产业政策方面的努力。如果把培育有能力的当地企业作为产业政策的一部分，那么这就提高了跨国公司寻求非股权模式合作伙伴而非采取FDI方式的可能性。

各国政府越来越意识到区位决定因素的重要性以及政策活动是如何影响国家作为价值链特定环节跨国公司活动的目的国的吸引力。现在，越来越多的国家开始考虑如何定位和提升自己，以吸引全球价值链活动，不论这些业务活动是价值链的一个环节还是整条价值链。一些国家最初利用有限的资产制定战略来吸引跨国公司的全球价值链的某些环节（如在柬埔寨服装行业的"裁剪、制作和成衣装饰"价值链），而其他国家则是能够找到一种更为复杂的方法，在现有优势的基础上，实现吸引理想的价值链环节和活动的目标。

马来西亚是一个很好的例子。马来西亚投资

发展局（MIDA）制定了一个复杂的战略，旨在充分利用其现有的尤其是合同制造区位优势，在价值链及其各环节的多样化范围内选择相似的环节。

特别是，它已经确定其在制定鼓励建立高科技制造业价值链环节和活动的战略上存在区位优势和弱势（见专栏4.6）。

专栏4.6　区位决定因素：马来西亚的高科技制造业

马来西亚投资发展局（MIDA）试图通过强化其区位优势，放大马来西亚现有资产和订单制造业能力，从而成为高科技制造业价值链的全球外包中心。下一步目标是提升关键制造业价值链的参与广度，即管理整个过程（从产品构思到批量生产），包括物流、仓储、包装、检测和认证。为实现该目标，马来西亚投资发展局已试图找出重点优势和劣势，以及马来西亚为提高其作为FDI和NEMs目的国而需要改进的地方（见专栏表4.6.1）。

专栏表4.6.1　马来西亚投资发展局确定的高科技制造业的优势和劣势

优势	劣势
● 品质保持一致和准时交货	● 研发和设计投资不足
● 高科技产品的成本富有竞争力	● 缺少中级专业技术
● 语言能力	● 行业分散——企业间缺乏合作
● 受过培训和教育的劳动力	● 制造企业缺乏高科技零部件
● 强有力的政府支持：金融和经营	
● 知识产权保护、法律和法规	
● 投资者受保护，法制健全	
● 便利的经商条件	
● 发达的基础设施、交通和物流	

马来西亚政府意识到，需加强诸多领域实力，借助区位优势吸引FDI和NEMs项目。通过以上策略，马来西亚旨在进一步构建其作为电子、汽车、机械制造、石油和天然气行业跨国公司外包目的国，保持已有竞争地位，并利用这些优势成为航空航天、医疗、国防和光伏产业的重要参与者。

资料来源：UNCTAD。

第三节　全球价值链发展的影响

> 全球价值链能直接增加GDP和就业，并为产业升级提供机遇，对发展做出贡献，但这些好处并不是必然的，参与全球价值链仍然存在风险。

GVCs是全球化的一种表现，它们在许多国家开展经济活动。就这一点而言，GVCs能够加快发展中国家追赶GDP、收入水平的速度，并使得经济体之间的差距缩小。从全球层面看，这是GVCs对发展的最基本贡献。

从单个发展中国家层面看，各国经历的差异

非常显著。本节探讨了 GVCs 在国家发展过程中发挥的作用。本土企业进入价值链，会影响价值创造、就业增长以及学习和生产力提高的潜力。GVCs 还能够影响国家和环境的社会形态，当然并不是所有的影响都是正面的。GVCs 中的领先企业——跨国公司往往能够控制附加值较高的活动（从创新和技术活动到品牌推广和新产品开发），而从事 GVCs 中日常装配工作或服务的其他公司（往往根据合约安排在发展中国家经营）可能获得的利润低，增长的机会也少，更容易受经济周期的影响。表 4.6 总结了 GVCs 对主要发展领域的影响。

表 4.6 GVCs 的发展影响：研究亮点

影响区域	研究亮点
获取当地价值	● 参与 GVC 能为本国经济带来附加值，并促进 GDP 快速增长 ● 问题在于 GVCs 产生的附加值往往是有限的，因为出口品中的进口品投入占比较高，并且仅参与整个 GVC 或最终产品中附加值较低的部分 ● 跨国公司及其子公司能为本土企业参与 GVCs 提供机遇，通过本土采购创造额外的附加值（往往通过非股权关系） ● 发展中经济体 GVC 附加值的大部分是由跨国公司子公司创造的，有人担心这会导致附加值漏出，例如通过操纵转移价格。此外，子公司的部分利润回流母国，这可能会影响国际收支，尽管有证据表明这一影响在大多数情况下是有限的
创造就业、增加收入和就业质量	● 尽管 GVC 参与程度取决于出口中的进口投入的占比，但参与 GVC 往往能为发展中国家创造就业，并带来更高的就业增长率；在不用国家和行业中，参与 GVC 往往对女性就业产生积极的影响 ● 参与 GVC 能促进熟练和非熟练工人就业；技能水平随附加值活动的不同而不同 ● 来自全球采购方的成本压力意味着与 GVC 相关的就业可能是不安全的，其工作环境可能是恶劣的 ● 尽管 GVCs 中企业间的联系也能增强需求和就业的连续性，但由于沿着价值链，需求的波动逐渐增强，因此 GVCs 中的就业也会变得相对不稳定
技术传播和技能培养	● 知识从跨国公司至价值链中本土企业的转移取决于知识的复杂程度以及是否易于整理归纳、企业间关系的性质以及价值链管理和吸收能力 ● GVCs 也可能会阻碍本土企业学习或限制少数企业的学习机会。本土企业也可能被困于低技术、低附加值的活动中
社会和环境影响	● GVCs 可以作为传播国际上社会和环境方面最佳实践经验的机制，例如，通过利用 CSR 标准。在一级供应链下实施该标准仍是一个挑战 ● 企业在 GVCs 中提供的工作条件和适用标准一直令人担忧，因为它们都在监管环境相对较弱、劳动成本低的国家。跨国公司或其主要承包商对工作条件的影响可能是积极的，因为它们进行统一的人力资源实践、雇佣固定工人、遵守其 CSR 准则并降低与需求周期性变化相关的风险 ● GVCs 使得对一国的环境影响（如温室气体排放）分散在许多其他国家。GVCs 中领先企业正努力帮助供应企业降低环境影响
升级和构建长期生产能力	● 如果本土企业能提高生产力并升级至 GVC 中具有较高附加值的环节，那么 GVC 能提供长期发展机遇 ● 参与 GVC 的一些方式可引发对狭窄技术基础以及跨国公司主导的附加值有限的活动的长期依赖 ● 本土企业避免这种依赖性的能力以及升级潜力取决于它们参与的价值链的环节、企业间关联的性质、吸收能力和当地经济环境的框架条件 ● 在国家层面，成功的 GVC 升级路径不仅涉及 GVCs 参与程度的提高，而且还涉及较高国内附加值创造以及逐步提高参与 GVCs 中技术日益进步的活动的程度

资料来源：UNCTAD。

参与全球价值链对东道国经济增长和发展的潜在影响主要取决于两个因素：

第一个因素是 GVC 本身的性质。它能够带来学习和升级的机会吗？它能够使公司获得生产其他产品或服务的能力吗？墨西哥服装业的企业能够获得新的技能和职能，成为全包供应商，[11] 然而，非洲撒哈拉沙漠以南地区的服装供应企业则很难根据《非洲增长与机遇法案》升级裁剪、生产和成衣装饰环节。

第二个因素是东道国的商业和制度环境。是

否有一个有利于企业学习和促进技术管理技能方面投资的环境？企业是否愿意对开发新技术，提高其自身能力和寻找新的市场机会等方面进行投资？当地企业的实力和能力决定了它们进入跨国价值链，从 GVC 升级中学习受益的能力。而政府制定的政策能够促进这一过程。

虽然已经建立了衡量 GVC 对发展影响的指标——例如，UNCTAD 与 G20[12] 合作制定并测试了一套 GVC 影响指标——衡量 GVC 对东道国的影响是困难的，这不仅是因为 GVC 中参与者众多（就价值链模块而言，涵盖综合性公司、零售商、领先企业、供应商、分包商等直接参与者以及其他直接参与者和非直接参与者），还因为价值链的空间范围广阔（不只是全球范围内，还有国内以及地方、子区域和国家层面）。本节的一个特别的贡献是，UNCTAD 将来自于 UNCTAD-Eora GVC 数据库的实证证据与来自 UNCTAD 在发展中国家的实地考察的案例研究证据相结合，与现有的来自经济学、国际商务、发展研究和社会学等相关领域的学者的大量文献和案例研究的知识一起，反映了这一多学科话题的本质。

一、获取当地价值

> GGVCs 中获得的价值取决于进口品投入、外国子公司在附加值创造中起的作用以及与汇回收益和转移定价相关的跨国公司政策。

提供出口的生产直接增加了产出，提高了 GDP。然而，正如第一节中提到的，当地从 GVCs 中取得的附加值贡献和收入增加会受到出口中投入的外国附加值的限制。发展中国家的出口中，外国附加值平均占比约 25%（见图 4.18）。但是，并不是所有的国内附加值都留在国内。在发展中国家中，外国子公司产生的国内附加值占出口的份额要高于国内企业——UNCTAD 预测发展中国家这一份额的平均值将在 40% 左右波动，国别差异较大（估计外国子公司国内附加值占出口的份额在 25%~35%）。大部分外国子公司产生的附加值通过生产要素，特别是劳动和资本（以及对生产的净补贴）补偿的形式，仍留存在国内。但是，外国子公司创造的附加值的盈余部分——发展中国家平均约为 40%——有多种用处，它可用于支付地方企业所得税，再投资或者汇回至跨国公司

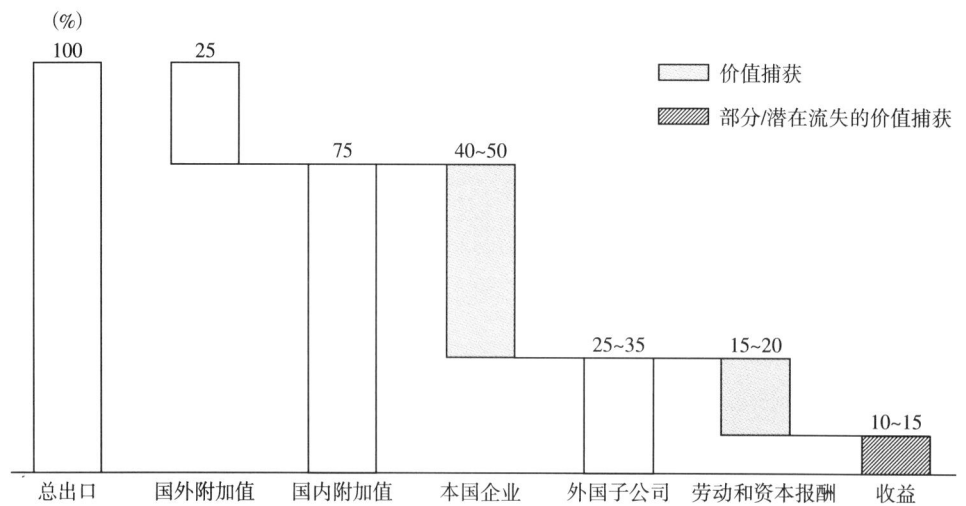

图 4.18 价值链中的附加值：发展中国家平均贸易附加值份额

资料来源：基于 UNCTAD-Eora GVC 数据库和商业集团数据库（参看专栏 4.4）的 UNCTAD 展望。

母公司所在的母国。此外,外国子公司创造的附加值中,一部分是向跨国公司网络内的母公司或其他子公司出口,附加值中总的收益规模取决于跨国公司的转移定价决策。

国内附加值份额、国内企业产生的附加值、外国子公司附加值中留存在国内的部分、转移定价等关键因素在很大程度上决定了参与 GVC 的国家获得的实际价值,本小节将进一步阐述这些因素。

(一) GVC 对 GDP 和经济增长的贡献

> 即使是参与那些要求更多进口品投入的环节,GVC 也有助于国内附加值创造。GVC 参与率与人均 GDP 增长率正相关。

过去 20 年的经验表明,随着一国 GVC 参与程度的提高,它们的经济增长率也呈上升趋势。GVC 参与程度和人均 GDP 增长率之间相关性的统计分析表明,它们之间存在正相关关系,这对发达经济体和发展中经济体都适用(见图 4.19)。

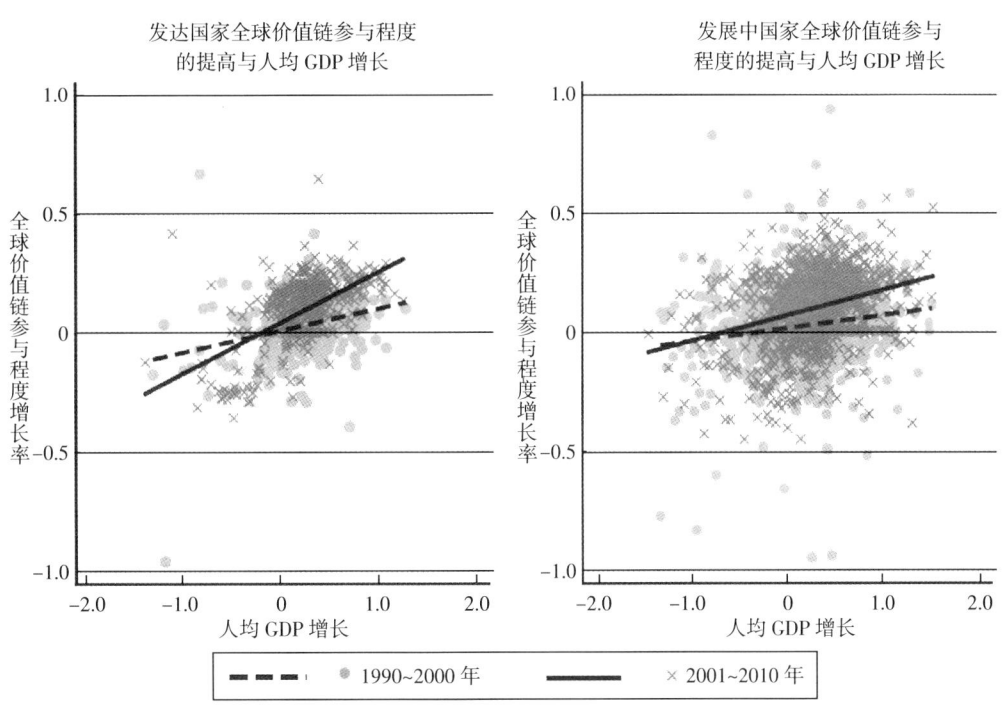

图 4.19 GVC 参与程度的提高与人均 GDP 之间的相关性

注:发达国家和发展中国家的年实际人均 GDP 增长与 GVC 参与程度提高的回归分析结果均是显著正相关(在 5% 的水平,且 R^2 分别等于 0.43 和 0.30)。分别考虑 1990~2000 年和 2001~2010 年两个时间段,相关性仍然显著。为了避免从一国国内附加值(影响 GVC 参与程度)和人均 GDP 相关性中得到一个交互效应,所有回归分析都使用滞后(一年)GVC 参与程度增长率以及国家和年的固定效应来解释未观测到的异质性。

资料来源:UNCTAD-Eora GVC 数据库、UNCTAD 分析。

尽管存在较强的相关性,但是这一统计分析并不能表明直接的因果关系,GVC 参与程度的提高往往与较快的人均 GDP 增长齐头并进(图 4.20)。1990~2010 年这 20 年期间(第一四分位数),GVC 参与程度增长率最高的 30 个发展中经济体与同一时期排名最后的 30 个国家相比,前者人均 GDP 平均增长率为 3.3%,后者为 0.7%。

由于并非所有出口都是国内创造的附加值,给定一国,其国内附加值占贸易的份额可能与其占全球出口的份额相差很大。贸易附加值贡献率

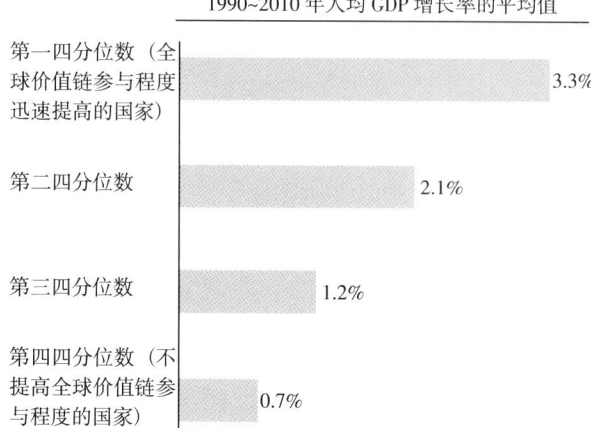

图 4.20　1990~2010 年发展中经济体 GVC 参与程度提高的四分位数回归的人均 GDP 增长率

注：图中使用了 120 个国家的数据，按 GVC 参与程度的提高排名并分为四分位数；该报告中的增长率为每一个四分位数的平均值。

资料来源：UNCTAD-Eora GVC 数据库、UNCTAD 分析。

前 25 位的发展中出口国中，那些全球附加值贸易份额低于全球贸易份额的国家（不包括主要的石油出口国），出口对 GDP 的平均贡献率大约为 30%。相比之下，全球附加值贸易占比高于其贸易占比的国家，出口对 GDP 的平均贡献率低于 20%。这一结果表明，着力于提高国内附加值占出口的份额并不总是最有效的政策目标。进入动态价值链可能会带来更好的结果，即使这样做意味着国内附加值份额相对较低（参见第四章第五节的讨论）。

一国国内附加值占贸易的份额也可以与其占 GDP 的份额相比较——这是另一种衡量附加值贸易相对表现的方法。附加值贸易可能对一些经济体有重要贡献，即使国内附加值占出口的份额较低（这种情况发生在东亚和东南亚的某些国家）。在这种情况下，通过使用进口的中间商品和服务实现、维护和巩固 GVC 参与。这类战略对小型经济体可能尤其重要，因为小型经济体在整个价值链所处的环节，并不为任何产业提供国内投入品。

（二）贸易的国内附加值和业务关联

> 不论是在制造业还是服务业中，潜在的业务关联——通过连接当地企业与在其国家生产经营的领先企业和子公司，连接本土企业与 GVC——可能很大。

参与 GVC 的国家内，出口中的国内附加值不仅来自企业本身的出口，也来自其他通过后向联系参与供应链的企业。类似的供应商可能与出口企业在同一行业，也可能在其他行业，包括服务业。因此，纳入出口的国内附加值可以被分解成来自出口行业的附加值和来自其他业务活动的附加值，这些业务活动泛指关联业务（尽管出口企业——往往是跨国公司子公司和当地企业间的关联业务也可能发生在同一行业，中间产品供应商可能有相同的行业分类）。

图 4.21 显示了对四个国家的行业——泰国的汽车行业、巴西的家电行业、菲律宾的半导体行业和加纳的食品饮料行业的出口国内附加值的分解。不同国家、不同行业的出口中国内附加值的总份额不同。巴西家电行业（86%）、加纳食品饮料行业（73%）的这一数额均超过了 2/3，相比之下，菲律宾半导体行业（44%）和泰国汽车行业（48%）的份额还不足 50%。

研究结果表明，这些行业主要的出口企业为当地企业提供了参与 GVC 的机会，通过行业内外的当地采购产生额外的附加值。[13] 在选择的案例中，1/5~1/3 的国内附加值来源于行业内出口（巴西家用电器出口的国内附加值中 39% 来自行业内贸易，即来自企业本身或同一行业内的供应商，而加纳的这一比例是 26%）。与跨部门供应商的联系范围最大的是巴西家电行业（出口的国内出口附加值的 61%）。该行业的供应商生产各种钢材（半成品、层压板、棒材和电子管）、塑料或纸制品，此外，服务部门占附加值的 14%（提供商业

第四章 全球价值链：促进发展的投资与贸易

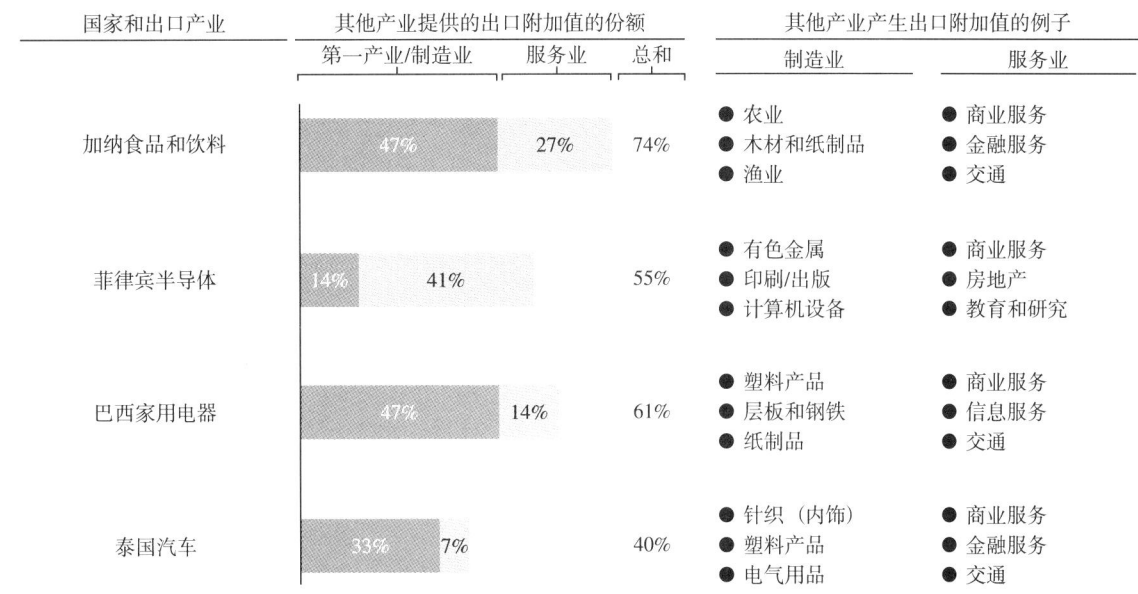

图 4.21　2010 年国内出口附加值来源：关联范围

资料来源：UNCTAD-Eora GVC 数据库、UNCTAD 分析。

服务、金融和保险、信息服务和货物运输服务）。

在某些情况下，间接出口的附加值或供货企业为出口商贡献的国内附加值，仍主要来自于东道国的其他跨国公司。例如，汽车行业中的龙头企业与供应商有着密切而复杂的关系，其特点是大型供应商能够与其客户在全球范围内共同定位、共同生产，主要负责选择和协调二级供应商。因此，国内附加值主要发生在跨国公司之间。汽车行业的一级供应商间可以表明跨国公司在某些特定产业部门占主导地位，[14] 例如捷克和哥伦比亚。正如著名的 iPod 跨国价值链案例那样，跨国公司也可以沿着单一产品价值链获得最大的价值。[15]

跨国公司领先企业能为发展中国家的本土企业在加强共同利益联系方面提供支持。表 4.7 列出了领先企业制订计划以为供应商获得资金提供便利的例子。当供应商是价值链的一部分时，企业和金融机构可以接受不同形式的抵押品。价值链中的供应商可以向领先企业提交一份联合投资计划。其他方法可能涉及金融机构向中小型企业

表 4.7　领先企业商业联系项目中融资计划的例子

融资计划类型	例子
自有融资机构	● 美国的 Anglo Zimele ● Grupo Martins' Tribanco
外部资金（通常为合资）的资本化	● ECOM 供应商融资 ● 英国石油公司 1500 万美元的供应商融资机制、阿塞拜疆的国际金融中心 ● GroFin 和壳牌基金会以及非洲当地银行的中小企业融资机制
与小额信贷机构相联系	● 星巴克投资于"草根资本"，从而为中美洲的小型咖啡供应商提供融资 ● 印度的百事可乐公司和贝斯克斯（BASIX）
非传统抵押	● 巴克莱在赞比亚接受粮食库存作为抵押品 ● 巴克莱在乌干达将采购协议作为 BL 供应商的担保 ● 晶石超市在南非为其小型供应商提供特殊预付款 ● 雪佛龙与哈萨克斯坦银行、TuranAlem 以及 Kazkommertz 银行合作

续表

融资计划类型	例子
与商业银行相联系	● Votorantim Papel e Celulose 帮助桉树农民从巴西雷亚尔银行获得信贷 ● Mundo Verde 将其供应商介绍给 Caixa 联邦储备银行和巴西东北银行 ● Anglo Zimele 将金融知识融入其小企业启动基金的借贷需求中
培养金融知识	● 房地产信贷的小额贷款机构提供金融教育和其他技能培养项目 ● IPAE-Empretec 在秘鲁与 UNCTAD 联合提供会计和金融管理课程 ● Empretec Jordan-BDC 为女企业家提供金融知识和特殊项目

资料来源：Jenkins, B., A. Akhalkatsi, B. Roberts 和 A. Gardiner：《商业联系：经验、机遇和挑战》，国际金融中心，国际商业领袖论坛和肯尼迪政府学院，哈佛大学，2007 年。

(SMEs) 提供贷款。

并不是所有的本土企业都有参与 GVC 的能力或潜力。由于资源有限、信息不对称和议价能力有限，规模较小的本土企业成为 GVC 一部分的机会的可能较少。农业部门的小农户们获取有关市场趋势、如何计算产品价格、特许权使用费和股息等方面的信息有限，这使得它们与大规模生产商相比在加入 GVC 时处于不利地位。当小农户们增强其企业社会责任，在当地市场取得合法性或提供有利可图的产品时，这些缺点的部分或许能够被克服。

各行业和部门内，与当地企业的关联随时间推移会发生变化（行业越成熟，当地商品和服务的份额越高），并取决于全球竞争（即从其他别处获得有价格和质量竞争力的供应的可能性）。[16]

(三) 外国子公司和留存在当地的附加值

> 一国的 GVC 参与程度与汇回收益和再投资收益具有很强的相关性，而对一国国际收支的净效应微不足道。

鉴于 GVC 中主要的出口商及其供应商往往是跨国公司，有人担忧，创造同样的附加值，外国子公司带来的好处少于当地企业。这是因为外国子公司可能会汇回附加值中的利润部分。尽管 2010 年发展中国家总的国内贸易附加值超过其总 FDI 收入汇出的 20 倍，但这种情况对单个国家而言可能更为微妙。

从东道国汇出的利润与其 GVC 参与程度之间确实存在较强的正相关关系。参与 GVC 受到跨国公司活动的驱动是一个必然事实。扩张跨国公司业务同样会导致再投资收益增长（见图 4.22）。因此，参与 GVC 能促进对东道国的进一步生产性投资。

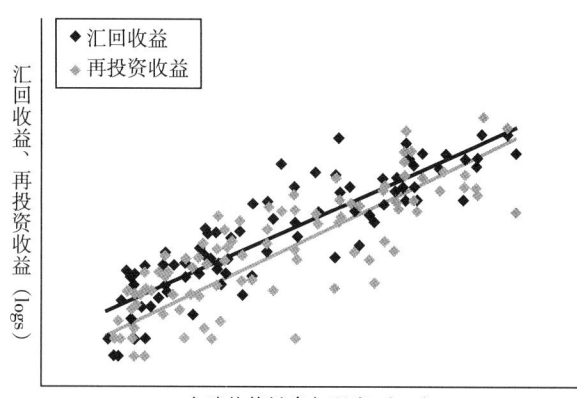

图 4.22 2010 年 GVC 参与程度、汇回和再投资收益

注：图中使用的是 2010 年所有报告国家的数据，但不包括按汇回收益占总 FDI 收入比重排名的前十分位数和后十分位数的国家。汇回收益对应经常账户项目的借记项下。所有数据都是自然对数的绝对值。

资料来源：IMF 国际收支数据库、UNCTAD 计算。

2010 年，全球大约 60% 的总 FDI 权益收入被汇回（见图 4.23）。一定程度上，这一比例会根据外国子公司在东道国参与的 GVC 类型及其在价值链中所处的环节而不同。处于价值链末端的市场寻求型 FDI 收入似乎较少地用于再投资。处于

第四章 全球价值链：促进发展的投资与贸易

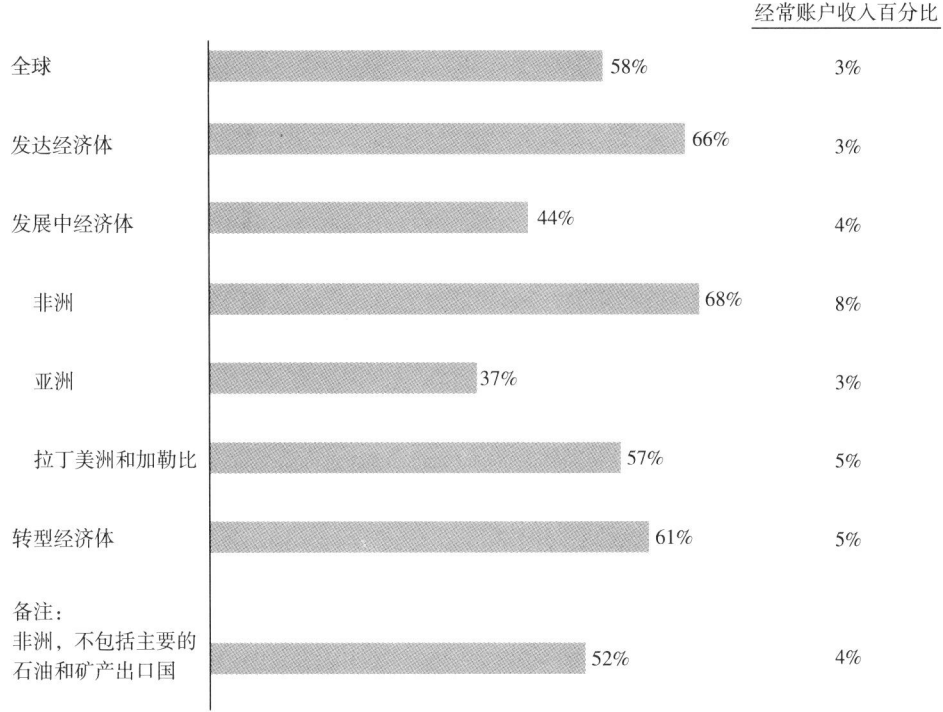

图 4.23 2010 年各地区汇回收益占 FDI 总产权收益的份额

注：图中使用的是 2010 年所有报告国家的数据。遣返收益对应经常账户项目"准企业收入的分红和撤资"的借记项。
资料来源：IMF 国际收支数据库，UNCTAD 估计。

GVC 中端的外国子公司，不论是制造业还是服务业，都更有可能进一步投资于生产设施、扩大效率寻求型 FDI。采掘业的价值链较短，前期投资较多，收入汇回的倾向更高。例如，尽管非洲总体的再投资率看起来不高，一旦将样本中的主要石油、煤矿出口国剔除出去，则其再投资率就大体上与全球平均水平相当。

各国参与 GVC 的整体水平对各国再投资和汇回收益率的影响似乎并不显著。按 GVC 参与率排名，前 1/4 的发展中国家汇回收益比例的中值是 50%，排名后 1/4 的国家汇回收益比例的中值是 52%。

最后，在发展中国家，汇回收益占经常账户份额的均值是 4%，很少会超过 8%。大多数情况下，与来自 GVC 的较高的净出口对经常账户的正效应相比，汇回收益的负收入效应微不足道。

（四）GVC 和转移定价

转移定价是为关联方之间交易的商品和服务制定的价格。公司互持股份的情况下，存在通过操纵内部转让产品的价格，即通过操纵转移定价最大化整体利润的机会。

在跨国公司将政府政策视为成本（如贸易和企业所得税、外汇管制）或机遇（如出口补贴）的情况下，转移定价操纵为跨国公司提供了一种可以用来削减成本并利用各种机会的方法。但是，这种贸易错误定价会降低东道国政策的有效性，大大削弱国家税基，并剥夺国家政府在全球附加值中的公平份额。[17] 为了阻止这种做法，政府已经采取 OECD 公平交易标准，要求跨国公司转移价格的制定必须基于独立企业在相同或相似的事实和情况下的行为。

在 GVC 背景下，转移定价操纵是高度相关的，原因主要有两个：

（1）GVC 和附加值贸易极大地拓宽了跨国公司转移定价的控制范围。GVC 使跨国公司能够细分其国际生产网络，将每一个价值增值活动置于某地区或全球范围内成本最低的地方。国际生产的高度分化增加了中间商品（如原材料、零部件及半成品）的跨境贸易，并使国外附加值占世界出口的份额不断上升。价值增值活动的细分增加了 GVC 的长度和类型，为跨国公司操纵商品和服务的转移定价提供了更多的跨境机会。

（2）GVC 中服务的重要性使转移定价操纵难以打破。几乎一半的出口附加值源于与服务相关的活动，这是服务业占全球总出口份额的两倍以上。虽然对农业和制造业部门的公司内交易来讲，与外部市场进行价格比较是可能的（例如有足够的按照公平交易标准进行的公司内交易），但这不适用于服务（如前台和后台功能）和无形资产（如专利和许可证）的内部交易，因为这些内部交易的可比公平价格不太可能存在。

实际上，转移定价操纵可能会影响 GVC 中附加值的分配。出口对发展的贡献在于来自贸易的国内附加值。就外国子公司创造的国内附加值比例而言——大多数发展中国家的这一比例较高——利润占附加值的比例（发展中国家的平均值约为 40%）可能会受到转移价格操纵的影响，可能会"漏出"附加值和相关财政收入，并减少来自 GVC 的价值。

二、创造就业、增加收入和就业质量

（一）GVC 参与、就业创造和收入增加

GVC 参与往往导致较高的源自出口的国内就业增加和更快的就业增长，即使是这意味着出口中的进口品投入更高。

总的来说，随着贸易的增加，就业不断增加，但是贸易和参与 GVC 对就业的影响是变化无常的。第一，一些行业比其他行业的劳动密集程度更高，如服装或农产品的出口的劳动密集程度比矿产的出口高。第二，即使在同一行业内，某些产品的生产线也比其他产品的劳动密集程度高，如种植水果和蔬菜的劳动密集程度比谷类作物高。第三，出口品生产中涉及的劳动力规模和组成取决于各国在 GVC 中的位置，如专门从事高价值增值活动的国家对高技能员工和高工资有较大的需求。对 20 世纪 90 年代电脑硬盘行业的分析表明，美国该行业拥有全球劳动力的 20%，占全球工资额的 40%，而东南亚拥有 40% 的劳动力却仅占工资额的 13%。[18]

GVC 往往能创造就业。国内出口附加值中劳动力成本部分——反映了出口创造就业的潜力——随着 GVC 参与程度的提高而增加（见图 4.24）。GVC 参与率排名前四分位的国家劳动力份

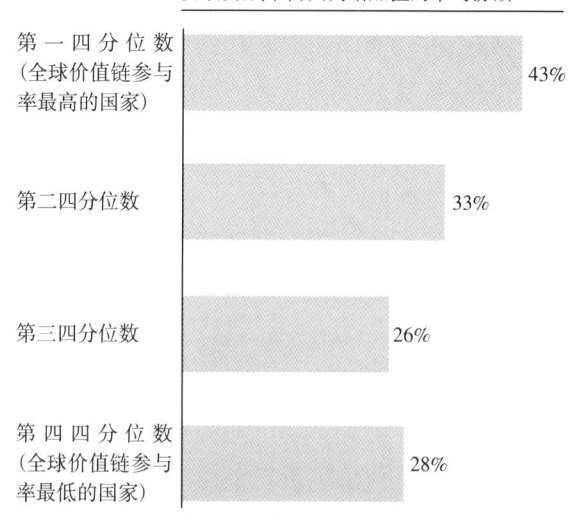

图 4.24　2010 年 GVC 参与程度和国内附加值中的劳动部分

注：图中使用的是根据 2010 年 GVC 参与率排名的 187 个国家的数据，并分为四分位数；报告中劳动力成本占国内附加值的份额是四分位数的平均值。

资料来源：UNCTAD-Eora GVC 数据库、UNCTAD 分析。

额的中位数达到43%，相比之下，参与GVC排名后四分位的国家该份额为28%。更进一步，2000~2010年，GVC参与程度实现较快增长的国家的出口中劳动力部分的增长速度（14%）要比GVC参与程度低速增长的国家快（9%）（见图4.25）。这一结果与GVC参与是否发生在高外国附加值的环节无关。换句话说，即使一国GVC参与程度取决于更多的进口，减少了国内附加值的份额，但总劳动占出口的比例仍要高于那些较少参与GVC的国家。

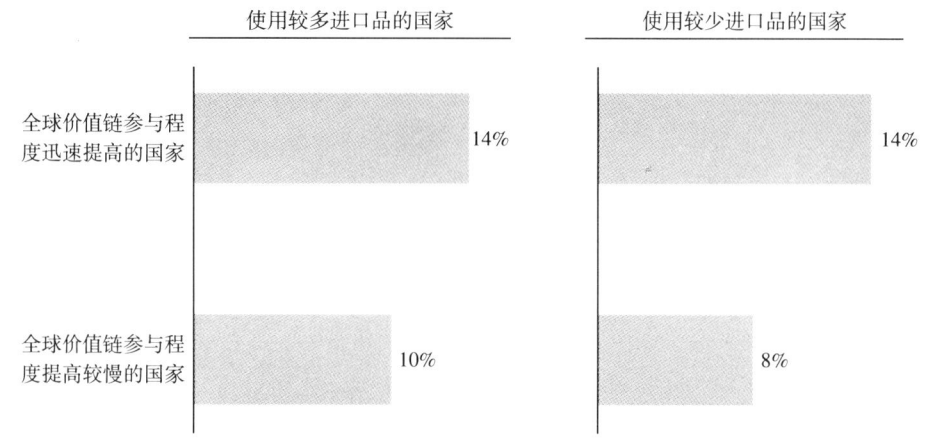

图4.25　国内出口附加值中劳动的增长、GVC参与程度的提高以及国外附加值

注：图中使用了187个国家的数据。GVC参与程度迅速提高的国家是指2000~2010年GVC参与增长率最高的50%的国家。使用较多进口品的国家指国外出口附加值份额最高的50%的国家。

资料来源：UNCTAD–Eora GVC数据库、UNCTAD分析。

在出口导向型产业（如服装、鞋类、食品加工和电子装配）、服务业（如商业服务外包，包括服务中心）和农业中，女性就业率不断上升，尽管农业中GVC对女性就业的影响随生产类型和不同国家按劳动力性别分工的不同差异很大。随着各国向价值链高端转移，女性就业增长的相对速度趋于下降。[19]

（二）GVC和就业质量

> 由于GVC中的岗位更多地受到多变的国际需求和竞争的影响，工人可能会面临低工资、恶劣的工作环境以及不安全因素。

由于全球生产能力的提高、许多发展中国家出口导向型产业的增长，以及新型的主要生产商和出口商（主要位于亚洲）的进入导致的日益激烈的全球竞争，跨国公司面临着降低成本和提高其GVC生产率的巨大压力（也简称为"全球工厂"）。这反过来为工资和工作环境带来了相当大的压力。尤其是在劳动密集型产业（如纺织和服装），这些行业的全球采购方能行使议价能力从而降低成本，尽管不同国家和同一国家内的不同行业存在巨大差异，但这种压力往往会导致低工资。[20]

许多发展中国家实施了旨在提高劳动技能多项新措施，从而使生产者提高生产率，达到行业和全球标准，并根据需求匹配技能（见表4.8中员工发展计划的例子）。在园艺产业，为了达到食物安全和健康标准，劳务培训是必要的，有些企业甚至会为临时工提供这种培训。[21] 在旅游业，不同价值链环节的培训类型是不同的，从酒店培训（酒店美食、食物准备、等待服务、家政服务和接待）到导游培训、语言培训[22]和基础技能相关培训（如沟通技巧、客户服务和时间管理）。

表 4.8　员工发展计划的例子

私人部门员工发展计划	● 公司内部和在职培训计划（包括企业培训中心）
	● 企业间培训项目（领先出口商培训供应商）
	● 专业培训公司为领先出口商和供应商提供培训服务
	● 民办专业院校、职业学校、大学
	● 私人雇主协会（例如土耳其纺织雇主协会）
行业计划	● 旅游业：联合国世界旅游组织在旅游业、社团旅游协会（如哥斯达黎加的ACTUAR）的培训项目
	● 农业（肯尼亚园艺实践中心）
	● 纺织服装协会（例如柬埔寨和土耳其的服装制造商协会、孟加拉国BIFT毛衣生产培训中心等）
公私协作	● 公私培训合作关系：选择的例子包括：
	—马来西亚技能培训中心
	—智利生产促进协会——智利水果蔬菜产业"水果计划"涉及智利大学与国力农业研究院之间的合作
	—专业资格认证局（例如土耳其纺织和服装业的Mesleki Yeterliki Kurumu）
	—智利的农业实践（由政府、私营部门以及农业的其他利益相关方协作的培训计划）
	● 投资于民营企业培训的政府激励
	● 国际劳工组织的更优工作计划：例如，在莱索托，该计划与行业雇主协会、纺织品出口商协会以及五大国际买家（Gap公司、纽约琼斯、里维斯特劳斯公司、普利马克和沃尔玛）共同合作

资料来源：UNCTAD，依据多个国家和产业的案例（Gereffi, G., K. Ferandez-Stark 和 P. Psilos：《升级的能力：发展中国家的员工发展和GVC》；以及达勒姆在全球化、治理和竞争力研究中心的研究，杜克大学，2001年）。

虽然实行了这些措施，但是 GVC 中的一些岗位为工人提供的是不稳定的收入和不可预见的工作前景。参与国面临一系列与就业相关的潜在风险：

● 来自全球采购方的成本压力意味着与 GVC 相关的就业是不稳定的，其工作环境也可能很恶劣。虽然一些重要供应商的核心员工的收入和福利较高，但是为全球采购方供货的公司经常在其工厂雇用临时工或将工作外包给分包商来降低成本，而分包商的工作环境往往相当恶劣。[23]

● 一些 GVC 活动是不受约束的，它们的迁移可能会导致当地就业的下降。[24] 跨国公司在国家间转移生产比大多数国内企业有更多的选择。价值链中最简单的工作和国内附加值较低的生产环节转移的成本往往较低。同样，利用 NEM 从当地供应商（国内或国外）采购产品的全球采购方能将其订单从一个国家转向另一个国家。为履行订单，越来越多的利用全球中介搜寻和选择低成本地区加大了这种压力。相反，在当地经济中投入的生产越多，已建立的本土供应基地越多，转移的成本便越高。

● 出口导向型就业更容易受全球需求和供给波动的影响，而且还会受到其他因素（出现在远离就业的地方）的影响。如果发生需求波动和经济危机，便会失去与 GVC 相关的工作。[25] 需求波动可能是季节性的（如时装业），或受天气条件的影响（如食品业），又或由经济衰退和经济危机引起。临时工失去工作的风险更高，不过终身制员工也会受到影响。

● 价值链末端的分包商经常被视为能提供额外生产能力的"跳跃式"供应商，需求的波动对其影响尤其不好，因为它们是微不足道的生产者，它们的产出最有可能被削减。需求波动和订单变化之间的时滞进一步加剧了这一后果，结果供应链上游的变化更大，对发展中国家的供应商造成了负面影响，这一现象被称为"牛鞭效应"。[26]

三、技术传播和技能培养

(一) 技术传播和不同 GVC 管理体系下的学习

> GVC 的管理体系影响了知识传播到处于 GVC 中的发展中国家的范围和方式。

价值链中业务关联和管理体系由维持交易所需的信息和知识转移、信息和知识整合、转移的便利性以及公司能力和竞争力所决定（第二节）。因此，GVC 的管理体系的类型成为衡量价值链中技术和技能在各参与方间转移的潜力以及相关学习机制的一个指标（见表 4.9）。

表 4.9 GVC 中的学习机制

与技术/知识相关的决定治理模式的因素

管理模式	交易复杂度	交易的协调能力	供应商的竞争力	学习机制的决定因素
FDI（所有权层次）	高	低	低	● 模仿 ● 高级管理人员和技术熟练工人的周转率 ● 国外领导者/所有者培训 ● 知识溢出
NEMs:				
——模块型	高	高	高	● 在实现国际标准的压力下学习 ● 标准、规则和技术定义中的知识转移
——俘获型	高	高	低	● 从面对面交流中相互学习 ● 从领先企业的知识转移中学习；限制在一个狭窄范围的任务——例如简单的组装
交易（市场）	低	高	高	● 从出口或进口中学习 ● 模仿

资料来源：改编自 Pietrobelli, C.和 R. Rabellotti:《GVC 符合创新体制：发展中国家是否有学习机会？》,《世界发展》, 2011 年第 39 期, 第 1261~1269 页。

当通过纯市场交易经营时，供应商了解了买方的需求以及对其市场行为的反馈。通过出口学习是公司获得能力的一种有效方式，但它要求这些公司投资，从而能够应对遇到的挑战。企业甚至能通过进口学习。在乌干达，企业通过进口药品的过程来学习，从包装、装配和进口设备制造[27]等业务开始。在这个案例中，产品进口为国内经济活动提供了初始推动力。

其他形式的 GVC 管理体系更有利于学习。当可以将复杂的产品统一规格时，就能采用模块化价值链。这种情况下，土耳其供应商有足够的能力从事全包业务。[28] 尽管这降低了买方参与企业内部技术转移的需要，但当地供应商却能从这种需求中学会遵守企业或行业标准，而且标准、规范和技术定义本身也是技术转移的一种表现。

相比之下，在关联型价值链中，产品规格不能被统一，交易复杂，而且供应商的能力较强。在这种情况下，供应商拥有吸引买方的互补能力，而且买卖双方必须交换隐性知识。买方和供应商都能受益于这种面对面交流的相互学习。

俘获型价值链很复杂，统一规格的能力也很强，但供应商并不具备所需要的能力。这鼓励买方技术转移，但可能会导致业务依赖，使供应商受制于这一供应关系。例如，跨国公司可能会建立非结构化的供应商开发计划，当地合作伙伴在该计划中接受培训和技术转移。这些都旨在提高当地供应基地的能力。为了保护对这些对供应商的投资，公司应该确保较高的业务依赖，使供应商成为其附属。

在越南的软件行业中，IBM制定了一个"伙伴计划"，将供应商融入其GVC中。越南的合作伙伴为IBM提供软件服务，并为自己的客户包括银行、企业、政府和其他销售硬件（包括服务器）的合作伙伴提供解决方案。[29] 在某些情况下，联合外部机构进行培训，如跨国公司间的合作与当地或马来西亚槟城发展中心的国家政府相结合。发展代理人也可能试图促进这种关联，正如我们在巴西 Projeto Vinculos 案例中看到的一样，联合国就提供了培训机会。

在等级制管理模式（FDI）或垂直一体化下，领先企业获得直接经营权并参与公司内贸易。当供应商缺乏竞争力，规模比较小，往往依赖于大型的占主导地位的买方。在这些大型买方实施高水平监控，且交易容易整合时，会采用该管理体系。公司内和公司间的跨国公司技术转移有多种方式。[30] 跨国公司的内部结构有利于企业内部的知识转移，主要是从总部转移至当地子公司。当地子公司也越来越多地参与研发活动，并构建自己的竞争力。这意味着跨国公司不仅从事公司内贸易，也进行自有技术和技能转移。如果这发生在跨国企业内部，则总部和子公司都能从中受益。这些独特的所有权优势将跨国公司与东道国的其他本土企业区别开来，而且增强了后续的技术溢出效应。虽然随着国家和行业的不同，水平和垂直溢出的效应也不同，但是FDI的影响往往是积极的，特别是在发展中国家。

与供应链管理公司（跨国公司可能会将其协调GVC的压力转嫁给它们）或全球采购方（如零售商）充当领先企业相比，跨国公司在价值链中直接充当领先企业时，知识转移效应往往是正效应。[31] 当全球采购方在东道国有经营活动时，技术和技能转移能更有效地发生。但是，与全球采购方和供应链管理公司相比，跨国公司一般更倾向于在发展中国家实施供应商开发计划。汽车行业的沃尔沃集团和其跨越亚洲、拉丁美洲的供应商以及家具行业的宜家就说明了这一点。

（二）在GVC中学习：挑战和隐患

> GVC中的学习不是自动的，它取决于包括当地吸收能力在内的大量的因素。技能向低级供应商转移往往受到限制。

有关知识转移的注意事项包括以下四个方面：[32] ①学习并不是无代价的（获得外部知识意味着本土企业需要投入资源来识别、吸收和利用知识）；[33] ②并不是所有的知识都是有用的（全球采购方传授的知识仅限于其购买的产品，对于本土企业开发自己的产品线和竞争力可能没有用处）；③即使是领先企业参与知识共享也存在风险（尤其当知识的接收方拥有资源和能力成为竞争对手）；[34] ④转移并不是自动的（为了便利转移，机制必须在转移方和接收方落实到位）。

本土企业的竞争力和吸收能力影响GVC中的技术和技能转移。为了企业的发展，本土企业需要对设备、组织安排和员工进行内部投资。然后，本土企业可以尝试渗透到它们的全球采购方并没有经营的市场（进入新的市场要拥有当地企业还不具备的额外的能力）或转而提供其全球采购方愿意放弃的职能。第一种情况可以通过中国台湾的电子合同制造商加以例证，如宏碁将就将从其生产的某一部分学到的知识提供给其他市场的消费者。

本土企业可以采取一系列行动提高其知识转移的潜力和同化吸收能力。[35] 一种方法是在价值链中进行企业的运营，另一种方法是采取策略提高本土企业的议价能力（如买家的多元化、积极推动内部技术开发以扩大其产品组合）。发展中国家当地生产商的集体行动也能够促进知识转移和吸收,这可能发生在产业集群中,中小企业(SMEs)将知识和技术资源相结合以提高出口潜力或便于标准化。

对发展中国家而言,较低层级供应商的发展是至关重要的,不同层级的供应商获得技术的方式有所不同。[36] 在汽车行业,一级供应商通常是自从以少数外国跨国公司为主,出现了能够满足多个国家客户的全球大型供应商以后更是如此,它们已经削弱了大多数面向国内市场的本土企业的地位。国内的二级和三级供应商往往很多。但是,高度集中的行业结构意味着知识转移至较低层次供应商(主要通过市场交易运营)的空间很小。在墨西哥,二级和三级供应商中能充分利用它们与 GVC 的联系作为其国际化跳板的中小企业几乎没有。市场压力和国际标准的引入鼓励供应商改进它们初次加入 GVC 时的生产和加工流程,但是模块化(驱使供应商生产标准化部件)的使用限制了较低层次供应商获得新信息、知识及装配工和顶级供应商的活动。[37]

四、社会影响和环境影响

> 跨国公司的社会责任计划已经取得一定的成功,但该计划对社会和环境的影响较小。因此,必须用公共政策加以辅助,以消除 GVC 对社会和环境产生的负面影响。

GVC 的社会影响具有两面性。正面影响通过增加就业机会、减少贫困、倡导采用环境管理体系和清洁技术来实现。但是,GVC 中涌现出的价格下行压力无疑会对社会和环境产生明显的负面影响。如何在企业层面解决 GVC 中出现的这些问题已成为企业社会责任计划面临的一大挑战。跨国公司企业社会责任计划虽然已经取得了一些成功,但其影响实践的能力有限,必须用公共政策加以补充。

(一) GVC 中的企业社会责任挑战

> 在 GVC 中实现良好的企业社会责任具有挑战性。超越一级供应商仍是困难的。从供应商的角度来看,合规操作可能面临成本问题。

多年来,跨国公司,主要是一级公司,一直致力于促进改善社会和环境影响,但 GVC 的性质使这项工作变得复杂,其非均衡性成功部分源于 GVC 结构差异。对跨国公司而言,超越一级供应商这一目标尤其面临挑战,而且需要公共政策的援助以及多方利益相关者的共同协作。2013 年孟加拉国拉纳大厦发生的灾难表明,跨国公司企业社会责任计划本身并不足以解决所面临的挑战,公共部门和多方利益相关者对供应商的支持是改善社会和环境影响的关键。

买方驱动型 GVC 通常致力于降低采购成本,在许多劳动密集型产业中,买方驱动型 GVC 通常面临着劳动力成本显著下行的压力。一些供应商通过违反国家标准和国际劳工标准以及人权法使其劳动成本下降。例如,强迫劳动、使用童工、不支付最低工资以及非法加班这样的做法仍是许多行业所面临的问题。除此之外,力求降低成本往往会导致重大的违反职业安全和健康的行为。工厂中常见的例子有以下两点:①消防安全装置不足甚至不存在,这会导致在可能发生的工厂火灾中出现大量死亡;②通风系统欠佳,这会导致化学品接触并导致"尘病"(肺尘病),该病被国际劳工组织称之为"隐性流行病"。[38]

同样地,价格下行压力为违反环境规定和行业最佳实践提供了经济激励,从而导致致病污染物和气候变化相关排放物释放量的增加。发展中国家常采取对社会和环境有负面影响的措施以降低成本,并且该趋势日益显著。这是因为发展中国家往往缺乏监管设施来保证法律履行,或者是因为其迫于 GVC 的竞争压力而制定较低的社会标准和环境标准。

从事多国运营的跨国公司以及从事 NEM 的全球采购公司都可以被看做大型全球公司。然而，在过去十多年间，这些公司在价值链中所承担的社会责任和环境责任的压力日益增加。在某些行业，如食品业、电子产品和服装业，该压力尤为突出。在这些行业中，消费者能够明显察觉到他们购买的产品是在什么样的生产环境产出的。

很多企业已采取一系列的标准和行为准则来应对这些压力。大多数公司中，这些准则得到特定员工支持，并由企业社会责任管理系统（包括供应商监督项目）和公司报告加以补充。尽管近年来企业社会责任管理实践取得了进展，但解决价值链中的社会问题和环境问题仍具挑战性。

联合国的国际文书（如《国际劳工组织核心劳工标准》、《联合国商业和人权指导原则》）代表了全球在企业社会责任方面所达成的共识。因此，该文书常出现在跨国公司的行为准则中。[39] 虽然企业在行为标准方面已达成共识，但其在切实履行社会责任方面仍需改进。并且，当企业正处在复杂的 GVC 环境下，或正与一级供应商以外的对象合作时，该问题尤其需要注意。

供应商行为准则对 GVC 参与者的影响并不均衡，其影响主要集中在一级供应商。在该层面上，大多数行业的跨国公司有更大影响力，并从事诸多监测活动。一些公司要求供应商在签订第一份合同之前先经过审核，并且希望每 3~4 年对供应商进行一次监测。在其他行业，对供应商的监测通常是每 6 个月一次。

一般来说，审核过程中涉及对工厂的现场检查、对管理人员和员工（个人和团体）进行访谈、对公司的文件和记录进行分析（比如考勤表、工资记录和雇佣合同）。根据供应商规模的大小，完成审核所需的时间可能半天到六天不等。

企业社会责任计划对一级供应商产生积极影响，使其社会和环境行为的某些方面得到改善。然而，这不能解决一级水平的跨国公司在社会和环境问题上的所有问题，例如，在实施准则方面，一级跨国公司仍面临许多挑战。有些供应商同时面临多个客户频繁的审查（有时每周一次），对它们而言，企业社会责任计划项目往往为其带来负担。另外，许多供应商（尤其是中小企业供应商）并不具备进行能力构建和培训方面适量投资，以改善社会责任实践和环境实践的能力。

除一级供应商外，其他价值链参与企业的社会责任越来越难被他人影响。诸多企业开始将其企业社会责任准则应用于价值链中一级供应商以外的参与者（见图 4.26）。但在通常情况下，这种做法并不能对处于价值链较低水平的跨国公司产生显著影响。有两个因素可以决定企业社会责任准则的潜在作用：其一是跨国公司相对于价值链其他参与者的权力，其二是跨国公司与其他参与者直接和间接交易的密集度。GVC 参与者间的权利具有显著差别，这种差别有时存在于不同行业间，有时甚至存在于同行业的不同产品类别间。以服装业为例，某些领先企业可能在一些产品类

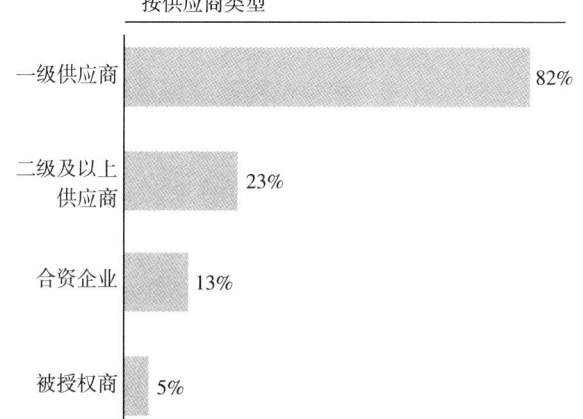

图 4.26 一级以上供应商企业社会责任准则的应用

注：基于对 100 家跨国公司 CSR 准则的案例研究，指出价值链中的成员企业准则的适用对象。

资料来源：UNCTAD：《GVC 中的企业社会责任》，2012 年。

型（如运动鞋）中影响力突出，但在其他产品类别（如 T 恤）中，跨国公司的影响力便会低于其供应商。[40] 决定影响力差别的一个重要因素是 GVC 不同层级中的市场集中程度，而这可以通过某给定商品的任何采购方或供应商所占的市场份额来体现。在价值链中，跨国公司作为能够进行高度集中交易的重要买方，往往活跃在一级市场（如品牌运动鞋市场）中与众多供应商进行交易。因此，跨国公司在大多数情况下最具影响力，但并非总是如此。当其作为庞大的潜在买方群体（如 T 恤市场）的一部分时，其权力被大幅削弱。当跨国公司试图进入更高端的 GVC 时，其影响力也会明显下降。为影响二级、三级供应商的社会和环境实践，跨国公司通常需要成立行业协会、参与多方利益相关者行动或借助公共政策解决方案（见图 4.27）。

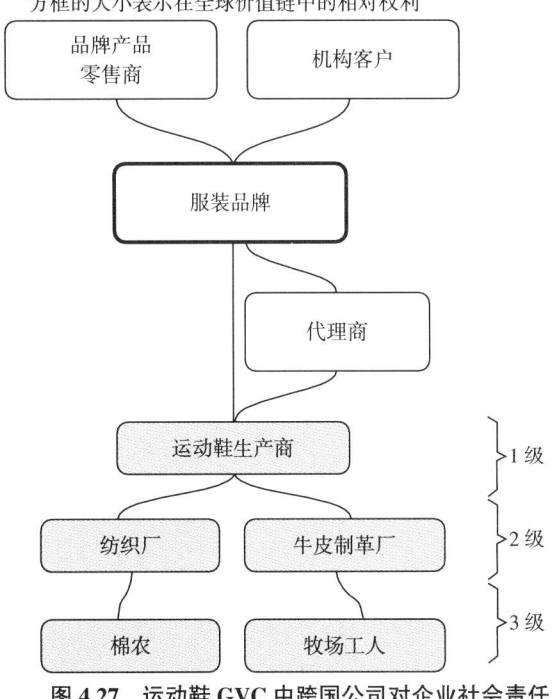

图 4.27 运动鞋 GVC 中跨国公司对企业社会责任实践的影响

注：1 级：使用公司的章程和审查；2 级和 3 级：使用行业协会和多方利益相关者倡议（例如更好的皮革倡议、更好的棉花倡议）。

资料来源：UNCTAD。

非政府组织、贸易联盟和强有力的国家法律作为监督机制，有助于建立体制框架。在体制框架中，企业行为可以得到全面监测，违法行为能够得到追踪和纠正。例如，在孟加拉国，拉纳大厦灾难使其公共政策发生转变，该国允许不经雇主同意而直接成立工会。强化监督机制（包括贸易联盟）将对企业社会责任问题产生积极影响。这是因为监督机制可以阐明违法行为，并且激励员工在其工作领域进行自我约束。这些影响可通过活跃的公民社会网络得到进一步强化。可用的社会网络包括公开对话以及（涉及企业环境、社会和治理实践等问题的）新闻出版物的发行。

（二）离岸排放：GVC 中环境影响的转移机制

> 即使在最佳实践环境管理体系下，仍面临着离岸排放问题。对全球减排的审议必须考虑 GVC 的影响。

最终需求的碳排放影响通过贸易和 GVC 机制在全球转移。2010 年制造业出口的碳排放量为 84 亿吨，占全球碳排放量的 27%（与 2010 年出口总值在 GDP 中 30% 的份额大致相符）。

与发达国家相比，发展中国家持续加快外向型工业化步伐，使得这些国家为满足其他国家最终需求而产生的碳排放（如贸易或 GVC 相关的排放）份额较高（见图 4.28）。发达国家产生的总碳排放量中，只有 8% 源于发展中国家的最终需求，而发展中国家相应份额高达 2 倍以上，即大约 17% 是由发达国家最终需求产生的。非洲和最不发达国家在全球碳排放量中所占份额较少（分别占 4% 和 1%），但大部分碳排放是为了满足通过 GVC 转移的其他地区的需求而产生的。

由 GVC 带来的离岸排放对一国实现本国环境目标以及实现国际减排目标的能力产生了巨大的影响。全球减排的审议在制定国家减排目标时必须考虑该离岸效应。

即使企业实现最佳实践环境，GVC 参与通常也会将减排负担转移到发展中国家，而发展中国家在该方面的承受能力往往最低。不同国家的能源利用使得该情况进一步加剧：将能源密集型制造业从低碳能源（如核能、风能、太阳能）国家转移至高碳能源（如煤）国家会导致更高的总排放量，即使所有的制造流程保持不变。解决离岸排放问题，一方面需要投资和出口促进部门与环境保护部门间更好地协调，另一方面又涉及与国家能源生产战略之间的协调。

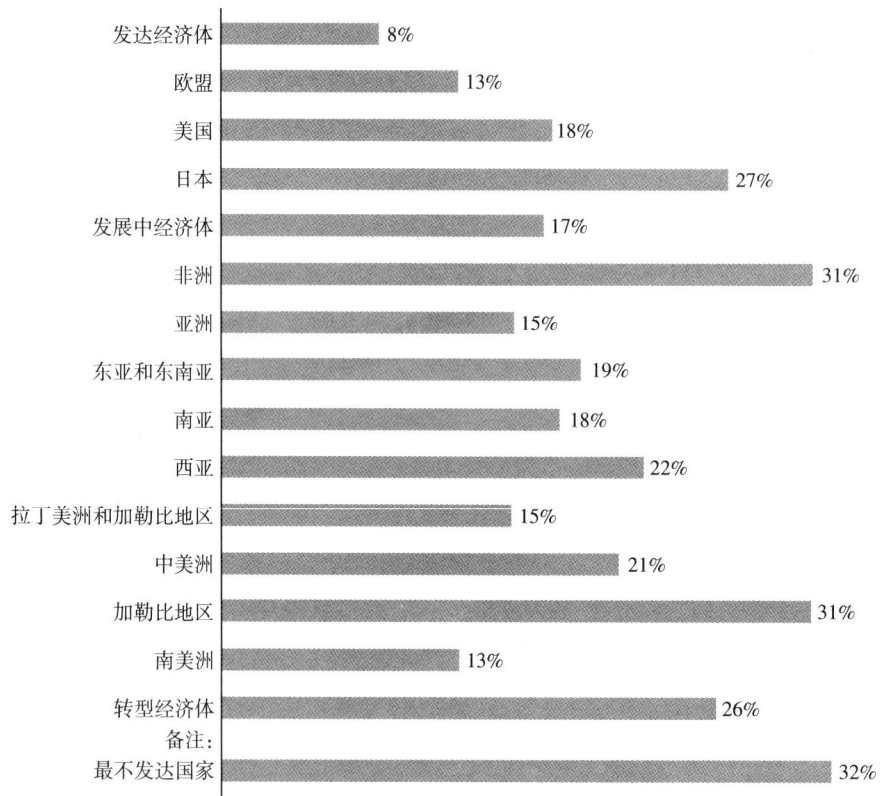

图 4.28　2010 年各地区占 GVC 引入的总排放量的份额

注：UNCTAD-Eora GVC 数据库、Eora MRIO（多区域投入产出）数据库——被认为是追寻各国和其他经济体真实碳足迹的一种方法。
资料来源：UNCTAD 分析，基于 Eora MRIO 数据库的信息。

五、产业升级和发展

> 如果当地企业能够提高生产率并升级至 GVC 的高附加值阶段，那么 GVC 能提供除直接经济影响外的长期发展机遇。

上一节已经论证，参与 GVC 能为发展中国家带来直接经济效益，如价值增值对 GDP 的贡献、创造就业以及增加出口。通过参与 GVC，诸多已施行机制可促进国家的长期发展，尤其促使技术传播和技能培养的潜力得以提高，这将有助于企业：①提高其在 GVC 中的生产率；②进入或扩展至 GVC 中高附加值阶段。这些都是产业升级必不可少的组成部分。

（一）企业层面的动态升级

1. GVC 和企业生产率

> 企业可以通过产品、流程、功能和产业链升级提高其在 GVC 中的能力。产业链升级与 GVC 体系和管理，领先企业和当地企业的特征以及东道国环境等相关。

从企业层面看，GVC 参与与企业生产率间存在联系。从事国际业务的企业的生产率水平显著高于非出口商（或非进口商）。同样地，通过 NEM 参与 GVC 的企业，其生产率水平低于在多国具有业务的跨国公司。因此，国际化与企业生产率水平紧密相连（见图 4.29）。

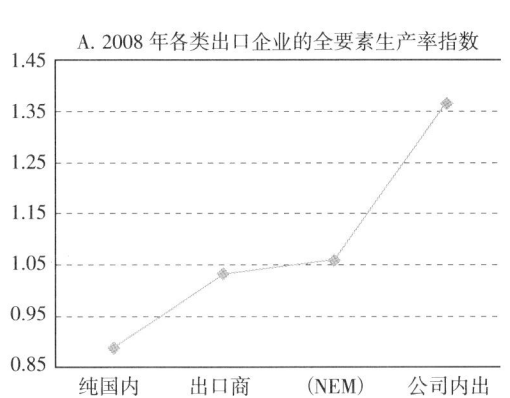
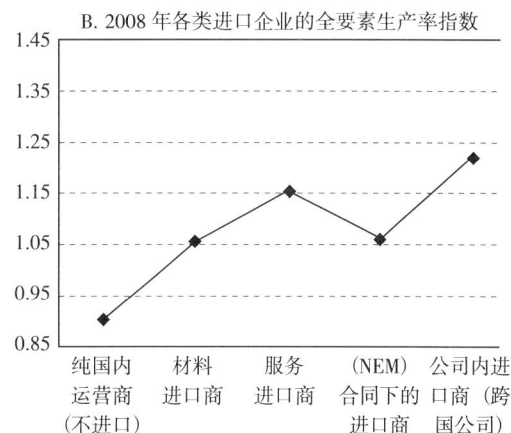

图 4.29 公司参与 GVC 以及生产率

注：样本中的参考生产力指数设为 1.00。
资料来源：基于 EFIGE 的 UNCTAD 分析、Altomonte, C., T. Acquilante 和 G. Ottaviano：《竞争力触发因素：EFIGE 跨国家报告》，勃鲁盖尔蓝图系列，2012 年第 17 卷。

企业生产率水平与国家竞争力密切相关。可以说，正是高生产率企业推动了国家的 GVC 参与，并且正是上述企业进一步提高的生产率促进了产业的成功升级。

2. 企业升级类型

当地企业可以通过四个主要渠道提高其在 GVC 中的竞争力，即产品、过程、功能和链内相互作用。[41]

● 产品升级。企业可通过进入更加复杂的生产线（是否为复杂生产线可根据单位附加值定义）实现升级。例如，在旅游业价值链中，企业可通过提供更高品质的酒店或通过增加合适项目（如生态旅游或医疗旅游）实现酒店环节的升级。

● 过程升级。通过技术升级或生产系统重组，企业可将投入更高效地转变为产出，以实现过程升级。效率的提高包括加速企业内部过程和加强链内承接过程（如更快、更小、更准时交货）。领先企业或市场所带来的压力能够引发 GVC 中企业间商业实践和标准的传播。例如，为满足农业生产的更高标准，许多跨国公司鼓励发展中国家的供应商采取"GAP"（Good Agricultural Practice，良好农业规范），即在田间管理、收割期后、存储运输等环节提供培训和技术援助。

● 功能升级。企业可以在价值链中能获得新功能，例如从生产转向设计或营销，进而提高整体的技术含量。例如，在全球服装价值链中，功能升级意味着企业从裁剪、生产和成衣整理的离岸合同形式，进而发展到企业向买方提供更广泛生产能力和服务（如特定设计、仓储和成衣整理）的模式，再到企业承担包括设计的全部生产过程的 ODM（自主设计制造商）模式，最后发展为企业负责研发、设计及市场营销的 OBM（自有品牌制造商）模式。

● 产业链升级。企业将其在价值链特定环节获得的能力应用到新的行业。例如，服装领域的企业可能转向其他行业价值链，如汽车业（提供座椅套）或非服装用的工业用纺织品。以印度离岸服务价值链为例，20 世纪 90 年代当地企业开始涉及软件开发业（直到今天，印度仍在从事该行业）。此后，21世纪初，印度开始发展业务流程和知识流程外包业务。

不同产业、不同国家的升级方式各不相同。不同方式的升级可同时进行。例如，在旅游业，[42] 升级路径和政策包括：①实施FDI促进政策以吸引国际连锁酒店，同时推动全球旅游运营商与当地代理机构间的协作（在越南和哥斯达黎加，代理机构升级为区域旅游代理运营商和国内旅游协调者）；②信息化建设（越南国家旅游局致力于服务于国家的网站开发）；③提供多样化产品（如印度南部的生态旅游）。

最新数据表明，民营企业亦可通过升级建立新的产业链。例如，富士康凭借公司国际化进程和巴西政府的激励措施，做到将组装苹果手机的工厂设在巴西。这种将领先企业设在新兴大国的方式具有很大优势，其不仅能拉动电子消费产品的制造，并且能促进对"本地制造"零件的需求（虽然目前许多部件仍来自亚洲）。

3. 企业升级的驱动因素

当地企业的GVC升级潜力受到许多因素影响，其中包括GVC的性质、结构和治理，领先企业的特征，以及东道国与当地企业的特征（见表4.10）。

表4.10 影响GVC中企业升级潜力的因素

驱动力	因素	概述
领先企业、GVC结构和治理	分段和配置	● 空间尺度（境内和境外）、价值链阶段数、设计的关键因素的数量和类型（领先企业、中间商、供应商）
	治理机制	● 市场治理、模块型、关系型、捕获型、层级制治理模式以及领先企业和本土企业间不同关系的影响
	技术水平	● 行业内价值链各个环节的技术水平
	动态变化	● 全球竞争（全球战略竞争、新进入者威胁）GVC结构以及GVC治理的变化速度
	准入壁垒	● GVC各个阶段现有竞争者的数量、准入壁垒的类型如品牌、技术或研发
	议价能力	● 领先企业在供应商方面的决策以及指导重要供应商的活动方面具有的能力
	趋同理论	● 在不同方面（如人力资源和环保实践、企业间合作）、供应商审计和监管措施方面的重要活动和标准的统一
东道国和公司特点	基础设施	● 物理基础设施（港口、公路、电力、电信）、商业基础设施（出口加工区、工业区、经济特区）
	重要资源	● 重要资源（劳动力、资本和自然资源）的可用性、质量和成本
	供给状况	● 本地物资的可用性、质量和成本、本地供应商的技术竞争力
	市场情况	● 本土（和地区）市场规模、发展、消费者偏好
	知识环境	● 宏观革新、创业和教育能力的环境
	专业化程度	● 在GVC的特定环节、任务和活动中国家过去、现在和将来的专业化
	地理位置	● 区域市场的规模和潜力、促进国家间劳动分工的区域一体化协议
	公司资源	● 本土企业自有资源、能力以及吸收能力的大小
	GVC中的地位及参与	● 企业定位（一级、二级或三级供应商），包括议价能力、参与价值链的企业数量、类型和地理位置
	动态竞争	● 本土（区域或全球）战略竞争、新进入者威胁以及替代品威胁

资料来源：UNCTAD。

若GVC中涉及过多的中间商，它便在结构和治理方面限制了当地企业向领先企业学习的可能。某些治理机制，尤其是模块型或关系型的商业联系机制，能促进企业升级。领先企业一方面有推动产品、加工升级的动力；另一方面，其在品牌、技术或研发方面可能存在进入壁垒，这意味着实现功能升级更加困难。

考虑到东道国特征和企业特征，物质性基础设施（港口、公路、电力、电信），知识性基础设施（大学、科技园等）以及商业基础设施（出口加工区、集群、城市群等）能够明显提高当地企业的升级潜力。一定质量、数量、成本的适当生产要素（劳动力、资本和自然资源）能够促进升级。当地企业的竞争力和吸收能力决定其升级潜力。当地企业在价值链中所处的位置（如一级、二级或三级供应商）和价值链中的权力关系，决定了其在获得领先企业的技术、知识能力，以及升级潜力方面存在差异。

GVC 的本质表现，即职权关系和权力关系决定了本地厂商需要学习的内容。此外，企业学习方式还具有行业差异。在买方驱动型 GVC 中，买方往往直接介入当地企业的升级过程。在生产者驱动型 GVC 中，尤其是在复杂的产品体系下，技术升级具有很大潜力。这一方面由于供应商往往已经具备一定的技术能力，另一方面由于购买者也为技术升级提供激励。然而，一级供应商的升级潜力仍要高于二级和三级供应商。

对于当地企业而言，在多个价值链内（包括非跨国公司主导的价值链）进行运营亦可推动升级。第一，在非全球采购方或非跨国公司主导的价值链（如国家或区域链）中，当地企业往往需要在各种职能活动中构建自身能力，而无需担心来自其重要客户的竞争。[43] 第二，一旦当地企业获得在国内市场生产和销售其自有品牌商品的能力，它们便可以将其自有品牌商品出口至境外市场。[44] 第三，当某一行业或集群中的诸多当地企业具备这一系列能力后，其影响可外溢到其他当地企业。

领先企业的来源国不同会导致获益的多样性。[45] 以赞比亚铜矿采掘业为平台，可以对 GVC 中各领先企业做出横向比较。来自北美、欧洲和南非的采购者已实现其供应链实践与全球实践的契合。全球实践在采掘业中正日益占据主导地位，其特点是强调质量、注重交货期，以及将信任作为市场的主要要求，这便为供应商提供了支持和合作实践，以提高管理和技术能力。中国采购者是结果导向型买家，其供应链管理却更注重公平。印度采购者是价格驱动型买家，但由于其采取了低进入壁垒、低履行要求的策略，因而其具供应链仍有较强的竞争力。不同供应链实践以不同方式影响着当地供应商的升级过程。

当地企业需不断提高其竞争力，以适应国家、行业或公司对于生产加工产品的标准。[46] 企业特有的标准由反映企业部门利益的组织主导（如 ISO90000 质量体系或 ISO14000 环境标准）。一旦领先企业执行此类质量标准，许多供应商便要遵循和采用类似标准，进而产生级联效应。执行此类标准有助于大规模推动价值链中企业的升级过程。

城市群和产业集群有利于促使国家在 GVC 参与中获得经济效益。地处于产业集群内的当地企业获得收益的机会更大。这是因为在参与到 GVC 的过程中，这些企业由于地理位置相近，它们与商业伙伴进行互动和学习的可能性大大提高，从而收益较大。

4. 升级风险

尽管已实现产品和过程升级，但由于功能升级更难实现，当地企业可能被限定在低附加值活动中。导致该现象的因素包括领先企业在业务实践中占据的优势、[48] 全球价值链的动态竞争、当地企业以长期效率换取短期利润最大化的低效行为，以及价值链中承包商已形成的固定模式。[49]

即使当地生产商开始参与领先企业的主导活动，同时发展多个活动仍可能引发争议。[50] 在这种情况下，权力关系可能限制链内的知识流动。当地企业可能会阻碍功能升级，在当地企业对强势买方的大规模订货有很强依赖性时，这种现象尤为严重。以巴西南部的 Sinos Vally 鞋业集群为例，20 世纪 60 年代，来自美国的新兴采购方促使集群结构发生改变，使其由众多小型生产商转向具有大规模、高标准生产能力的大型生产商。这影响了集群内的权力关系。随着当地企业进入国际市场，加工标准和产品质量逐步提高。20世纪90年初期，中国生厂商开始崛起，进而引发价格下行压力。尽管存在竞争，但Sinos Valley内大型生产商仍拒绝转向设计和市场营销领域。这主要源于对主要购买者的担忧，这部分购买额占到全部集群出口额的40%。显然，巴西的生产商实现了高生产标准，但其设计创新能力相对滞后。创新能力反而在另一些企业中得到反映，这些企业着重于面向巴西国内市场或拉丁美洲出口市场。

升级过程产生的影响也会带来相应风险。经济升级可能产生负面社会影响。[51] 例如，高效生产可能导致临时工数量上升。在少数情况下（如某些国家的农业食品行业），过程升级可能伴随着扶贫不利、环境问题和性别问题等。

提高行业标准也可能阻碍当地企业进入价值链。[52] 在园艺行业，新供应国通常首先进入标准较宽松的出口市场。例如，要实现生产向包装升级，供应商必须首先了解市场（尤其是买方驱动型）、投资新技术（例如，为达到高卫生标准，加工包装操作需成立现场实验室对生产和员工健康

进行检测），并利用当地能够提供符合要求的包装箱的包装业。若当地不存在优质包装供应商，首先会发生价值损失，因为生产商在最终出口前会将产品再包装转移到周边国家。

（二）国家层面升级和GVC发展路径

1. GVC参与和国内附加值创造

在过去20年中，大多数发展中国家通常以出口产品中更高份额的外国附加值为代价，提高其GVC参与程度。最优政策的结果是较高的GVC参与和较高的国内附加值创造。

当进入或扩张到GVC中较高附加值活动时，企业通过贸易为其总部所在国创造更多的国内附加值。这并非自动行成。GVC参与往往意味着进入更加细分的价值链，按照定义，该价值链中的出口产品对外国附加值的进口使用份额更高。在GVC进入层面，若某国提高其GVC参与程度，出口产品中国内附加值的份额往往首先出现下降，尽管出口对GDP绝对贡献可能有所增加。

GVC参与程度和国内附加值创造间的概念权衡如图4.30所示。在国家层面，如第一节所述，GVC参与程度取决于价值链中的上下游联系。某

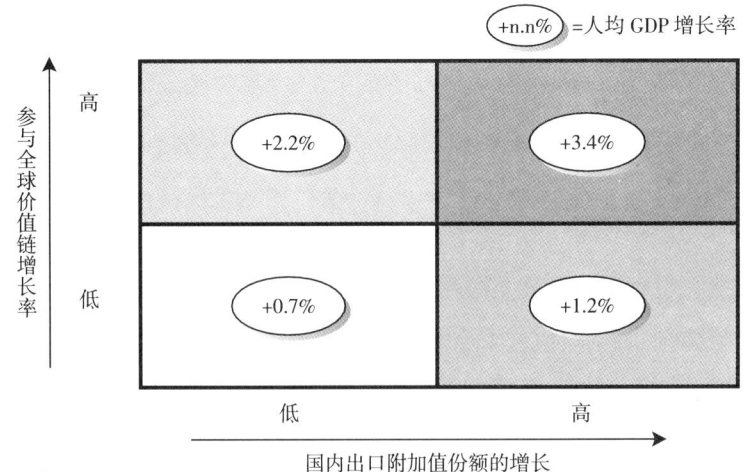

图4.30　1990~2010年GVC参与程度增长高/低以及国内附加值份额增长高/低国家的人均GDP增长率

注：图中涉及125个发展中国家的数据，按GVC参与程度的提高与国内附加值份额排名；所列高的部分指两项排名均最高的前两个四分位数；所列低的部分指两项排名均最低的两个四分位数。人均GDP增长率是每一个象限的平均值。

资料来源：UNCTAD-Eora GVC数据库、UNCTAD分析。

国扩大其 GVC 参与通过提高出口产品中的进口份额（出口中的外国附加值）和通过使用第三国出口的中间商品和服务创造更高的附加值来实现。显然，后者对国内经济能产生积极影响，因为它意味着出口中的国内附加值份额不断上升。

事实上，图 4.30 的右侧象限——对出口中外国附加值依赖度相对下降的国家与左侧象限相比，具有较高的人均 GDP 增长率。这些国家包括中国、智利、菲律宾、泰国和摩洛哥。

值得注意的是，矩阵中上方象限——具有较高 GVC 增长率的国家与下方象限相比，GDP 人均增长率更高。这意味着如果能实现较高程度的 GVC 参与，即使是那些出口更依赖于外国附加值的国家的经济状况也可能有所好转。GVC 参与增长率较高的国家包括印度尼西亚、马来西亚、越南、孟加拉国、墨西哥和土耳其。

显然，最优政策落在右上方象限，国家通过提高出口中的国内附加值以促进 GVC 参与。右上方象限中的国家包括中国、印度尼西亚、泰国和秘鲁。虽然增加出口中的国外附加值对政策制定者来说属于短期权衡方法，但从长期来看，构建国内生产能力效果更佳。

虽然矩阵过于简化，并不能囊括所有发展动态，但 GVC 参与和国内附加值创造的各种组合结果表明，或许国家参与 GVC 的模式存在一条独特的"GVC 发展路径"或进化路线。

图 4.31 以对 20 多年来 125 个发展中国家附加值贸易模式的分析为基础，显示了国家基于 GVC 参与和国内附加值创造在不同方向的移动频率。GVC 参与和国内附加值份额间的隐性权衡是通过降低国内附加值份额来提高 GVC 参与程度。

GVC 发展路径并非是基于 GVC 参与和升级程度的一蹴而就，而是一系列动作。观测到的最常见动作可分为多种模型。大多数国家（约 60%）在过去 20 年间不断扩大的 GVC 参与程度意味着

移动的类型				
全球价值链整合	国内附加值创造	移动方向	案例数量	%
⊕	⊖	↖	216	43%
⊕	＝	↑	46	9%
⊕	⊕	↗	46	9%
＝	⊕	→	51	10%
⊖	⊕	↘	35	7%
其他			106	21%
总和			500	100%

图 4.31 1990~2010 年每隔 5 年发展中国家沿参与 GVC 和国内附加值创造的维度移动的频率

注：图中涉及 125 个发展中国家的数据，按 GVC 参与程度的提高与国内附加值份额排名；所列高的部分指两项排名均最高的前两个四分位数；所列低的部分指两项排名均最低的两个四分位数。人均 GDP 增长率是每一个象限的平均值。

资料来源：UNCTAD-Eora GVC 数据库、UNCTAD 分析。

国内附加值份额的下降，并且 GVC 贸易的增加远超过附加值份额的下降，其结果是对 GDP 的绝对贡献的积极作用。一些国家（约 15%）往往在迅速实现 GVC 参与的扩大后，开始努力重新提高国内附加值份额，主要通过 GVC 链内升级以占据有利地位，并通过扩张进入更高端价值链。

在过去 20 年里，许多国家并未经历 GVC 对其经济相对贡献的显著增长。这些国家包括可能开始时具有较高的 GVC 参与程度却又跌落至起始点之下的国家，以及 GVC 对其经济的影响维持在较低水平或已减弱的国家。

GVC 发展路径的所有模型显示出一种主要的贸易和投资模式：

● 当发展中国家继续提高其 GVC 参与程度时，往往伴随中间商品的出口增加，零部件和服务的需求增加，同时加工出口的重要性日渐凸显。在许多国家，如孟加拉国、哥斯达黎加，墨西哥和越南，这一模型恰逢加工型 FDI 大量涌入或与跨国公司建立 NEM 关系（如合同制造）。

● 在 GVC 参与达到较高程度后，致力于增加 GVC 中国内附加值的发展中国家，其高附加值产品和服务的出口实现增长或在价值链中的份额有所突破（涉及多个环节）。在许多国家，包括中国、马来西亚、菲律宾和新加坡，这种出口升级模式使得 FDI 涌入价值链相邻环节和高技术含量的活动。个别国家如泰国，在链内较高附加值环节具有竞争力的出口产品的国内生产能力得到快速发展。在以上情况中，FDI 往往作为贸易一体化和构建国内生产能力的催化剂。

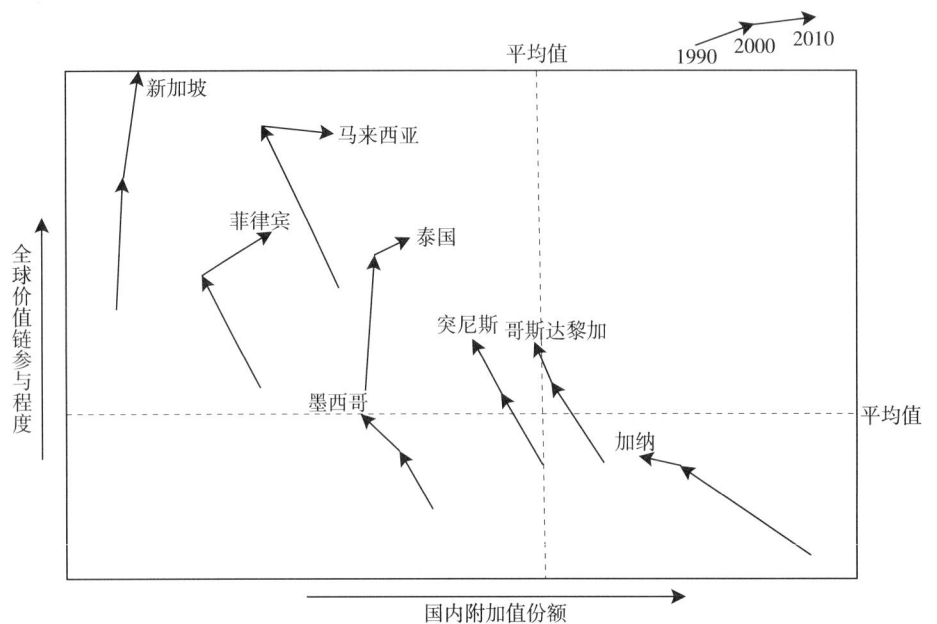

图 4.32　GVC 发展路径：以国家为例

资料来源：UNCTAD–Eora GVC 数据库，UNCTAD 分析。

在某些国家，GVC 对其经济的相对贡献并未显著增加，但其出口在具有国内生产能力优势的行业和产业中仍占主导地位（进口需求有限）。这并不意味着在所有情况下，这些国家一直处于与 GVC 隔离的状态。在少数情况下，FDI 流入旨在为出口产品提供中间产品和服务从而替代进口内容。上述贸易和 FDI 模式可保持贸易中的国内附加值，但代价是放弃 GVC 参与的快速扩张。

2. 升级和产业发展

任何对 GVC 发展路径的分析都忽略了一个国家层面的事实，即国家可能在 GVC 参与和国内附加值创造的维度上以不同方式运作。它们可能依赖通过不同方式——包括 FDI、NEM 或国内企业发展实现增长的多个行业和 GVC 环节。各国总体 GVC 发展路径基于多个行业和 GVC 活动发展路径间的平衡，这或许是一条不同的路径。

此外，国内附加值创造并不等同于升级。升级可能是国内附加值增加的一个（重要）因素。即使是出口中的国内附加值份额下降的国家，如果这些国家提高其在创造更高整体价值的 GVC 的参与程度，或者参与具有能够带来更高绝对价值的同时又依赖出口产品中不断增加的国外进口部分的先进技术的 GVC 环节的任务和活动，则它们也可能实现升级。

图 4.33 列出了许多国家在不同技术复杂度下的 GVC 参与，从资源型出口到低级、中级和高级技术制造业出口到知识型服务出口。这些国家的升级路径可能涉及产品、过程或功能在不同技术水平上的升级，或在更高技术层面实现多样化和扩展。

第四章 全球价值链：促进发展的投资与贸易

不同技术复杂程度的出口

国家	资源型	低技术制造业	中级制造业	精密制造业	知识型服务业
巴西	60%	5%	15%	5%	10%
中国	10%	25%	20%	30%	5%
哥斯达黎加	20%	5%	5%	35%	15%
印度	35%	15%	10%	5%	25%
莱索托	30%	60%	0%	5%	0%
马来西亚	30%	10%	15%	30%	5%
俄罗斯	75%	5%	10%	0%	5%
新加坡	20%	5%	15%	35%	15%
南非	55%	5%	25%	0%	5%

图 4.33　2010 年在不同技术复杂程度和附加值方面参与 GVC 的国家

注：产品分类是依据拉尔的技术等级分类法。知识型服务出口包括保险、金融服务、计算机和信息服务、特许权使用费和许可费用以及其他商业服务。参看 Lall, S. (2002)《发展中国家 1985~1998 年工业至成品出口的技术结构和表现》，英国牛津大学 QEH 论文系列。计算中不包括其他知识型服务业，因此百分比总和不等于 100%。资源型产品是商品和自然资源型制造商的总和。

资料来源：基于 Globstat 的 UNCTAD 分析。

升级和产业发展可通过提高生产率，扩大如资源型 GVC（各国从出口商品转向原材料加工）的任务和活动范围加以实现。这意味着可向相邻的更高技术水平和附加值的 GVC 环节移动，如低技术制造业通过学习和构建生产能力后转向中等技术制造业，或者意味着可利用现有出口方面的技能（例如，用于资源型活动的工程技能可作为知识型工程服务来出口）跃入更高技术水平环节。

诸多实例表明，一些国家通过在 GVC 中的投资已成功升级。中国已成功扩展至更高科技的外向型活动（见图 4.34）。2000~2010 年，来自中国的知识型服务出口增长了 8 倍（尽管其出口额与货物出口额相比微不足道）。中国出口增长和高技术 GVC 环节中生产能力的提升基于早期的外资涌入和与跨国公司合约关系（NEM）的建立，同时国内企业亦已实现能力提升。

在哥斯达黎加，早期的一项大规模 FDI（1996 年来自英特尔）导致出口从以资源型为主跃至高科技出口（见图 4.34）。随后，受益于高技术水平 GVC 环节的溢出效应的服务外包企业进一步吸引投资，这使得知识型服务出口不断扩张。

本节表明参与 GVC 有益于发展中国家，包括对附加值和 GDP 的直接贡献，创造就业和提高收入。然而，捕捉 GVC 中的价值并非必然，并且 GVC 参与的社会和环境影响较大。

本节还表明参与 GVC 有益于长期发展，其形式涉及升级机会和产业发展选择。但是，极少数发展中国家在增加国内附加值份额和产业升级方面取得较大进展，而且通过 GVC 构建科技和生产能力并非自动的。政策制定对最大化 GVC 发展贡献和最小化相关风险而言极其重要。

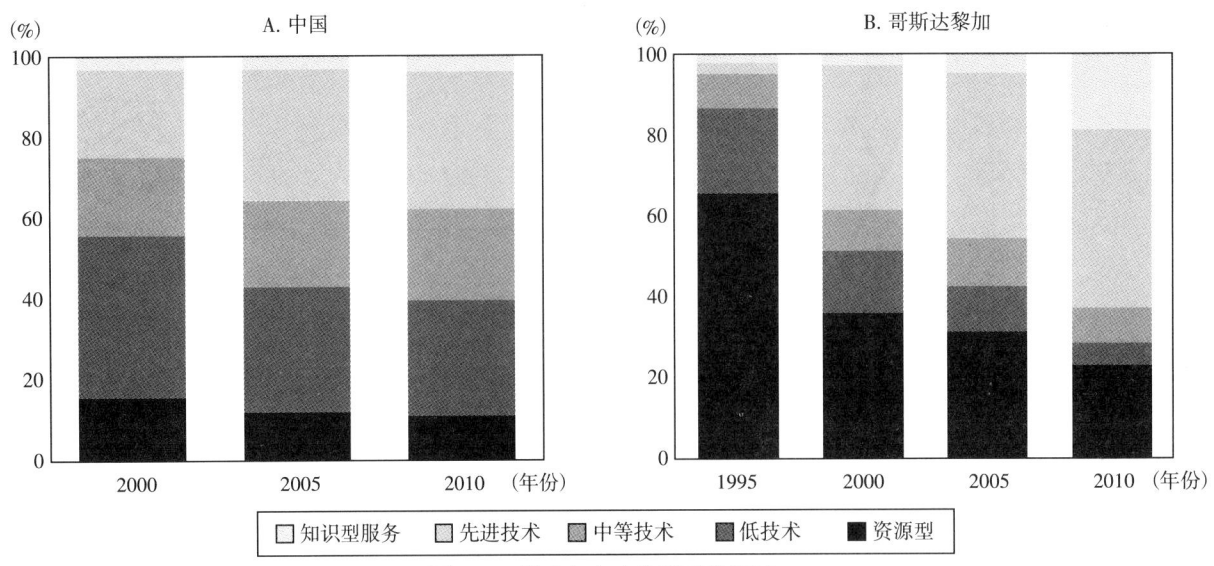

图 4.34 技术复杂度分类下的出口

资料来源：基于 Globstat 的 UNCTAD 分析。
注：方法和来源请参看图 4.33。

第四节　全球价值链的政策启示

> 对于是否积极推进 GVC 参与度，各国需要做出战略选择。然而，对于大多数国家来说，核心问题在于如何实现全球价值链与发展战略一体化。

如前所述，参与全球价值链可显著促进经济发展，同时亦存在风险。全球价值链潜在的社会和环境效应，以及某些国家在全球价值链中受益有限，致使发展中国家政策制定者们提出如下合理疑问：积极推动全球价值链和全球价值链主导型发展战略是否是唯一选择？是否存在其他替代方案？

基于更加集中的禀赋和竞争优势，积极推动全球价值链和全球价值链主导型发展战略意味着鼓励和支持旨在促进地域分散型产业价值链出口的经济活动。同时需要积极的政策，鼓励从一国已参与全球价值链的活动中继续学习，从而推动向高附加值产业的升级和高附加值产业链的多样化。

所谓替代方案，是一种工业发展战略，旨在建立国内各生产环节（延至出口产品中进口成分的替代生产）的生产能力，使产业垂直一体化发展，从而在自身学习和升级的过程中与全球价值链重要参与者保持相对独立。

前面的章节显示，在过去 20 年，几乎所有国家的全球价值链参与程度均有提高，但部分国家（约 20%）全球价值链参与程度未出现相对其经济规模的增长。无论是资源出口型国家，还是依托国内需求增长强劲潜力的国家，又或是规模、资源因素综合型国家，它们的经济表现与那些最成功的全球价值链主导型国家的增长相一致。

因此，各国可选择是否积极推进全球价值链参与。为此，各国需基于本国具体情况和要素禀

第四章 全球价值链：促进发展的投资与贸易

赋，谨慎权衡全球价值链参与的利弊，以及促进全球价值链或全球价值链主导型发展战略的成本和收益。应该指出的是，促进全球价值链参与需明确具体全球价值链领域，即全球价值链促进通常基于各国情况，选择目标领域。此外，促进全球价值链参与只是国家整体发展战略的一个方面。

然而，对于多数资源禀赋有限的小型发展中经济体而言，提高其全球价值链参与程度的替代发展方案通常少之又少。这些国家的问题并非是否参与全球价值链，而是如何参与。

在前面章节得出的附加值贸易和投资模式，全球价值链活动的驱动和区位决定因素、全球价值链发展的影响的结论中，提取出主要决策挑战将有助于回答该问题：

● 大多数发展中国家全球价值链参与日益增加，但许多国家仍处在全球价值链发展的初级阶段。全球价值链的积极方面是价值链内活动开发的首要条件和投资的决定因素，通常少于行业整体。然而，政策制定者面临的主要挑战仍是如何进入全球价值链并实现本地企业与全球价值链的链接。

● 发展中国家全球价值链参与可在助推经济发展方面发挥重要作用，特别是对GDP，就业和经济增长的贡献。潜在贡献的程度取决于全球价值链的配置和治理及参与国的经济环境（包括生产能力和企业实力）。因此，政策上的挑战在于如何实现扩大全球价值链参与的效益最大化。

● 从长远来看，全球价值链有助于生产能力建设，主要通过技术传播和技能建设，推动产业升级和贸易中国内附加值的扩大。然而，全球价值链潜在发展效益非自动生成，特别是技术传播、技能建设和升级。发展中国家可能仍局限于低附加值活动。如何确保实现全球价值链升级是其面临的战略决策挑战。

● 全球价值链参与的其他风险和潜在缺陷包括工作条件和工作安全的负面影响，以及社会和环境影响，其面临的问题是如何降低全球价值链参与的相关风险。

● 全球价值链中国家的参与、地位及其附加值贸易模式往往由跨国公司的投资区位决策和投资伙伴决定。因此，政策制定者面临的挑战是如何调整和协调密不可分的贸易和投资政策。

进入全球价值链，从全球价值链参与中受益和实现全球价值链升级需要以下步骤：①将全球价值链嵌入整体发展战略和产业发展政策中；②通过提供有利的投资环境和基建条件推进全球价值链参与；③强化本地企业生产能力，降低全球价值链参与的相关风险需要；④稳定的环境、社会和管理框架，协调贸易和投资政策；⑤加强两政策领域及相关制度间的协同。表4.11将以上

表4.11 全球价值链发展的政策框架

关键步骤	主要政策活动
实现全球价值链与发展战略一体化	① 整合全球价值链与产业发展政策 ② 沿全球价值链发展路径设定政策目标
推进全球价值链参与	① 提供并维护有利的贸易与投资环境 ② 为全球价值链参与提供有利的基建条件
构建国内生产能力	① 支持企业发展，强化本地企业议价能力 ② 增强劳工技能
提供稳定的环境，社会及治理框架	① 通过法规、公共及私人标准最小化全球价值链参与相关风险 ② 支持本地企业与国际标准接轨
协同贸易与投资政策及体制	① 确保贸易与投资政策协同一致 ② 协调投资与贸易促进及便利化 ③ 建立"区域产业发展契约"

资料来源：UNCTAD。

步骤归纳为全球价值链发展的政策框架，并囊括本节后面的内容。

一、实现全球价值链与发展战略一体化

> 在基于全球价值链发展路径和各国增长起点和发展机会的产业发展战略中，全球价值链在贸易与投资领域发挥新作用。

在大多数发展中国家，经济发展不仅要提高现有产业结构的生产力，还要转变生产结构（例如，从资源型经济转向多元化制造业和服务业），涉及产业和更高附加值活动。随着在全球价值链内生产活动日益组织化，发展亦有可能在此发生。因此，在全球价值链中的经济升级——移向更高附加值和更高技术含量的价值链环节是实现发展和产业化的重要渠道。

专注于最终产品和服务的产业政策在以全球价值链为特色的全球经济中作用有限。[53] 全球价值链需要一种基于新市场、新产品和新技能的新方法来实现产业发展。政策制定者必须理解基于全球价值链实现产业发展的方法的关键要素。[54]

● 全球价值链要求政策制定更具针对性。基于全球价值链的产业发展政策需要从旨在提高最终产品和服务生产能力的传统产业政策实现转变。竞争力的提高不一定来自综合性产业的发展，而是来自实现更高产值的产业内升级。旨在鼓励发展垂直一体化产业的措施可能是对稀缺资源的低效利用。

● 全球价值链增加了对规避中等收入陷阱风险政策的需求。产业细分使得当一国进入某行业中低附加值和低技能环节产生"薄弱"产业化的风险加大，如缺乏升级能力的电子产品装配或呼叫中心服务（第三节）。虽然各国亦可持续生产低附加值的最终产品，但其局限在全球价值链中低端附加值的风险更大。

● 全球价值链需通过新方法制定产业发展战略中的贸易政策。在全球价值链背景下，如果进口对出口生产至关重要，贸易保护政策可能适得其反，某国对其进口施加非关税壁垒可能对其出口竞争力产生负面影响。在某种程度上，中间产品和服务的海外生产对一国的出口生产是必要的，参与全球价值链要求该类进口品易于获得并价格低廉，尤其在区域内和南南合作的基础上，因为针对出口生产的进口需要较高程度的区域贸易。

● 全球价值链使区域生产网络的重要性提高。区域一体化原理不再仅强调市场扩张；还要考虑全球价值链组织。对于发展中国家，出口导向型产业政策通常针对到发达国家的出口，但全球价值链背景下的产业化政策更依赖与邻近发展中国家的紧密联系。因此，作为产业化战略，基于全球价值链的产业发展（异于出口导向型产业政策）亦可用来促进区域市场升级。

● 全球价值链要求政府与产业化发展领先企业建立互利共赢的合作伙伴关系。实现全球价值链升级从而进入更高附加价值端，涉及生产力与劳工技能的提高和新技术的引进，这需要与领先企业紧密合作。与此同时，传统贸易政策是基于产业附加值形成国内经济的假设，而全球价值链中价值的获得则取决于链中权力关系。如此，竞争政策在对该权力关系的调查方面作用显著，国家提高全球价值链参与程度有效帮助了领先企业防止、制裁反竞争行为。全球价值链需要针对社会和环境升级的制度支持。全球价值链内产业升级转化为可持续社会收益需要积极干预，包括就业和工资增长、改善劳工和环境标准。第三节中强调，产业升级并不必然带来社会升级。经济与社会联合升级可通过多方利益相关者的倡导和企业与工人和小型生产者间的联系实现。

● 全球价值链要求产业发展更具活力。全球

第四章 全球价值链：促进发展的投资与贸易

价值链中任务和活动所在位置由动态因素决定——包括相对劳动生产率和成本，以及其他决定因素，并且可在跨国公司（它们自由且不受限制）的国际生产网络中转移，这导致产业升级进程中断，并对社会产生负面影响。一方面，产业政策和贸易与投资策略可包括粘性改善措施，例如，通过与投资者建立合作伙伴关系并创建全球价值链集群（强调全球价值链内任务的互补，而非一般的产业集群），其中包括基于区域政府合作伙伴关系的区域全球价值链集群（跨境产业合作）；另一方面，产业政策应该着眼于建立基于全球价值链的长期竞争优势，通过建立和改善投资的决定因素（例如技能开发、融资渠道、贸易便利化）进行选择性投资以进入更高附加值端，通过与投资者建立伙伴关系以实现市场共同发展、技能共同创造、集群共同建立、新价值链共同培育（例如绿色全球价值链）。

整合全球价值链与发展战略应首先明确国家当前全球价值链定位。决定国家定位的两个关键因素是：①全球价值链中国内经济活动的参与程度和国内价值创造；②现有全球价值链中，不同技术复杂度和价值的经济体及其实力，从资源型活动到低级、中等和高级科技型活动，到处于高价值链端的知识型活动，例如设计、创新、研发、营销和品牌。

以上两个因素在第三节实证讨论，图4.35为政策制定者评估本国沿全球价值链发展路径的经济地位提供了依据。某国全球价值链定位可通过其出口分布的复杂程度，针对出口的进口品和国内价值创造确定。以此作为出发点，政策制定者

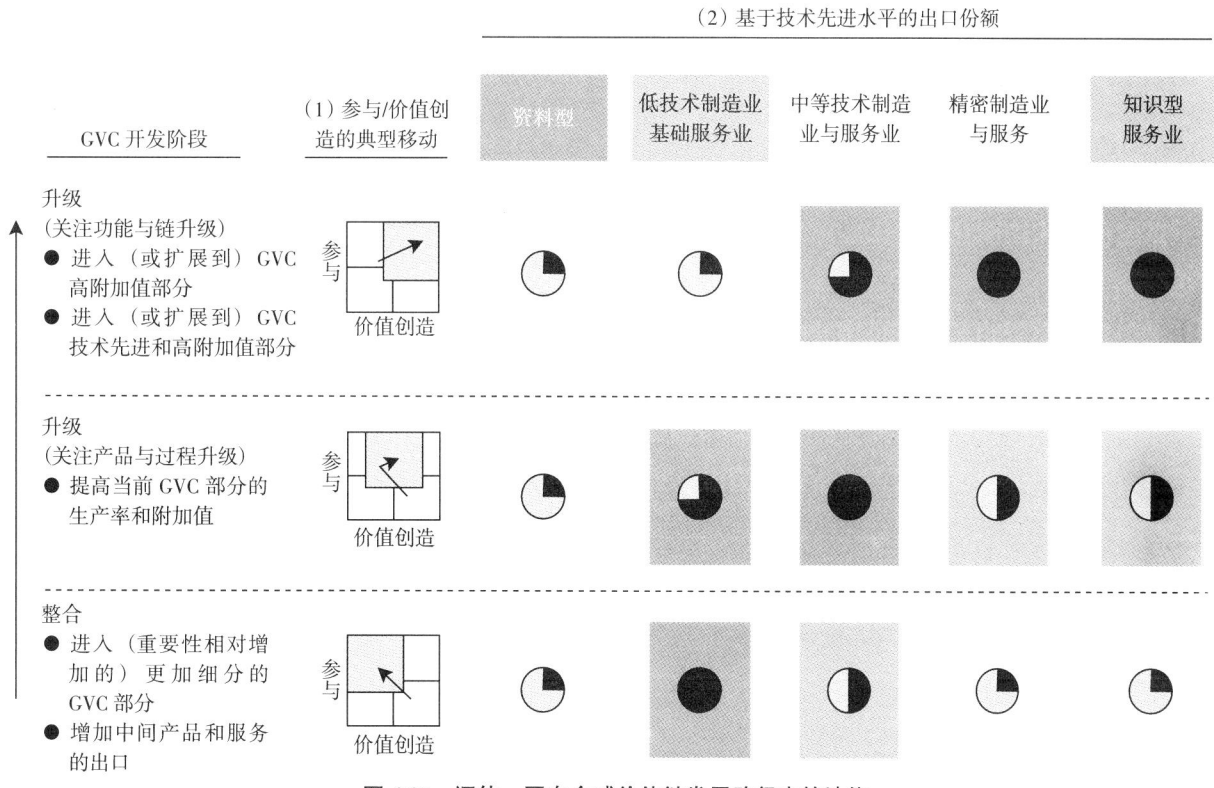

图 4.35　评估一国在全球价值链发展路径中的地位

资料来源：UNCTAD 研究。

可沿全球价值链发展路径设定增长目标从而进行战略定位。

对于资源丰富型国家，全球价值链发展通常意味着通过进入更加细分的价值链和增加中间商品与服务的出口推动全球价值链参与，往往从较低技术需求和较低劳动成本制造业出口开始。此模式大多会导致全球价值链参与提高和国内附加值出口份额下降，却往往实现了更高水平的国内附加值创造。另外，资源型经济体的全球价值链发展可通过吸引资源优势大于规模经济同时增加国内附加值的加工领域投资实现。

产品和工艺升级能够提高当前全球价值链环节生产率和附加值创造，在实现功能和链端升级前推动本国进入全球价值链更高端的技术环节。

进入更复杂和更细分全球价值链，通常意味着出口产品中海外制造比例增加。矛盾的是，升级往往导致国内附加值出口份额下降，特别是在全球价值链参与的初期阶段。随后，升级将注重提高国内附加值份额——虽然比国内附加值份额更重要的是全球价值链对GDP的绝对贡献（第一节）。

如上节所述，各国可同时进行不同技术层次的全球价值链发展。这可以通过利用从较低端全球价值链或某一环节获得的能力拓展到更高端全球价值链来实现。或者，通过处于不同层次的全球价值链发展的促进因素和条件成型——要么基于低层次全球价值链参与而逐步建立，要么通过积极的政策干预而得到帮助来实现（见图4.36）。

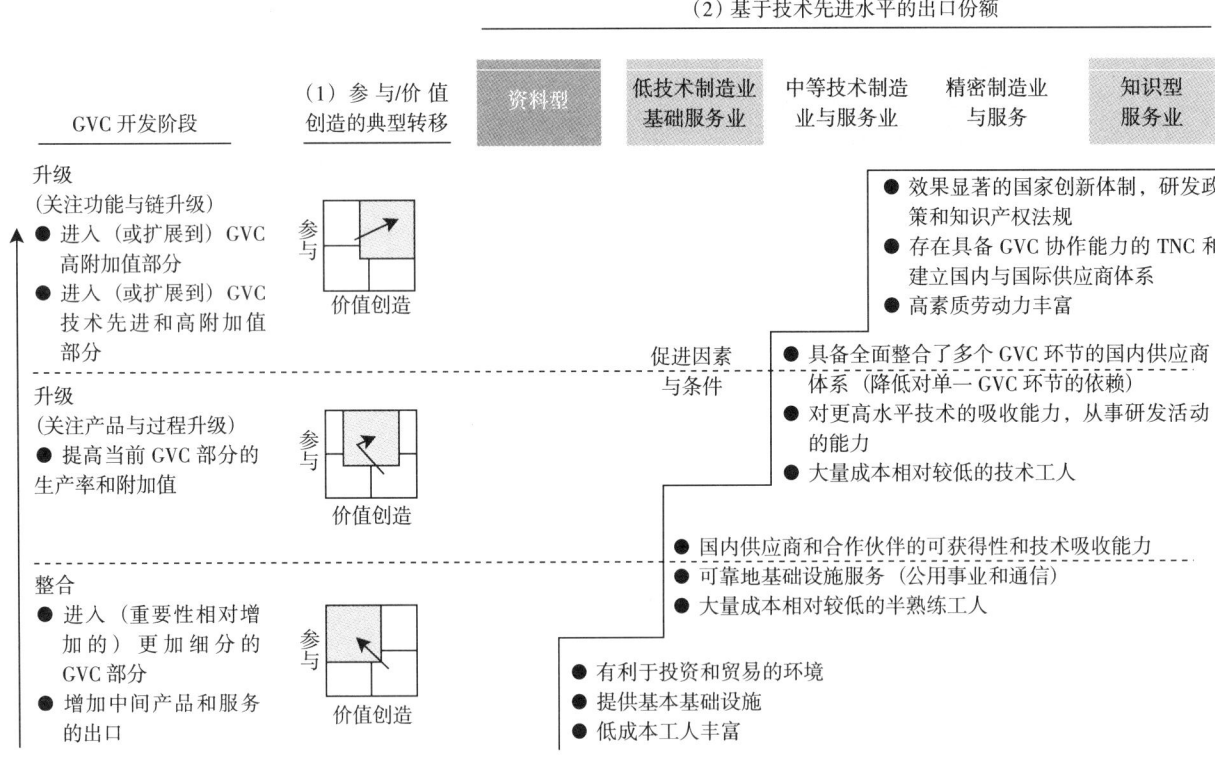

图4.36 促进全球价值链升级的因素与条件

资料来源：UNCTAD。

这些有利因素和条件类似于国内外投资对全球价值链活动决定因素。如第二节所述，活动开发的首要条件和此类活动投资的决定因素不同于（或少于）行业整体。发展战略和产业政策应着眼于可在短期内获得或提高的决定因素,以及有助于增强中长期投资吸引力的选择性投资。

为明确全球价值链进入和升级潜力,政策制定者应注意以下事项:

● 在全球价值链环节和活动日益增加、促进因素和条件的构建方面,全球价值链发展重点应依据以下先决条件:现有和未来国内要素禀赋、拓展全球价值链发展路径的顺利程度。

● 将产业升级作为国家重点。以中国为例,虽然该国具有集聚和基础设施优势,但经济发展和人均收入增加会推动工资上涨,进而削弱该国在低复杂性技术领域(例如服装业)的竞争力。类似强制升级的成功案例还发生在日本和韩国。

● 复杂程度更高的全球价值链增长机会对国内附加值的影响,以及对经济的广泛影响可能并不总是积极的。有时,进入复杂程度更高的全球价值链可能意味着更小的价值创造份额、更少的就业机会和竞争风险更高的经济。可将强化现有全球价值链参与或者"战略降级"作为可行性选择。

● 产业升级所带来的影响不仅停留在经济发展层面。其产生的社会影响以及贫穷国家参与度具有阶段性差异。在复杂度较低和低端全球价值链参与阶段,产业升级能够更加有效地增加就业、减少贫困。政策制定者必须选择与整体可持续发展战略相一致的方案。

二、推进全球价值链参与

> 推进全球价值链参与需促进投资和贸易,提供完善的基建条件。

推进本地企业的全球价值链参与,主要指创造并维护有利的投资和贸易环境,为全球价值链参与完善基础设施条件,与相关价值链环节的全球价值链区位决定因素相一致(第二节)。

有利的贸易和投资环境首先着眼于整体商业政策环境,包括贸易和投资政策、税收、竞争政策、劳动力市场监管、知识产权、土地使用和一系列其他政策领域(参见 UNCTAD 可持续发展的投资政策框架,或有关贸易和其他政策领域的 IPFSD)。

例如,由于国家提高全球价值链参与程度,竞争政策作用显著。国内经济在全球价值链中的价值获取通常取决于全球价值链中的权力关系。这种关系可能影响全球价值链中独立运营商间的合同设置从而限制竞争。例如买卖价格或其他交易条件固定,按区域分配市场或供给来源或按交易方应用差异性等价交易条件。竞争政策在预防或制裁以上反竞争行为方面可以发挥重要作用。因此,全球价值链需要加强竞争执法。

除了一般贸易和投资政策框架之外,一般贸易和投资政策框架,特别是贸易便利化,是创造有利的贸易和投资环境的关键。国际社会试图推进一项新 WTO 协议中的贸易便利化议程。现代商品往往需多次跨境,初次跨境作为输入产品,最后作为最终产品的全球价值链环节规模扩大,对贸易便利化措施的关注,如快速高效的口岸和通关手续,已呈指数式上升。根据世界贸易组织数据,跨境贸易的成本约 2 万亿美元,其中 2/3 来自于边界和通关手续,并指出全球贸易中顺畅边境程序带来的收益可能高于关税削减的收益。自 20 世纪 80 年代初,UNCTAD 在贸易便利化、边境和通关手续方面积极协助发展中国家,通过提供多种能力建设方案,包括海关数据自动化系统 ASYCUDA,该系统目前已被超过 90 个国家采用。[55]

与企业、党派或其他政策目标不冲突的贸易便利化措施通常不存在争议。由于全球价值链中进出口成本更低和跨境流动更自由,贸易便利化措施往往对经济具有积极涟漪效应。综合贸易便利化改革比单一或渐进式措施效果更加显著。改革最有利的领域往往是减少或消除交易的"程序性障碍",如文件统一和简化、程序精简、流程自动化等,确保贸易相关信息可用和通关事宜预先裁定。[56]

投资便利化措施对出口生产能力建设同样重要。最重要的便利化措施包括进入和启用流程,如外资企业创立程序、注册及许可程序、工业用地使用,以及重要员工(包括外籍工人)雇佣和税款支付程序。[57] UNCTAD 投资便利化工作包括协助投资主管部门和投资促进机构(IPAS),以及电子监管程序——应用于 27 个国家,这有助于政府(包括地方管理部门)简化针对投资者和企业的程序,尽可能实现程序自动化。[58]

提供可靠的基础设施(例如公路、港口、机场、电信、宽带连接)是吸引全球价值链活动的关键。改进技术和降低数据传输成本可促进采购服务,特别是"知识型工作",如数据录入、研发或远程咨询服务。能源和运输成本是一个问题,特别是在远距离连接到全球价值链的那些国家。完善的通信和交通也有助于吸引全球价值链业务。

政府改善基础设施以支持本地全球价值链发展的方法包括在基础设施领域建立公私合作伙伴关系(PPPs)——如公路、电信、办公楼和建立产业集群。这种全球价值链导向的 PPP 举措可帮助包括中小企业在内的企业更好地连接到全球价值链,提高国内供应商的吸引力。[59] 特别是建立针对全球价值链活动的工业园区——配有完善的通信和交通设施——会有所帮助,包括在区域层面。由于价值链通常具有区域性,旨在改善基础设施的国际合作作用尤为显著。政府可加强机构间合作出口,促进区域合作投资,包括重新划定出口加工区(EPZs)以满足区域价值链需求。区域开发银行也可发挥作用,为提高区域价值链附加值的战略产业提供投资输出渠道。通过风险共担,发展中经济体的区域性组织可以提高其捐赠资金,技术援助和全球资本市场的准入条件。[60]

为推进全球价值链参与而进行基础设施建设和生产能力建设是世界贸易组织《贸易援助》的关键所在。《贸易援助》旨在降低贸易成本,进而提高受援国的出口竞争力。《贸易援助》下,大多数基础设施支持涉及改善港口、铁路和公路,但有一小部分此类援助针对公用事业和通信基础设施。生产能力援助涉及的范围更加广泛,包括培训课程、机械及设备,合作社支持和其他形式。因此,《贸易援助》是国际社会援助发展中国家进入全球价值链的一个重要工具。为此,应优先考虑贸易便利化,因为实施改革如海关改革等,对发展中国家而言代价过高。

为帮助各国扩大全球价值链参与和从全球价值链的长远发展中获益,《贸易援助》亦可更具针对性,以确保受援国受益(见专栏 4.7)。此外,该方案可扩大其目标范围,除贸易促进外,还包括贸易多元化,扩大全球价值链参与,降低进口投入品价格,以及进入全球价值链高附加值环节。这不仅需要解决贸易壁垒问题,还需明确相关投资事项,以及更广泛的全球价值链参与壁垒,例如改善商业环境、加强服务业、支持标准化生产、增加投资的法律保障、促进创新、鼓励企业寻求新市场和新买家等。

专栏 4.7　全球价值链上游的贸易援助

自 GCV 形成以来,有关贸易援助的主要问题是通过降低贸易成本获得的收益大多流向下游,即全球价值链中的领先 TNC,而非发展中国家供应商及其工人和群体。

通常来自全球价值链的经济利益并非沿价值链平等分配。本地企业和工人获取价值的能力很大程度上取决于链中的权力关系。拥有丰富的潜在供应源的TNC将处于强势地位，主导与供应商的合同条款。同时，供应链的深度越大，TNC剥削细分劳动力市场的能力越强，比如对无组织工人中的女性工人，季节性工人或家庭手工业工人可能支付更少的工资。因此，贸易援助效益可能大部分流向领先企业而非工人，小型生产者和作为预期受益人的本地群体。

援助可进入价值链中不同位置。完善口岸可降低边境运输成本，这主要会影响一级供应商与领先企业间的联系。通过为当地农业合作社建造冷藏仓库或对服装工人进行培训可实现价值链底端或接近底端的援助。其他形式的援助可进入链内其他位置，如一条连接乡村与国际贸易中心的公路，可加强小型供应商和一级供应商间的联系。只有极少数援助效益沿供应链向下流动，如果贸易援助是为了实现底端利益，那么它需根据链中具体位置而定。

更直接的工人援助可能通过以下两种方式实现：第一，通过培训投资或技术支持提高生产能力。这可提高价值链整体经济效率，使更多效益流向价值链末端；第二，允许工人和小型生产商与链中更高位置的买家建立关系，例如，通过促进集体行动，支持建立农业合作社或女服装工人协会。也许这并不能增加价值链的整体经济效率，但却能调整链内效益分配。

资料来源：UNCTAD，基于Mayer, F. 和 W. Milberg：《全球价值链中的贸易援助：链之权力》，杜克大学桑福德公共政策学院工作文件，2003年。

三、构建国内生产能力

> 积极的企业发展政策和劳工与技能发展政策是提高全球价值链成功升级机会的关键。

全球价值链参与需要具备最低水平生产能力以踏入全球价值链发展的第一梯级。随后，全球价值链中的经济角色包括一系列能力的扩展，发展中国家须通过提高本地企业能力和劳工能力致力于实现各行业的全面升级。[61] 以扩大全球价值链参与和升级为目的的积极的企业发展政策应着眼于以下方面：

● 企业集群。企业集聚决定"集体效率"，从而提高集群企业的生产力和整体业绩。这对经常同时参与集群和价值链并涉及国内外业务的发展中国家中小企业尤为重要。通过学习和升级，能为提高竞争力提供机会。

● 联系发展。国内外企业间和机构间的联系为本地中小企业提供必要的外部条件来应对知识创造和国际化的双重挑战，这对最终成为价值链第一、第二或第三线供应商至关重要。

● 科技支持和有效的知识产权框架。为完善企业赖以经营和发展的技术体系，在标准、计量、质量、测试、研发、生产力和中小企业扩张方面的技术支持体制的作用日益凸显。适当的知识产权保护有助于增加领先企业将先进技术引入全球价值链的信心，鼓励本地企业开发或调整自有技术。

● 业务开发服务。许多服务能够促进全球价值链相关的贸易和投资自由化，并产生溢出效应。此类服务可能包括业务开发服务中心（BDSCs）和能力建设设施，以帮助本地企业满足技术标准，提高其对国际贸易规则和惯例的理解。

● 创业促进。创业发展政策旨在支持现有企业家和鼓励创业，从而促进发展。创业发展政策工具包括大学和公共研究机构的副产品、孵化计划和其他形式的集群，管理和创业培训，创业扶持资金等。UNCTAD的《创业政策框架》详细论述了创业发展政策的各个方面。[62]

● 面向中小企业的融资渠道。以为微型、小型和中小型企业增加融资渠道的包容性金融措施和计划作为基本机制，从而提升国内生产能力，指导开发本地企业、小型生产商和工人能直接受益的最上游价值链。

企业发展和劳工技能提升齐头并进。如果技能方面投资不足，技术进步和本地企业全球价值链参与可能无法转化为生产力的提高，使该国在日益以知识为基础的全球经济中不再具有竞争力。效果显著的技能战略是全球价值链参与和升级的关键和必要调整。

● 全球价值链技能战略应基于对全球价值链中的经济地位和决定技能要求升级的发展路径的深入理解。

● 全球价值链技能战略应认识到对符合产品及工艺标准和国际公认的认证而变得愈加重要的培训。

● 由于领先企业为技能标准和产品质量把关，国际合作伙伴关系在全球价值链技能战略中尤为重要。

此外，如第三节所述，全球价值链参与和升级过程意味着经济调整。技能战略应致力于该调整，并帮助失业工人找到新工作。社会政策和良好运作的劳动力市场，包括再就业和职业培训计划，也有助于经济调整。

相对于渐进式改革，劳动力和产品市场的一系列改革更可能带来在创造就业和劳动力市场表现方面的整体增长。一些国家近期宣布或实施改革来应对劳动力市场的二元性，如通过缩小合同制和临时性工人就业保护间的差距。此类改革伴随着再就业计划和充足的保险，有助于推动劳动力适应性的提高，促进劳动力市场向动态全球价值链调整。

最后，企业和员工发展的成功受全球价值链权力关系的影响。政策制定者应考虑提高国内生产商相对于国外全球价值链合作伙伴的议价能力，帮助其获得公平分配租金，鼓励其进入更高附加值的全球价值链活动。有很多方法可以增强全球价值链中本地企业的议价能力。首先，支持集体谈判，包括成立国内生产者协会，有助于制衡TNC谈判力量。其次，东道国可针对个别全球价值链活动制定具体法律和法规，例如合同农业。最后，政府可提供关于议价的培训课程或提供涵盖全球价值链参与经济的各个方面（例如业务风险分摊）的合同范本、财政因素（如税收）和法律因素（合同的影响）（《世界投资报告2011》）。

四、提供稳定的环境、社会和治理框架

（一）社会、环境、安全和健康问题

> 解决与全球价值链相关的社会，安全和环境风险问题，需要有效监管，社会对话和积极的公民社会。

最小化全球价值链相关风险的强有力的社会和环境政策对最大化全球价值链活动的可持续发展影响至关重要。同时，扩大创造就业和改善环境的实践也促进了商业和投资环境的稳定，这也是全球价值链发展所必需的。

按照联合国关于商业和人权的指导原则东道国至少应承担保护人权的职责。同时还需确保全球价值链合作伙伴遵循国际劳工组织公约体现的国际核心劳工标准。同样重要的是在全球价值链生产基地建立和实施职业安全和健康标准（如安全建设标准和消防设施）以及严格的环保标准。全球价值链中的领先企业、跨国公司及其母国通

过与供应商合作进一步遵守东道国法规和国际标准，加强监督组织如工会和民间社会团体的作用，以及避免供应商触犯相关法规和标准等方式，在安全生产方面做出了突出贡献。

从中期和长期来看，为了能在全球价值链中参与具有更高附加值的活动和服务，发展中国家会采取战略升级，同时也提高了本国居民生活水平，改善了社会面貌与自然环境。从短期来看，监管措施必须解决紧迫的安全和健康问题——例如近期孟加拉国 Rana 广场的悲剧。该实例促使孟加拉国政府修改法律，批准服装工人未经工厂老板事先许可组建工会，并宣布计划提高服装工人的最低工资。

除执行国内法律外，在全球价值链背景下，符合国际核心劳工和人权标准的政府采购政策可进一步督促跨国公司及其供应商遵守此方面的承诺。政府也可鼓励采用多方利益相关者特定行业标准，如海洋管理理事会或森林管理委员会制定的标准。为了扩大合规性，政府可能希望将多方利益相关者资源标准成功的一些方面整合入监管举措中。

当东道国设计和修订其国内政策框架，旨在促进有关社会和环境可持续发展的全球价值链活动时，其可参考与全球价值链相关的社会、人权、健康、经济和环境风险的国际原则和标准（见表4.12）。[63] 虽然一些国家可能担心失去已有的与全球价值链相关的竞争优势而犹豫不前，但是推广以上标准实施方面更多的国际协作将有助于缓解"先行者"的问题。即使没有这样的国际协作，东道国也会越来越意识到符合国际标准的社会和环境的框架可增强其国际竞争力，因为消费者越来越关注发展中国家的生产条件。同样，从事全球价值链活动的公司开始注重宣传其符合更高商业和声誉标准的形象。[64]

表 4.12　全球价值链中责任投资的国际标准列表

国际原则或举措
● 企业和人权指导原则：执行联合国"保护、尊重和赔偿"框架（"鲁杰原则"）
● 国际劳工组织关于跨国企业和社会政策《三方原则宣言》
● OECD 打击贿赂外国公务人员公约
● 联合国全球盟约
● OECD 跨国公司行为准则
● 《负责农业投资原则（PRAI）》（UNCTAD, FAO, IFA, 世界银行）
● OECD 受冲突影响和高危地区矿物质的负责供应链尽职调查指导
● ISO 26000 关于社会责任指导标准

资料来源：UNCTAD《世界投资报告 2011》和一份由 UNCTAD 领导的跨部门工作小组对 20 国集团关于"促进价值链责任投资标准"的工作报告。

在许多行业，中小企业欲进入全球价值链须满足跨国公司提出的企业社会责任标准（《世界投资报告 2012》）。然而，大多数国家的企业发展计划未提供任何形式的能力建设来帮助中小企业满足以上标准。同时，在一些全球价值链环节中，多达一半的潜在供应商由于企业社会责任未达标而被拒之门外。中小企业（特别是发展中国家的中小企业）所面临的私营部门企业社会准则使其面临着更多竞争挑战。通过现有企业发展方案促进能力建设有助于中小企业更好地满足客户需求，同时提高其对行业可持续发展的整体贡献。

许多特定行业多方利益相关者倡导的措施开始对全球价值链可持续发展实践产生影响（《世界投资报告 2011》）。这些提议包括服装行业的公平劳工协会和可可/巧克力行业的国际可可倡议。每项提议都涉及实用的市场测试的方法，以促进整个全球价值链的可持续商业实践，这通常会影响链中的多方成员。

政策制定者可通过推动、拓展以上措施来提高全球价值链可持续发展效益。在某些国家，政府需认证由可持续举措倡议的一个或多个标准以促进某些部门投资或政府采购。这也许是促进某项标准更广泛采用的有效策略，同时推动多方利益相关者倡导的举措灵活和动态地发展。政府也可作为利益相关者直接参与拓展这些标准，如以主办方的身份或提供物质支持来推动标准拓展进程。最后，政府应注意到企业社会责任计划将不足以应付当前全球价值链中错综复杂的社会和环境挑战，公共政策解决方案或将在补充私营部门和多方利益相关者倡议方面发挥作用。

（二）出口加工区（EPZ）向可持续商业中心转型

> 可持续性是吸引全球价值链活动的一个重要因素。出口加工区能通过采纳改进的企业社会责任政策、支持服务和基础设施转型为可持续商业中心。

世界各地的跨国公司正日益要求其生产的产品符合国家社会和环境标准，供应商也努力迎合企业社会责任政策以确保其在全球价值链中的地位（《世界投资报告2012》）。由于EPZ是全球价值链中的重要枢纽，政策制定者应考虑采纳改进的企业社会责任政策，支持EPZ服务和基础设施建设，将其转化成可持续商业中心。这是对先前实践的重大转变：由于其劳工、环境、健康与安全实践不足，EPZ一直受到政府间组织、非政府组织、学术界和私营部门的质疑。

世界各地成千上万的EPZ一直是有效吸引出口型FDI的政策工具。EPZ的全球雇员超过6600万人，[65] 在全球价值链中发挥着重要作用，为效率寻求型FDI提供媒介并为东道国发展轻工业和提高产业工人竞争力提供机制。在某种程度上，EPZ是政府或准政府实体，有责任保护员工人权，推动环境改善。可持续发展服务也具有一定的商业意义，随着对全球价值链中社会和环境条件的关注与日俱增，建设基础设施和服务以推进可持续商业实践，将提高EPZ吸引并留住投资的能力。EPZ竞争格局正在改变，因为世界贸易组织的《补贴和反补贴措施协议》可能限制未来EPZ内投资的财政激励。因此，投资促进政策制定者可能希望扩大EPZ提供的服务和基础设施组合。向跨国公司提供符合其要求的可持续发展服务便是此类方法之一。

支持可持续发展的服务和基础设施可为EPZs内各企业带来潜在收益。例如，相关成本共担可以实现规模经济；集中式服务将推进标准化和一体化实践；可减少作为供应商追求企业社会责任目标核心问题（《世界投资报告2012》）的现场实地检查的次数；公共监督可能带来更广泛收益，包括以积极"品牌化"EPZ的方式。

UNCTAD在2013年对100个EPZs进行的调查显示，当前大多数EPZ在服务的可持续方面准备不足。[66] 但少数早期EPZs可提供多方位可持续服务。

责任劳工实践。某些EPZs向区域内运营企业提供劳工问题援助，从政策（通知国家劳动法规，包括最低工资和工时）到服务支持（如在区域内协助解决劳资纠纷的劳动及人力资源局），再到基础设施（如劳动监察员）。大多数仅在雇主对员工的法律义务方面作出相关规定。还有一些EPZs主张明确劳工实践政策，包括最低工资标准，有关工时的法规和工会。以上规定的劳工标准在大多数情况下与本地和国家法律一致，但在某些情况下高于本地和国家法律。极少数EPZs明确表示提供相关服务以协助企业，但也有一些EPZ表示在区域内配备劳动监察员。乌拉圭的Zonamerica通过员工技能培训以及商业道德培训提供管理援助服务。

环境可持续性。可持续性政策覆盖土地、空气、水污染、废弃物、噪声和能源利用方面的标准。某些EPZ有相对完善的环境报告要求，企业需报告其废弃物、污染物甚至预期噪声分贝水平。以上情况出现在土耳其约半数的EPZs、南非三个

EPZs 中的两个、印度、阿拉伯联合酋长国和摩洛哥的数个以及阿根廷和中国的一定数量的 EPZ 中。除政策外，诸多 EPZs 还向企业提供支持服务和基础设施，并确保企业遵守这些标准。最常见的是废弃物管理系统的使用，包括废弃物的妥善处理方法，例如，阿根廷、沙特阿拉伯、南非、韩国和土耳其的 EPZs 均采纳了该系统。少数 EPZs 提供回收服务（南非、沙特阿拉伯、乌拉圭以及在韩国和土耳其的两个）。为提供标准能源服务，数个 EPZs 向区域内经营企业提供替代性低碳能源服务，包括沙特阿拉伯、南非、韩国和土耳其的 EPZs。某些设在中国"低碳城市"内的 EPZs 提供一揽子环境可持续性服务，包括开发替代能源，完善废弃物管理系统、生活污水和废弃物回收系统。此外，世界范围内已有许多 EPZs 获得 ISO14001 环境管理体系标准认证，包括中国和印度。肯尼亚 EPZ 管理局发起了一项关于推动其所有 EPZs 获得 ISO14001 认证的战略计划。

健康和安全。只有为数不多的 EPZs 制定了员工职业安全及健康（OSH）政策和法规，极少 EPZs（如果有的话）提供相关服务以协助企业推动改善 OSH 的实践。值得注意的是，Zonamerica 提供劳工风险预防方案。约一半 EPZs 提供医疗诊所，或区域内的医务人员协助处理医疗紧急情况及例行体检。大多数 EPZs 为区域内所有工厂提供消防服务。几乎所有 EPZs 都配备了 24 小时的监控和安保系统。

良好治理，打击腐败。极少有 EPZ 提供协助企业打击腐败活动的服务。南非某 EPZ 的腐败零容忍政策提供企业投诉电话。但该服务并未明确如何处理与腐败有关的投诉。少数 EPZs 提供遏制腐败的系统框架或协助企业的宣传系统。

政策制定者应考虑扩大 EPZs 内可持续发展相关政策、服务和基础设施的可用性，以协助企业满足利益相关者改善企业社会责任实践的需求，以达到对跨国公司的企业社会责任政策和标准的预期值。同时应增强国家促进环境最佳实践和维护劳工人权的能力。追求这一目标的 EPZs 也应改进其报告来更好地为区域内经营企业的提供可持续发展服务。

国际组织可通过建立基准测试、最佳实践经验交流、能力建设方案协助各国实现 EPZs 转型，来管理 EPZs 及其他相关区域。UNCTAD 与联合国其他机构可共同提供该项援助，如人权事务高级专员、联合国环境规划署和国际劳工组织，世界银行等国际组织，以及相关机构如世界经济加工区协会（WEPZA）和世界投资促进机构协会（WAIPA）。

（三）GVCs 中其他关注事项和良好治理问题

改善 GVCs 企业治理涉及一系列问题，包括解决转让价格操纵。如第三节所述，GVCs 转让价格操纵范围扩大，使其更加难以检测。特别是发达国家和大型新兴经济体如印度和中国的政府对该趋势迅速做出了反应，开始强化其转让定价监管框架、评估税务罚款和未符合公平交易标准的罚款。这可能在世界范围内增加跨国公司与税务机关间的诉讼（见专栏 4.8）。

专栏 4.8　转让定价诉讼案例

美国软件制造商 Veritas（后被 Symantec 收购）在 2000 年设立成本共担约定，并将其欧洲市场权利及已有无形资产以 1.18 亿美元转让给其爱尔兰全资子公司。2009 年，美国国税局（IRS）向

Veritas 提出索赔，认为爱尔兰子公司的买入价格过低。采用基于收入的方法来估计转让的无形资产净现值，IRS 计算出正常价格为 16.75 亿美元，并索赔超过 10 亿美元的税收、罚款和利息。税务法庭认为 IRS 的索赔并不合理，从而支持 Symantec。①

印度所得税上诉法庭的一项特殊裁决表明其支持税务部门对跨国公司在印度的子公司为品牌和商标推广而产生的广告宣传、市场营销和促销费用进行征税。同时支持采用亮线测试，基于测试公司所发生的费用进行正常定价。该裁决基于 LG 电子的诉讼，同时其他 14 家在印度的跨国公司子公司也认为转让定价官员是"干预者"。百事食品、马鲁蒂铃木、葛兰素史克、固特异、博士伦、阿玛迪斯、佳能、富士、卫视印度公司、索尼、海尔电器、路易威登手表和珠宝，以及大金工业均面临在广告，营销和推广费用过高方面的转让定价调整。②

注：①参看路透社，"资料库：美国主要税务法院的转移定价案例"，2012 年 6 月 17 日，可在如下网站获得：http://www.reuters.com（2013 年 1 月 10 日）。②参看 http://www.tax-news.com/news/IndianTribunal_Reaches_Key_Transfer_Pricing_Decision（2013 年 5 月 35 日）。

资料来源：UNCTAD。

如果东道国试图从 GVCs 参与中获得税收收益，则在转让定价问题上加强国际合作是必要的。跨国公司与国家税务机关更多使用预约定价协议——由双方议定的一定时期内适当的转让定价方法——是创造更多 GVC 相关税收实践可预见性的重要方式之一。同时，为降低国家税收门槛和价格计算方法复杂性的国际合作有助于改善 GVCs 治理。例如，一些国家正致力于为发展中国家政府专门制定新的联合国转让定价指南。

最后，GVCs 发展战略应试图培育能更好地抵御冲击并迅速恢复的弹性供应链。政府可出台政策来缓解系统性风险并促进贸易关系更快恢复。加强与在供应链中发挥重要作用和职责的国际社会和外国利益相关者的协作也可提高 GVC 的安全性。为此，各国可能寻求制定和实施全球性标准、升级早期检测系统，同时提高信息封锁和共享能力，提升供应链各端点间的安全水平，增进在端到端供应链的安全方面的努力（见专栏 4.9）。

专栏 4.9 美国应对全球供应链安全的国家策略

通过应对全球供应链安全的国家策略，美国政府阐明其强化全球供应链的政策以维护美国公民的福利和利益及保障国家经济繁荣。该策略具有以下两个目标：

目标 1：促进商品流通的效率及安全——促进合法商品及时高效流通，同时保护和保障供应链远离剥削，并减少其中断隐患。为实现这一目标，政府将加快对进入全球供应链的商品的整合步伐。同时掌握和消除早期威胁，保障基础设施、交通工具和信息资产安全，同时通过现代化供应链基础设施和流程实现贸易最大化。

目标 2：促进弹性供应链——促进全球供应链系统可以并且能够应对不断演化的威胁和危害，同时从中断中迅速恢复。为实现这一目标，政府将优先致力于减小系统性隐患和完善中断后商品流通的重建计划。

该策略基于以下两项指导原则：

（1）"激励行动"，即全面整合和激励政府，以及国家、地方、部落及局部地区政府，私营部门和国际社会。

（2）"供应链风险管理"，即识别、评估和优先风险管理，实施分层防御计划，并根据安全和操作环境的变化调整安全策略。

资料来源：美国白宫，"应对全球供应链安全的国家策略"，网址链接：http://www.whitehouse.gov（2013年3月18日访问）。

五、协同贸易与投资政策及体制

（一）确保贸易和投资政策的一致性

> 投资政策影响全球价值链中的贸易，同时，贸易政策影响GVCs中的投资。政策制定者需确保这两个政策的方向保持一致。

投资和贸易在GVCs中密不可分，因而确保投资和贸易政策一致至关重要。政策不一致将削弱GVCs相关政策的有效性，并最终自食恶果。例如，中间投入品的进口限制或关税升级阻碍GVCs中的出口导向型投资，并且可能损害一国的出口竞争力。同样，对急需外国资本或技术以发展生产能力的行业实施FDI限制可能阻碍该国进入GVCs，并最终影响出口附加值。

避免投资和贸易政策不一致需密切关注那些同时影响GVCs中投资和贸易的政策工具：①影响投资的贸易措施（TMAIs）；②影响贸易的投资措施（IMATs）。表4.13和表4.14揭示了贸易和投资措施之间的潜在交互影响。

（1）影响投资的贸易措施包括影响市场准入条件、市场准入开发优惠和出口促进设备的各类措施（见表4.13）。

表4.13 全球价值链中贸易政策措施的潜在影响

贸易政策措施	对投资的潜在影响（解释性）
● 进口关税，关税升级 ● 非关税壁垒：监管标准（例如技术性贸易壁垒及卫生和植物检疫措施）	● 阻碍基于受该项措施影响的进口的外向型投资 ● 促进市场寻求型或进口替代型投资（避开壁垒）
● 贸易便利化（适用于进口与出口） ● 出口鼓励（例如出口信贷、信用担保和商品交易会）	● 通过降低多个进出口边境口岸的成本和加快出口（尤其与时间敏感的GVCs相关）促进外向型投资 ● 促进基于便利化（和低价）进口的市场寻求型投资
● 优惠或自由贸易协定（包括原产地规则和特定行业协定）	● 对受益于成员国之间简化的（且低价的）贸易投资产生正面影响，同时强化区域价值链 ● 通过服务于更大市场形成规模经济，以积极影响市场寻求型投资 ● 成员国间GVCs重新配置对投资（主要以兼并和收购方式）产生综合影响
● 市场准入开发优惠（例如GSP，EBA，AGOA）	● 主要对优惠提供国进行出口的优惠接收国的外国投资产生正面影响
● 贸易救济	● 对受该措施影响的国家的外向型投资（和在采取该措施前做出投资决策的出口导向型投资者）产生负面影响

资料来源：UNCTAD。

TMAIs有助于获得并增加GVCs内相关利益。例如，原产地规则可通过鼓励扩大本地附加值生产和采购，进而加强国内供应商和跨国公司之间的联系。它促使跨国公司调整其国际采购模式，将特定东道国至于其母公司所在区域或公司全球网络之中。由于大多数此类措施适用于特定商品或产品,通常为非交易类,所以可通过以下方式来设定,如针对个别GVCs活动或任务(例如生产过程或GVCs中特定投入品的供应)或个别行业(如汽车制造业)。这允许东道国使用TMAIs来实现增强GVC产业发展的目的。

(2)影响贸易的投资措施包括适用于东道国中外国投资者活动的多种政策工具。广义上,这包括进入与创建的规则、贸易相关业务方面的措施、生产要求,与知识相关的要求,以及促进和便利化措施(见表4.14)。

表4.14 GVCs中投资政策措施的潜在影响

投资政策措施	对投资的潜在影响(解释性)
● 促进投资,尤其是对出口导向型FDI,包括金融激励、财政激励和其他激励措施[如在经济特区(SEZ)实施的基础设施补贴、市场优惠和监管让步]	● 积极影响出口,可能伴随进口成分增加和陷入扭曲效应风险 ● 削弱出口竞争力,一旦激励逐步停止,将导致生产成本上升
● 投资便利化(如简化登记和审批程序,土地使用)	● 积极影响出口,可能伴随进口成分增加,便利化有助于吸引外向型(即效率寻求型)投资
● 进入和创建限制	● 限制出口,挫伤外向型投资 ● 削弱出口竞争力,限制挫伤的投资者,其资本输入(中间者)主要用于该国其他企业(国内或国外)的出口生产
● 合资企业要求	● 由于本地缺乏资质相当的合资伙伴而削弱出口竞争力 ● 对国内企业的出口竞争力和国内增加值具有长期正面影响
● 出口表现要求 ● 贸易平衡限制[①]	● 对在受该措施影响的国家的外向型投资(和在采取该措施前做出投资决策的出口导向型投资者)产生负面影响
● 本地雇用要求和对关键外籍职工的雇佣限制 ● 培训、技术转移和研发要求 ● TRIMs协议:本地成分要求[①]	● 长期正面影响国内企业出口竞争力,国内增加值和潜在升级 ● 降低出口,挫伤外向型投资者 ● 削弱出口竞争力,导致生产成本增加

注:①这些应用于货物贸易的措施仅适用于世界贸易组织成员国。
资料来源:UNCTAD。

IMATs也可用于发展与GVCs相关的产业发展目标,针对特定部门、行业或活动制定的应用程序。合理应用IMATs有助于国内供应商连接到GVCs并提升其能力。需要特别指出的是,强制性履行要求和与投资者优势相关的要求间存在差异。前者可能妨碍企业为GVCs活动选择目标东道国,而外国投资者可能承担某些有关财政或财政激励的履行要求。

世界贸易组织规则和投资协议限制各国必须遵守履行要求。《与贸易有关的投资措施协定》(TRIMs协定)及对诸多优惠贸易和投资协定的延伸,明确禁止使用与提供国民待遇的义务相悖或构成数量限制(如实施本地成分要求、出口管制以及贸易平衡限制)的贸易限制措施。非成员国不受以上规则的限制(除非它们签署涉及履行要求限制的自由贸易或区域贸易协定)。一些世界贸易组织成员国希望复核TRIMs协定及其现有的禁令,以提供更大的政策空间。

"乌拉圭回合"之后缔结的某些国际协定往往采取额外措施来削减与履行要求相关的政策空间(即所谓的TRIMs额外条款),包括限制TRIMs协定以外的服务或货物贸易有关的履行要求。各国是否应接受以上对政策空间的额外削减取决于自身发展战略。

应当指出的是,TMAIs和IMATs的实际效应更为复杂,且基于特定环境(即国家和部门)。同时,各措施并非单独使用,差异性政策措施组合可能带来不同的政策效果。此外,这些措施在贸易和投资外亦具有其他潜在影响,因此需从其可能产生的更广泛的影响层面谨慎考虑。

在国际层面，全球价值链受贸易和投资协定共同控制。尽管贸易和投资密切联系，但国际法律基本上在各政策领域独立发展。贸易主要遵循世界贸易组织规则，外商投资则由近3200项国际投资协定约束。在双边、区域、行业和多边层面的其他类型贸易和/或投资协定的层级扩张致使两政策体制高度复杂化（第三章）。各法律体系追求自身目标集并强制缔约方承担多种义务。因此，政策制定者需意识到国际投资与贸易法律间潜在的交互和重叠效应，从而推进政策协同并避免政策不一致。

鉴于GVCs中贸易和投资间的紧密联系，贸易协定中的政策空间限制可能间接影响投资策略，反之亦然。各国贸易政策可能面临受到投资协定挑战的风险，投资政策的某些方面在世界贸易组织规则或自由和优惠贸易协定下可能陷入被审议的风险。例如，大多数国际投资协定（IIAs）规定禁止歧视与投资相关包括贸易业务的所有经济活动。IIAs中国民待遇和最惠国待遇可能导致投资仲裁法庭对贸易问题做出相关裁决。事实上，世界贸易组织协定（TRIMs协议和服务贸易总协定）也涉及对投资相关问题的处理，这为贸易争端中此类问题的解决留出了余地。因此，当在GVCs中采用贸易（或投资）措施时，政策制定者不能仅限于证明该措施符合国际贸易（或投资）法律。为了安全起见，还需检查贸易措施是否过度干预IIAs，投资措施是否有悖于世界贸易组织规则或优惠贸易协定中的贸易规则。

（二）协同贸易和投资促进与便利化

> 在GVCs中，投资促进机构和贸易促进机构应密切协调其活动。一国的贸易和投资促进机构应在GVCs定位和目标指导下进行设置。

GVCs中贸易和投资间的联系日益密切，推动国内贸易和投资促进机构紧密合作，以及契合东道国动态区位优势更好地进行GVCs环节定位。协作需求使得投资促进机构（IPAs）和贸易促进组织（TPOs）的政策制定者开始考虑合并。

整合同一组织内不同而又显著相关的贸易投资促进功能各有利弊。普遍认可的有利因素包括战略优势和成本节约潜力。

（1）战略优势。它主要包括：①促进政策一致性的潜力；②增强针对出口导向型投资者提供服务连续性的潜力；③为国家竞争力政策倡导提供共同点。

（2）成本节约。它主要包括：①共享支持服务（IT、人力资源、会计、法律服务、公共关系、研究）和共享办公设施；②协同海外推广、品牌和标志建设。

然而，联合贸易和投资促进并未带来自动协同或节约。从操作角度来看，关于独立的贸易和投资促进机构的观点依旧引人注目（见表4.15）。

表4.15 IPAs与TROs间的主要操作性差异

	贸易促进	投资促进
委托方	国内出口商（SME）	海外跨国公司
目标市场选择	采购主管	CEO、CFO、COO
周期	购买（日常决策）	战略决策（以年计）
商业信息	国家生产和出口商	投资环境和操作成本
员工技能	销售和营销	选址咨询
绩效指标	出口、就业	FDI项目、就业
支持	全力支持本地产业	部分支持——由于本地产业害怕竞争

资料来源：UNCTAD，基于《投资与贸易促进：实践和问题》，投资咨询系列，2009年，系列A，第4项。

多年来，联合贸易和投资促进的利弊权衡导致同等数量的机构权力分离（如智利，哥斯达黎加和爱尔兰）与合并（如德国、新西兰、瑞典和英国）。联合机构的数量也因此在一段时期内保持相对稳定：从2002年的34%到2008~2012年的25%。有趣的是，发达国家联合机构的占比明显偏高（43%）。

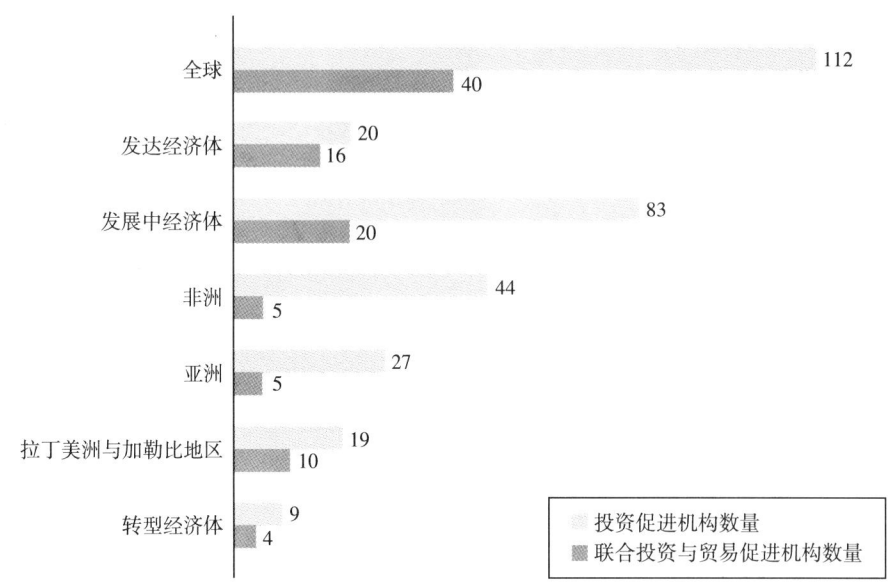

图 4.37 贸易与投资促进机构设置概况

资料来源：UNCTAD：《优化政府服务：推动联合投资和贸易促进？》，《IPA 观察者》，2013 年第 1 期。

从战略角度来看，GVCs 日益增加的重要性以及随之而来的投资与贸易间的必然联系可能正改变着联合投资和贸易促进的成本—效益等式。GVCs 使潜在的战略协同效应增强，通过联合推广，包括对外国投资者进行关系管理，为促进和保障企业内部出口开展售后服务，促进投资以提高出口能力，参与投资者链接来支持 NEMs 出口，以及确定投资以降低出口商品中的进口成分从而提高国内附加值。

许多基于一国 GVCs 参与和定位的客观标准有助于设立最佳的贸易和投资促进机构：

● 如果一国出口能力的构建显著依赖外国资本、技能和技术，那么参与联合贸易和投资，促进以着重吸引出口导向型 FDI 和促进生产能力提高的项目是对资源的更有效利用。

● 如果一国现有出口在很大程度上由跨国公司海外子公司驱动，那么大部分出口很可能流向母公司网络的其他部分。与此类企业增加对其子公司的采购（出口促进）相比，吸引其进一步投资并扩大本地生产和海外子公司的出口（投资促进）可能更加有效。

● 当大部分国内出口商参与 NEMs，即参与 GVCs（也可具有出口特性，如高比例的中间制造或服务）时，较大份额的出口最可能流向跨国公司网络的其他部分，加上"预定义"或垄断市场，使得独立出口促进效果较差。

● 如果一国出口商品的进口含量较高，那么该商品已全面进入 GVCs。与其单独促进此类出口，不如着力吸引 FDI 以增加出口商品的国内附加值。

总之，并不存在"一刀切"的解决方案，因为联合机构的利弊主要取决于一国的具体情况。

（三）区域产业发展契约

区域价值链的相关性强调区域合作的重要性。区域贸易和投资协定可能演变成产业发展契约。

如第一节所述，区域生产网络在 GVCs 内非常重要。基于 GVCs 的产业发展得益于与周边经济体供应基地和市场的紧密联系。因此，政策制定者应努力创造贸易和投资政策及机构间的协同效应，这是实现区域合作的关键。

第四章 全球价值链：促进发展的投资与贸易

区域贸易和投资协定可能演变成"区域产业发展契约"。该契约将重点发展贸易和投资自由化和便利化，建立联合投资促进机制和机构。面临的重要挑战是如何重新调整投资和出口促进战略，从重点供应单一GVCs活动到满足新兴区域市场的需求。

区域产业发展契约将涉及有利于GVC发展的所有政策领域，如协调、互相认可或近似监管标准，以及巩固有关环境、社会和治理问题的私有标准。此类契约可在关键政策领域采取相应措施，如员工自由流动（移民和签证问题在价值链中至关重要，要求人们在国家间能够自由流动以视察供应商或在本地运营期间提供技术援助）和服务贸易自由化（特别是物流和运输），因为区域价值链需更广泛地区域合作。

区域产业契约旨在构建跨境产业集群，通过GVC联合投资促进基础设施和生产能力建设。建立此类契约意味着建立合作伙伴关系、协调区域内政府间的贸易和投资法规、实现投资和贸易促进机构间的联合推广、推动政府和国际组织间的技术援助和能力建设，以及促进公共和私营部门间对区域价值链内基础设施和生产能力的投资（见图4.38）。

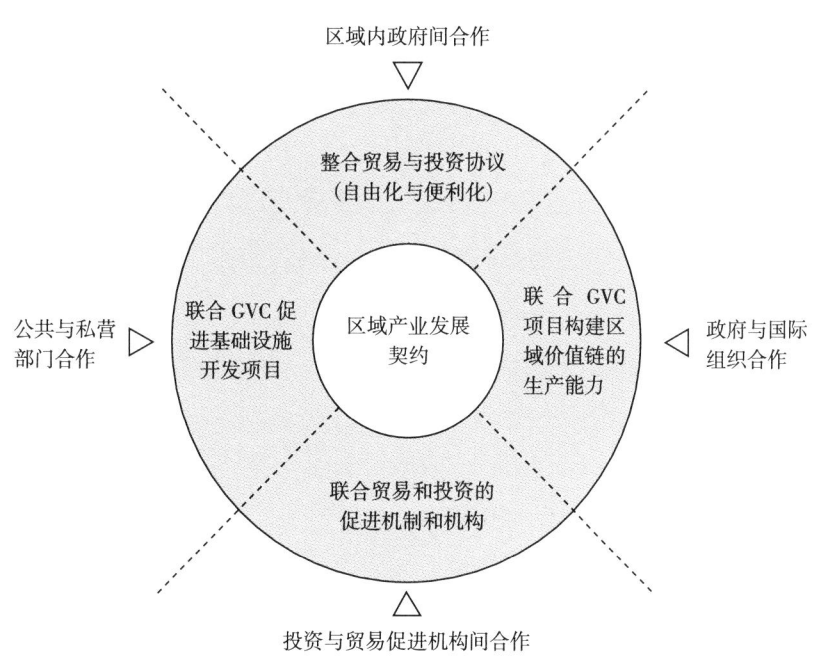

图4.38 针对区域价值链的区域产业发展契约

资料来源：UNCTAD。

结束语：全球价值链政策发展——制定合理战略框架

> 基于对一国当前在GVC中所处的地位和增长机会，GVC政策发展应首先确定其在GVC中的战略定位

本章表明，GVC是当前全球经济的一个普遍现象。大多数国家正日益扩大其在不同程度和环节的GVC参与。

GVC和附加值贸易模式主要是由跨国公司塑造——从采矿业跨国公司到制造业和零售业跨国公司。因此，各国能否成功进入GVC取决于其吸引投资的规模或本土企业与领先跨国公司的互动

GVC可促进经济发展。GVC对价值增值、就业、收入和出口方面有直接的经济影响。通过技术和技能扩散以及产业升级，GVC也有助于经济的长期发展。然而，这些益处并不能自动实现，而且一国可能一直被困于低附加值活动中无法升级，从而无法为经济发展创造更多价值。此外，参与GVC还会对社会和环境产生负面影响，包括工资和工作环境、工人的安全和健康问题、社区问题，污染物排放及其他问题。

政策制定者面临的主要问题在于是否积极推动提高GVC链参与程度并采取GVC导向的发展战略。然而，对许多国家而言，问题不仅在于是否应该提高GVC参与程度，而且还涉及如何利用GVC，从参与中使得利益最大化、风险最小化以及GVC升级。

GVC政策框架的关键因素包括下五个：①一国总体发展战略中的GVC融入；②推进GVC参与；③构建国内生产能力；④提供一个稳定的环境，社会和治理框架；⑤协同贸易投资政策和体制。

战略发展首先需要对启动前提有一个清晰的认识。政策制定者在设计GVC发展战略时应尽可能地了解本国经济在本章提出的GVC政策框架所需要件方面的情况，基于要素禀赋、动态能力和更广阔的发展前景确定该国战略定位。

表4.16能够帮助政策制定者提供一个途径去评估他们的经济体在GVC中所处的地位、增长的机遇、影响参与GVC的优势和劣势因素以及生产能力，建立社会、环境和治理框架以及贸易和投资政策背景。该表通过提出一系列问题对上述内容进行评估，这些问题的答案应明确指出GVC的优势、劣势、机会和威胁。其中有些问题可以通过实证度量分析，其他只能通过定量分析解决。该列表并不详尽，它只用于指导评估过程。

表4.16 GVC政策发展：政策制定者的一个工具

区域（参看表4.1）	主要问题
GVC嵌入发展战略中	
GVC发展路径的位置（参看图4.36）	● 一国主要的出口产业、出口产品和服务是什么？
	● 哪一些产业更侧重于出口或更侧重于国内市场？
	● 一国主要的进口产品和服务是什么？
	● 中间产品和服务中进口产品占比多少？
	● 原材料中进口产品占比多少？
	● 哪些行业需要更多的中间产品进口？
	● 哪些行业能都产生更多的出口附加值（出口减进口部分）？
	● 一国非加工自然资源中出口占比多少？
	● 一国拥有的自然资源（出口前）的附加值为多少？
	● 中间商品和服务中出口占比多少？
	● 哪些行业更多地从事中间品供应出口而不是最终产品出口？
	● 一国GVC链接、上游和下游中最重要的第三国有哪些？
	● 大多数GVC贸易联系是区域内还是区域外的？
GVC发展机遇	● 哪些进口中间品通过活动生产并留在国内？
	● 用于出口的自然资源（出口前）的哪些加工活动可以在国内进行？
	● 目前出口市场上用于出口的中间产品可以进行哪些其他的附加值活动？
	● 其他行业通常参与的与此相同的附加值活动是什么？
	● 由于使用相似的资本、技术和技能，一国在其国内还能参与哪些其他活动？
	● 哪些行业和活动对每增加1美元出口附加值的边际效应最大？

第四章　全球价值链：促进发展的投资与贸易

续表

区域（参看表 4.1）	主要问题
参与 GVC	
投资和贸易的政策环境	● 一国如何评估商业环境和投资政策环境？与 UNCTAD IPFSD 相比，政策环境如何？ ● 与该国贸易有多容易？ 　—出口和进口时间 　—出口和进口成本 　—出口和进口所需的程序和文件 ● 是否存在与贸易便利化相关的活动或计划？ ● 在该国投资有多容易？ 　—工业基地易于建立 　—投资者待遇和知识产权保护 ● 是否存在与商业便利化相关的活动或计划（例如 UNCTD 的电子监管项目）？
基础设施	● 基础设施（物理基本设施、公用事业、电信）方面阻碍出口增长的主要因素有哪些？ ● 阻碍价值链不同环节出口品生产能力的物理基础设施障碍是什么？ 　—边境（国际公路，港口） 　—内陆（连接各地区的公路和铁路） 　—工业设施（工业园区，行业园区） 　—物流设施（仓库，冷库等） ● 阻碍进口的基础设施因素有哪些？
构建国内生产能力	
国内生产能力	● 对每一个出口行业，一国发生的附加值活动主要有哪些？ ● 哪些附加值活动对 GDP 的贡献较大且对出口的就业贡献较大？ ● 哪些附加值活动对出口增长的贡献最大？ ● 哪些附加值活动需要很多资本投资、技术和技能？ ● 哪些出口行业和活动能为国内其他产业带来更多的附加值？ ● 出口增长主要的技术和技能能障碍有哪些？ ● 为抓住构建生产能力的机遇需要哪些投资？这些投资来自哪里？ ● 一国是否有企业发展战略（例如 UNCTAD 企业政策框架）？
涉及的跨国公司	● 一国经济和每一行业中涉及的跨国公司有哪些？ ● 出口品生产中涉及的跨国公司有哪些？ ● 跨国公司为一国带来的进口有多少？ ● 原材料和中间材料中跨国公司进口各占多少？ ● 跨国公司为国内市场或出口而生产的产品中使用的中间材料进口有多少？ ● 与国内其他企业出口相比，跨国公司出口品中的进口部分更多吗？ ● 一国跨国公司对公司内贸易、上游和下游的依赖程度有多大？
提供一个稳固的环境、社会和治理框架	
规则、公共和私营准则	● 一国各行业和主要参与的 GVC 中，主要社会和环境问题有哪些？ ● 跨国公司、领先企业和国家供应商关于这些标题问题的社会和环境记录是什么？ ● 环境监管是否严格？ ● 国家是否已经签订国际环境条约并得到批复？ ● 有多少国家已经获得 ISO14001 认证？ ● 社会监管是否严格？ ● 国家是否已经签订国际劳工组织的所有核心劳工公约并获得批复？ ● 工人是否有权利组成工会？ ● 集体谈判协议覆盖的工人比例为多少？

续表

区域（参看表4.1）	主要问题
	● 职业安全和健康条例是否健全？
	● 是否有足够的资源可供执行职业安全及健康条例，例如熟练的检查员进行现场考察？
	● 有多少企业（跨国公司/领先企业和当地供应商）得到多方利益相关者或具体行业多方利益相关者标准如海洋管理理事会或森林管理委员会的认证？
	● 一国是否具有国家标准对参与社会审计的第三方审计人员进行认证？
	● 一国是否存在可持续性报告的强制性国家标准？如果没有，是否存在自愿性标准？向其报告的企业有多少？
中小企业合规支持	● 中小企业在何种程度上从事环境管理、公共部门项目的能力构建？
	● 跨国公司在何种程度上为中小企业提供社会和环境管理能力构建？
贸易和投资政策与体制的协同效应	
贸易政策	● 不同商品和服务目前的进口关税水平是多少？
	● 一国阻碍GVC活动的非关税壁垒有哪些？
	● 各个行业是否受到贸易救济措施的影响（如反倾销、贸易保护和发补贴税）？它们是否要求重新评估出口导向型增长战略？
	● 是否有促进出口的行为（如出口信贷、信用担保）？
	● 贸易壁垒以及进口国的贸易救济措施在何种程度上阻碍一国出口？
投资政策	● 哪些行业面临国外投资限制？这些行业在GVC进口和出口中所起的作用？
	● 是否存在对投资地点以及投资行业的检查/审查程序？它们在何种程度上影响GVC？
	● 是否存在对地点和行业的经营要求？它们是否阻碍GVC中的贸易？
	● 已经制定的激励政策有哪些，包括能使GVC活动受益的出口加工区？
国际承诺和约束	● 国家是否是世界贸易组织成员国？
	● 国家已经签署的贸易优惠协定有多少？都是与哪些合作伙伴签订？
	● 国家已经签署的国际投资协定有多少？都是与哪些合作伙伴签订？
	● 国家是否寻求区域一体化？
	● 国家获得的市场准入发展偏好是什么（例如GSP、EBA）？
投资和贸易体制	● 贸易和投资部门在何种程度上协调它们的活动？
	● 国家是否有共同或单独的投资和贸易促进机构？协调的重要性是否已经得到评估？基于以下几点：
	——对用于构建出口能力的外国资本、技能和技术的依赖程度
	——出口受跨国公司外国子公司的驱动程度
	——国内出口商参与NEMs的程度，例如GVC参与程度
	——出口品的进口内容

资料来源：UNCTAD。

注释

[1] 全球价值链结构无需理解为价值增值活动的线性组合（类似"蛇形"排列）。实际上，它的结构主要由一个或多个节点组成，每个节点又与不同的生产环节连接（类似"蛛网"结构）。然而，这一点概念上的区别并不影响对价值增值活动的分析，以及对重复计算部分的数值上处理。See Baldwin, R. and A. Venables (2010) "Spiders and snakes: offshoring and agglomeration in the global economy", NBER Working Papers, No. 16611, National Bureau of Economic Research, Inc.

[2] Eora项目最早由澳大利亚研究理事会资助，总部设在悉尼大学，它拥有一支国际研究者团队，主要研究"国际地区间投入产出模型"。这一模型是价值增值贸易理论更新演变的基础，这一点本章后文另有记述。详情请参见 http://www.worldmrio.com/。

[3] UNCTAD-Eora全球价值链数据库项目启动于2013年早些时候，在世界投资报告预告版中可以查到，http://unctad.org/en/PublicationsLibrary/diae2013d1_en.pdf。

[4] 将贸易中的国外附加值等同于全球贸易中的重复计算部分这一处理方法显得过于简单。一些具有更深层次

的重复计算部分会出现在国内价值增值当中。例如一些已经作为出口的附加值,会再次进入本国,并融入到新产品中再次出口,这一过程将一直持续下去。这类环形重复计算情况会突出表现在某些国家和行业,但其总量不大。

[5] 这些结论与最近几年各国家经济分析的调查结果相一致。See Bernard, A.B. et al. (2007) "Firms in International Trade", NBER Working Papers No. 13054, NBER, Inc. Also see Ottaviano, G. and T. Mayer (2007) "Happy few: the internationalisation of European firms. New facts based on firm-level evidence".

[6] 如果仅考虑非金融领域FDI(金融领域内FDI其自身不但能彼此相连,同时它还为其他GVCs部分提供重要服务),服务业FDI存量仍然超过总量的35%。

[7] See Cooke, J. A. (2010) "From bean to cup: How Starbucks transformed its supply chain", Supply Chain Quarterly, Quarter 4.

[8] Gereffi, G., J. Humphrey and T. Sturgeon (2005) "The governance of global value chains", Review of International Political Economy, 12: 78-104.

[9] 片段间的横向多元化特征对价值链而言是十分重要的,但这一点并不是全球价值链的固有特征。以FDI为例,主要包括跨国公司的附属公司,它在东道国复制其公司的营运模式(没有或者很少有交叉片段的垂直联系)。例如,在制造业、采掘业、服务业其着眼于东道国的等效市场。

[10] Ivarsson, I. and C. G. Alvstam (2010) "Supplier Upgrading in the Home-furnishing Value Chain: An Empirical Study of IKEA's Sourcing in China and South East Asia", World Development, 38: 1575-87.

[11] Bair, J. and Gereffi, G. (2002) "NAFTA and the Apparel Commodity Chain: Corporate Strategies, Inter-firm Networks, and Industrial Upgrading", in G. Gereffi, D. Spener, and J. Bair (eds.), Free Trade and Uneven Development: The North American Apparel Industry after NAFTA. (Philadelphia, Temple University Press: 23~50.)

[12] 一个由联合国贸发会议协调的机构间工作组支持由G20开发的一套关键指标,用以测量在价值链中受到私人投资影响后经济形式及就业状况的变化。关键指标包括:①经济附加值(附加值以及固定资产形成总额、出口、商业实体数、财政投入);②创造就业机会(按类别划分的总就业人数、工资);③可持续发展(社会影响、环境影响、对发展的影响)。详情参见 http://unctad.org/en/Pages/DIAE/G-20/measuring-impact-of-investment.aspx.

[13] 最近一项针对809家东欧国家(克罗地亚、斯洛文尼亚、波兰、罗马尼亚以及前东德)制造业领域跨国公司子公司的研究报告显示,东道国与外商投资企业间的互相联系发生了显著变化。大约48%的流入量来自国内供应商(国外或本地区所有)。最高份额来自东德,最低份额来自罗马尼亚。在中低端产业中,本土供应商所占份额最高(55%)。See Giroud, A., B. Jindra and P. Marek (2012) "Heterogeneous FDI in Transition Economies – A Novel Approach to Assess the Developmental Impact of Backward Linkages", World Development, 40: 2206.

[14] Rugraff, E. (2010) "Foreign direct investment and supplieroriented upgrading in the Czech motor vehicle industry", Regional Studies, 44. 这份研究显示出在汽车行业,捷克公司占有173家一线供应商中的一半席位,但仅占有五分之一的员工数量。Also see UNCTAD (2010) "Integrating Developing Countries' SMEs into Global Value Chains". 其中一个例子是:在哥伦比亚汽车行业,60%的价值增值源自汽车组装,这一部分主要由领导型企业(跨国公司)主导。与此相反,中小企业所占份额不到总价值的40%。

[15] Dedrick, J., K. L. Kraemer and G. Linden (2009) "Who profits from innovation in global value chains? A study of the iPod and notebook PCs", Industrial and Corporate Change, 19: 81-116. 作者采用分析传统商品的方法来识别产品中隐含的金融价值,同时指出在包含多个参与者的跨境供应链中金融价值的分布情况,从设计、品牌推广、零配件制造、组装再到最终的销售。

[16] 有关撒哈拉以南非洲的例子和证据,See Morris, M., et al. (2012). "One thing leads to another Commodities, linkages and industrial development", Resources Policy, 37: 408-16.

[17] See UNCTAD 1999. Transfer Pricing: UNCTAD Series on Issues in International Investment Agreements.

Geneva and New York. United Nations.

[18] Gourevitch, P., R. Bohn, and D. McKendrick (1997) Who Is Us?: the Nationality of Production in the Hard Disk Drive Industry, Report 97-01. La Jolla, CA: The Information Storage Industry Center, University of California. Available at http://isic.ucsd.edu/papers/whoisus.shtml.

[19] Tejani, S. (2011) "The gender dimension of special economic zones", in Special Economic Zones: Progress, Emerging Challenges, and Future Directions. Washington D.C: The World Bank; Braunstein, E. (2012) "Neoliberal Development Macroeconomics. A Consideration of its Gendered Employment Effects", UNRISD Research Paper 2012, Geneva: United Nations; Staritz, C. and J. G. Reis (2013) Global Value Chains, Economic Upgrading, and Gender. Case Studies of the horticulture, Tourism and Call Center Industries. Washington, D.C.: The World Bank.; Tejani, S. and W. Milberg (2010) Global defeminization? Industrial upgrading, occupational segmentation and manufacturing employment in Middle-Income countries. New York: Schwartz Centre for Economic Policy Analysis; Aguayo-Tellez, E. (2011) The Impact of Trade Liberalization Policies and FDI on Gender Inequality: A Literature Review. Washington, D.C.: World Bank.

[20] 少数可供参考的跨国和跨行业的研究显示，此区域在受到影响时的反应明显不同。同时发现：①就业增长与实际工资增长并没有联系，甚至在某些情况下呈反向关系。②在不同国家，实际工资的提高并不相同，实际上降低工资的情况并不少见。See, e.g., Milberg, W. and D. Winkler (2013) Outsourcing Economics: Global Value Chains in Capitalist Development. New York: Cambridge University Press; and Bernhardt, T. and W. Milberg (2011) "Does economic upgrading generate social upgrading? Insights from the Horticulture, Apparel, Mobile Phones and Tourism Sectors", Capturing the Gains Working Paper, No. 2011/07.

[21] 智利国家劳动技能认证体系的例子能够说明这一点。See Fernandez-Stark, K., S. Frederick and G. Gereffi (2011) "The apparel global value chain: economic upgrading and workforce development", Center on Globalization, Governance & Competitiveness, Duke University, November 2011.

[22] 例如，2007年，在哥斯达黎加，Instituto Nacional de Aprendizaje会提供25000份奖学金用以资助英语学习。而Asociación Costarricense de Profesionales de Turismo会向成员提供中文普通话、法语、意大利语课程。See Christian, M., K. Fernandez-Stark, G. Ahmed and G. Gereffi (2011) "The Tourism Global Value Chain: Economic Upgrading and Workforce Development", in Skills for Upgrading: Workforce Development and Global Value Chains in Developing Countries, Durham: Duke University, Center on Globalization, Governance and Competitiveness.

[23] Bair, J. and G. Gereffi (2003) "Upgrading, uneven development, and jobs in the North American apparel industry", Global Networks, 3: 143~169; Barrientos, S., G. Gereffi and A. Rossi (2012) "Economic and social upgrading in global production networks: A new paradigm for a changing world", International Labour Review, 150: 319-40. See also Barrientos, S., G. Gereffi and A. Rossi (2011) "Labour Chains: Analysing the Role of Labour Contractors in Global Production Networks", International Labour Review, Volume 150, Issue 3-4, pages 319~340, December 2011.

[24] Henderson, J., P. Dicken, M. Hess, N. Coe and H. W. Yeung (2002) "Global production networks and the analysis of economic development", Review of International Political Economy, 9: 436-64; also Rugraff (ibid.).

[25] 相比于资本或者其他消费品，中间产品贸易的波动性更要大。这说明经济衰退和经济危机对材料、零部件和组件的出货量的影响大于制成品。(see Sturgeon, T. J. and O. Memedovic (2011) "Mapping Global Value Chains: Intermediate Goods Trade and Structural Change in the World Economy". Vienna: UNIDO). 受2008年金融危机的影响，欧洲和美国的总体需求下降，在服装产业，全球预计损失数百万工作岗位。2010年的第一季度，失业人数在11~1500万，中国的工作岗位损失最高为（1000万），其次是印度（100万）、巴基斯坦（20万）、印度尼西亚（10万）、墨西哥（8万）、柬埔寨（7.5万）以及越南（3万）。See

Staritz, C. (2011) "Making the Cut? Low-Income Countries and the Global Clothing Value Chain in a Post-Quota and Post-Crisis World". Washington, D. C.: The World Bank.

[26] Arnold, C. E. (2010) "Where the Low Road and the High Road Meet: Flexible Employment in Global Value Chains", Journal of Contemporary Asia, 40: 612. 这项研究指出，较大的生产商利用分包商来调节国际合同中的不稳定性，如传递给较小的公司及其员工。

[27] Haakonsson, S. J. (2009) "Learning by importing in global value chains: upgrading and South-South strategies in the Ugandan pharmaceutical industry", Development Southern Africa, 26: 499-516.

[28] Gereffi, G. and O. Memedovic (2003) "The Global Apparel Value Chain: What prospects for upgrading by developing countries?". Vienna, Austria: UNIDO.

[29] UNCTAD (2010)"Integrating Developing Countries' SMEs into Global Value Chains".

[30] Dunning, J. and S. Lundan (2008) Multinational Enterprises and the Global Economy, Second Edition. Cheltenham: Edward Elgar Publishing Ltd.; Cantwell, J. and R. Mudambi (2005) "MNE competence-creating subsidiary mandates", Strategic Management Journal, 26(12): 1109-1128; for a review of vertical spillovers, see Havranek, T. and Z. Irsova (2011) "Estimating vertical spillovers from FDI: Why results vary and what the true effect is", Journal of International Economics, 85 (2): 234~244.

[31] Ivarsson, I. and C. G. Alvstam (2009) "Local Technology Linkages and Supplier Upgrading in Global Value Chains: The Case of Swedish Engineering TNCs in Emerging Markets", Competition and Change, 13: 368-88; Ivarsson, I. and C. G. Alvstam, 2010 (ibid.). 此外，对泰国1385家企业的研究表明，当地市场中全球采购商的存在降低了行为的不确定性，同时增加了选择合作伙伴、达成知识密集型价值链协议的可能性 (Saliola, F. and A. Zanfei (2009) "Multinational firms, global value chains and the organization of knowledge transfer", Research Policy, 38: 369).

[32] Zanfei, A. (2012) "Effects, Not Externalities", The European Journal of Development Research, 24: 8-14; Pietrobelli, C. and R. Rabellotti (ibid.); Kaplinsky, R. (2010) The role of standards in global value chains. Washington, D.C.: The World Bank; Narula, R. and N. Driffield (2012) "Does FDI Cause Development? The Ambiguity of the Evidence and Why it Matters", The European Journal of Development Research, 24: 1-7.

[33] Bell, M. and M. Albu (1999) "Knowledge Systems and Technological Dynamism in Industrial Clusters in Developing Countries", World Development 27.9: 1715-34.

[34] Sturgeon, T. J. and J. Lee (2004) Industry Co-Evolution: A Comparison of Taiwan and North America's Electronics Contract Manufacturers. ITEC Research Paper Series 04-03, Kyoto: Doshisha University. Available at http://itec.doshisha-u.jp/03_publication/01_workingpaper/2004/ITECRPS0403.pdf.

[35] Ivarsson, I. and C. G. Alvstam, 2010 (ibid.); Navas-Alemán, L. (2011) "The Impact of Operating in Multiple Value Chains for Upgrading: The Case of the Brazilian Furniture and Footwear Industries", World Development, 39: 1386-97. 在南非家具和木材企业努力遵循环保认证的例子中得到充分分析 (Morris, M. and N. Dunne (2004) "Driving environmental certification: its impact on the furniture and timber products value chain in South Africa", Geoforum, 35: 251-66).

[36] Gereffi, G., J. Humphrey and T. J. Sturgeon, 2005 (ibid.); Giuliani, E., C. Pietrobelli and R. Rabellotti (2005) "Upgrading in Global Value Chains: Lessons from Latin American Clusters", World Development, 33: 549-73.; Humphrey, J. and O. Memedovic (2003) "The Global Automotive Industry Value Chain: What Prospects for Upgrading by Developing Countries", UNIDO Sectorial Studies Series, Working Paper. Vienna: UNIDO; Gentile-Lüdecke, S. and A. Giroud (2012) "Knowledge Transfer from TNCs and Upgrading of Domestic Firms: The Polish Automotive Sector", World Development, 40 (4): 796-807.

[37] Humphrey, J. (2003) "Globalisation and Supply Chain Networks: The Auto Industry in Brazil and India", Global Networks 3.2: 121-41.

[38] 国际劳工组织在2013年4月28日世界工作安全与健康日发布报告。更多信息：http://www.iol.org

[39] UNCTAD (2012) "Corporate Social Responsibility in Global Value Chains", p. 8.

[40] UNCTAD (2013), "Corporate Social Responsibility: a Value Chain Specific Approach", forthcoming.

[41] Humphrey, J. and H. Schmitz (2002) "How does insertion in global value chains affect upgrading in industrial clusters?", Regional Studies, 36: 1017-27; Gereffi, G., et al., 2001 (ibid.).

[42] Christian, M. et al. (2011) (ibid.).

[43] 墨西哥瓜达拉哈拉和莱昂的鞋类集群很好地例证了该点。它们在由美国采购方主导的链条以及国内市场运营。尽管美国采购方控制美国市场上销售的产品的设计和开发，但是当地采购方和生产者在墨西哥市场合作并共享国内竞争力 [Giuliani, E. et al., 2005 (ibid.)]。

[44] 在巴西的家具和制鞋行业，在多个链中运营的生产者（与那些仅出口的生产者相比）有较高的倾向进行功能升级（以及产品升级和加工升级），因为它们利用国内或区域市场来学习如何在其自有品牌和设计下将其产品出口至美国市场 [Navas-Alemàn, L., 2011 (ibid.)]。之前进行设计和销售产品。

[45] Fessehaie, J. (2012) "What determines the breadth and depth of Zambia's backward linkages to copper mining? The role of public policy and value chain dynamics", Resources Policy, 37: 443-51.

[46] Kaplinsky, R, et al., 2011 (ibid.); van Dijk, M. P. and J. Trienekens (2012) Global Value Chains - Linking Local Producers from Developing Countries to International Markets. Amsterdam University Press, p. 210.

[47] Giuliani, E. et al., 2005 (ibid.).

[48] Humphrey, J. and H. Schmitz, 2002 (ibid.); Guiliani, E. et al., 2005 (ibid.).

[49] Hanlin, R. and C. Hanlin (2012) "The view from below: 'lockin' and local procurement in the African gold mining sector", Resources Policy, 37: 468-74.

[50] Humphrey, J. and H. Schmitz, 2002 (ibid.). 在服装生产的案例中，当地生产者从进口投入的装配转向增加当地生产和原材料时不会面临障碍。但是，转向设计和销售自有品牌商品可能不会受到全球采购方的支持。

[51] Bernhardt, T. and W. Milberg, 2011 (ibid.); Whittaker, D. H., T. Zhu, T. J. Sturgeon, M. H. Tsai and T. Okita (2010) "Compressed development", Studies in Comparative International Development, 45: 439-67.; Barrientos, S. et al., 2008 (ibid.); Milberg, W. and D. Winkler, 2011 (ibid.); Rossi, A. (2011) "Economic and social upgrading in global production networks: the case of the garment industry in Morocco", Doctoral thesis, University of Sussex.

[52] Fernandez-Stark, K. et al., 2011 (ibid.).

[53] Baldwin, R. (2011) "Trade And Industrialisation After Globalisation's 2nd Unbundling: How Building And Joining A Supply Chain Are Different And Why It Matters", NBER Working Papers, No. 17716. 该文首次提出全球价值链改变了工业化的性质，并呼吁应该进行更多研究。

[54] Based on W. Milberg, X. Jiang, and G. Gereffi (forthcoming), Industrial Policy in the Era of Vertically Specialized Industrialization.

[55] See www.asycuda.org.

[56] UNCTAD (2009) "Non-tariff measures: Evidence from Selected Developing Countries and Future Research Agenda". On the potential impact of automated processes, see also UNCTAD's 2011 Information Economy Report "ICTs as an Enabler for Private Sector Development".

[57] See UNCTAD's Investment Policy Framework for Sustainable Development (IPFSD) for a complete discussion. Available at http://investmentpolicyhub.unctad.org.

[58] See www.eRegulations.org.

[59] See van Dijk M. and J. Trienekens, 2012 (ibid.).

[60] See UNCTAD (2012) "Report of the Multi-year Expert Meeting on International Cooperation: South□South Cooperation and Regional Integration" on its fourth session (Geneva, 24~25 October). Available at http://unctad.org/meetings/en/SessionalDocuments/ciimem2d12_en.pdf.

[61] Gereffi, G. (2009), "Chains for Change: Third Max Havelaar Lectures", Rotterdam School of Management,

p. 52. Available at http: //www.maxhavelaarlecture.org.

[62] Available at http: //unctad.org/en/Pages/DIAE/Entrepreneurship.

[63] See UNCTAD (2011) "Promoting standards for responsible investment in value chains", September. Available at www. unctad.org/csr.

[64] Gereffi, G. et al., (2009) (ibid.).

[65] Milberg, W. and M. Amengual (2008) "Economic development and working conditions in export processing zones: A survey of trends". Geneva: ILO.

[66] UNCTAD (2013) "Transforming Export Processing Zones into Centres for Excellence for Sustainable Development" forthcoming. 该研究侧重于政府运营的工业园区，在不同的市场可能称谓不同（例如"特殊经济区"等）。为了评估出口加工区内可持续发展服务业的作用，对世界100个出口加工区进行评估调查，首先关注的是G20发展中国家，然后拓展至从世界其他国家寻找最佳实践。

附 录

通过 UnCTAD 网站(www.unctad.org/wir) 或 CD-ROM 可获取的附录表列表

1. 1990~2012 年按地区和经济体划分的 FDI 流入量
2. 1990~2012 年按地区和经济体划分的 FDI 流出量 FDI 流入存量
3. 1990~2012 年按地区和经济体划分的 FDI 流出存量按地区和经济体
4. 1990~2012 年按地区和经济体划分的 FDI 流入量对固定资本形成总额的比例
5. 1990~2012 年按地区和经济体划分的 FDI 流出量对固定资本形成总额的比例
6. 1990~2012 年按地区和经济体划分的 FDI 流入存量对国民生产总值的比例
7. 1990~2012 年按地区和经济体划分的 FDI 流出存量对国民生产总值的比例
8. 1990~2012 年按卖方地区/经济体划分的跨境并购销售价值
9. 1990~2012 年按买方地区/经济体划分的跨境并购购买价值
10. 1990~2012 年按卖方地区/经济体划分的跨境并购销售数量
11. 1990~2012 年按买方地区/经济体划分的跨境并购购买数量
12. 1990~2012 年按部门/行业划分的跨境并购销售价值
13. 1990~2012 年按部门/行业划分的跨境并购购买价值
14. 1990~2012 年按部门/行业划分的跨境并购销售数量
15. 1990~2012 年按部门/行业划分的跨境并购购买数量
16. 2012 年完成的价值过 10 亿美元的跨境并购交易
17. 2003~2012 年按资源划分的绿地投资项
18. 2003~2012 年按目的地划分的绿地投资项目价值
19. 2003~2012 年按部门/行业划分的绿地投资项目价值
20. 2003~2012 年按资源划分的绿地投资项目数量
21. 2003~2012 年按目的地划分的绿地投资项目数量
22. 2003~2012 年按部门/行业划分的绿地投资项目数量
23. 1990 年和 2011 年按部门/行业划分的世界 FDI 流入存量估计量

24. 1990年和2011年按部门/行业划分的世界FDI流出存量估计量

25. 1990年和2011年按部门/行业划分的世界FDI流入存量估计量

26. 1990~1992年和2009~2011年按部门/行业划分的世界FDI流出存量估计量

27. 2012年根据外国资产排序的全球前100非金融行业跨国公司

28. 2012年根据外国资产排序的发展中及转型经济体前100非金融行业跨国公司

附　录

附表1　2007~2012年按地区和经济体划分的FDI流量（百万美元）

地区/经济体	FDI流入量						FDI流出量					
	2007	2008	2009	2010	2011	2012	2007	2008	2009	2010	2011	2012
世界	2002695	1816398	1216475	1408537	1651511	1350926	2272049	2005332	1149776	1504928	1678035	1390956
发达国家	1319893	1026531	613436	696418	820008	560718	1890420	1600707	828006	1029837	1183089	909383
欧洲	906531	571797	404791	429230	472852	275580	1329455	1043564	429790	598007	609201	384973
欧盟	859118	545325	359000	379444	441557	258514	1257890	982036	381955	497801	536499	323131
奥地利	31154	6858	9303	840	11378	6315	39025	29452	10006	9994	24782	16648
比利时	93429	193950	60963	85676	103280	−1614	80127	221023	7525	43894	82492	14668
保加利亚	12389	9855	3385	1525	1827	1899	282	765	−95	230	161	227
塞浦路斯	2226	1414	3472	766	1372	849	1240	2717	383	679	846	−1929
捷克共和国	10444	6451	2927	6141	2318	10592	1620	4323	949	1167	−327	1341
丹麦	11812	1824	3917	−11540	12685	2883	20574	13240	6305	−107	13299	7596
爱沙尼亚	2717	1731	1840	1599	257	1470	1747	1114	1547	142	−1458	886
芬兰	12451	−1144	718	7359	2668	−1806	7203	9297	5681	10167	4878	4533
法国	96221	64184	24219	33627	38547	25093	164310	155047	107130	64575	59553	37197
德国	80208	8109	22460	57428	48937	6565	170617	72758	69643	121525	52168	66926
希腊	2111	4499	2436	330	1143	2945	5246	2418	2055	1558	1772	−39
匈牙利	3951	6325	1995	2163	5757	13469	3621	2234	1883	1135	4693	10578
爱尔兰	24707	−16453	25715	42804	11467	29318	21146	18949	26616	22348	−4290	18966
意大利	43849	−10835	20077	9178	34324	9625	96231	67000	21275	32655	53629	30397
拉脱维亚	2322	1261	94	380	1466	988	369	243	−62	19	62	190
立陶宛	2015	1965	−14	800	1448	835	597	336	198	−6	55	402
卢森堡	−28260	16853	19946	34753	22166	27878	73350	14809	1522	21435	9169	17273
马耳他	762	794	372	980	413	157	7	297	65	87	20	−89
荷兰	119383	4549	38610	−7366	17179	−244	55606	68334	34471	68332	40900	−3509
波兰	23561	14839	12932	13876	18911	3356	5405	4414	4699	7226	7211	−894
葡萄牙	3063	4665	2706	2646	11150	8916	5493	2741	816	−7493	14905	1915
罗马尼亚	9921	13909	4844	2940	2523	2242	279	274	−88	−20	−33	42
斯洛伐克	4017	4868	−6	1770	2143	2826	673	550	904	946	490	−73
斯洛文尼亚	1514	1947	−653	359	999	145	1802	1468	260	−211	112	−94
西班牙	64264	76993	10407	39873	26816	27750	137052	74717	13070	37844	36578	−4869
瑞典	28846	36888	10033	−64	9246	13711	38841	30363	25908	20178	28158	33428
英国	200039	89026	76301	50604	51137	62351	325426	183153	39287	39502	106673	71415

续表

地区/经济体	FDI流入量						FDI流出量					
	2007	2008	2009	2010	2011	2012	2007	2008	2009	2010	2011	2012
欧洲其他发达国家	47414	26471	45791	49785	31296	17066	71564	61528	47835	100206	72702	61842
直布罗陀	165①	159①	172①	165①	166①	168①	—	—	—	—	—	—
冰岛	6825	917	86	246	1108	511	10109	-4209	2292	-2357	23	-3318
挪威	7988	10251	16641	16824	18205	12775	10436	20404	19165	23274	25362	20847
瑞士	32435	15144	28891	32550	11817	3613	51020	45333	26378	79290	47316	44313
北美	332772	367919	166304	226991	268323	212995	458145	387573	306556	339122	446505	382808
加拿大	116820	61553	22700	29086	41386	45375	64627	79277	39601	34723	49849	53939
美国	215952	306366	143604	197905	226937	167620	393518	308296	266955	304399	396656	328869
其他发达国家	80590	86815	42342	40197	78833	72143	102820	169571	91660	92707	127383	141602
澳大利亚	45535	47010	26701	35242	65297	56959	16857	33618	16233	27271	14285	16141
百慕大	617	172	-71	249	-109	128	105	323	11	-14	-337	222
以色列	8798	10875	4607	5510	11081	10414	8605	7210	1751	8656	3309	3178
日本	22550	24426	11939	-1251	-1755	1731	73548	128019	74699	56263	107601	122551
新西兰	3090	4334	-834	448	4320	2911	3706	401	-1035	530	2525	-489
发展中经济体	589430	668439	530289	637063	735212	702826	330033	344034	273401	413220	422067	426082
非洲	51274	58894	52964	43582	47598	50041	11081	10080	6281	9311	5376	14296
北非	23936	23114	18224	15709	8496	11502	5560	8752	2588	4847	1582	3134
阿尔及利亚	1662	2593	2746	2264	2571	1484	295	318	215	220	534	-41
埃及	11578	9495	6712	6386	-483	2798	665	1920	571	1176	626	211
利比亚	3850	3180	3310	1909	—	—	3947	5888	1165	2722	131	2509
摩洛哥	2805	2487	1952	1574	2568	2836	622	485	470	589	179	361
苏丹	2426	2601	1816	2064	2692	2466①	11	98	89	66①	84①	80
突尼斯	1616	2759	1688	1513	1148	1918	20	42	77	74	28	13
非洲其他国家	27337	35780	34741	27873	39102	38539	5522	1328	3693	4464	3793	11162
西非	9554	12479	14709	11977	17705	16817	1274	1704	2119	1292	1472	3026
贝宁	255	170	134	177	161	159	-6	-4	31	-18	60	-63
布基纳法索	344	106	101	35	42	40	0	-0	8	-4	1	1
佛得角	190	209	119	112	93	71	0	0	-0	0	1	-1
科特迪瓦	427	446	377	339	286	478	—	—	-9	25	15	26
冈比亚	76	70	40	37	36	79①	—	—	—	—	—	—
加纳	855	1220	2897	2527	3248	3295	—	8	7	—	25	1

续表

地区/经济体	FDI流入量						FDI流出量					
	2007	2008	2009	2010	2011	2012	2007	2008	2009	2010	2011	2012
几内亚	386	382	141	101	956	744[①]	—	126	—	—	—	3
几内亚比绍	19	5	17	33	25	16	-0	-1	—	6	1	1
利比里亚	132	284	218	450	508	1354	363	382	364	369	372	1354
马里	73	180	748	406	556	310	7	1	-1	7	4	4
毛里塔尼亚	139	343	-3	131	589	1204[①]	4[①]	4[①]	4[①]	4[①]	4[①]	4
尼日尔	129	340	791	940	1066	793	8	24	59	-60	9	7
尼日利亚	6087	8249	8650	6099	8915	7029	875	1058	1542	923	824	1539
圣赫勒拿	0	—	—	—	—	—	—	—	—	—	—	—
塞内加尔	297	398	320	266	338	338	25	126	77	2	47	47
塞拉利昂	95	53	110	238	715	740[①]	-1	-5	-0	-0	—	—
多哥	49	24	49	86	171	166	-1	-16	37	37	106	103
中非	5639	5022	6028	9389	8120	9999	81	149	53	590	323	699
布隆迪	1	4	0	1	3	1	0	1	—	—	—	—
喀麦隆	189	21	740	538	243[①]	507[①]	-8	-2	-69	503	144[①]	193
中非共和国	57	117	42	62	37	71	—	—	—	—	—	—
乍得	-322[①]	466[①]	376[①]	313[①]	282[①]	323[①]	—	—	—	—	—	—
刚果	2275	2526[①]	1862[①]	2211[①]	3056[①]	2758[①]	—	—	—	—	—	—
刚果民主共和国	1808	1727	664	2939	1687	3312	14	54	35	7	91	421
赤道几内亚	1243	-794	1636	2734[①]	1975[①]	2115[①]	—	—	—	—	—	—
加蓬	269	773[①]	573[①]	499[①]	696[①]	702[①]	59[①]	96[①]	87[①]	81[①]	88[①]	85
卢旺达	82	103	119	42	106	160	13	—	—	—	—	—
圣多美和普林西比	36	79	16	51	35	50[①]	3	0	0	0	0	1
东非	4027	4358	3875	4460	4555	6324	112	109	89	132	106	109
科摩罗	8	5	14	8	23	17[①]	—	—	—	—	—	—
吉布提	195	229	100	27	78	100	—	—	—	—	—	—
厄立特里亚	7[①]	39[①]	91[①]	91[①]	39[①]	74[①]	—	—	—	—	—	—
埃塞俄比亚	222	109	221	288	627	970[①]	—	—	—	—	—	—
肯尼亚	729	96	115	178	335	259	36	44	46	2	9	16
马达加斯加	773	1169	1066	808	810	895[①]	—	—	—	—	—	—
毛里求斯	339	383	248	430	273	361	58	52	37	129	89	89
马约特岛	—	—	—	—	—	—	—	—	—	—	—	—

续表

地区/经济体	FDI流入量 2007	2008	2009	2010	2011	2012	FDI流出量 2007	2008	2009	2010	2011	2012
塞舌尔	239①	130①	118	160	144	114	18	13	5	6	8	4
索马里	141①	87①	108①	112①	102①	107①	—	—	—	—	—	—
乌干达	792	729	842	544	894	1721	—	—	—	-4	—	—
坦桑尼亚联合共和国	582	1383	953	1813	1229	1706	—	—	—	—	—	—
非洲南部	8117	13921	10129	2047	8722	5400	4055	-634	1432	2449	1893	7328
安哥拉	-893	1679	2205	-3227	-3024	-6898	912	2570	7	1340	2093	2741
博茨瓦纳	495	521	129	-6	414	293	51	-91	6	1	-11	-10
莱索托	106	112	100	114	132	172	-2	-2	-2	-2	-4	-37
马拉维	124	195	49	97	129	129	14	19	-1	42	50	50
莫桑比克	427	592	893	1018	2663	5218	-0	-0	-3	1	-3	-9
纳米比亚	733	720	522	793	816	357	3	5	-3	5	5	-5
南非	5695	9006	5365	1228	6004	4572	2966	-3134	1151	-76	-257	4369
斯威士兰	37	106	66	136	93	90	23	-8	7	-1	9	6
赞比亚	1324	939	695	1729	1108	1066	86	—	270	1095	-2	177
津巴布韦	69	52	105	166	387	400	3	8	43	43	14	46
亚洲	364899	396152	324688	400687	436150	406770	238544	235090	211525	283972	310612	308159
东亚和东南亚	250744	245997	210332	312502	342862	326140	186772	175763	177127	254191	271476	275000
东亚	165104	195454	162523	214604	233818	214804	127132	143509	137783	206777	212519	214408
中国	83521	108312	95000	114734	123985	121080	26510	55910	56530	68811	74654	84220
中国香港	62110	67035	54274	82708	96125	74584	67872	57099	57940	98414	95885	83985
朝鲜人民民主共和国	67①	44①	2①	38①	56①	79①	—	—	—	—	—	—
韩国	8961	11195	8961	10110	10247	9904	21607	20289	17392	28357	28999	32978
中国澳门	2305	2591	858	2831	647	1500①	23	-83	-11	-441	120	150
蒙古	373	845	624	1691	4715	4452	13	6	54	62	94	44
中国台湾	7769	5432	2805	2492	-1957	3205	11107	10287	5877	11574	12766	13031
东南亚	85640	50543	47810	97898	109044	111336	59640	32255	39345	47414	58957	60592
文莱达鲁萨兰国	260	330	371	626	1208	850①	-7	16	9	6	10	8
柬埔寨	867	815	539	783	902	1557	1	20	19	21	29	31
印度尼西亚	6928	9318	4877	13771	19241	19853	4675	5900	2249	2664	7713	5423
老挝人民民主共和国	324	228	190	279	301	294	37①	-75①	1①	-1①	0①	-21
马来西亚	8595	7172	1453	9060	12198	10074	11314	14965	7784	13399	15249	17115

附录

续表

地区/经济体	FDI流入量						FDI流出量					
	2007	2008	2009	2010	2011	2012	2007	2008	2009	2010	2011	2012
缅甸	710	863	973	1285	2200	2243	—	—	—	—	—	—
菲律宾	2916	1544	1963	1298	1816	2797	3536	259	359	616	539	1845
新加坡	46972	12200	24939	53623	55923	56651	36897	6812	24051	25341	26249	23080
泰国	11359	8455	4854	9147	7779	8607	3003	4057	4172	4467	8217	11911
东帝汶	9	40	50	29	47	42①	—	—	—	—	—	—
越南	6700	9579	7600	8000	7430	8368	184	300	700	900	950	1200
南亚	34545	56608	42438	28726	44231	33511	17709	21647	16507	16383	12952	9219
阿富汗	189	94	76	211	83	94	—	—	—	—	—	—
孟加拉国	666	1086	700	913	1136	990①	21	9	29	15	13	53
不丹	3	7	18	26	10	16①	—	—	—	—	—	—
印度	25350	47139	35657	21125	36190	25543	17234	21147	16031	15933	12456	8583
伊朗伊斯兰共和国	2005	1909	3048	3648	4150	4870	302①	380①	356①	346①	360①	430
马尔代夫	132	181	158	216	256	284	—	—	—	—	—	—
尼泊尔	6	1	39	87	95	92	—	—	—	—	—	—
巴基斯坦	5590	5438	2338	2022	1327	847	98	49	71	47	62	73
斯里兰卡	603	752	404	478	981	776①	55	62	20	43	60	80
西亚	79609	93546	71919	59459	49058	47119	34063	37680	17890	13398	26184	23941
巴林	1756	1794	257	156	781	891	1669	1620	-1791	334	894	922
伊拉克	972	1856	1598	1396	2082	2549①	8	34	72	125	366	549
约旦	2622	2826	2413	1651	1474	1403	48	13	72	28	31	5
科威特	111	-6	1114	456	855	1851	9778	8858	8584	1530	8896	7562
黎巴嫩	3376	4333	4804	4280	3485	3787①	848	987	1126	487	754	611
阿曼	3332	2952	1485	1243	739	1514	-36	585	109	1498	1220	1371
巴勒斯坦	28	52	301	180	214	244	-8	-8	-15	77	-37	-2
卡塔尔	4700	3779	8125	4670	-87	327	5160	3658	3215	1863	6027	1840
沙特阿拉伯	24319	39456	36458	29233	16308	12182	-135	3498	2177	3907	3430	4402
阿拉伯叙利亚共和国	1242	1467	2570	1469	—	—	2	2	—	—	—	—
土耳其	22047	19760	8663	9036	16047	12419	2106	2549	1553	1464	2349	4073
阿拉伯联合酋长国	14187	13724	4003	5500	7679	9602	14568	15820	2723	2015	2178	2536
也门	917	1555	129	189	-518	349	54①	66①	66①	70①	77①	71
拉丁美洲和加勒比地区	171929	210679	150150	189855	249432	243861	80257	97773	55512	119236	105154	103045

续表

地区/经济体	FDI 流入量						FDI 流出量					
	2007	2008	2009	2010	2011	2012	2007	2008	2009	2010	2011	2012
南美洲和中美洲	110479	128981	77908	119834	159330	166136	26571	39080	13845	46493	41893	49072
南美洲	71672	93384	56719	92134	129423	144402	14538	35863	3920	30948	27993	21533
阿根廷	6473	9726	4017	7848	9882	12551	1504	1391	712	965	1488	1089
玻利维亚多民族国	366	513	423	643	859	1060	4	5	-3	-29	—	—
巴西	34585	45058	25949	48506	66660	65272	7067	20457	-10084	11588	-1029	-2821
智利	12572	15518	12887	15373	22931	30323	4852	9151	7233	9461	20373	21090
哥伦比亚	9049	10596	7137	6758	13438	15823	913	2486	3348	6842	8280	-248
厄瓜多尔	194	1057	306	163	639	587	-7[①]	41[①]	43[①]	143[①]	-81[①]	17
福克兰群岛（马尔维纳斯群岛）	—	—	—	—	—	—	—	—	—	—	—	—
圭亚那	152	168	208	270	215[①]	231[①]	—	—	—	—	—	—
巴拉圭	202	209	95	228	215	320[①]	7	8	—	—	—	—
秘鲁	5491	6924	6431	8455	8233	12240	66	736	411	266	113	-57
苏里南	-247	-231	-93	-248	70	70	-95	-80	—	-4	-3	1
乌拉圭	1329	2106	1529	2289	2505	2710	25	16	16	—	—	2
委内瑞拉玻利瓦尔共和国	1505	1741	-2169	1849	3778	3216	89	1598	2236	-60	-7	2460
中美洲	38808	35597	21188	27700	29907	21733	12033	3217	9925	1776	-1141	27540
伯利兹	150	180	113	100	99	198	7	10	4	15546	13900	2
哥斯达黎加	1896	2078	1347	1466	2156	2265	263	6	7	25	58	426
萨尔瓦多	1551	903	366	117	386	516	-95	-80	—	—	—	—
危地马拉	745	754	600	806	1026	1207	25	16	26	24	17	39
洪都拉斯	928	1006	509	969	1014	1059	1	-1	4	-1	18	6
墨西哥	31380	27853	16561	21372	21504	12659	8256	1157	8464	15045	12139	25597
尼加拉瓜	382	626	434	508	968	810	—	—	—	—	—	—
巴拿马	1777	2196	1259	2363	2755	3020	3575[①]	2108[①]	1419[①]	451[①]	1664[①]	1469
加勒比地区	61450	81699	72243	70021	90102	77725	53686	58693	41668	72742	63261	53972
安圭拉	120	101	44	11	38	18	1	2	0	0	0	—
安提瓜和巴布达	341	161	85	101	68	74	2	2	4	5	3	3
阿鲁巴	-474	15	-32	158	468	-140	40	3	1	3	3	3
巴哈马	1623	1512	873	1148	1533	1094	459	410	216	149	524	367
巴巴多斯	476	464	247	290	532	356[①]	82	-6	-56	-54	-29	-46

续表

地区/经济体	FDI流入量						FDI流出量					
	2007	2008	2009	2010	2011	2012	2007	2008	2009	2010	2011	2012
英属维京群岛	31764[①]	51722[①]	46503[①]	49058[①]	62725[①]	64896[①]	43668[①]	44118[①]	35143[①]	58717[①]	52233[①]	42394
开曼群岛	23218[①]	19634[①]	20426[①]	15875[①]	19836[①]	4234[①]	9303[①]	13377[①]	6311[①]	13857[①]	9436[①]	9938
库拉索岛	106	147	55	89	69	94	−7	−1	5	15	−30	−14
多米尼加	48	57	43	25	14	20	7	0	1	1	0	0
多米尼加共和国	1667	2870	2165	1896	2275	3610	−17	−19	−32	−23	−25	−27
格林纳达	172	141	104	64	45	33	16	6	1	3	3	2
海地	75	30	38	150	181	179	—	—	—	—	—	—
牙买加	867	1437	541	228	218	362	115	76	61	58	75	17
蒙特塞拉特	7	13	3	4	2	3	0	0	0	0	0	0
荷属安地列斯群岛	—	—	—	—	—	—	—	—	—	—	—	—
圣基茨与尼维斯联邦	141	184	136	119	112	101	6	6	5	3	2	0
圣卢西亚	277	166	152	127	116	113	6	5	6	5	4	3
圣文森特和格林纳丁斯	121	159	111	97	86	126	2	0	1	0	0	0
圣马丁	72	86	40	33	−48	26	4	16	1	3	1	−2
特立尼达和多巴哥	830	2801	709	549	1831	2527	0	700	—	—	1060	1332
大洋洲	1329	2713	2486	2939	2032	2154	151	1090	84	701	925	582
库克群岛	3[①]	—	−6[①]	—	—	—	103[①]	963[①]	13[①]	540[①]	809[①]	454
斐济	376	354	142	355	417	268	−6	−8	3	6	1	2
法属波利尼西亚	58	14	22	115	123	87[①]	14	30	8	89	28	42
基里巴斯	1	3	3	−7	−2	−2[①]	0	1	−1	0	—	—
马绍尔群岛	189[①]	422[①]	555[①]	275[①]	−142[①]	38[①]	8	29[①]	−7[①]	−15[①]	41[①]	13
密克罗尼西亚联邦	17[①]	−5[①]	1[①]	1[①]	1[①]	1[①]	—	—	—	—	—	—
瑙鲁	3[①]	1[①]	1[①]	—	—	—	—	—	—	—	—	—
新喀里多尼亚	417	1746	1182	1863	1702	1588[①]	7	64	58	76	40	58
纽埃	—	—	—	—	—	—	4[①]	4[①]	−0[①]	—	−1[①]	—
帕劳	4[①]	6[①]	1[①]	7[①]	6[①]	5[①]	—	0[①]	—	—	—	—
巴布亚新几内亚	96	−30	423	29	−309	29[①]	8	30	1	0	1	9
萨摩亚	7	49	10	1	12	22	—	1	—	—	1	—
所罗门群岛	64	95	120	238	146	69	12	4	3	2	4	3
汤加	29	4	0	7	19	7[①]	2	2	0	2	1	1
瓦努阿图	57	44	32	41	58	38	1	1	1	1	1	1

续表

地区/经济体	FDI 流入量						FDI 流出量					
	2007	2008	2009	2010	2011	2012	2007	2008	2009	2010	2011	2012
转型经济体	93371	121429	72750	75056	96290	87382	51596	60591	48369	61872	72880	55491
东南欧	13187	13257	8577	4592	7202	4235	1500	1955	1297	205	282	53
阿尔巴尼亚	659	974	996	1051	1036	957	24	81	36	6	42	23
波斯尼亚和黑塞哥维那	1818	1025	149	324	380	633	65	39	-95	78	2	36
克罗地亚	5041	6220	3339	432	1502	1251	295	1421	1233	-146	30	-99
塞尔维亚	3439	2955	1959	1329	2709	352	947	283	52	189	170	54
黑山	934	960	1527	760	558	610	157	108	46	29	17	27
前南斯拉夫马其顿共和国	693	586	201	212	468	135	-1	-14	11	2	0	-8
独联体	78434	106608	63514	69650	88040	82281	50020	58489	47090	61532	72451	55174
亚美尼亚	699	935	778	570	525	489	-2	10	53	8	78	16
阿塞拜疆	-4749	14	473	563	1467	2005	286	556	326	232	554	1194
白俄罗斯	1807	2188	1877	1393	4002	1442	15	31	102	51	126	99
哈萨克斯坦	11119	14322	13243	11551	13903	14022	3153	1204	3159	7885	4630	1582
吉尔吉斯斯坦	208	377	189	438	694	372	-1	0	0	0	0	0
摩尔多瓦共和国	541	711	145	197	281	159	17	16	7	4	21	20
俄罗斯联邦	56996	74783	36583	43168	55084	51416	45879	55663	43281	52616	66851	51058
塔吉克斯坦	360	376	16	16	11	290①	-	-	-	-	-	-
土库曼斯坦	856①	1277①	4553①	3631①	3399①	3159①	-	-	-	-	-	-
乌克兰	9891	10913	4816	6495	7207	7833	673	1010	162	736	192	1206
乌兹别克斯坦	705①	711①	842①	1628①	1467①	1094①	-	-	-	-	-	-
格鲁吉亚	1750	1564	659	814	1048	866	76	147	-19	135	147	263
备忘录												
最不发达国家(LDCs)③	15029	18834	17586	18751	21443	25703	1575	3405	1095	2999	3038	5030
内陆发展中国家(LLDCs)④	15427	25284	26287	26836	34369	34592	3715	1667	3962	9279	5447	3071
小岛屿发展中国家(SIDS)⑤	6691	9051	5011	4699	5636	6217	799	1293	287	301	1789	1799

注：① 估计量。
② 该经济体于 2010 年 10 月 10 日解散。
③ 最不发达国家包括：阿富汗、安哥拉、孟加拉、贝宁、不丹、布基纳法索、布隆迪、柬埔寨、中非共和国、乍得、科摩罗、刚果民主共和国、吉布提、赤道几内亚、厄立特里亚、埃塞俄比亚、冈比亚、几内亚、几内亚比绍、海地、基里巴斯、老挝人民民主共和国、莱索托、利比里亚、马达加斯加、马里、毛里塔尼亚、莫桑比克、缅甸、尼泊尔、尼日尔、卢旺达、圣多美和普林西比、塞内加尔、塞拉利昂、所罗门群岛、索马里、南苏丹、苏丹、东帝汶、多哥、图瓦卢、乌干达、坦桑尼亚联合共和国、瓦努阿图、也门和赞比亚。
④ 内陆发展中国家包括：阿富汗、亚美尼亚、阿塞拜疆、不丹、玻利维亚、博茨瓦纳、布基纳法索、布隆迪、中非共和国、乍得、埃塞俄比亚、哈萨克斯坦、吉尔吉斯斯坦、老挝人民民主共和国、莱索托、马拉维、马里、蒙古、尼泊尔、尼日尔、巴拉圭、摩尔多瓦共和国、卢旺达、斯威士兰、塔吉克斯坦、前南斯拉夫马其顿共和国、乌干达、乌兹别克斯坦、南苏丹、马绍尔群岛、毛里求斯、密克罗尼西亚联邦、蒙特塞拉特、瑙鲁、帕劳、圣基茨和尼维斯、圣卢西亚、圣文森特和格林纳丁斯、萨摩亚、塞舌尔、所罗门群岛、汤加、特立尼达和多巴哥、图瓦卢和瓦努阿图。
⑤ 小岛屿发展中国家包括：安提瓜和巴布达、巴哈马、巴林、巴巴多斯、伯利兹、佛得角、科摩罗、库克群岛、古巴、多米尼克、多米尼加、斐济、格林纳达、牙买加、基里巴斯、马尔代夫、马绍尔群岛、毛里求斯、密克罗尼西亚联邦、蒙特塞拉特、瑙鲁、帕劳、圣基茨和尼维斯、圣卢西亚、圣文森特和格林纳丁斯、萨摩亚、圣多美和普林西比、塞舌尔、所罗门群岛、苏里南、汤加、东帝汶、特立尼达和多巴哥、图瓦卢和瓦努阿图。

资料来源：UNCTAD，FDI-TNC-GVC 信息系统，FDI 数据库 (www.unctad.org/fdistatistics)。

附表 2　1990 年、2000 年和 2012 年按地区和经济体划分的 FDI 存量（百万美元）

地区/经济体	FDI 流入存量			FDI 流出存量		
	1990	2000	2012	1990	2000	2012
世界	2078267	7511311	22812680	2091496	8025834	23592739
发达国家	1563939	5679001	14220303	1946832	7099240	18672623
欧洲	808866	2468223	8676610	885707	3775476	11192494
欧盟	761821	2350014	7805297	808660	3508626	9836857
奥地利	10972	31165	158109①	4747	24821	215364①
比利时	-	-	1010967	-	-	1037782
比利时和卢森堡	58388	195219	-	40636	179773	-
保加利亚	112	2704	49871	124	67	1867
塞浦路斯	①②	2846①	20962	8	557①	7120
捷克共和国	1363	21644	136442	0	738	15176
丹麦	9192	73574	147672①	7342	73100	229470①
爱沙尼亚	-	2645	18826	-	259	5791
芬兰	5132	24273	89992	11227	52109	142313
法国	97814	390953	1094961	112441	925925	1496795
德国	111231	271613	716344①	151581	541866	1547185①
希腊	5681	14113	37801	2882	6094	43728
匈牙利	570	22870	103557	159	1280	34741
爱尔兰	37989	127089	298088	14942	27925	357626
意大利	59998	122533	356887	60184	169957	565085
拉脱维亚	-	2084	13254	-	23	1104
立陶宛	-	2334	15796	-	29	2521
卢森堡	-	-	121621	-	-	171468
马耳他	465	2263	15811①	0	193	1526①
荷兰	68701	243733	572986	105088	305461	975552
波兰	109	34227	230604	95	1018	57525
葡萄牙	10571	32043	117161	900	19794	71261
罗马尼亚	0	6953	74171	66	136	1417
斯洛伐克	282	6970	55816	0	555	4413
斯洛文尼亚	1643	2893	15526	560	768	7796
西班牙	65916	156348	634539	15652	129194	627212
瑞典	12636	93791	376181	50720	123618	406851

续表

地区/经济体	FDI流入存量			FDI流出存量		
	1990	2000	2012	1990	2000	2012
英国	203905	463134	1321352	229307	923367	1808167
欧洲其他发达国家	47045	118209	871313	77047	266850	1355637
直布罗陀	263①	642①	2236①	-	-	-
冰岛	147	497	12378	75	663	10178
挪威	12391	30265	191103①	10884	34026	216083①
瑞士	34245	86804	665596	66087	232161	1129376
北美	652444	2995951	4568948	816569	2931653	5906169
加拿大	112843	212716	636972	84807	237639	715053
美国	539601	2783235	3931976	731762	2694014	5191116
其他发达国家	102629	214827	974744	244556	392111	1573959
澳大利亚	80364	118858	610517	37505	95979	424450
百慕大	-	265①	1494	-	108①	784
以色列	4476	20426	75944	1188	9091	74746
日本	9850	50322	205361	201441	278442	1054928
新西兰	7938	24957	81429	4422	8491	19052
发展中经济体	514319	1771481	7744523	144664	905229	4459356
非洲	60675	153742	629632	20229	43851	144735
北非	23962	45590	227186	1836	3199	30402
阿尔及利亚	1561①	3379①	23264①	183①	205①	2133①
埃及	11043①	19955	75410	163①	655	6285
利比亚	678①	471	16334	1321①	1903	19255
摩洛哥	3011①	8842①	48176①	155①	402①	2423①
苏丹	55①	1398①	30368①	-	-	-
突尼斯	7615	11545	33634	15	33	306
非洲其他国家	36712	108153	402446	18393	40652	114333
西非	14013	33010	130945	2202	6376	14230
贝宁	..①②	213	912	2①	11	13
布基纳法索	39①	28	431	4①	0	9
佛得角	4①	192①	1298	-	-	-2
科特迪瓦	975①	2483	7653①	6①	9	72
冈比亚	157	216	782①	-	-	-

续表

地区/经济体	FDI 流入存量			FDI 流出存量		
	1990	2000	2012	1990	2000	2012
几内亚	69[①]	263[①]	3416[①]	-	7[①]	143[①]
几内亚比绍	8[①]	38[①]	102	-	-	6
利比里亚	2732[①]	3247[①]	7221	846[①]	2188[①]	5699
马里	229[①]	132	2786	22[①]	1	26
毛里塔尼亚	59[①]	146[①]	4155[①]	3[①]	4[①]	39[①]
尼日尔	286[①]	45	4049	54[①]	1	25
尼日利亚	8539[①]	23786[①]	76369	1219[①]	4144[①]	7407
塞内加尔	258[①]	295	2346	47[①]	22	353
塞拉利昂	243[①]	284[①]	1913[①]	-	-	-
多哥	268[①]	87	892	-	-10	331
中非	3808	5732[①]	54424[①]	372	681	2716[①]
布隆迪	30[①]	47[①]	9[①]	0[①]	2[①]	1[①]
喀麦隆	1044[①]	1600[①]	5238[①]	150[①]	254[①]	1015[①]
中非共和国	95[①]	104[①]	619	18[①]	43[①]	43[①]
乍得	250[①]	576[①]	4200[①]	37[①]	70[①]	70[①]
刚果	575[①]	1889[①]	21012[①]	-	-	-
刚果共和国	546[①]	617	4488	-	34[①]	736[①]
赤道几内亚	25[①]	1060[①]	13503[①]	0[①]	..[①②]	3[①]
加蓬	1208[①]	..[①②]	4269[①]	167[①]	280[①]	836[①]
卢旺达	33[①]	55	743	-	-	13[①]
圣多美和普林西比	0[①]	11[①]	344[①]	-	-	-
东非	1701	7202	41177	165	387	1262
科摩罗	17[①]	21[①]	100[①]	-	-	-
吉布提	13[①]	40	1056	-	-	-
厄立特里亚	-	337[①]	779[①]	-	-	-
埃塞俄比亚	124[①]	941[①]	5803[①]	-	-	-
肯尼亚	668[①]	932[①]	2876[①]	99[①]	115[①]	316[①]
马达加斯加	107[①]	141	5809[①]	1[①]	10[①]	6[①]
毛里求斯	168[①]	683[①]	2944[①]	1[①]	132[①]	681[①]
塞舌尔	213	515	1859[①]	64	130	259[①]
索马里	..[①②]	4[①]	776[①]	-	-	-

续表

地区/经济体	FDI流入存量 1990	FDI流入存量 2000	FDI流入存量 2012	FDI流出存量 1990	FDI流出存量 2000	FDI流出存量 2012
乌干达	6①	807	8191	-	-	-
坦桑尼亚联合共和国	388①	2781	10984	-	-	-
非洲南部	17191	62209	175900	15653	33208	96125
安哥拉	1024①	7978①	1937	1①	2①	9877
博茨瓦纳	1309	1827	1318	447	517	585
莱索托	83①	330	839①	0①	2	15①
马拉维	228①	358	1167	-	..②	72
莫桑比克	25	1249	12632	2	1	15
纳米比亚	2047	1276	3491	80	45	47
南非	9207	43451	138964①	15004	32325	82367①
斯威士兰	336	536	958	38	87	85①
赞比亚	2655①	3966①	11994	-	-	2706
津巴布韦	277①	1238①	2601①	80①	234①	356①
亚洲						
东亚和东南亚	340270	1108173	4779316	67010	653364	3159803
东亚	302281	1009804	3812439	58504	636451	2839459
中国	240645	752559	2492960	49032	551714	2243384
中国香港	20691①	193348	832882①	4455①	27768①	509001①
朝鲜人民民主共和国	572①	1044①	1610①	11920①	435791	1309849
韩国	5186	43740	147230	2301①	21500	196410
中国澳门	2809①	2801①	16353①	-	-	822①
蒙古	0①	182①	13151	0①	-	1210
中国台湾	9735①	19521	59359①	30356①	66655	226093①
东南亚	61636	257244	1319479	9471	84736	596075
文莱达鲁萨兰国	33①	3868	13302①	0①	512	699①
柬埔寨	38①	1580	8413	0①	193	423
印度尼西亚	8732①	25060①	205656①	86①	6940①	11627①
老挝人民民主共和国	13①	588①	2483①	1①	20①	-9①
马来西亚	10318	52747①	132400	753	15878①	120396
缅甸	281①	3211	11910①	-	-	-
菲律宾	3268①	13762①	31027①	405①	1032①	8953①

附　录   217

续表

地区/经济体	FDI流入存量 1990	FDI流入存量 2000	FDI流入存量 2012	FDI流出存量 1990	FDI流出存量 2000	FDI流出存量 2012
新加坡	30468	110570	682396①	7808	56755	401426①
泰国	8242	31118	159125①	418	3406	52561①
东帝汶	-	-	237①	-	-	-
越南	243①	14739①	72530①	-	-	123715
南亚	6795	29834	306660	422	2949	-
阿富汗	12①	17①	1569①	-	-	-
孟加拉国	477①	2162	7156①	45①	69	159①
不丹	2①	4①	23①	-	-	-
印度	1657①	16339	226345	124①	1733	118167
伊朗伊斯兰共和国	2039①	2597①	37313	-	572①	3345①
马尔代夫	25①	128①	1655①	-	-	-
尼泊尔	12①	72①	440①	-	-	-
西亚	31194	68535	660217	8084	13964	196628
巴林	552	5906	16826	719	1752	9699
伊拉克	..①②	..②	12616①	-	-	1547①
约旦	1368①	3135	24775	158①	44	509
科威特	37①	608①	12767	3662①	1428①	24501
黎巴嫩	53①	1244	52885①	43①	352	8197①
阿曼	1723①	2577①	17240	1150①	-	5387
巴勒斯坦领土	-	647①	2572①	-	..②	191①
卡塔尔	63①	1912	30804①	-	74	20413①
沙特阿拉伯	15193①	17577	199032①	2328①	5285①	34360①
阿拉伯叙利亚共和国	154①	1244	9939①	4①	107①	421①
土耳其	11150①	18812	181066	1150①	3668	30471
阿拉伯联合酋长国	751①	1069①	95008	14①	1938①	60274
也门	180①	843	4688①	5①	12①	660①
拉丁美洲和加勒比地区	111373	507346	2310630	57357	207747	1150092
南美洲和中美洲	103311	428931	1687384	55726	117626	598149
南美洲	74815	308951	1290092	49346	96045	420453

续表

地区经济体	FDI流入存量			FDI流出存量		
	1990	2000	2012	1990	2000	2012
阿根廷	9085①	67601	110704	6057①	21141	32914
玻利维亚多民族国	1026	5188	8809	7①	29	8①
巴西	37143	122250	702208	41044①	51946	232848
智利	16107①	45753	206594	154①	11154	97141
哥伦比亚	3500	11157	111924	402	2989	31633
厄瓜多尔	1626	6337	13079	18①	251①	480①
福克兰群岛（马尔维纳斯群岛）	0①	58①	75①	-	-	-
圭亚那	45①	756①	2335①	-	1①	2①
巴拉圭	418①	1221	3936	134①	214	238
秘鲁	1330	11062	63448	122	505	3986
乌拉圭	671①	2088	17900①	186①	138	334①
委内瑞拉玻利瓦尔共和国	3865	35480	49079	1221	7676	20870
中美洲	28496	119980	397292	6381	21580	177696
伯利兹	89①	301	1660	20①	43	170
哥斯达黎加	1324①	2709	18713	44①	86	1570
萨尔瓦多	212	1973	8635	56①	104	6
危地马拉	1734	3420	8914	0	93	438
洪都拉斯	293	1392	9024	-	-	81
墨西哥	22424	101996	314968①	2672①	8273	137684①
尼加拉瓜	145①	1414	6476	-	-	-
巴拿马	2275①	6775①	28903①	3588①	12981①	37747①
加勒比地区	8062	78415	623245	1630	90121	551943
安圭拉	11①	231①	1024①	-	5①	31①
安提瓜和巴布达	290①	619①	2514①	-	5①	98①
阿鲁巴	145①	1161	4124	-	675	685
巴哈马	586①	3278①	16065①	-	452①	3428①
巴巴多斯	171	308	4100①	23	41	886①
英属维京尔群岛	126①	32093①	362891①	875①	67132①	433588①
开曼群岛	1749①	25585①	164699①	648①	20788①	108030①
库拉索岛	-	-	690	-	-	75
多米尼加	66①	275①	644①	-	3①	33①

附　录

续表

地区经济体	FDI 流入存量			FDI 流出存量		
	1990	2000	2012	1990	2000	2012
多米尼加共和国	572	1673	24728[①]	-	-	-
格林纳达	70[①]	348[①]	1351[①]	-	2[①]	50[①]
海地	149[①]	95	963	0[①]	2[①]	2[①]
牙买加	790[①]	3317[①]	11581	42[①]	709[①]	397
蒙特塞拉特	40[①]	83[①]	131[①]	-	0[①]	1[①]
荷属安地列斯群岛	408[①]	277	-	21[①]	6	-
圣基茨与尼维斯联邦	160[①]	487[①]	1810[①]	-	3[①]	53[①]
圣卢西亚	316[①]	807[①]	2391[①]	-	4[①]	60[①]
圣文森特和格林纳丁斯	48[①]	499[①]	1526[①]	-	0[①]	5[①]
圣马丁	-	-	234[①]	-	-	7[①]
特立尼达和多巴哥	2365[①]	7280[①]	21782[①]	21[①]	293[①]	4512[①]
大洋洲	2001	2220	24945	68	267	4727
库克群岛	1[①]	218[①]	2171[①]	-	0,2[①]	3293[①]
斐济	284	356	3264	25[①]	39	50
法属波利尼西亚	69[①]	139[①]	653[①]	-	-	266[①]
基里巴斯	-	-	2[①]	-	-	2[①]
马绍尔群岛	1[①]	218[①]	2171[①]	-	-	145[①]
密克罗尼西亚联邦	0,2	0,2	0,2	18[①]	22[①]	22[①]
瑙鲁	70[①]	67[①]	9613[①]	-	-	-
新喀里多尼亚	-	6[①]	0,2	-	10[①]	22[①]
纽埃	2[①]	4[①]	34[①]	-	-	-
巴布亚新几内亚	1582	935	4596[①]	26[①]	210[①]	226a
萨摩亚	9[①]	77	260	-	-	21
所罗门群岛	-	106[①]	1401	-	-	655
汤加	1[①]	15[①]	110[①]	-	-	-
瓦努阿图	-	61[①]	576	-	-	24
转型经济体	9	60829	847854	0	21366	460760
东南欧	0	5682	82785	0	840	7877
阿尔巴尼亚	-	247	4885[①]	0	-	206a
波西尼亚和黑塞哥维那	-	1083[①]	7771[①]	-	-	286a
克罗地亚	0	2796	31609	0	824	4506

续表

地区/经济体	FDI流入存量			FDI流出存量		
	1990	2000	2012	1990	2000	2012
塞尔维亚	-	1017①	25451	-	-	2204
黑山	-	-	4882①	-	-	414a
前南斯拉夫马其顿共和国	0	540	4959	-	16	105
独联体	9	54375	754453	0	20408	451688
亚美尼亚	9①	513	5063	-	0	169
阿塞拜疆	-	3735	11118①	-	1	7517a
白俄罗斯	0	1306	14426	0	24	403
哈萨克斯坦	-	10078	106920	-	16	20979
吉尔吉斯斯坦	-	432	2758	-	33	2
摩尔多瓦共和国	-	449	3339	-	23	108
俄罗斯联邦	-	32204	508890①	-	20141	413159a
塔吉克斯坦	0	136	1282①	-	-	-
土库曼斯坦	-	949①	19999①	-	-	-
乌克兰	0	3875	72804①	0	170	9351
乌兹别克斯坦	-	698①	7855①	-	-	-
格鲁吉亚	0	771	10615	0	118	1195
备忘录						
最不发达国家 (LDCs)③	11051	36631	185463	1089	2678	22138
内陆发展中国家 (LLDCs)④	7471	35792	239409	844	1305	34334
小岛屿发展中国家 (SIDS)⑤	7136	20511	84597	220	2033	11606

注：①估计量。
②该经济体于2010年10月10日解散。
③最不发达国家包括：阿富汗、安哥拉、孟加拉国、贝宁、不丹、布基纳法索、布隆迪、柬埔寨、中非共和国、乍得、科摩罗、刚果民主共和国、吉布提、赤道几内亚、厄立特里亚、埃塞俄比亚、冈比亚、几内亚、几内亚-比绍、海地、基里巴斯、老挝人民民主共和国、莱索托、利比里亚、马达加斯加、马拉维、马里、毛里塔尼亚、缅甸、尼泊尔、尼日尔、卢旺达、萨摩亚、塞内加尔、塞拉利昂、所罗门群岛、索马里、南苏丹、苏丹、东帝汶、多哥、图瓦卢、乌干达、坦桑尼亚联合共和国、瓦努阿图、也门和赞比亚。
④内陆发展中国家包括：阿富汗、亚美尼亚、不丹、阿塞拜疆、玻利维亚、博茨瓦纳、布基纳法索、布隆迪、中非共和国、乍得、埃塞俄比亚、哈萨克斯坦、吉尔吉斯斯坦、老挝人民民主共和国、莱索托、前南斯拉夫马其顿共和国、马拉维、马里、摩尔多瓦、蒙古、尼泊尔、尼日尔、巴拉圭、卢旺达、南苏丹、斯威士兰、塔吉克斯坦、土库曼斯坦、乌干达、乌兹别克斯坦、赞比亚和津巴布韦。
⑤小岛屿发展中国家包括：安提瓜和巴布达、巴哈马、巴巴多斯、佛得角、科摩罗、多米尼加、斐济、格林纳达、圭亚那、牙买加、马尔代夫、毛里求斯、密克罗尼西亚联邦、瑙鲁、帕劳、巴布亚新几内亚、圣基茨和尼维斯、圣卢西亚、圣文森特和格林纳丁斯、萨摩亚、圣多美和普林西比、塞舌尔、所罗门群岛、东帝汶、汤加、特里尼达和多巴哥、图瓦卢和瓦努阿图。

资料来源：UNCTAD，FDI-TNC-GVC信息系统，FDI数据库 (www.unctad.org/fdistatistics)。

附录

附表3 2006~2012年按卖方/买方的地区/经济体划分的跨境并购价值（百万美元）

地区/经济体	净销售量[①]							净购买量[②]						
	2006	2007	2008	2009	2010	2011	2012	2006	2007	2008	2009	2010	2011	2012
世界	6253201	022725	706543	249732	344029	555173	308055	6253201	022725	706543	249732	344029	555173	308055
发达经济体	527152	891896	581394	203530	257152	433839	260282	497324	841714	568041	160785	223726	428075	175555
欧洲	350740	559082	273301	133871	124973	213442	137930	300382	568988	358981	102709	41943	168379	24917
欧盟	333337	527718	251169	116226	115974	185299	122309	260680	537890	306734	89694	25960	137124	−1470
奥地利	1145	9661	1327	1797	432	7002	1687	6985	4720	3049	3345	1523	3702	1835
比利时	1794	961	2491	12089	9444	3945	1790	3640	8258	30146	−9638	222	8820	−1362
保加利亚	807	971	227	151	24	−96	31	—	—	7	2	19	—	—
塞浦路斯	294	1343	−909	52	680	780	51	1274	775	1725	1395	−39	4048	5019
捷克共和国	1154	107	5169	2669	−457	842	32	812	846	34	1608	14	26	474
丹麦	11235	5761	6095	1651	1448	7921	3604	2078	3226	2841	3198	−3427	−21	674
爱沙尼亚	3	−57	110	28	3	239	58	179	—	4	−0	4	−1	1
芬兰	1321	8313	1153	508	324	973	1950	2169	−1128	13179	653	391	3355	4164
法国	19423	28207	4590	724	3837	23161	11985	41030	78451	56806	41565	6117	33982	−5221
德国	41388	44091	31911	12790	8507	13386	7726	16427	58795	61340	24313	6848	4706	15453
希腊	7309	723	6903	477	−819	1205	35	5238	1495	2697	386	520	−148	−1561
匈牙利	2337	721	1559	1853	213	1714	96	1522	—	41	0	799	17	−7
爱尔兰	2731	811	2892	1712	2127	1934	12096	10176	6677	3693	−526	5101	−5649	774
意大利	25760	23630	−2377	1109	6329	15095	2156	6887	55880	21358	17505	−6193	3902	−1680
拉脱维亚	11	47	195	109	72	1	1	—	—	3	—	40	−3	—
立陶宛	97	35	98	20	462	386	39	—	4	31	−30	4	−3	−3
卢森堡	35005	7339	−3570	444	5446	9504	6461	15539	22631	8109	3382	431	1119	−632
马耳他	517	−86	—	13	315	—	96	115	—	−25	—	235	−16	25
荷兰	25560	162770	−8156	17988	4113	14076	17051	51304	−3268	53668	−3273	20112	−4253	−29371
波兰	773	728	966	776	1063	10098	815	194	128	432	117	292	511	3399
葡萄牙	537	1715	−1279	504	2208	911	8334	644	4023	1164	1236	−8965	1642	−4741
罗马尼亚	5324	1926	993	314	148	88	125	—	—	4	7	24	—	—
斯洛伐克	194	50	136	13	—	0	15	−142	—	—	—	—	−18	−30
斯洛文尼亚	15	57	418	—	332	51	330	29	74	320	251	−50	−10	—
西班牙	7951	51686	33708	32173	8669	17738	5252	71481	40893	−14654	−1278	1367	14644	−1280
瑞典	15228	4563	18770	1098	221	7626	4638	3199	32390	6108	9024	796	−3353	794
英国	125421	171646	147748	25164	60833	46720	35852	19900	222984	54653	−3546	−227	70120	−8941

续表

地区/经济体	净销售量①							净购买量②						
	2006	2007	2008	2009	2010	2011	2012	2006	2007	2008	2009	2010	2011	2012
欧洲其他发达国家	17403	31363	22132	17645	8999	28143	15621	39702	31099	52247	13015	15983	31255	26387
安道尔	1174	-	-	-	-	-	-	-	-	-	-	-	-	-
法罗群岛	-	-	0	-	85	-	12	-	-	-	-	-	166	-
直布罗陀	-	50	212	-	-	-	19	404	116	1	253	8	1757	13
根西岛	-	31	17	260	171	25	1294	1424	1144	556	4001	8246	-1230	23
冰岛	39	-227	-	-	14	-	-	2171	4664	737	-317	-221	-446	1968
马恩岛	-	221	35	66	157	-217	55	990	720	319	136	850	-736	-2547
泽西岛	254	816	251	414	81	88	133	96	814	-829	844	1244	5197	-162
列支敦士登	-	-	-	-	-	-	-	154	270	-	1	-	-	3564
摩纳哥	-	437	-	-	-	30	-	-13	-	-	100	100	16	3753
挪威	4289	7831	14997	1630	7171	8574	5474	9465	10641	6102	611	-3940	5822	3522
瑞士	11647	22206	6620	15275	1321	19644	8635	25010	12729	45362	7385	9696	20708	16254
北美	165591	265866	262698	51475	97914	176541	95438	138576	226646	114314	40477	118147	174661	119359
加拿大	37841	100888	35253	11389	14917	32666	29325	20848	46751	44141	16718	30794	38086	39474
美国	127750	164978	227445	40085	82996	143876	66113	117729	179895	70173	23760	87353	136574	79885
其他发达国家	10821	66948	45395	18185	34265	43855	26913	58366	46080	94747	17598	63636	85035	31279
澳大利亚	10508	44222	33530	22206	26866	34603	23087	31949	43439	18454	-2981	15851	6395	-5102
百慕大	1083	1424	850	820	-405	121	905	503	-40691	4507	3248	5701	2360	2734
以色列	8061	684	1363	803	1147	3663	942	9747	8408	11316	167	5863	8525	-2132
日本	-11683	16538	9251	-5771	6895	4672	1282	16966	30346	56379	17440	31183	62692	35666
新西兰	2853	4081	401	126	-238	797	697	-799	4578	4092	-275	5037	5063	113
发展中经济体	89163	100381	104812	39077	82378	88519	49342	114922	144830	105849	73975	98149	108296	113055
非洲	11181	8076	21193	5140	8072	8592	-1195	15913	9891	8216	2702	3309	4378	611
北非	6773	2182	16283	1475	1141	1353	-388	5633	1401	4665	1004	1471	17	85
阿尔及利亚	18	-	82	-	-	-	-	-	-47	-	-	-	-	-
埃及	2976	1713	15895	993	195	609	-705	5633	1448	4613	76	1092	-	-16
利比亚	1	200	307	145	91	20	-	-	-	51	601	377	-	-
摩洛哥	133	269	-125	333	846	274	296	-	-	-	324	-	17	101
苏丹	1332	-	-	-	-	450	-	-	-	-	-	-	-	-
突尼斯	2313	-	122	4	9	-	21	-	-	-	3	2	-	-
非洲其他国家	4408	5894	4910	3665	6931	7240	-807	10279	8490	3551	1697	1838	4361	525

附　录

续表

地区经济体	净销售量①							净购买量②						
	2006	2007	2008	2009	2010	2011	2012	2006	2007	2008	2009	2010	2011	2012
安哥拉	1	—	−475	−471	1300	—	—	—	−60	—	—	—	—	69
博茨瓦纳	57	1	—	50	—	6	7	—	—	3	—	—	−14	10
布基纳法索	289	—	20	—	—	—	1	—	—	—	—	—	—	—
喀麦隆	—	—	1	—	—	0	—	—	—	—	—	—	—	—
佛得角	—	—	4	—	—	—	—	—	—	—	—	—	—	—
刚果	20	—	435	—	—	—	7	—	—	—	—	—	—	—
刚果民主共和国	—	—	—	5	175	—	—	—	−45	—	—	—	—	19
科特迪瓦	—	—	—	—	—	—	0	—	—	—	—	—	—	—
赤道几内亚	—	—	−2200	—	—	—	—	—	—	—	—	—	—	—
厄立特里亚	—	—	—	—	12	−254	−54	—	—	—	—	—	—	—
埃塞俄比亚	—	—	—	—	587	146	366	—	—	—	—	—	—	—
加蓬	—	82	—	—	—	—	—	—	−16	—	—	—	—	—
加纳	3	122	900	0	—	−3	—	—	—	—	—	—	—	—
几内亚	2	—	—	—	—	—	—	—	—	—	—	1	—	—
肯尼亚	2	396	—	—	9	19	86	—	—	18	—	—	−3	—
利比里亚	—	—	—	—	—	—	—	—	—	—	—	—	—	—
马达加斯加	1	—	—	—	—	—	—	—	—	—	—	—	—	—
马拉维	—	5	—	0	—	—	—	—	—	—	—	—	—	—
马里	1	—	—	—	—	—	—	—	—	—	—	—	—	—
毛里塔尼亚	—	375	—	—	—	—	—	—	—	—	—	—	—	—
毛里求斯	268	—	26	27	203	6	13	232	89	206	191	−50	−173	−432
莫桑比克	34	2	—	—	35	27	3	—	—	—	—	—	—	—
纳米比亚	181	2	15	59	104	40	15	—	—	—	—	—	—	—
尼日尔	—	—	—	—	—	—	—	—	—	—	—	—	—	185
尼日利亚	4883	490	−597	−241	664	539	−159	—	—	418	—	—	1	40
卢旺达	—	—	6	—	—	—	69	—	—	—	—	—	—	—
塞内加尔	—	—	—	—	−457	—	—	—	—	—	—	—	—	—
塞舌尔	—	89	49	—	19	—	—	—	0	66	—	5	−78	189
塞拉利昂	—	31	40	—	13	52	—	—	—	—	—	—	—	—
南非	−1336	4301	6676	4215	3934	6632	−879	10046	8541	2817	1491	1600	4276	821
斯威士兰	—	—	—	—	—	—	—	—	—	—	—	6	—	—

续表

地区/经济体	净销售量①							净购买量②						
	2006	2007	2008	2009	2010	2011	2012	2006	2007	2008	2009	2010	2011	2012
多哥	-	-	-	-	-	-	-	-	-	20	-	-	353	-5
乌干达	-	-	-	-	-	-	-	-	-	-	-	257	-	-
坦桑尼亚联合共和国	-	-	1	-	-	-	18	-	-	-	-	-	-	-
赞比亚	4	-	-	2	60	0	6	-	25	-	16	18	-	-
津巴布韦	-	0	1	11	272	-	-305	-	-44	1	-	2	-	-
亚洲	-	-	7	6	-	27	-	-	-	-	-	-	-	-
东亚和东南亚	65250	71423	68909	38291	36873	59805	29483	70792	94469	94398	67310	79013	85203	79782
东亚	34936	43451	39968	28654	26417	35513	22550	28696	25270	58810	40176	67609	72458	69357
中国	25456	23390	17226	15741	16972	14448	12171	21163	-667	39888	35851	53879	54272	52833
中国香港	11298	9332	5375	10898	6306	11839	9995	12090	-2282	37941	21490	29578	36554	37111
大韩民国	9106	7102	8707	3028	12182	2177	2787	8003	-7980	-1048	7461	14806	12952	8016
中国澳门	-161	46	1194	1956	-2012	2526	-1648	1057	8646	3882	6951	9949	4520	5508
蒙古	413	133	593	-57	33	34	30	-	-	0	-	58052	-	10
中国台湾省	2	7	-	344	65	88	82	-	-	106	-24	-	-	-
东南亚	4798	6770	1356	-429	399	-2216	925	14	949	-993	552	-506	247	2189
文莱达鲁萨兰国	9480	20061	22743	12913	9445	21065	10379	7533	25936	18922	4325	13730	18185	16523
柬埔寨	0	0	-	3	-	-	-100	112	-	-	10	-	-	-
印度尼西亚	9	6	30	-336	5	50	483	-	826	913	-2590	-	0	-
老挝人民民主共和国	388	1706	2070	1332	1672	6826	-	-85	-	-	-	256	409	315
马来西亚	-	-	-	-	110	6	721	-	-	-	-	-	-	-
缅甸	2509	6976	2781	354	3443	4570	411	2664	3654	9751	3277	2432	4138	9292
菲律宾	-	-1	-	-0	-270	-	8028	-1010	-	-	-	-	-	-
新加坡	-134	1165	2621	1291	3941	2586	-72	190	-2514	-174	-7	19	479	683
泰国	2908	7426	14240	9693	443	4947	908	5566	23916	6992	2762	8233	8163	770
越南	3771	2372	142	346	101	954	2637	88	54	1416	872	2731	4996	5460
南亚	29	412	859	230	5569	1126	2474	8	-	25	-	59	-	3
孟加拉国	7883	5371	12654	6094	10	13181	16	6745	29096	13488	291	26682	6143	2651
印度	330	4	-	9	5550	12886		-	-	-	-	1	-	-
伊朗伊斯兰共和国	4424	4405	10427	6049	-	-		6715	29083	13482	291	26698	6137	2650
	-	-	695	-				-	-	-	-	-	-	-

续表

地区/经济体	净销售量①							净购买量②						
	2006	2007	2008	2009	2010	2011	2012	2006	2007	2008	2009	2010	2011	2012
马尔代夫	—	—	3	—	—	—	—	—	—	—	—	—	—	—
尼泊尔	-15	—	13	—	—	4	—	—	—	—	—	-3	—	—
巴基斯坦	3139	956	1147	—	-0	247	—	—	—	—	—	-13	—	—
斯里兰卡	4	6	370	36	9	44	148	30	12	6	—	—	6	1
西亚	22431	22602	16287	3543	4887	11111	4295	35350	40103	22099	26843	-15278	6603	7775
巴林	-410	190	178	—	452	30	—	4275	1002	4497	323	-3362	-2695	527
伊拉克	—	—	34	—	—	717	224	—	33	—	—	—	—	14
约旦	750	440	773	108	-103	181	22	445	322	—	-34	37	—	2
科威特	13	3963	496	-55	463	16	377	1345	1416	2147	124	-10810	2033	376
黎巴嫩	5948	-153	108	—	642	—	317	716	210	-233	283	—	836	80
阿曼	1	621	10	—	386	—	-714	5	79	601	893	-529	222	354
卡塔尔	—	—	124	298	13	28	92	127	5160	6029	10266	590	-790	4614
沙特阿拉伯	21	125	102	42	164	653	1029	5405	15780	1442	121	706	107	201
阿拉伯叙利亚共和国	—	—	—	—	41	—	—	—	—	—	—	—	—	—
土耳其	15340	16415	13238	2849	2053	8930	2690	356	767	1313	—	-38	908	2012
阿拉伯联合酋长国	53	856	1225	300	756	556	216	23117	15611	5983	14831	-1803	5944	-373
也门	716	144	—	—	20	—	44	—	—	—	—	—	—	—
拉丁美洲和加勒比地区	12768	20648	15452	-4358	28414	20098	21070	28064	40195	2466	3740	15831	18750	32647
南美洲	4503	13697	8121	-5342	17045	15578	18571	19923	13152	4765	3104	12900	10321	23305
阿根廷	344	877	-3283	111	3458	-268	430	160	569	274	-77	499	102	2799
玻利维亚多民族国	-39	-77	24	—	-18	—	1	—	—	—	—	—	—	2
巴西	2637	6539	7568	-1369	8857	15119	16359	18629	10785	5243	2501	8465	5541	7427
智利	447	1480	3234	829	353	514	-113	431	466	-88	55	642	628	9764
哥伦比亚	1319	4303	-57	-1633	-1255	-1216	1978	697	1384	16	211	3210	5094	3007
厄瓜多尔	21	29	0	6	357	167	140	—	—	0	—	—	—	2
圭亚那	—	3	1	1	-1	3	—	—	—	—	—	—	40	3
巴拉圭	—	10	4	-60	—	0	—	—	—	—	—	—	0	—
秘鲁	53	1135	293	38	687	512	-67	6	195	679	416	77	171	319
苏里南	—	—	—	—	—	—	3	—	—	—	—	—	—	—
乌拉圭	164	157	8	3	448	747	89	—	—	—	—	7	13	0

续表

地区/经济体	净销售量① 2006	2007	2008	2009	2010	2011	2012	净购买量② 2006	2007	2008	2009	2010	2011	2012
委内瑞拉玻利瓦尔共和国	-443	-760	329	-3268	4158	-	-249	-	-248	-1358	-2	-	-1268	-16
中美洲	2898	4889	2899	153	8854	1319	571	3699	17452	-1053	3434	2909	4736	6214
伯利兹	-	-	0	-	1	-	60	4	-43	-	2	-	-	-
哥斯达黎加	294	-34	405	-	5	17	120	97	642	-	-	-	-	354
萨尔瓦多	173	835	-	30	43	103	-1	370	-	-	-	-	-	-
危地马拉	-2	5	145	-	650	100	-216	317	140	-	-	-	-	12
杜拉斯	-	140	-	-	1	23	-	-	-	-	-	-	-	-
墨西哥	874	3717	2304	104	7990	1231	330	2750	18226	-463	3247	2892	4274	5830
尼加拉瓜	2	-	-	-1	-	71	0	-	-	-	-	-	-	-
巴拿马	1557	226	44	20	164	-226	278	160	-1512	-591	185	17	462	18
加勒比海地区	5367	2061	4432	832	2516	3201	1928	4442	9592	-1245	-2799	22	3693	3127
安圭拉	85	1	-	-	-	-	-	-1	-	30	-	-10	3	-
安提瓜和巴布达	468	-	-	-	-	-	-	-	-	-	-	-	-	-
阿鲁巴	3027	-	41	-	82	212	145	158	2693	537	11	112	-350	228
巴哈马	999	1	207	-	328	-	-	-	3	3	-	-	-	-
巴巴多斯	19	559	980	242	432	631	9	350	5017	-1635	-1579	-774	1476	2028
英属维尔京群岛	49	-	969	-	84	-112	130	-216	2047	2079	-1237	743	1175	909
开曼群岛	427	42	-	0	1	39	1264	-	93	-25	-	31	-	-
多米尼加共和国	-	-	2236	1	59	-	-	97	3	13	28	1	-	-
海地	-	-	-	-	-	9	-	0	-	-	-	-	-	-
牙买加	67	595	-	-	-	235	276	-	-	-	-30	-156	52	-158
荷属安的列斯群岛	10	-	-	2	19	-	88	154	-	-	§	77	202	120
波多黎各	216	862	-	587	1037	1214	-	-	-	-	-	-0	-15	-
圣基茨和尼维斯	-	-	-	-	-	-	-	-	-	-	-	-	-	-
特立尼达和多巴哥	-	-	-	-	-	973	16	-	-	207	-10	-	1150	-
特克斯和凯科斯群岛	-	-	-	-	-	-	-	-	-	-	-	-	-	-
美属维尔京群岛	-	-	-	-	473	-	-15	-	-	-	4	-4	-35	15
大洋洲	-36	234	-742	4	9019	23	11	-	275	770	224	-	-	29
美属萨摩亚	-	-	-	-	-	-	-	-	-	-	-	-	-	-
库克群岛	-	-	-	-	-	-	-	-	-	-	50	-	-	-

续表

地区/经济体	净销售量①							净购买量②						
	2006	2007	2008	2009	2010	2011	2012	2006	2007	2008	2009	2010	2011	2012
斐济	-	12	2	-	1	-	-	-	-	-	-	-	-	-
法属波利尼西亚	-	-	-	-	-	-	-	-	-	-	-	-	-	44
关岛	72	-	-	-	-	-	-	-	-	-	-	-	-	-
马绍尔群岛	-	45	-	-	-	-	-	-	-	-	1	-	-	-
瑙鲁	-	-	-	-	-	-	-	-	-	-	-	-	-35	-
新喀里多尼亚	-100	-	-	-	-	-	-	-	-	-	-	-	-	-
诺福克岛	-	-	-	-	-	-	-	90	-	-	0	-	-	0
巴布亚新几内亚	7	160	-758	0	9018	5	-26	-	275	1051	172	-4	-	-
萨摩亚	-18	3	13	-	-	-	-	-	-	-	-	-	-	-
所罗门群岛	-	14	-	-	-	19	-	64	-	-324	-	-	-	-
图瓦卢	-	-	-	-	-	-	1	-	-	-	-	-	-	-
瓦努阿图	3	-	-	4	-	-	-	-	-	43	-	-	-	-
转型经济体	9005	30448	20337	7125	4499	32815	-1569	2940	21729	20167	7432	5693	11692	8651
东南欧	3942	2192	767	529	266	1460	84	-2092	1039	-4	-167	325	51	2
阿尔巴尼亚	41	164	3	146	-	-	-	-	-	-	-	-	-	-
波斯尼亚和黑塞哥维那	79	1022	2	8	-	-	1	-	-	-	-	-	-	1
克罗地亚	2530	674	204	-	201	92	81	3	-	2	8	325	-	-
黑山	7	0	-	362	-	-	-	-	4	-	-	-	-	-
塞尔维亚	582	280	501	10	19	1340	2	-1898	860	-7	-174	-	51	1
塞尔维亚和黑山	419	-	-	3	-	-	-	-	-	-	-	-	-	-
前南斯拉夫马其顿共和国	280	53	57	-	46	27	-	-	175	-	-	-	-	-
南斯拉夫（前）	5	-	-	-	-	-	-	-198	-	-	-	-	-	-
独联体	4949	28203	19466	6581	4203	31356	-1654	5032	20691	20171	7599	5368	11453	8649
亚美尼亚	-	423	204	30	-	26	23	-	-	-	-	-	-	0
阿塞拜疆	-	-	2	-	0	-	-	-	-	519	-	325	2	598
白俄罗斯	-	2500	16	-	649	10	-	-	-	-	-	-	-	-
哈萨克斯坦	-1751	727	-242	1322	101	293	-2350	1503	1833	2047	-	1462	8088	-32
吉尔吉斯斯坦	-	179	-	-	44	72	-5	-	-	-	-	-	-	-
摩尔多瓦共和国	10	24	4	-	-	-9	-	-	-	-	-	-	-	-
俄罗斯联邦	6319	22529	13507	5079	3085	29550	245	3507	18598	16634	7599	3866	3260	7807

续表

地区经济体	净销售量①							净购买量②						
	2006	2007	2008	2009	2010	2011	2012	2006	2007	2008	2009	2010	2011	2012
塔吉克斯坦	-	5	-	-	-	14	-	-	-	-	-	-	-	-
乌克兰	261	1816	5933	147	322	1400	434	23	260	972	-	40	103	276
乌兹别克斯坦	110	-	42	4	1	-	-	-	-	-	-	-	-	-
格鲁吉亚	115	53	104	14	30	-	-	-	-	-	-	-0	188	-
未归类	-	-	-	-	-	-	-	10134	14452	12486	7540	16461	7110	10795
备忘录														
最不发达国家（LDCs）④	2688	584	-2552	-774	2201	501	354	-946	-80	-261	16	277	353	-102
内陆发展中国家⑤	-1052	1357	144	1708	621	700	-2105	1504	1814	2676	-8	1727	8076	394
小岛屿发展中国家（SIDS）⑥	4438	920	1824	31	9650	1223	148	141	3061	1803	393	60	-651	-16

注：跨国并购的销售和购买都按净额计算。标准如下：在东道国经济体中的净跨国并购销售=在东道国经济体中对外国跨国公司的销售额 (-) 外国子公司在东道国经济体中的销售额；母国经济体地区经济体划分的净购买额=以母国为基地的跨国公司的购买额 (-) 以母国为基地的外国子公司的购买额。该数据仅覆盖那些涉及超过10%的股权收购交易。

① 根据直接收购公司地区/经济体划分的净销售额。
② 根据最终收购公司地区/经济体划分的净购买额。
③ 该经济体于2010年10月10日解散。
④ 最不发达国家包括：阿富汗、安哥拉、孟加拉国、贝宁、不丹、布基纳法索、布隆迪、柬埔寨、中非共和国、乍得、科摩罗、刚果民主共和国、吉布提、赤道几内亚、厄立特里亚、埃塞俄比亚、冈比亚、几内亚、几内亚比绍、海地、基里巴斯、老挝人民民主共和国、莱索托、利比里亚、马达加斯加、马拉维、马里、毛里塔尼亚、莫桑比克、缅甸、尼泊尔、尼日尔、卢旺达、圣多美与普林西比、塞内加尔、塞拉利昂、所罗门群岛、索马里、南苏丹、苏丹、东帝汶、多哥、图瓦卢、乌干达、坦桑尼亚联合共和国、瓦努阿图、也门和赞比亚。
⑤ 内陆发展中国家包括：阿富汗、亚美尼亚、阿塞拜疆、不丹、玻利维亚、博茨瓦纳、布基纳法索、布隆迪、中非共和国、乍得、埃塞俄比亚、哈萨克斯坦、吉尔吉斯斯坦、老挝人民民主共和国、莱索托、前南斯拉夫共和国的马其顿共和国、马拉维、马里、摩尔多瓦、蒙古、尼泊尔、尼日尔、巴拉圭、卢旺达、南苏丹、斯威士兰、塔吉克斯坦、土库曼斯坦、乌干达、乌兹别克斯坦、赞比亚和津巴布韦。
⑥ 小岛屿发展中国家包括：安提瓜和巴布达、巴哈马、巴巴多斯、佛得角、科摩罗、多米尼加、斐济、格林纳达、牙买加、基里巴斯、马尔代夫、马绍尔群岛、毛里求斯、密克罗尼西亚联邦、瑙鲁、帕劳、巴布亚新几内亚、圣基茨和尼维斯、圣文森特和格林纳丁斯、萨摩亚与普林西比、塞舌尔、所罗门群岛、东帝汶、汤加、特立尼达和多巴哥、图瓦卢和瓦努阿图。

资料来源：UNCTAD FDI-TNC-GVC 信息系统，跨境收购数据库（www.unctad.org/fdistatistics）。

附录

附表 4 2006~2012 年按部门/行业划分的跨境并购价值（百万美元）

部门/行业	净销售量[①]							净购买量[②]						
	2006	2007	2008	2009	2010	2011	2012	2006	2007	2008	2009	2010	2011	2012
总额	625320	1022725	706543	249732	344029	555173	308055	625320	1022725	706543	249732	344029	555173	308055
第一产业	43093	74013	90201	48092	76475	136808	46691	32650	95021	53131	29097	61717	79429	11314
农业、狩猎、林业和渔业	-152	2422	2898	1033	5576	1808	7886	2856	887	4240	1476	514	-8	-1251
采矿、采石和石油	43245	71591	87303	47059	70899	135000	38805	29794	94134	48891	27622	61203	79437	12564
制造业	212998	336584	326114	76080	131843	204624	136960	163847	218661	244667	37632	121031	225591	143166
食品、饮料和烟草	6736	49950	131855	9636	37911	45452	32446	3124	36280	54667	-804	33964	31590	35171
纺织品、服装和皮革	1799	8494	2112	410	976	2130	3761	809	-1220	-189	537	3708	2691	2477
木材及木制品	1922	5568	3166	821	-248	2406	4636	1660	4728	-251	536	8457	3685	3555
出版及印刷	24386	5543	4658	66	4977	1866	8	7783	843	8228	-130	519	3119	4164
焦炭、石油产品及核燃料	2005	2663	3086	2214	2584	-704	-120	5429	7691	-3244	-1096	-6967	-1930	-3770
化学品及化学产品	48035	116736	73563	32559	31774	76616	33822	35192	89397	71293	28861	43987	88908	43287
橡胶和塑料制品	6577	7281	1200	15	5974	2341	2078	5409	658	-235	-197	169	1369	566
非金属矿物制品	6166	37800	28944	118	3575	1522	2323	6370	16613	23053	-260	4766	1332	755
金属及金属制品	46312	69740	14215	-2953	2668	7082	11537	47613	44241	20695	1433	2777	19811	9798
机械及设备	17664	20108	15060	2431	7933	14865	15091	14890	-37504	7868	2635	6027	14539	12447
电气和电子设备	35305	24483	14151	17763	13592	27392	21874	27908	33644	32401	1880	6096	29928	18838
精密仪器	7064	-17184	23059	4105	12121	11343	6701	9118	19339	19176	4428	10180	17098	10233
汽车和其他运输设备	7475	3099	11608	8753	7437	5370	2440	-2031	3795	10254	-480	6808	10946	4898
其他制造业	1552	2305	-565	141	570	6945	362	574	158	951	290	539	2505	746
服务业	369228	612128	290228	125561	135711	213741	124404	428822	709043	408746	183003	161282	250154	153575
电力、燃气及水	1402	103005	48969	61627	-1577	26227	14102	-18197	50150	25270	47613	-18352	14248	337
建设	9955	12994	2452	10391	7034	1857	861	3372	10222	-5220	-1704	-1361	-1506	2597
贸易	11512	41307	17458	3658	14042	20991	14041	4241	7422	19766	3360	8410	6643	21629
旅馆和餐馆	14476	9438	3499	1422	5367	4220	1613	-164	-8357	3702	673	988	684	-1848
运输、仓库及通信	113915	66328	34325	15912	15345	34888	24390	87466	45574	48088	12187	14629	25179	12030
金融	107951	249314	73630	9535	31285	38425	16174	316920	548901	311409	110555	126066	165490	106729
商务服务	80978	102231	100701	17167	45591	56416	36464	47087	50893	57088	17652	27104	33066	21059
公共管理和国防	-111	29	30	110	63	604	-97	-15477	-17058	-46337	-8202	-1293	-159	-2271
教育	-429	860	1048	559	1676	857	524	122	42	155	51	111	386	317
卫生和社会服务	10624	8140	2222	1123	9238	3391	5388	506	9493	-176	40	3824	656	890

续表

部门/行业	净销售量①							净购买量②						
	2006	2007	2008	2009	2010	2011	2012	2006	2007	2008	2009	2010	2011	2012
社区、社会及个人服务活动	17060	15625	1002	3434	5566	6935	11574	1798	9263	-5270	87	7009	1430	-47
其他服务	1896	2856	4893	624	2080	18929	-630	1148	2497	270	692	-5853	4037	-7847

注：跨国并购的销售和购买都按净额计算，标准如下：在东道国经济体中的净跨国并购销售=在东道国经济体中对外国跨国公司的销售量（-）外国子公司在东道国经济体中的销售量；母国经济体中净跨境并购购买额=以母国为基地的跨国公司对国外公司的购买额（-）以母国为基地的跨国公司的外国子公司的销售额。该数据仅覆盖那些涉及超过10%的股权收购交易。

①被收购公司所在行业的净销售额。

②收购公司所在行业的净购买额。

资料来源：UNCTAD FDI-TNC-GVC信息系统，跨境并购数据库（www.unctad.org/fdistatistics）。

附 录

附表 5　2012 年完成的价值超过 3 亿美元的跨境并购交易

排名	价值（十亿美元）	被收购公司	东道国经济体①	被收购公司所在行业	收购公司	母国经济体①	收购公司所在行业	收购股份
1	12.9	International Power PLC	英国	电力服务	Electrabel SA	比利时	电力服务	41
2	11.9	Pfizer Nutrition	美国	干燥、浓缩、蒸发奶制品	Nestle SA	瑞士	巧克力和可可制品	100
3	11.5	Cooper Industries PLC	爱尔兰	载流配线设备	Eaton Corp	美国	流体动力缸和执行器	100
4	8.9	ING Direct USA	美国	储蓄银行相关功能	Capital One Financial Corp	美国	国家商业银行	100
5	8.3	Tyco International Ltd.	瑞士	安全系统服务	Shareholders	美国	投资者，不另分类	100
6	6.7	Alliance Boots GmbH	瑞士	药店和专有商店	Walgreen Co.	美国	药店和专有商店	45
7	6.6	Cequel Communications LLC	美国	有线和其他付费电视服务	Investor Group	加拿大	投资者，不另分类	100
8	6.1	Viterra Inc.	加拿大	主要由机器进行的作物收获	Glencore International PLC	瑞士	金属服务中心和办事处	100
9	6.0	Actavis Group	瑞士	药物制剂	Watson Pharmaceuticals Inc.	美国	药物制剂	100
10	5.6	Ageas SA/NV	荷兰	人寿保险	Ageas SA/NV	比利时	人寿保险	100
11	5.6	BP PLC	美国	油气田勘探服务	Plains Exploration & Production Co.	美国	原油和天然气	100
12	5.4	Progress Energy Resources Corp	加拿大	原油和天然气	Petronas Carigali Canada Ltd.	加拿大	原油和天然气	100
13	5.2	De Beers SA	卢森堡	除燃料外，其他非金属矿物	Anglo American PLC	英国	金矿石	40
14	5.2	OAO "MegaFon"	俄罗斯联邦	无线电话通信	Investor Group	塞浦路斯	投资者，不另分类	25
15	5.1	Annington Homes Ltd.	英国	公寓楼运营商	Terra Firma Capital Partners Ltd.	英国	投资者，不另分类	100
16	5.0	NDS Group Ltd.	英国	软件包	Cisco Systems Inc.	美国	电脑周边设备，不另分类	100
17	5.0	Exxon Mobil.	日本	石油和石油产品批发商，未分类	TonenGeneral Sekiyu KK	日本	石油炼制	99
18	4.9	Tyco Flow Control	美国	工业阀门	Pentair Inc.	美国	服务行业机器，不另分类	100
19	4.8	Viviti Technologies Ltd.	美国	计算机存储设备	Western Digital Corp	美国	计算机存储设备	100
20	4.8	Petrogal Brasil Lda	巴西	原油和天然气	Sinopec International Petroleum Exploration & Production Corp	中国	投资者，不另分类	30
21	4.5	Ariba Inc.	美国	软件包	SAP America Inc.	美国	软件包	100
22	4.3	Asia Pacific Breweries Ltd.	新加坡	麦芽饮料	Heineken International BV	荷兰	麦芽饮料	40
23	4.1	Open Grid Europe GmbH	德国	天然气输送	Investor Group	加拿大	投资者，不另分类	100
24	3.9	Thomas & Betts Corp	美国	载流配线设备	ABB Ltd.	瑞士	开关设备，配电设备	100
25	3.9	Denizbank AS	土耳其	银行业	OAO "Sberbank Rossii"	俄罗斯联邦	应行业	100
26	3.8	VimpelCom Ltd.	荷兰	无线电话通信	Altimo Cooperatief UA	荷兰	投资者，不另分类	16
27	3.7	Inoxum AG	德国	钢铁厂、高炉、轧机	Outokumpu Oyj	芬兰	钢铁厂、高炉、轧机	100
28	3.7	Goodman Global Group Inc.	美国	暖气设备	Daikin Industries Ltd.	日本	制冷和加热设备	100
29	3.7	Lincare Holdings Inc.	美国	家庭卫生保健服务	Linde AG	德国	工业气体	100
30	3.7	Success Factors Inc.	美国	软件包	SAP America Inc.	美国	软件包	100

续表

排名	价值（十亿美元）	被收购公司	东道国经济体①	被收购公司所在行业	收购公司	母国经济体①	收购公司所在行业	收购股份
31	3.5	Starbev Management Services	捷克共和国	麦芽饮料	Molson Coors Brewing Co.	美国	麦芽饮料	100
32	3.5	Energias de Portugal SA	葡萄牙	电力服务	China Three Gorges International (Europe) SA	卢森堡	投资者，不另分类	21
33	3.5	Korea Exchange Bank	韩国	银行业	Hana Financial Group Inc.	韩国	银行业	51
34	3.5	RBC Bank	美国	国家商业银行	PNC Financial Services Group Inc	美国	国家商业银行	100
35	3.5	Milton Roy Co.	美国	测量和分配泵	Hamilton Sundstrand Corp SPV	英国	投资办公室，不另分类	100
36	3.4	TAM SA	巴西	定期运营的航空运输	LAN Airlines SA	智利	定期运营的航空运输	100
37	3.4	Koninklijke KPN NV	荷兰	电话通信，无线电话除外	AMOV Europa BV	荷兰	投资办公室，不另分类	23
38	3.3	Quadra FNX Mining Ltd.	加拿大	铜矿石	KGHM Polska Miedz SA	波兰	铜砂矿	100
39	3.3	Roy Hill Holdings Pty Ltd.	澳大利亚	铁矿石	Investor Group	韩国	投资者，不另分类	25
40	3.3	OAO "Telekominvest"	俄罗斯联邦	无线电话通信	AF Telecom Holding	塞浦路斯	投资者，不另分类	26
41	3.2	Forsakrings AB Skandia	瑞典	人寿保险	Livforsakrings AB Skandia	瑞典	人寿保险	100
42	3.2	JPLSPE Empreendimentose Participacoes SA	巴西	医院和医疗服务计划	UnitedHealth Group Inc.	美国	医院和医疗服务计划	86
43	3.2	ING Bank of Canada	加拿大	银行业	Bank of Nova Scotia	加拿大	证券经纪、经销商和上市公司	100
44	3.1	Logica PLC	英国	软件包	CGI Holdings Europe Ltd.	英国	投资者，不另分类	100
45	3.1	Medicis Pharmaceutical Corp	美国	药物制剂	Valeant Pharmaceuticals International Inc.	加拿大	药物制剂	100
46	3.0	MGN Gas Networks (UK) Ltd.	英国	天然气运输	Investor Group	中国香港	投资者，不另分类	100
47	3.0	Karachaganak Petroleum Operating BV	哈萨克斯坦	原油和天然气	AO Natsionalnaya Kompaniya "KazMunaiGaz"	哈萨克斯坦	原油和天然气	10

注：只要最终东道国经济体与最终宿主经济体不同，在同一经济体下进行的并购仍被看做跨境并购。
① 直接被收购/直接收购公司所在经济体。
资料来源：UNCTAD FDI-TNC-GVC 信息系统，跨境收购数据库 (www.unctad.org/fdistatistics)。

附录

附表6 2006~2012年按来源地/目的地划分的绿地投资项目价值（百万美元）

合作伙伴区域/经济体	世界作为目的地（按来源地）							世界作为来源地（按目的地）						
	2006	2007	2008	2009	2010	2011	2012	2006	2007	2008	2009	2010	2011	2012
世界	910601	943950	1582134	1041927	901152	913828	612155	910601	943950	1582134	1041927	901152	913828	612155
发达经济体	658289	662006	1118178	749530	641353	643354	404307	331020	320810	462741	318200	301090	294560	225537
欧盟	370912	430235	651104	452067	387271	361926	224284	227933	230679	338580	200112	169504	173498	129606
欧洲	342134	390319	600407	418898	355494	334108	207933	224048	224928	328669	194062	162855	169645	126467
奥地利	18330	14783	24293	10057	9309	8307	4458	2096	3144	3028	1717	2289	4134	1579
比利时	3854	7332	14360	8872	5736	5912	3685	4936	10346	10797	3796	6067	3351	2635
保加利亚	84	81	286	30	147	121	81	19326	7695	11422	4780	4780	5300	2756
塞浦路斯	368	393	249	856	543	4379	1562	390	465	629	249	720	385	204
捷克共和国	1599	5158	4615	1729	2298	2109	2184	7644	7491	5684	4575	7733	4909	2706
丹麦	4575	7327	14861	10172	4521	8150	6629	1697	2001	1968	2195	457	794	850
爱沙尼亚	1131	2654	556	188	1088	352	182	954	840	1481	1260	947	883	997
芬兰	9831	13189	11071	3628	4351	5878	4776	1797	1269	2415	1208	1698	2223	1016
法国	50275	57531	92471	65976	52028	49563	27272	18436	19367	24114	11367	9104	10515	7017
德国	74440	79114	104663	75703	71923	71319	49479	15509	18562	36871	19976	17081	17854	8477
希腊	2309	1700	4416	1802	1300	1450	1573	1706	5096	5278	2090	1123	2377	1553
匈牙利	1067	2914	4956	3389	431	1245	1055	8784	9550	9031	3739	7541	3213	2502
爱尔兰	9655	7728	18768	14322	5743	4696	5641	6575	4679	8215	4932	4453	6973	5022
意大利	16338	23086	43827	29799	23628	23269	21387	11710	11760	14511	10501	11365	5692	4013
拉脱维亚	1001	284	660	761	821	279	75	3209	717	2550	828	965	717	1042
立陶宛	3387	303	723	305	252	158	640	1306	1485	1518	1232	1558	7285	1222
卢森堡	11847	11466	14029	10837	7398	9418	5699	228	695	431	759	731	290	270
马耳他	7	68	212	773	12	566	68	852	299	395	467	300	174	269
荷兰	34144	25810	40875	32805	19565	17602	9149	4942	5840	9438	9459	10966	5604	4026
波兰	1292	3052	2726	1246	2238	833	1408	15651	22767	34074	14085	11437	12490	11533
葡萄牙	1816	4522	11159	7180	5015	2120	2035	4381	7198	7763	4932	2665	1732	1102
罗马尼亚	152	108	4257	131	708	129	127	19139	21942	31458	15019	7764	16156	9888
斯洛伐克	296	474	135	393	1314	277	356	11557	5485	3350	5382	4239	5664	1420
斯洛文尼亚	1811	683	1658	586	536	346	335	657	1037	612	282	748	692	469
西班牙	21752	32198	48452	41694	40333	29352	17379	21153	23529	31572	15984	16371	11386	11367
瑞典	12159	11875	21448	15502	14925	13819	5694	7037	4372	2930	2827	2364	3160	1354

续表

合作伙伴区域/经济体	世界作为目的地（按来源地）							世界作为来源地（按目的地）						
	2006	2007	2008	2009	2010	2011	2012	2006	2007	2008	2009	2010	2011	2012
英国	58613	76486	114683	80163	79329	72459	35005	32377	27293	67135	50423	27389	35689	41177
欧洲其他发达国家	28778	39916	50697	33169	31777	27818	16351	3885	5751	9911	6050	6649	3853	3139
冰岛	3980	1545	568	123	633	433	39	186	53	1077	-	705	203	136
列支敦士登	101	74	110	136	111	133	92	-	131	8	-	9	-	-
挪威	4437	10792	12061	10619	5433	6660	3404	915	794	3200	2334	2243	830	583
瑞士	20256	27499	37930	22227	25407	20326	12700	2747	4703	5391	3654	3655	2698	2382
北美	173568	156166	317911	203053	166591	185329	121746	54160	56906	79928	85957	82067	99981	71190
加拿大	15351	16651	50513	30930	20006	28507	18940	15507	8630	15763	14084	18951	27256	8422
美国	158217	139514	267398	172123	146585	156822	102806	38653	48277	64164	71873	63116	72725	62768
其他发达国家	113808	75605	149164	94410	87492	96098	58277	48927	33225	44233	32131	49519	21082	24741
澳大利亚	17168	17191	31952	18421	12441	14486	10449	39143	22814	30062	19990	41246	12248	16488
百慕大	1166	3937	3440	8108	1573	1198	844	23	15	-	1	165	6	14
格陵兰	-	214	35	-	-	-	-	-	-	-	-	457	-	-
以色列	10250	4347	14526	2755	6655	3408	2754	914	457	853	3333	856	696	1692
日本	84553	49378	98600	64123	65962	75922	42725	7085	7768	11287	8240	6407	6165	5235
新西兰	671	537	611	1004	860	1085	1504	1762	2171	2030	568	388	1967	1312
发展中经济体	232156	257314	432298	273131	238178	252483	197806	529356	542680	994787	665340	544258	559722	346088
非洲	7347	8664	16487	15386	16689	35428	7447	85564	92685	223645	95274	88946	82939	46985
北非	3799	4439	7109	2396	3295	746	2735	50554	53701	107057	41499	26542	13750	15673
阿尔及利亚	30	60	2522	16	-	130	200	10020	12571	21507	2380	1716	1204	2370
埃及	3534	3680	3498	1828	3190	76	2523	11677	13480	20456	20678	14161	6247	10205
利比亚	-	-	-	19	-	-	-	20992	4061	23056	1689	1858	49	98
摩洛哥	81	50	619	393	58	87	12	5514	5113	18925	6189	4217	4354	1125
南苏丹	-	-	-	-	-	-	-	578	19	1181	54	139	235	382
苏丹	9	42	-	140	47	432	-	639	-	1612	2025	2440	58	66
突尼斯	144	609	471	-	-	21	-	1132	18458	20321	8484	2010	1602	1426
非洲其他国家	3548	4225	9377	12990	13394	34682	4712	35011	38984	116588	53774	62405	69189	31312
安哥拉	-	39	78	15	494	-	362	2676	8138	11204	5542	1148	312	3031
贝宁	-	-	-	-	-	-	-	-	-	9	-	14	46	17
博茨瓦纳	108	-	-	11	9	138	70	909	344	2220	349	660	492	148

续表

合作伙伴区域/经济体	世界作为目的地 按来源地							世界作为来源地 按目的地						
	2006	2007	2008	2009	2010	2011	2012	2006	2007	2008	2009	2010	2011	2012
布基纳法索	-	-	-	-	-	-	-	-	9	281	272	479	165	1
布隆迪	-	-	-	-	-	-	12	-	-	19	47	25	41	19
喀麦隆	-	-	-	19	-	-	-	799	2460	351	1155	5289	4272	566
佛得角	-	-	-	-	-	-	-	-	9	128	-	38	62	-
中非共和国	-	-	-	-	-	-	-	-	361	-	-	-	-	59
乍得	-	-	-	-	-	-	-	-	-	1819	402	-	135	101
科摩罗	-	-	-	-	-	-	-	-	9	9	-	-	7	138
刚果	-	-	-	-	-	-	-	-	198	9	1281	-	37	119
刚果民主共和国	-	-	161	-	7	-	-	1880	1238	3294	43	1238	2242	517
科特迪瓦	9	-	13	10	19	-	48	359	71	372	131	261	937	1038
吉布提	-	-	-	-	-	-	-	521	5	1555	1245	1255	-	25
赤道几内亚	-	-	3	-	-	-	-	110	-	6	3119	9	1881	2
厄立特里亚	-	-	-	-	-	-	-	30	-	-	-	-	-	-
埃塞俄比亚	-	-	18	12	-	-	54	1508	2389	762	321	290	630	441
加蓬	-	-	-	-	-	9	-	1727	328	5118	927	1231	219	267
冈比亚	-	-	-	-	-	-	-	83	9	31	31	405	26	200
加纳	-	-	-	7	15	51	51	1240	129	4918	7059	2661	6431	1319
几内亚	-	-	-	-	-	-	-	304	-	-	61	1411	548	33
几内亚比绍	-	-	-	-	-	-	-	-	361	-	19	-	-	-
肯尼亚	82	198	616	314	3920	421	835	174	332	549	3716	1382	2855	988
莱索托	-	-	-	-	-	-	-	-	51	16	28	51	710	10
利比里亚	-	-	-	-	-	-	-	-	-	2600	821	459	1287	53
马达加斯加	27	-	-	-	-	-	-	246	3335	1325	365	-	140	363
马拉维	-	-	9	9	-	-	2	-	-	19	713	314	454	24
马里	-	-	19	10	19	9	-	399	-	172	59	13	0	794
毛里塔尼亚	-	-	-	-	-	-	9	579	37	272	-	59	279	361
毛里求斯	-	38	307	1809	2642	3287	149	15	481	317	147	71	1749	142
莫桑比克	-	-	-	-	-	-	59	637	2100	12100	1539	3278	9971	3456
纳米比亚	23	-	23	-	-	-	18	32	473	1907	1519	390	832	777
尼日尔	-	-	-	-	-	-	-	1	-	3319	-	100	277	-

续表

合作伙伴区域/经济体	世界作为目的地 按来源地							世界作为来源地 按目的地						
	2006	2007	2008	2009	2010	2011	2012	2006	2007	2008	2009	2010	2011	2012
尼日利亚	465	190	2517	659	1020	1046	723	11074	4213	36134	7978	14080	4543	4142
留尼旺岛	-	-	-	-	-	-	-	13	-	-	-	-	-	-
卢旺达	-	-	-	26	-	-	19	-	283	252	312	1839	779	110
圣多美和普林西比	-	-	-	-	-	-	-	-	2	351	-	-	-	-
塞内加尔	-	-	-	-	-	10	8	1262	3008	1281	548	883	69	1238
塞舌尔	-	-	-	-	-	-	-	-	1425	130	1	121	9	43
塞拉利昂	-	-	-	-	-	-	-	280	-	73	260	230	212	119
索马里	-	-	-	-	-	-	-	351	-	361	-	59	-	44
南非	2834	3693	4841	9820	5146	29469	2082	5085	5247	13533	7695	6819	12413	4571
斯威士兰	-	-	-	-	-	-	-	-	-	23	12	-	646	7
多哥	-	49	94	142	34	214	19	323	351	146	26	-	-	411
乌干达	-	9	40	28	9	-	-	373	291	3057	2147	8505	2476	569
坦桑尼亚联合共和国	-	9	9	57	49	27	24	294	317	2492	623	1077	3806	1137
赞比亚	-	-	-	9	-	-	-	1596	422	3076	2375	1376	2366	840
津巴布韦	-	-	629	34	10	-	168	133	557	979	889	754	5834	3074
亚洲	215064	235131	392100	239783	199738	195931	181285	377555	378625	619265	447345	332917	334965	232111
东亚和东南亚	92053	142728	168043	126896	143088	115133	118476	208426	264209	338093	264779	212668	206049	147608
东亚	65095	95299	114596	86457	106884	86154	79535	143634	134634	155649	135605	118130	119965	93125
中国	17490	32765	51477	26496	32892	40148	19052	127284	110398	130518	116828	97243	100676	73833
中国香港	12390	19814	16986	17468	8238	13036	12034	5168	4742	7164	9073	8217	7127	7950
朝鲜人民民主共和国	-	-	-	-	-	-	-	236	560	533	228	-	59	-
韩国	24935	25928	34753	30619	37457	20846	38724	7314	9108	11828	4583	3601	7087	6279
中国澳门	-	-	2	-	-	-	-	126	4899	909	310	282	430	2382
蒙古	-	-	-	-	150	-	-	216	448	330	302	1608	183	122
中国台湾	10280	16792	11377	11875	28147	12124	9726	3291	4477	4367	4280	7179	4403	2558
东南亚	26958	47430	53447	40438	36203	28979	38941	64792	129575	182444	129174	94538	86083	54483
文莱达鲁萨兰共和国	-	-	77	-	-	2	-	-	722	435	470	156	5969	77
柬埔寨	-	-	51	149	-	-	-	1240	261	3581	3895	1759	2365	1625

续表

合作伙伴区域经济体	世界作为目的地							世界作为来源地						
	按来源地							按目的地						
	2006	2007	2008	2009	2010	2011	2012	2006	2007	2008	2009	2010	2011	2012
印度尼西亚	800	1824	393	1043	415	5037	734	14351	20512	41929	31271	13740	24152	16764
老挝人民民主共和国	—	—	192	—	—	—	—	567	1371	1151	2118	335	980	589
马来西亚	5806	26806	19988	14904	21319	4140	18422	5242	10318	24057	13753	15541	13694	6827
缅甸	—	20	—	—	—	84	—	299	1378	1434	1889	449	712	1920
菲律宾	367	1541	563	1410	1790	324	629	5322	19509	15800	9719	4645	2902	4263
新加坡	12125	13432	21444	12985	8631	13308	16537	14160	24944	13995	12940	16992	20554	9838
泰国	3092	3159	7936	8298	3128	4443	2413	5592	7427	15122	7678	8641	4121	6203
东帝汶	—	—	—	—	—	—	—	—	—	—	—	1000	—	116
越南	4768	647	2804	1651	920	1643	205	18018	43133	64942	45442	31280	10634	6259
南亚	33949	31856	43644	30196	21115	35627	27714	84812	58632	96044	77147	62919	58669	39525
阿富汗	5	—	—	—	—	8	6	36	6	269	2978	634	305	245
孟加拉国	56	—	72	37	103	109	144	703	53	860	645	2720	490	2361
不丹	—	—	—	—	—	—	—	74	—	—	135	83	86	39
印度	31636	25649	40792	24308	20250	34655	24884	76798	44445	79090	57170	51977	48921	30947
伊朗伊斯兰共和国	889	6137	1531	5743	535	515	1578	1100	8217	6911	9133	3034	1812	—
马尔代夫	—	—	—	—	—	—	—	1029	206	462	453	2162	1012	329
尼泊尔	—	—	2	—	6	31	125	110	3	740	295	340	128	—
巴基斯坦	130	40	1220	42	153	227	106	4086	5049	6390	3955	1255	2399	4315
斯里兰卡	1234	29	27	66	68	82	871	875	652	1323	2383	714	3517	1290
西亚	89061	60547	180414	82691	35535	45171	35095	84317	55785	185128	105419	57329	70248	44978
巴林	21934	8995	20987	14740	1070	912	1145	5911	820	8050	2036	1997	3931	3535
伊拉克	—	42	—	20	—	48	—	8334	474	23982	12849	5486	10597	976
约旦	164	244	2627	1650	591	52	1037	4770	1250	12882	2506	2824	3250	1713
科威特	17519	2936	16108	4585	2850	4502	1331	1922	373	2256	987	673	494	1051
黎巴嫩	5493	596	6706	639	246	301	393	2060	428	1292	1772	1336	531	201
阿曼	—	87	84	3110	39	165	101	3209	1794	10954	5608	4255	8043	4970
巴勒斯坦领土	300	—	—	—	—	—	15	76	52	1050	16	15	—	—
卡塔尔	1682	972	10072	13663	2891	13044	8749	5395	1368	19021	21519	5434	4362	2172
沙特阿拉伯	5717	2089	13980	6105	1441	5027	2389	20205	14630	42318	14860	10339	15766	8390

续表

合作伙伴区域/经济体	世界作为目的地 按来源地							世界作为来源地 按目的地						
	2006	2007	2008	2009	2010	2011	2012	2006	2007	2008	2009	2010	2011	2012
阿拉伯叙利亚共和国	-	-	326	59	-	193	0	2535	1854	6052	3379	2165	1315	10
土耳其	1941	2399	4464	4068	4031	4975	3216	14242	14655	17120	23859	8917	10323	9540
阿拉伯联合酋长国	34312	42187	105010	34053	22374	15954	16711	15327	17740	36218	15067	12869	11623	12053
也门	-	-	49	-	2	-	9	332	347	3933	961	1019	11	366
拉丁美洲和加勒比地区	9128	13519	23636	17942	21736	20773	9074	65652	67137	145581	120542	120116	138531	65728
南美	7103	9906	20896	14540	18692	10517	6555	42334	43214	97209	83909	92510	104518	50010
阿根廷	918	625	470	1118	1284	905	1369	4665	6402	7193	9217	7112	12000	6004
玻利维亚	-	-	-	-	-	-	-	2444	1449	789	1947	797	305	10
巴西	3632	5772	15773	10236	10413	4613	3186	15459	18976	48278	40304	44010	62950	26373
智利	476	2239	855	1758	2564	1578	1013	3375	3093	9360	12888	8374	13814	10233
哥伦比亚	53	139	500	102	3390	1020	884	2458	3982	9781	2945	10614	8616	2848
厄瓜多尔	34	89	67	330	166	60	38	1065	518	511	348	132	648	603
圭亚那	-	-	-	-	-	-	-	412	10	1000	12	160	15	302
巴拉圭	-	-	-	-	-	-	-	-	607	378	83	3873	108	287
秘鲁	8	315	17	108	25	380	12	6908	2974	11259	14331	11956	4074	2184
苏里南	-	-	-	-	-	20	-	-	-	101	-	-	384	34
乌拉圭	-	25	3	49	3	5	-	2413	2910	4381	504	750	1030	720
委内瑞拉玻利瓦尔共和国	1983	701	3211	840	847	1956	53	3135	2293	4179	1331	4732	574	413
中美洲	1757	2880	1196	2459	2869	9820	2196	19231	21405	41333	32910	19895	25567	13289
伯利兹	-	-	-	-	-	5	1	-	-	-	3	5	-	43
哥斯达黎加	-	95	6	45	63	11	-	796	2157	582	2427	1981	3364	476
萨尔瓦多	-	102	-	281	147	20	-	765	356	562	716	276	462	4
危地马拉	-	79	58	131	86	125	43	67	979	905	1330	963	209	53
洪都拉斯	57	61	-	-	-	-	-	59	951	1089	126	226	551	43
墨西哥	1682	2444	990	1923	2101	9498	2147	16863	13652	34896	25040	14679	18694	11838
尼加拉瓜	-	54	67	-	251	-	-	163	62	185	877	280	274	135
巴拿马	18	47	75	80	220	161	5	518	3249	3114	2391	1485	2013	697
加勒比地区	267	733	1544	944	175	436	323	4088	2519	7039	3723	7712	8445	2429
安提瓜和巴布达	-	-	-	-	-	-	-	-	-	82	-	-	-	-
阿鲁巴	-	-	-	-	-	-	-	-	-	64	-	6	25	70

续表

合作伙伴区域/经济体	世界作为目的地 按来源地							世界作为来源地 按目的地						
	2006	2007	2008	2009	2010	2011	2012	2006	2007	2008	2009	2010	2011	2012
巴哈马	5	19	18	42	-	2	7	-	18	61	5	64	333	24
巴巴多斯	-	2	-	-	5	26	19	-	-	-	29	137	303	16
开曼群岛	57	166	554	853	52	243	297	66	36	326	104	253	349	351
古巴	-	-	77	-	-	21	-	450	127	2703	1015	6067	465	223
多明尼加共和国	-	498	-	30	25	-	-	827	749	2044	1399	330	5143	584
格林纳达	-	-	-	-	-	-	-	-	3	-	-	5	5	-
瓜德罗普岛	-	-	-	-	-	-	-	25	-	267	-	-	25	-
海地	-	-	-	-	9	-	-	164	-	2	110	59	376	2
牙买加	205	2	889	17	33	127	-	369	29	317	41	23	491	27
马提尼克	-	-	-	-	13	-	-	25	35	-	6	-	-	23
波多黎各	-	20	6	4	36	18	-	621	713	739	716	570	752	926
圣基茨和尼维斯	-	-	-	-	-	-	-	-	12	-	3	-	-	64
圣卢西亚	-	-	-	-	-	-	-	-	797	372	296	144	64	-
特立尼达和多巴哥	1	26	-	-	3	149	-	1542	-	-	-	22	114	119
特克斯和凯科斯群岛	-	-	-	-	-	-	-	-	-	64	-	34	-	-
大洋洲	618	-	76	20	16	351	-	584	4234	6296	2179	2279	3287	1265
斐济	-	-	-	2	8	-	-	228	206	117	339	-	179	41
法属波利尼西亚	-	-	-	10	-	-	-	-	-	-	-	108	-	-
密克罗尼西亚联邦	18	-	-	-	-	-	-	98	-	-	-	-	-	156
新喀里多尼亚	-	-	-	-	-	202	-	-	3800	3200	-	-	8	-
巴布亚新几内亚	-	-	73	146	8	105	8	259	228	2438	1786	1944	3050	1068
萨摩亚	600	-	2	-	-	-	174	-	-	500	-	-	-	-
所罗门群岛	-	-	-	8	7	-	-	-	-	42	32	228	51	-
转型经济体	20157	24630	31658	19267	21621	17991	10042	50225	80460	124606	58388	55805	59546	40529
东南欧	486	2940	3920	472	1556	307	256	8662	14294	21362	8178	7638	9260	8708
阿尔巴尼亚	-	-	-	-	105	-	-	2346	4454	3505	124	68	525	288
波斯尼亚和黑塞哥维那	-	-	7	-	16	2	8	643	2623	1993	1368	283	1253	1287
克罗地亚	314	2909	3261	146	1071	105	174	600	1795	3194	1707	2397	1798	1141
黑山	-	-	-	-	7	-	-	344	1794	851	120	380	436	355

续表

合作伙伴区域/经济体	世界作为目的地 按来源地							世界作为来源地 按目的地						
	2006	2007	2008	2009	2010	2011	2012	2006	2007	2008	2009	2010	2011	2012
塞尔维亚	173	31	651	314	356	150	74	3270	3131	9197	4095	4040	4292	4459
前南斯拉夫马其顿共和国	-	-	-	12	1	49	-	1460	497	2622	763	470	956	1179
独联体	19670	21690	27657	18746	20009	17509	9501	40584	64832	100429	45811	47149	48306	31397
亚美尼亚	2	-	51	-	9	83	171	366	2134	690	1003	265	805	434
阿塞拜疆	75	4307	1223	3779	580	435	3246	953	1999	2921	1939	711	1289	1573
白俄罗斯	157	76	1323	391	2091	127	91	923	487	2477	1134	1888	1268	787
哈萨克斯坦	230	109	411	706	636	383	138	4176	4251	20344	1949	2536	7816	1191
吉尔吉斯斯坦	-	-	60	30	-	-	-	81	3362	539	50	-	358	83
摩尔多瓦共和国	-	-	557	-	-	-	-	130	162	163	488	301	320	118
俄罗斯联邦	16134	15357	21295	13055	15476	15527	4900	28194	42858	60308	31268	34519	22795	18537
塔吉克斯坦	-	-	82	10	-	-	-	43	327	226	570	3	1076	669
土库曼斯坦	-	-	-	-	-	-	-	11	1051	3974	1433	458	1926	8
乌克兰	3073	1842	2656	776	1218	954	954	4972	7185	7686	4561	4061	3094	3192
乌兹别克斯坦	-	-	-	-	-	-	0	734	1016	1101	1418	2408	7560	4806
格鲁吉亚	-	-	82	49	56	174	285	980	1334	2816	4398	1017	1980	424
备忘录														
最不发达国家 (LDCs)①	697	168	798	502	732	923	1020	18194	26152	65204	36054	39854	33654	21824
内陆发展中国家 (LLDCs)②	420	4425	3290	4675	1429	1137	4011	16899	23410	53430	25449	29366	39438	17931
小岛屿发展中国家 (SIDS)③	829	87	1290	1877	2698	3591	175	3539	3425	5325	3132	5957	7429	2283

注：数据为资本投资的估计金额。
① 最不发达国家包括：阿富汗、安哥拉、孟加拉国、贝宁、不丹、布基纳法索、布隆迪、柬埔寨、中非共和国、乍得、科摩罗、刚果民主共和国、吉布提、赤道几内亚、厄立特里亚、埃塞俄比亚、冈比亚、几内亚、几内亚比绍、海地、基里巴斯、莱索托、利比里亚、马达加斯加、马拉维、马里、毛里塔尼亚、缅甸、尼泊尔、尼日尔、卢旺达、圣多美和普林西比、塞内加尔、塞拉利昂、所罗门群岛、索马里、南苏丹、苏丹、东帝汶、多哥、图瓦卢、乌干达、坦桑尼亚联合共和国、瓦努阿图、也门和赞比亚。
② 内陆发展中国家包括：阿富汗、亚美尼亚、阿塞拜疆、不丹、玻利维亚、博茨瓦纳、布基纳法索、布隆迪、中非共和国、乍得、埃塞俄比亚、哈萨克斯坦、吉尔吉斯斯坦、老挝人民民主共和国、莱索托、前南斯拉夫的马其顿共和国、马拉维、马里、摩尔多瓦共和国、蒙古、尼泊尔、尼日尔、巴拉圭、卢旺达、南苏丹、斯威士兰、塔吉克斯坦、马其顿、土库曼斯坦、乌干达、乌兹别克斯坦、赞比亚和津巴布韦。
③ 小岛屿发展中国家包括：安提瓜和巴布达、巴哈马、巴巴多斯、佛得角、科摩罗、多米尼加、斐济、格林纳达、牙买加、卢旺达、毛里求斯、马尔代夫、马绍尔群岛、密克罗尼西亚联邦、瑙鲁、帕劳、巴布亚新几内亚、圣基茨和尼维斯、圣卢西亚、圣文森特和格林纳丁斯、萨摩亚、圣多美和普林西比、塞舌尔、所罗门群岛、汤加、特立尼达和多巴哥、图瓦卢和瓦努阿图。

资料来源：UNCTAD FDI-TNC-GVC 信息系统，跨境并购数据库 (www.unctad.org/fdistatistics)。

附表 3.1 2012 年签署的国际投资协定的某些方面

国际投资协定中经常出现的某些方面，按出现顺序排列	政策目标 可持续发展增强功能	着重有利于发展的投资	保留调节公众利益的权利	避免过度暴露于诉讼	激励负责任的商业行为	巴基斯坦-土耳其 BIT	尼加拉瓜-俄罗斯联邦 BIT	摩洛哥-越南 BIT	日本-科威特 BIT	伊拉克-日本 BIT	加蓬-土耳其 BIT	前南斯拉夫的马其顿-哈萨克斯坦 BIT	欧盟-哥伦比亚-秘鲁 FTA	欧盟-中美洲协会协议	欧盟-伊拉克的伙伴关系与合作协议	智利-中国香港 FTA	中国-韩国-日本 TIA	加拿大-中国 BIT	喀麦隆-土耳其 BIT	孟加拉国-土耳其 BIT	澳大利亚-马来西亚 FTA	阿尔巴尼亚-阿塞拜疆 BIT
条约序言中的健康和安全，劳工权利，环境或可持续发展保护	×						×					×	×	×	×			×	×	×	×	×
对于投资的精确定义（排除证券投资，主权债务义务，或金钱请求权，纯粹从商业合同而产生的）		×				×			×	×			×	×		×	×	×	×		×	
分割出任金融服务部门的审慎监管措施			×					×			×		×	×	×	×		×		×		
根据国际惯例法，设定公平和公正的标准，使其等同于外国人待遇的最低标准				×		×			×		×		×	×	×	×	×	×	×	×	×	×
澄清构成不构成间接征收的标准				×		×							×	×	×	×	×	×				
详细阐述可以免于自由转移资金的义务的例外情况，包括平衡收支困难和/或执行国家法律			×			×	×	×	×	×	×		×	×	×	×	×	×	×	×	×	×
对所谓"保护伞"条款的遗漏				×		×		×	×	×	×		×	×	×	×	×	×	×	×	×	×
详细阐述一般例外情况，例如为了保护人类、动物或植物的生命健康、安全或耗竭的天然资源	×		×						×	×			×	×	×	×	×	×	×	×	×	
明确指出，各方均不应为了吸引投资而放松对健康、安全或环境的标准	×				×				×					×	×	×				×	×	
通过单独一条款教纳人国际投资协定或条约序言中作为一般参考，以促进提高企业社会责任标准	×				×									×		×	×					
限制对 ISDS 的访问（例如，统一在逐个案件基础上对仲裁基于同一，排除对 ISDS 的政策性规定，限制提交索赔的时间范围，没有 ISDS 机制）			×	×		×			×	×	×		×	×	×	×	×	×	×	×	×	×

注：该表是基于在 2012 年签订的 17 个国际投资协定文本。该表不包括后三个"框架协定"（GCC—秘鲁，GCC—美国和欧盟—越南），这些协议有文本资料但不包括实质性投资协定。

资料来源：UNCTAD。

附表 3.2　2012 年底国际投资协定列表[①]

	双边投资协定	其他国际投资协定[②]	总　计
阿富汗	3	3	6
阿尔巴尼亚	43	6	49
阿尔及利亚	47	6	53
安哥拉	8	7	15
安圭拉	-	1	1
安提瓜和巴布达	2	10	12
阿根廷	58	16	74
亚美尼亚	38	2	40
阿鲁巴	-	1	1
澳大利亚	23	18	41
奥地利	64	65	129
阿塞拜疆	45	3	48
巴哈马	1	7	8
巴林	30	14	44
孟加拉国	29	4	33
巴巴多斯	10	10	20
白俄罗斯	59	3	62
比利时	93	65	158
伯利兹	7	9	16
贝宁	14	6	20
百慕大	-	1	1
不丹	-	2	2
玻利维亚多民族国	19	14	33
波斯尼亚和黑塞哥维那	39	4	43
博茨瓦纳	8	6	14
巴西	14	17	31
英属维尔京群岛	-	1	1
文莱达鲁萨兰国	8	19	27
保加利亚	68	63	131
布基纳法索	14	7	21
布隆迪	7	8	15
柬埔寨	21	16	37
喀麦隆	15	5	20
加拿大	31	21	52
佛得角	9	5	14
开曼群岛	-	2	2
中非共和国	4	4	8
乍得	14	4	18
智利	51	28	79
中国	128	17	145
哥伦比亚	7	19	26
科摩罗	6	8	14
刚果	12	5	17
刚果民主共和国	15	8	23

续表

	双边投资协定	其他国际投资协定②	总　计
库克群岛	-	2	2
哥斯达黎加	21	14	35
科特迪瓦	10	6	16
克罗地亚	58	5	63
古巴	58	3	61
塞浦路斯	27	62	89
捷克共和国	79	65	144
丹麦	55	65	120
吉布提	8	9	17
多米尼加共和国	2	10	12
多明尼加共和国	15	6	21
厄瓜多尔	18	11	29
埃及	100	15	115
萨尔瓦多	22	10	32
赤道几内亚	8	4	12
厄立特里亚	4	4	8
爱沙尼亚	27	64	91
埃塞俄比亚	29	5	34
斐济	-	3	3
芬兰	71	65	136
法国	102	65	167
加蓬	13	6	19
冈比亚	13	6	19
格鲁吉亚	31	4	35
德国	136	65	201
加纳	26	6	32
希腊	43	65	108
格林纳达	2	9	11
危地马拉	17	12	29
几内亚	19	6	25
几内亚比绍	2	7	9
圭亚那	8	10	18
海地	7	4	11
洪都拉斯	11	10	21
中国香港	15	5	20
匈牙利	58	65	123
冰岛	9	32	41
印度	83	14	97
印度尼西亚	63	17	80
伊朗伊斯兰共和国	61	1	62
伊拉克	7	7	14
爱尔兰	-	65	65
以色列	37	5	42
意大利	93	65	158

续表

	双边投资协定	其他国际投资协定[②]	总　计
牙买加	17	10	27
日本	19	21	40
约旦	53	10	63
哈萨克斯坦	42	5	47
肯尼亚	12	8	20
基里巴斯	-	2	2
朝鲜人民民主共和国	24	-	24
韩国	90	17	107
科威特	61	15	76
吉尔吉斯斯坦	29	5	34
老挝人民民主共和国	23	14	37
拉脱维亚	44	63	107
黎巴嫩	50	8	58
莱索托	3	7	10
利比里亚	4	6	10
利比亚	32	10	42
列支敦士登	-	26	26
立陶宛	52	63	115
卢森堡	93	65	158
中国澳门	2	2	4
马达加斯加	9	8	17
马拉维	6	8	14
马来西亚	67	23	90
马尔代夫	-	3	3
马里	17	7	24
马耳他	22	62	84
毛里塔尼亚	19	5	24
毛里求斯	36	9	45
墨西哥	28	20	48
摩尔多瓦共和国	39	2	41
摩纳哥	1	-	1
蒙古	43	3	46
黑山	17	3	20
蒙特塞拉特	-	5	5
摩洛哥	62	7	69
莫桑比克	24	6	30
缅甸	6	12	18
纳米比亚	13	6	19
瑙鲁	-	2	2
尼泊尔	6	3	9
荷兰	96	65	161
新喀里多尼亚	-	1	1
新西兰	5	15	20
尼加拉瓜	18	11	29

续表

	双边投资协定	其他国际投资协定[②]	总　计
尼日尔	5	7	12
尼日利亚	22	6	28
挪威	15	30	45
阿曼	34	13	47
巴基斯坦	46	7	53
巴勒斯坦领土	3	6	9
巴拿马	23	9	32
巴布亚新几内亚	6	4	10
巴拉圭	24	15	39
秘鲁	32	30	62
菲律宾	35	16	51
波兰	62	65	127
葡萄牙	55	65	120
卡塔尔	49	13	62
罗马尼亚	82	64	146
俄罗斯联邦	71	4	75
卢旺达	6	8	14
圣基茨和尼维斯	-	10	10
圣卢西亚	2	10	12
圣文森特和格林纳丁斯	2	10	12
萨摩亚	-	2	2
圣马力诺	8	-	8
圣多美和普林西比	1	3	4
沙特阿拉伯	22	14	36
塞内加尔	24	7	31
塞尔维亚	49	3	52
塞舌尔	7	8	15
塞拉利昂	3	6	9
新加坡	41	29	70
斯洛伐克	54	65	119
斯洛文尼亚	38	63	101
所罗门群岛	-	2	2
索马里	2	6	8
南非	46	9	55
西班牙	84	65	149
斯里兰卡	28	5	33
苏丹	27	11	38
苏里南	3	7	10
斯威士兰	5	9	14
瑞典	69	65	134
瑞士	118	32	150
阿拉伯叙利亚共和国	41	6	47
中国台湾	23	4	27
塔吉克斯坦	32	5	37

续表

	双边投资协定	其他国际投资协定②	总 计
泰国	39	23	62
前南斯拉夫马其顿共和国	37	5	42
东帝汶	3	–	3
多哥	4	6	10
汤加	1	2	3
特里尼达和多巴哥	12	10	22
突尼斯	54	9	63
土耳其	84	21	105
土库曼斯坦	24	5	29
图瓦卢	–	2	2
乌干达	15	9	24
乌克兰	67	5	72
阿拉伯联合酋长国	40	13	53
联合王国	104	65	169
坦桑尼亚联合共和国	16	7	23
美国	46	64	110
乌拉圭	30	17	47
乌兹别克斯坦	49	4	53
瓦努阿图	2	2	4
委内瑞拉玻利瓦尔共和国	28	7	35
越南	60	21	81
也门	37	7	44
赞比亚	12	9	21
津巴布韦	30	9	39

注：①需要注意的是表中双边投资协定和"其他国际投资自协定"的数量加总不等于文总所述的双边投资协定与"其他国际协定"的总和。这是因为一些经济体/区域与一些实体签订协议，但这些实体并不在此列表之内。还需注意的是，由于成员国的持续报告制度和贸发数据库产生的追溯调整，该数据与WIR12中报告的数据不符。

②该数据包含作为区域一体化组织成员国经济体所达成的协议。

③由比利时—卢森堡经济联盟缔结的双边贸易协定。

资料来源：UNCTAD，国际投资协定数据库。

参 考 文 献

1. Aguayo-Tellez, E. (2011). "The Impact of Trade Liberalization Policies and FDI on Gender Inequality: A Literature Review", World Development Report Background Papers, Washington, D.C.: World Bank.

2. Alix Partners (2012). "Executive Perspectives on Near-Shoring", Alix Partners Research Note, July.

3. Altomonte, C., F. Di Mauro, G. Ottaviano, A. Rungi, and V. Vicard (2012). "Global Value Chains during the Great Trade Collapse: a Bullwhip Effect?" ECB Working Paper Series, No. 1412. Frankfurt: European Central Bank.

4. Altomonte, C. and A. Rungi (2013). "Business Groups as Hierarchies of Firms: Determinants of Vertical Integration and Performance", Working Paper, 2013.33.

5. FondazioneEni Enrico Mattei.

6. Arnold, C.E. (2010). "Where the Low Road and the High Road Meet: Flexible Employment in Global Value Chains", Journal of Contemporary Asia, 40: 612.

7. Arvis, J-F., G. Raballand, and J-F Marteau (2011). Connecting Landlocked Developing Countries to Markets: Trade Corridors in the 21st Century. Washington, D.C.: World Bank.

8. Asian Development Bank (2012). "CAREC 2020: A Strategic Framework for the Central Asia Regional Economic Cooperation Program 2011-2020". Mandaluyong City, Philippines: Asian Development Bank.

9. Axelson, U., T. Jenkinson, P.J. Strömberg, and M. Weisbach (2012). "Borrow Cheap, Buy High? The Determinants of Leverage and Pricing in Buyouts", CEPR Discussion Paper, No. 8914.

10. Bair, J. and G. Gereffi (2003). "Upgrading, uneven Development, and Jobs in the North American Apparel Industry", Global Networks, 3: 143-69.

11. Bair, J. and G. Gereffi (2002). "NAFTA and the Apparel Commodity Chain: Corporate Strategies, Interfirm Networks, and Industrial Upgrading", in G. Gereffi, D. Spener, and J. Bair (eds.), Free Trade and Uneven Development: The North American Apparel Industry after NAFTA, Philadelphia, Temple University Press: 23-50.

12. Baldwin, R. (2011). "Trade and Industrialisation after Globalisation's 2nd Unbundling: How Building and Joining a Supply Chain are Different and Why it Matters", NBER Working Papers, No.17716, Cambridge, MA: NBER.

13. Baldwin, R. and A. Venables (2010). "Spiders and Snakes: Offshoring and Agglomeration in the Global Economy", NBER Working Papers, No. 16611, Cambridge, MA: NBER.

14. Barrientos, S., G. Gereffi, and A. Rossi (2011). "Economic and Social Upgrading in Global Production Networks: A New Paradigm for a Changing World", International Labour Review, 150: 319-40.

15. Barros, C. D. and L. S. Pedro (2012). " O papel do BNDES no desenvolvimentodo setorautomotivobrasileiro", BNDES Publications, 10/2012.

16. Bhattacharya, A., T. Bradtke, T. Ermias, W. Haring-Smith, D. Lee, E. Leon, M. Meyer, D.C. Michael, A. Tratz, M. Ukon and B. Waltermann. (2013). Allies and Adversaries: 2013 BCG Global Challengers Report, The Boston Consulting Group.

17. Bell, M. and M. Albu (1999). "Knowledge Systems and Technological Dynamism in Industrial Clusters in Developing Countries", World Development, 27: 1715-34.

18. Bernard, A., J. Bradford Jensen, S. Redding and P. Schott (2007). "Firms in International Trade," NBER Working Papers, No. 13054, Cambridge, MA: NBER.

19. Bernhardt, T. and W. Milberg (2011). "Does Economic Upgrading Generate Social Upgrading? Insights from the Horticulture, Apparel, Mobile Phones and Tourism Sectors", Capturing the Gains Working Paper, No. 2011/07.

20. Bernasconi-Osterwalder, N. (2012). "Analysis of the European Commission's Draft Text on Investor-State Dispute Settlement for EU Agreements", Investment Treaty News, 19 July, International Institute for Sustainable Development.

21. Bosworth, B., Collins, S.M. and G. Chodorow-Reich (2007). "Returns on FDI: Does the U.S. really do better?", NBER Working Paper, No. 13313, Cambridge, MA: NBER.

22. Braunstein, E. (2012). "Neoliberal Development Macroeconomics. A Consideration of its Gendered Employment Effects", UNRISD Research Paper 2012-1, Geneva: United Nations.

23. Buckley, P.J. and M.C. Casson (2009). "The Internalisation Theory of the Multinational Enterprise: A Review of the Progress of a Research Agenda after 30 Years", Journal of International Business Studies, 40: 1563-1580.

24. CARIM (2010). Caribbean Trade and Investment Report 2010: Strategies for Recovery, Renewal and Reform. Kingston: Caribbean Community Secretariat.

25. Cantwell, J. and R. Mudambi (2005). "MNE Competence-creating Subsidiary Mandates." Strategic Management Journal 26 (12): 1109-1128.

26. Cattaneo, O., G. Gereffi and C. Staritz (2010). Global Value Chains in a Postcrisis World: A Development Perspective. Washington D.C.: World Bank.

27. Central Bank of Trinidad and Tobago (2013). Economic Bulletin, January 2013, Volume XV, No. 1.

28. Christian, M., G. Ahmed, K. Fernandez-Stark and G. Gereffi (2011). "The Tourism Global Value Chain: Economic Upgrading and Workforce Development", in Skills for Upgrading: Workforce Development

and Global Value Chains in Developing Countries, Durham: Duke University, Center on Globalization, Governance and Competitiveness.

29. Comisión Chilenadel Cobre (2013). "Anuario de Estadisticas del Cobrey Otrosminerales, 1993–2012". Santiago: Comisión Chilenadel Cobre.

30. Cooke, J.A. (2010). "From Bean to Cup: How Starbucks Transformed its Supply Chain". Supply Chain Quarterly, Quarter 4.

31. Cooke, J.A. (2012). "From Many to One: IBM's Unified Supply Chain", Supply Chain Quarterly, Quarter 4.

32. Curcurua, S., C.P. Thomas and F.E. Warnock (2013). "On returns Differentials", International Finance Discussion Papers, No. 1077 (April). Washington, D.C.: Board of Governors of the Federal Reserve System.

33. Dedrick, J., K. Kraemer and G. Linden (2009). "Who Profits from Innovation in Global Value Chains?: a Study of the iPod and Notebook PCs", Industrial and Corporate Change, 19: 81–116.

34. Dinc, S. and I. Erel (2012). "Economic Nationalism in Mergers and Acquisitions". Charles A. Dice Center Working Paper, No. 2009-24.

35. Douglas, Z. (2009). The International Law of Investment Claims. Cambridge: Cambridge University Press.

36. Dussel Peters, E. (2009). "Don't Expect Apples from a Peartree: Foreign Direct Investment and Innovation in Mexico", Discussion Paper, No. 28, November. Working Group on Development and Environment in the Americas.

37. Dunning, J. and S. Lundan (2008). Multinational Enterprises and the Global Economy, second edition. Cheltenham: Edward Elgar.

38. Duval, Y. and C. Utokhtam (2009). "Behind the Border Trade Facilitation in Asia-Pacific: Cost of Trade, Credit Information, Contract Enforcement and Regulatory Coherence". Trade and Investment Division Staff Working Paper Series, No. 02/2009. ESCAP: United Nations.

39. ECLAC (2013). La inversiónextranjeradirecta en América Latina y el Caribe 2012. Santiago: United Nations.

40. Engel. B (2011). "10 Best Practices You Should be Doing Now", Supply Chain Quarterly, Quarter 1.

41. Fally, T. (2011). "On the Fragmentation of Production in the US", University of Colorado–Boulder, July.

42. Fernandez-Stark, K., S. Frederick and G. Gereffi (2011). The Apparel Global Value Chain: Economic Upgrading and Workforce Development. Durham: Duke University.

43. Fessehaie, J. (2012). "What Determines the Breadth and Depth of Zambia's Backward Linkages to Copper Mining? The Role of Public Policy and Value Chain Dynamics", Resources Policy, 37: 443–51.

44. Flamm K. and J. Grunwald (1985). The Global Factory: Foreign Assembly in International Trade.

Washington, D.C.: Brookings Institute.

45. Frederick, S. and G. Gereffi (2011). "Upgrading and Restructuring in the Global Apparel Value Chain: Why China and Asia are Outperforming Mexico and Central America", International Journal of Technological Learning, Innovation, and Development, 4: 67–95.

46. Gaukrodger, D. and K. Gordon (2012). "Investor-state Dispute Settlement: A Scoping Paper for the Investment Policy Community", OECD Working Papers on International Investment, No. 2012/3, Paris: OECD.

47. Gentile-Lüdecke, S. and A. Giroud (2012). "Knowledge Transfer from TNCs and Upgrading of Domestic Firms: The Polish Automotive Sector." World Development, 40 (4): 796–807.

48. Gereffi, G. and S. Frederick (2010). "The Global Apparel Value Chain, Trade and the Crisis- Challenges and Opportunities for Developing Countries", in Global Value Chains in a Postcrisis World: A Development Perspective. Washington, D.C.: World Bank.

49. Gereffi, G. and O. Memedovic (2003). The Global Apparel Value Chain: What Prospects for Upgrading by Developing Countries? Vienna: UNIDO.

50. Gereffi, G., J. Humphrey, R. Kaplinsky and T. Sturgeon (2001). "Introduction: Globalisation, Value Chains and Development", IDS Bulletin, No. 32.3. Brighton: Institute for Development Studies.

51. Gereffi, G., J. Humphrey and T. Sturgeon (2005). "The Governance of Global Value Chains", Review of International Political Economy, 12: 78–104.

52. Gereffi, G. (2009). "Chains for Change: Third Max Havelaar Lectures". Paper Presented at Rotterdam School of Management, Erasmus University, Rotterdam, 9 November.

53. Gereffi, G., K. Fernandez-Stark and P. Psilos (2011). Skills for upgrading: Workforce Development and Global Value Chains in Developing Countries. Durham: Center on Globalization, Governance & Competitiveness, Duke University.

54. Giroud, A., B. Jindra and P. Marek (2012). "Heterogeneous FDI in Transition Economies——A Novel Approach to Assess the Developmental Impact of Backward Iinkages", World Development, 40: 2206–2220.

55. Giuliani, E., C. Pietrobelli and R. Rabellotti (2005). "Upgrading in Global Value Chains: Lessons from Latin American Clusters", World Development, 33: 549–573.

56. Gourevitch, P., R. Bohn and D. McKendrick (2000). "Globalization of Production: Insights from the Hard Disk Drive Industry", World Development, 28: 301–317.

57. Government of the Republic of Trinidad and Tobago (2013). Review of the Economy 2012, Stimulating Growth, Generating Prosperity. Port of Spain: Government of Trinidad and Tobago.

58. Griffith, R., R. Craigwell and K. White (2008). "The Significance of Foreign Direct Investment to Caribbean Development", Journal of Public Sector Policy Analysis, 2: 50.

59. Haakonsson, S.J. (2009). "'Learning by Importing' in Global Value Chains: Upgrading and

South-South Strategies in the Ugandan Pharmaceutical Industry", Development Southern Africa, 26: 499-516.

60. Hanlin, R. and C. Hanlin (2012). "The View from Below: 'Lock-in' and Local Procurement in the African Gold Mining Sector", Resources Policy, 37: 468-474.

61. Harlé, N., K. Cool and P. Ombregt (2012). "Merger Control and Practice in the BRIC Countries vs. The EU and the US: Review Thresholds", INSEAD Working Paper, No. 2012/100/ST. Paris: INSEAD.

62. Havranek, T., and Z. Irsova (2011). "Estimating Vertical Spillovers from FDI: Why results vary and what the true effect is". Journal of International Economics, 85 (2): 234-244.

63. Heinemann, A. (2012). "Government Control of Cross-Border M&A: Legitimate Regulation or Protectionism?" Journal of International Economic Law, 15 (3): 843-870. Oxford: Oxford University Press.

64. Henderson, J., N. Coe, P. Dicken, M. Hess and H. W-C. Yeung (2002). "Global Production Networks and the Analysis of Economic Development", Review of International Political Economy, 9: 436-464.

65. Hummels, D., J. Ishii and K.-M. Yi (2001). "The Nature and Growth of Vertical Specialization in World Trade", Journal of International Economics, 54 (1): 75-96

66. Humphrey, J. (2003). "Globalisation and Supply Chain Networks: The Auto Industry in Brazil and India", Global Networks, 3: 121-141.

67. Humphrey, J., and O. Memedovic (2003). "The Global Automotive Industry Value Chain: What Prospects for Upgrading by Developing Countries", UNIDO Sectorial Studies Series Working Paper. Vienna: UNIDO.

68. Humphrey, J. and H. Schmitz (2002). "How Does Insertion in Global Value Chains Affect Upgrading in Industrial Clusters?", Regional Studies, 36: 1017-1027.

69. ILO (2012). Value Chain Development: The Role of Cooperatives and Business Associations in Value Chain Development. Geneva: ILO.

70. IMF (2012a). "Economic Prospects and Policy Challenges for the GCC Countries." Paper Presented at Annual Meeting of Ministers of Finance and Central Bank Governors, October 5-6, Saudi Arabia. Washington D.C.: IMF.

71. IMF (2012b). Trinidad and Tobago: Selected Issues, IMF Country Report No. 12/128. Washington, D.C.: IMF.

72. IMF (2013). World Economic Outlook April 2013, Hopes, Realities, Risks, World Economic and Financial Surveys. Washington, D.C.: IMF

73. Ivarsson, I. and C.G. Alvstam (2009). "Local Technology Linkages and Supplier Upgrading in Global Value Chains: The Case of Swedish Engineering TNCs in Emerging Markets", Competition and Change, 13: 368-388.

74. Ivarsson, I. and C.G. Alvstam (2010). "Supplier Upgrading in the Home-furnishing Value Chain:

An Empirical Study of IKEA's Sourcing in China and South East Asia", World Development, 38: 1575–1587.

75. ISCID (2004). "Possible Improvements of the Framework for ICSID Arbitration", ISCID Discussion paper. Washington D.C.: ISCID.

76. Japan, Ministry of International Trade and Industry (2003). Dai 34-kai Wagakuni Kigyo no KaigaiJigyoKatsudo. Tokyo: Ministry of Finance Printing Bureau.

77. Japan, Ministry of Economy, Trade and Industry (2013). Dai 42-kai Wagakuni Kigyo no KaigaiJigyoKatsudo. Tokyo: Ministry of Finance Printing Bureau.

78. Jenkins, B., A. Akhalkatsi, B. Roberts and A. Gardiner (2007). Business Linkages: Lessons, Opportunities, and Challenges. Washington D.C.: IFC, International Business Leaders Forum and the Kennedy School of Government, Harvard University.

79. Johnson, R.C. and G. Noguera (2012). "Accounting for Intermediates: Production Sharing and Trade in Value-added", Journal of International Economics, 86 (2), 224–236.

80. Kaplinsky, R., M. Morris and J. Readman (2002). "The Globalization of Product Markets and Immiserizing Growth: Lessons From the South African Furniture Industry", World Development, 30: 1159–1177.

81. Kaplinsky, R. (2010). The Role of Standards in Global Value Chains. Washington, D.C.: World Bank.

82. Kaplinsky, R., A. Terheggen and J. Tijaja (2011). "China as a Final Market: The Gabon Timber and Thai Cassava Value Chains", World Development, 39: 1177–1190.

83. Kelegama, S. (2009). "Ready-made garment exports from Sri Lanka." Journal of Contemporary Asia, 39 (4): 579–596.

84. Koopman, R., W. Powers, Z. Wang and S.-J. Wei (2011). "Give Credit to Where Credit is Due: Tracing Value Added in Global Production Chains", NBER Working Paper, No. 16426. Cambridge, MA: NBER.

85. Kuznetsov, A. (2012). "Inward FDI in Russia and its Policy Context, 2012?", Columbia FDI Profiles, Vale Columbia Center on Sustainable International Investment.

86. Lall, S. (2000). "The Technological Structure of Performance of Developing Country Manufactured Exports, 1985~1998", QEH Working Paper Series, No. 44.

87. Lall, S. (2002). "Implications of Cross-border Mergers and Acquisitions by TNCs in Developing Countries: A Beginner's Guide", QEH Working Paper Number, No. 88. Oxford: University of Oxford.

88. Limão, N. and A.J Venables (2001). "Infrastructure, Geographical Disadvantage, Transport Costs, and Trade", World Bank Economic Review, 15 (3): 451–479.

89. Madina, A., A. Bulic and G. Muchaidze (2011). Turkish Automotive Cluster. Cambridge, MA: Harvard Business School.

90. Mayer, F. and W. Milberg (2013). "Aid for Trade in a World of Global Value Chains: Chain Power, the Distribution of Rents, and Implications for the Form of Aid", Duke Sanford School of Public Policy Working Paper. Durham: Duke University.

91. Mayer, T. and G.I.P. Ottaviano (2007). "The Happy Few: the Internationalisation of Europeanfirms. New Facts Based on Firm-level Evidence", Bruegel Blueprint Series, Vol. 3.

92. Mckinsey (2012). "The Rise of the African Consumer". A Report from McKinsey's Africa Consumer Insights Center.

93. Meyer, K.E. and E. Sinani (2009). "When and Where Does Foreign Direct Investment Generate Positive Spillovers? A metaanalysis". Journal of International Business Studies, 40 (7): 1075-1094.

94. MIDA (2012). "Malaysia: The Global Outsourcing Hub for High Technology Manufacturing", Presentation to MIDA Seminar and Networking Session (B2B), Kuala Lumpur, 19-20 June.

95. Milberg, W., G. Gereffi and X. Jiang (2013, forthcoming). "Industrial policy in the era of vertically specialized industrialization" in Industrial Policy for Economic Development: Lessons from Country Experiences. Geneva: UNCTAD-ILO.

96. Milberg, W. and D. Winkler (2013). Outsourcing Economics: Global Value Chains in Capitalist Development. New York: Cambridge University Press.

97. Ministerio de Energia y Minas de Perú (2012). BoletinEstadistico de Mineria, October. Lima: Ministerio de Energia y Minas de Perú.

98. Moreno-Brid, J., J. Santamaria and J.C.R. Valdivia (2006). "Mexico: Economic Growth, Exports and Industrial Performance after NAFTA." Serie Estudiosy Perspectivas, Economic Development Unit. Mexico: CEPAL.

99. Morris, M., D. Kaplin and R. Kaplinsky (2012). "One Thing Leads to Another" —Commodities, Linkages and Industrial Development", Resources Policy, 37: 408-416.

100. Morris, M. and N. Dunne (2004). "Driving Environmental Certification: Its Impact on the Furniture and Timber Products Value Chain in South Africa", Geoforum, 35: 251-266.

101. Murphy, J.T. (2007). "The Challenge of Upgrading in African Industries: Socio-Spatial Factors and the Urban Environment in Mwanza, Tanzania", World Development, 35 (10): 1754-1778.

102. Narula, R. and N. Driffield (2012). "Does FDI Cause Development? The Ambiguity of the Evidence and Why it Matters", European Journal of Development Research, 24: 1-7.

103. Navas-Alemán, L. (2011). "The Impact of Operating in Multiple Value Chains for Upgrading: the Case of the Brazilian Furniture and Fotwear Industries", World Development, 39: 1386-1397.

104. Nadvi, K. (2004). "Globalization and Poverty: How Can Global Value Chain Research Inform the Policy Debate?", IDS Bulletin, 35: 20-30.

105. Ocampo, J.L. (2012). "The Development Implications of External Integration in Latin America", WIDER Working Paper, Vol. 2012/48. Helsinki: UNU-WIDER.

106. OECD (2012). "Government Perspectives on Investor-state Dispute Settlement: A Progress Report". Paper Presented at Freedom of Investment Roundtable, 14 December. Paris: OECD.

107. Olivet, C. and P. Eberhardt (2012). Profiting from Injustice: How Law Firms, Arbitrators and Financiers are Fuelling an Investment Arbitration Boom. Brussels and Amsterdam: Corporate Europe Observatory and Transnational Institute.

108. Ottaviano, G. and T. Mayer (2007). "Happy Few: the Internationalisation of European Firms. New Facts Based on Firmlevel Evidence". Open Access publications from Sciences Po, hdl: 2441/10147, Sciences Po.

109. Pavlínek, P. (2007). "Regional Restructuring of the Skoda Auto Supplier Network in Czech Republic", European Urban and Regional Studies, 14: 133-155.

110. Pavlínek, P. (2012). "The Internationalization of Corporate R&D and the Automotive Industry R&D of East-Central Europe", Economic Geography, 88: 279-310.

111. Perez, D. (2013). "Supply Chain Strategies: Which one Hits the Mark?", Supply Chain Quarterly, Quarter 1.

112. Pickles, J. (2012). "Economic and Social Upgrading in Apparel Global Value Chains: Public Governance and Trade Policy", Capturing the Gains Working Paper, No 13.

113. Pietrobelli, C. and R. Rabellotti (2011). "Global Value Chains Meet Innovation Systems: Are There Learning Opportunities for Developing Countries?", World Development, 39: 1261-1269.

114. Raghu, M.R. (2012). "GCC Demographic Shift, Intergenerational Risk-transfer at Play". Kuwait Financial Center "Markaz" Research, June.

115. Read, R. and N. Driffield (2004). "Foreign Direct Investment and the Creation of Local Linkages in Pacific Island Economies". Paper presented at Islands of the World VIII International Conference, Taipei, 1-7 November.

116. Rossi, A. (2011). Economic and Social Upgrading in Global Production Networks: the Case of the Garment Industry in Morocco. Doctoral Thesis, University of Sussex.

117. Rugraff, E. (2010). "Foreign Direct Investment and Supplier-oriented Upgrading in the Czech Motor Vehicle Industry", Regional Studies, 44: 627-638.

118. Saliola, F. and A. Zanfei (2009). "Multinational Firms, Global Value Chains and the Organization of Knowledge Transfer", Research Policy, 38: 369.

119. Santiso, J. (ed.) (2012) Sovereign Wealth Funds 2012. Barcelona: ESEAD.

120. Sauvant, K.P., L.E. Sachs and P.F.S.J Wouter (eds.) (2012). Sovereign Investment: Concerns and Policy Reactions. Oxford: Oxford University Press.

121. Schreuer, C. (2008). "Preliminary Rulings in Investment Arbitration", in Karl Sauvant (ed.), Appeals Mechanism in International Investment Disputes, Oxford: Oxford University Press.

122. Seville, D., A. Buxton and B. Vorley (2011). Under What Conditions are Value Chains Effective

Tools for Pro-poor Development?, London: International Institute for Environment and Development.

123. Sinnott, E., A. de la Torre and J. Nash (2010). "Natural Resources in Latin America and the Caribbean, Beyond boom and busts?", World Bank Latin American and Caribbean Studies. Washington, D. C.: World Bank.

124. Staritz, C. (2011). Making the Cut? Low-Income Countries and the Global Clothing Value Chain in a Post-Quota and Post-Crisis World. Washington, D.C.: World Bank.

125. Staritz, C. and J.G. Reis (eds.) (2013). Global Value Chains, Economic Upgrading, and Gender. Case Studies of the horticulture, Tourism and Call Center Industries. Washington, D.C.: World Bank.

126. Stein, P., T. Goland and R. Schiff (2010). "Two Trillion and Counting: Assessing the Credit Gap for Micro, Small, and Medium-size Enterprises in the Developing World", McKinsey & Company and International Finance Corporation.

127. Sturgeon, T. and J.-R. Lee (2004). "Industry Co-Evolution: A Comparison of Taiwan and North America's Electronics Contract Manufacturers", ITEC Research Paper Series, No 04-03. Kyoto: Doshisha University.

128. Sturgeon, T. and O. Memedovic (2011). Mapping Global Value Chains: Intermediate Goods Trade and Structural Change in the World Economy. Vienna: UNIDO.

129. Suzuki, A., L. Jarvis and R. Sexton (2011). "Partial Vertical Integration, Risk Shifting, and Product Rejection in the HighValue Export Supply Chain: The Ghana Pineapple Sector", World Development, 39: 1611-1123.

130. Tams, C. (2006). "An Appealing Option? A Debate About an ICSID Appellate Structure", Essays in Transnational Economic Law, No.57.

131. Tejani, S. and W. Milberg (2010). Global Defeminization? Industrial Upgrading, Occupational Segmentation and Manufacturing Employment in Middle-Income Countries. New York: Schwartz Centre for Economic Policy Analysis.

132. Tejani, S. (2011). "The Gender Dimension of Special Economic Zones", in Special Economic Zones: Progress, Emerging Challenges, and Future Directions. Washington D.C.: World Bank.

133. UNCTAD (1993)-WIR93. World Investment Report 1993: Transnational corporations and Integrated International Production. New York and Geneva: United Nations.

134. UNCTAD (1998)-WIR98. World Investment Report 1998: Trends and Determinants, New York and Geneva: United Nations.

135. UNCTAD (1999). Transfer Pricing: UNCTAD Series on Issues in International Investment Agreements, Geneva and New York: United Nations.

136. UNCTAD (2000)-WIR00. World Investment Report 2000: Cross-border Mergers and Acquisitions and Development. New York and Geneva: United Nations.

137. UNCTAD (2001)-WIR01. World Investment Report 2001: Promoting Linkages, New York and

Geneva: United Nations.

138. UNCTAD (2003). FDI in Landlocked Developing Countries at a Glance. New York and Geneva: United Nations.

139. UNCTAD (2007)-WIR07. World Investment Report 2007: Transnational Corporations, Extractive Industries and Development, New York and Geneva: United Nations.

140. UNCTAD (2008)-WIR08. World Investment Report 2008: Transnational Corporations and the Infrastructure Challenge. New York and Geneva: United Nations.

141. UNCTAD (2009a). Investment Guide to the Silk Road. New York and Geneva: United Nations.

142. UNCTAD (2009b): Non-Tariff Measures: Evidence from Selected Developing Countries and Future Research Agenda. New York and Geneva: United Nations.

143. UNCTAD (2010a). Integrating Developing Countries' SMEs into Global Value Chains, New York and Geneva: United Nations.

144. UNCTAD (2010b). "Investor-State Disputes: Prevention and Alternatives to Arbitration". Series on International Investment Policies for Development. New York and Geneva: United Nations.

145. UNCTAD (2010c)-WIR10. World Investment Report 2010: Investing in a Low-Carbon Economy. New York and Geneva: United Nations.

146. UNCTAD (2011a). "How to Prevent and Manage Investor-State Disputes: Lessons from Peru", Best Practices in Investment for Development Series. New York and Geneva: United Nations.

147. UNCTAD (2011b). "Interpretation of IIAs: What States Can Do", IIA Issues Note, No.3, New York and Geneva: United Nations.

148. UNCTAD (2011c). "Promoting Standards for Responsible Investment in Value Chains": Item 1. Report to the High-Level Development Working Group, September. New York and Geneva: United Nations.

149. UNCTAD (2011d)-WIR11. World Investment Report 2011: Non-Equity Modes of International Production and Development. New York and Geneva: United Nations.

150. UNCTAD (2011e). Information Economy Report: ICTs as an Enabler for Private Sector Development. New York and Geneva: United Nations.

151. UNCTAD (2012a). Investment Policy Framework for Sustainable Development: Towards a new generation of investment policies. Geneva and New York: United Nations.

152. UNCTAD (2012b). "Report of the Multi-year Expert Meeting on International Cooperation: South-South Cooperation and Regional Integration on its fourth Session (Geneva, 24-25 October 2012)." Geneva: United Nations.

153. UNCTAD (2012c). "Transparency-A Sequel", Series on Issues in IIAs Ⅱ. New York and Geneva: United Nations.

154. UNCTAD (2012d)-WIR12. World Investment Report 2012: Towards a New Generation of Investment Policies. New York and Geneva: United Nations.

155. UNCTAD (2013a). FDI in Infrastructure, Report Prepared as Part of the IAWG G20 Report on Long-Term Investment Financing for Growth and Development. New York and Geneva: United Nations.

156. UNCTAD (2013b). Global Value Chains and Development: Investment and Value Added Trade in the Global Economy. New York and Geneva: United Nations.

157. UNCTAD (2013c). "Latest Developments in Investor-State Dispute Settlement", IIA Issues Note, No. 1, New York and Geneva: United Nations.

158. UNCTAD (2013d). "The Rise of BRICS FDI and Africa", Global Investment Trends Monitor, Special Edition, 25 March. New York and Geneva: United Nations.

159. UNDESA (2011). World Population Prospects, the 2010 Revision. Available at: http://esa.un.org/unpd/wpp/index.htm.

160. Van Dijk, M. P. and J. Trienekens (eds.) (2012). Global Value Chains: Linking Local Producers from Developing Countries to International Markets. Amsterdam: Amsterdam University Press.

161. Van Harten, G. (2008). "A Case for International Investment Court". Paper presented at Inaugural Conference of the Society for International Economic Law, 16 July.

162. Vermeulen, S. and L. Cotula (2010). Making the Most of Agricultural Investment: A Survey of Business Models that Provide Opportunities for Smallholders. London, Rome, Bern: IIED/FAO/IFAD/SDS.

163. Waibel, M., C. Balchin, K-H. Chung and A. Kaushal (eds.) (2010). The Backlash against Investment Arbitration: Perceptions and Reality. Alphen aan den Rijn: Kluwer Law International.

164. White House (2012). National Strategy for Global Supply Chain Security. Washington, D.C.: U.S. Department of Homeland Security.

165. Whittaker, D.H., T. Okita, T. Sturgeon, M.H. Tsai and T. Zhu (2010). "Compressed development", Studies in Comparative International Development, 45: 439-67.

166. Wijayasiri, J. and J. Dissanayake. (2008). "Case Study 3: The Ending of the Multi-Fiber Agreement and Innovation in Sri Lankan Textile and Clothing Industry", Working Paper, No. 75. Paris: OECD.

167. World Trade Organization (2010). Time Series on International Trade Report. Geneva: WTO.

168. Zanfei, A. (2012a). "Effects, Not Externalities", European Journal of Development Research, 24: 8-14.

169. Zhao, Y. (2012). "The Puzzle of Foreign Divestments: Risks Should Not be Closely Observed", China Foreign Exchange, September 2012.

译后语

《世界投资报告》是联合国贸易和发展组织（UNCTAD）关于全球外国直接投资流动趋势和政策的年度报告，也是UNCTAD最重要的出版物之一。

为了便于我国相关政府部门和企业界研究和决策人士以及外国投资研究领域的专家学者更便捷地使用这份报告，南开大学跨国公司研究中心受世界贸易和发展组织的委托及联合国出版局的知识产权许可，组织翻译了《世界投资报告2013——全球价值链：促进发展的投资和贸易》中文版。

本书的翻译具体分工是：冼国明和葛顺奇教授总校译，田珍、何楠翻译前言、内容摘要、概述，卢琳芳翻译第一章，郝雅欣翻译第二章，颜瑞萍翻译第三章，第四章由陈丽、卢琳芳、郝雅欣共同完成，附录表格由何楠翻译。

南开大学跨国公司研究中心冼国明主任、联合国贸易和发展组织投资和企业司司长兼报告总撰稿人詹晓宁博士对报告的翻译及出版工作进行了总体部署和指导。商务部外资管理司黄峰副司长、吉小枫处长、范文杰处长，投资促进事务局刘殿勋局长，合作司陈明霞处长，国际司沈晓凯处长，中国国际投资促进会周铭副会长，国际经济合作杂志社齐国强社长，为本报告的翻译工作提供了大力支持和帮助，使本报告得以顺利完成。南开大学跨国公司研究中心葛顺奇教授负责具体翻译的组织和协调工作，并校对全文，保证了报告按时出版。经济管理出版社张永美编辑认真负责，高质量地完成了编辑排版工作，在此一并致谢。

《世界投资报告2013》英文版由《国际经济合作》杂志社、南开大学跨国公司研究中心、中国国际投资促进会联合于2013年6月26日在中国地区发布。从英文版发布到翻译完成，只花费了一个月的时间，翻译和审校人员付出了巨大努力。因时间仓促，如有疏漏之处，敬请读者谅解。

南开大学跨国公司研究中心为本报告中文版的翻译和审校工作提供了资助。

2013年8月7日

UNCTAD 关于跨国公司与 FDI 的若干出版物

1. World Investment Report,
   www.unctad.org/wir

2. FDI Statistics,
   www.unctad.org/fdistatistics

3. World Investment Prospects Survey,
   www.unctad.org/wips

4. Global Investment Trends Monitor,
   www.unctad.org/diae

5. Investment Policy Monitor,
   www.unctad.org/iia

6. Issues in International Investment Agreements: I and II (Sequels),
   www.unctad.org/iia

7. International Investment Policies for Development,
   www.unctad.org/iia

8. Investment Advisory Series A and B,
   www.unctad.org/diae

9. Investment Policy Reviews,
   www.unctad.org/ipr

10. Current Series on FDI and Development,
    www.unctad.org/diae

11. Transnational Corporations Journal,
    www.unctad.org/tnc

如何获取这些出版物

可通过联合国出版物世界各地的分销商购买,联系方式如下:

United Nations Publications Customer Service

c/o National Book Network

15200 NBN Way

PO Box 190

Blue Ridge Summit,PA 17214

E-mail:unpublications@nbnbooks.com

https://unp.un.org/

进一步获取 FDI 和跨国公司的相关信息,请详询:

Division on Investment and Enterprise

United Nations Conference on Trade and Development

Palais des Nations,Room E-10052

CH-1211 Geneva 10 Switzerland

Telephone:+41 22 917 4533

Fax:+41 22 917 0498

Web:www.unctad.org/diae